„Beliebt bei älteren Damen und jüngeren Herrn“

Ralf Jörg Raber

„Beliebt bei älteren Damen und jüngeren Herrn"

Paul O'Montis – Biografie eines Vortragskünstlers

(M) | METROPOL

Gedruckt mit freundlicher Unterstützung der
Bundesstiftung Magnus Hirschfeld

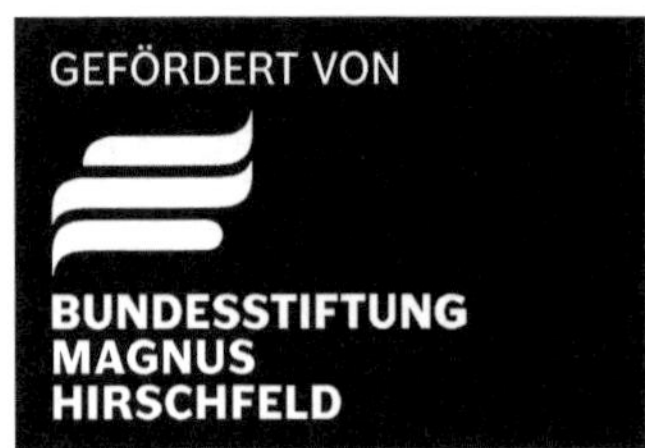

Umschlagabbildungen:
Vorderseite:
Karikatur von Willy Key im Kölner Stadt-Anzeiger vom 3. Mai 1932
Rückseite (von oben nach unten):
Erste Autogrammpostkarte, Sammlung Wolfgang Schneidereit;
O'Montis-Platte der Deutschen Grammophon;
Werbeanzeige in: Das Organ Nr. 1098 vom 7. Dezember 1929

ISBN: 978-3-86331-578-8
ISBN: 978-3-86331-579-5 (E-Book)

Ansbacher Straße 70
D–10777 Berlin
www.metropol-verlag.de

Druck: Arta-Druck, Berlin

Inhalt

„Beliebt bei älteren Damen und jüngeren Herrn"

„Alles was es wert ist,
getan zu werden,
ist es auch wert
unvollkommen getan zu werden".
Marshall B. Rosenberg

„Paul O'Montis? – Nie gehört!"

Heute eine durchaus typische Reaktion, denn den meisten, selbst Popmusik-Interessierten, ist der Künstler vollkommen unbekannt. Dabei gehörte der Sänger Paul O'Montis einst zu den festen Größen des deutschsprachigen Pops und verkörperte die schillernde Kulturszene der ersten deutschen Republik, die Ära der sogenannten Goldenen Zwanziger Jahre, par excellence. Vor neunzig Jahren hätte man sich mit der eingangs beschriebenen Reaktion bestenfalls bedauerndes Kopfschütteln eingefangen. Den populären Chansonnier, den omnipräsenten Schallplattenkünstler nicht zu kennen, kam einer Selbstentlarvung gleich, man war popmusikalisch nicht auf der Höhe der Zeit. Um 1930 stand Paul O'Montis auf dem Zenit seines Erfolges: Er gehörte zu den Stars der deutschsprachigen Kabarett- und Kleinkunstszene, die größten europäischen Schallplattenfirmen seiner Zeit hatten ihn unter Vertrag und vertrieben seine Scheiben weltweit, seine Schlager und Chansons liefen im Radio, dort war er auch live zu hören, er tourte durch halb Europa, verzauberte sein Publikum sowohl in Großstädten als auch in der Provinz.

Die Presse stand auf seiner Seite. Doch der sich da so zäh und fleißig über viele Jahre hochgearbeitet hatte, konnte seinen Ruhm nur kurz genießen: Es dauerte kein Jahr, bis es nach dem Machtantritt der Nazis mit seiner Karriere in Deutschland auch schon wieder zu Ende war. Paul Wendel, wie der Künstler bürgerlich hieß, war schwul. Er kam ins Gefängnis, emigrierte nach verbüßter Haft. 1939 wurde er in Prag erneut festgenommen, 1940 ins Konzentrationslager Sachsenhausen verschleppt und dort ermordet. Da war er gerade sechsundvierzig Jahre alt. Nach dem Krieg wollte sich kaum noch jemand an sein Schicksal erinnern oder daran erinnert werden – kein Wunder, galt doch die Nazigesetzgebung für Homosexuelle in der alten Bundesrepublik noch bis zum Jahr 1969, abgespeckte Paragrafen in der DDR bis 1989, in der erweiterten Bundesrepublik gar bis 1994.

Das Leben Paul Wendels alias O’Montis umfasst die unruhigste Epoche der jüngeren europäischen Geschichte und gerät zum Spiegel all jener Ereignisse, die nicht nur die europäische Welt tiefgreifend erschüttert und verändert haben. Seine Biografie führt in eine Welt, die es heute so schon lange nicht mehr gibt: Als Deutscher in Ungarn geboren, verlebte er seine prägenden Jugendjahre im von Russland beherrschten Riga, tourte später oft und gerne durch osteuropäische Länder – durch Regionen, die, weitreichender Zerstörung ausgeliefert, zum Spielball imperialistischer Interessen werden sollten. Sein Emigrantenschicksal führt erneut vor Augen, was Flucht bedeutet, was es heißt, über den eigenen Lebensweg nicht mehr frei und souverän entscheiden zu können – diesmal allerdings aus der Sicht eines Deutschen.

Vor dem Eintauchen in die bewegende Lebensgeschichte des Paul O’Montis empfiehlt sich, via Internet auf einem Musikkanal fünf seiner Lieder anzuhören, dies dauert insgesamt etwa 20 Minuten. Nicht, dass man den Künstler auf diese wenigen Schallplattenaufnahmen reduzieren könnte – er hat über 120 Aufnahmen hinterlassen –, aber sie vermitteln einen ersten Eindruck seines Könnens, seines Charmes wie seiner musikalischen Vielfalt: „Wochenend und Sonnenschein“ / „In der Bar zum Krokodil“ / „Ich bin verrückt nach Hilde“ / „Zwei Worte möchte ich dir nur sagen“ / „Kaddisch“.

Wie kokettierte der Künstler auf der Bühne in Anspielung auf seine Homosexualität? Er sei „beliebt bei älteren Damen und jüngeren Herrn“. Auch wenn man zu keiner dieser beiden Gruppen gehören sollte, es lohnt sich, diesen stilprägenden Künstler wiederzuentdecken und näher kennenzulernen.

„Ich bin verrückt nach Hilde“

„Kaddisch“

1 Újpest

Können alle behördlichen Unterlagen, die europaweit noch aufzufinden waren, irren? Polizeiliche Vernehmungsakten aus Köln, ein Kirchenbuch aus Riga, Schreiben des Schweizer Generalkonsulats in Köln, der Polizeiverwaltung in Zagreb und Prag, Wiener Meldeunterlagen bis hin zur Oranienburger Sterbeurkunde? Kann es sein, dass selbst der Protagonist sich in seinem wahren Geburtsort täuschte, wenn er bei Verhören oder im Zeitungsporträt die ungarische Hauptstadt Budapest nannte?

Der als Paul O'Montis bekannte Künstler wurde am 3. April 1894 als Paul Emanuel Wendel in der ungarischen Ortschaft Újpest geboren – so lautet der Eintrag im Geburtsregister der Lutherischen Kirche in Újpest.[1] Der 1840 gegründete Ort am linken Donauufer grenzte damals an die noch selbstständige Stadt Pest und nannte sich selbstbewusst Neu-Pest, ungarisch Újpest. O'Montis hat es nicht mehr erleben dürfen, dass sein Geburtsort in die Stadt Budapest eingemeindet wurde. Das war 1950, und heute heißen sowohl der IV. Stadtbezirk als auch ein Viertel in diesem Bezirk immer noch so. Auch an der Stadterhebung seines Geburtsortes im Jahr 1907 nahm er wohl keinen Anteil, denn da lebte er schon nicht mehr in Ungarn.

Wendel Pál Manó, wie es im Originaleintrag heißt, wurde am 29. April von Pfarrer Lajos Geduly evangelisch-lutherisch getauft im Haus von Gustav Geyer, einem Eisenbahninspektor, und seiner (namentlich nicht genannten) Frau. Der Friedensrichter, also Schöffe, Dr. Sergius Krause war sein Pate, Rachel Messmer aus Smolensk in Russland seine Patin. Als Wohnadresse der Eltern wird „Újpest Kossuth-u. 22" genannt, die Kossuth-Straße 22. Der Eisenbahninspektor Geyer hatte als Hauptmieter des Hauses Kossuth-Str. 22, das einem gewissen Miklós Mihály Kohn/Kollár gehörte, möglicherweise Zimmer an die Familie Wendel untervermietet. Eine Haustaufe war nicht ungewöhnlich in der damaligen Zeit, könnte aber auch durch den Gesundheitszustand der Mutter oder des Kindes bedingt gewesen sein.[2]

1 Nationalarchiv Budapest, Mikrofilm Nr. X2141, Box Nr. A0009 (HU BFL XV. 20.2 Evangélikus anyakönyvek, Budapest-Újpest, keresztelési anyakönyv 1886–1895, 16/1894, Wendel Pál Manó).

2 Diese Information verdanke ich Prof. Zoltán Csepregi, Kirchenhistoriker der Lutherischen Theologischen Universität in Budapest.

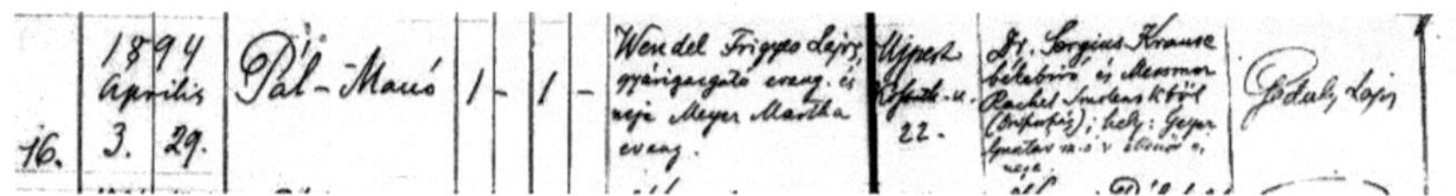

Eintrag im Geburtsregister der Lutherischen Kirche in Újpest
Budapest Archives, HU BFL XV.20.2 Evangélikus anyakönyvek, Budapest-Újpest, keresztelési anyakönyv 1886-1895, 16/1894, Wendel Pál Manó

Zur immer wieder geäußerten Vermutung, der Künstler habe jüdische Vorfahren gehabt oder sei selbst Jude gewesen,[3] ist anzumerken: Weder das Holocaust Memorial Center in Budapest noch das Jüdische Museum in Budapest oder das Budapester Stadtarchiv verfügen über irgendeinen Hinweis auf einen jüdischen Familienhintergrund Paul Wendels. Im Gedenkbuch des Bundesarchivs (Opfer der Verfolgung der Juden unter der nationalsozialistischen Gewaltherrschaft in Deutschland 1933–1945) ist er nicht verzeichnet, auch nicht in der Datenbank der Holocaustopfer von Yad Vashem, The Holocaust Martyrs' and Heroes' Remembrance Authority. Das Jüdische Museum in Berlin schrieb auf Anfrage, „keinen Hinweis auf eine jüdische Abstammung von Paul Wendel gefunden (zu haben). Zu den Eltern gibt es auch keinen Hinweis. Es kann wohl als sicher angesehen werden, dass zumindest in zwei Generationen vor Paul Wendel keine jüdischen Ahnen vorhanden sind."[4] In zwei tschechischen Polizeidokumenten von Ende Juni 1939, also aus der Zeit nach der vollständigen Eroberung der Tschechoslowakei durch Nazideutschland, findet sich gar der Eintrag „arisch" bzw. „Arier".[5]

Pauls Mutter hieß Martha, war eine geborene Meyer und laut Eintrag im Geburtsregister evangelisch. Lebensdaten sind nicht mehr ausfindig zu machen, doch aus Pauls Angaben in Polizeidokumenten lässt sich schließen, dass sie irgendwann im Zeitraum von 1934 bis 1939 gestorben sein muss.

Sein Vater war laut ungarischem Taufeintrag „Wendel Frigyes Lajos", also Friedrich Lajos Wendel und ebenfalls evangelisch. Paul, dem nicht viele gemeinsame Jahre mit seinem Vater vergönnt waren, gab aus der Erinnerung heraus

3 Exemplarisch sei die Doppel-CD „Populäre jüdische Künstler – Berlin Hamburg München. Musik & Entertainment 1903–1933", erschienen 2001 bei TRIKONT 0292, genannt mit einem Beitrag von Paul O'Montis.

4 E-Mail Jüdisches Museum Berlin vom 15. 2. 2019.

5 National Archives, Police Headquarters Prague II. – Civil Register, the period 1931-1940, record signature V 1866/28, cart. 11 922, Paul Wendel, born 3. 4. 1894. Beide Dokumente ohne Datum, aber zeitlich nach der darin erwähnten Abmeldung des Künstlers aus Prag am 22. 6. 1939 und vor seiner Verhaftung 27. 6. 1939. Im Künstlerporträt des Westdeutschen Beobachters vom 17. 11. 1933 bezeichnet er sich sogar selbst als „arisch".

in einem Vernehmungsprotokoll als Beruf seines Vaters Kaufmann an. Mutter Martha erhob ihn nach seinem Tod beim Konfirmationseintrag ihres Sohnes im Kirchenbuch gar zu einem Fabrikbesitzer, aber die triftige Berufsbezeichnung dürfte wohl gewesen sein, was er selbst im Geburts- und Taufeintrag seines Sohnes mit zu verantworten hatte: „gyárigazgató", Betriebsleiter also. Wo und in welcher Sparte er dies war, erfahren wir leider nicht. Was sich noch ungefähr ermitteln lässt, ist sein Todesjahr: Im Konfirmationseintrag von 1911 steht hinter seinem Namen bereits ein Kreuz. Paul selbst erzählte im Zeitungsporträt,[6] dass er durch die zweite Ehe seiner Mutter im Alter von sieben Jahren, also 1901 oder 1902, nach Riga gekommen sei. Vermutlich ist Friedrich Lajos Wendel 1901 oder im Jahr davor oder danach gestorben. Paul scheint zu seinem leiblichen Vater keine enge, intensive Bindung aufgebaut zu haben, oder er hatte Gründe, seine Vaterbeziehung zu verdrängen. Denn in seinem vierten Lebensjahrzehnt erinnerte er sich schon nicht mehr an dessen richtigen Vornamen und gab in Behördendokumenten einen anderen an.

Beide Eltern sollen Paul zufolge Deutsche gewesen sein. Das Geburts- und Wohnhaus in der Kossuth-Straße 22 existiert heute nicht mehr, es musste in den 1960er- und 1970er-Jahren einer neuen Blockbebauung weichen, der Teilabschnitt heißt heute Szigeti József. Lediglich an dessen östlichem Ende ist noch ein Teil der alten Kossuth-Straße unter altem Namen erhalten und gestattet einen Blick zurück ins 19. Jahrhundert.

Leibliche Geschwister hatte der Künstler nach eigenen Angaben keine, nur in späteren Jahren noch eine Halbschwester.

Zu jener Zeit war Újpest noch ziemlich ländlich und dem hauptstädtischen Treiben entlegen. Es war von weniger betuchten Leuten bewohnt. Da Pauls Vater Betriebsleiter war, ist zu schließen, dass der Junge in eine sogenannte gutbürgerliche Mittelschichtfamilie hineingeboren wurde. Mehr ist über Paul Wendels ungarische Kindheit nicht in Erfahrung zu bringen.

Seine nächste Lebensstation beginnt um 1901/02 im russischen Zarenreich, in Riga.[7]

6 Ein bewegtes Leben. Paul O'Montis erzählt seine Geschichte, in: Westdeutscher Beobachter. Amtliches Organ der NSDAP, Ausgabe Köln (Stadt) vom 17. 11. 1933. Das Zeitungsporträt, eine Selbstdarstellung des Künstlers in wörtlicher Rede, stammt mit großer Wahrscheinlichkeit nicht von O'Montis selbst, sondern wurde von einem Journalisten wohl auf der Grundlage eines vorangegangenen Gesprächs verfasst.

7 Die Information der ersten über ihn veröffentlichen LP aus dem Jahr 1976, er stamme aus Hannover, ist unzutreffend, Paul O'Montis, Discophilia-Schallplatten-Produktions- und Vertriebs-GmbH München, DIS-210, 1976.

2 Riga

Die Hauptstadt des russischen Gouvernements Livland befand sich um die Jahrhundertwende im Umbruch.[1] Riga, eine der bedeutendsten Handelsstädte und neben St. Petersburg größter Exporthafen des russischen Reiches, hatte sich binnen weniger Jahre zum großen Industriestandort entwickelt. Die Bevölkerungszahl verzehnfachte sich binnen hundert Jahren und zählte, als Paul Wendel mit seiner neuen Familie dort ankam, um die 300 000 Menschen. Bis zum Kriegsausbruch 1914 sollten es rund eine halbe Million werden. In der Stadt herrschten drei Landessprachen – für Paul, der als kleiner Junge in Újpest sicher auch ein paar Brocken Ungarisch hatte lernen können, kamen nun zwei weitere Sprachen dazu, Russisch und Lettisch, wenn auch nur ein kleiner Teil der Riga-Deutschen alle drei Sprachen wirklich fließend beherrschte. Um Russisch kam Paul allerdings nicht herum, weil alle staatlich anerkannten schulischen Abschlussexamina vor einer russischen Kommission in russischer Sprache abgelegt werden mussten.[2]

Riga bot viele Vorzüge einer expandierenden Großstadt: eine gut funktionierende städtische Infrastruktur, elektrische Straßenbahn, Krankenhäuser, weiterführende Schulen, ein immer dichter werdendes Telefonnetz bis hin zu kulturellen Einrichtungen. Als Deutscher durfte sich Paul schon qua Sprache zur privilegierten Oberschicht zählen. Siebenhundert Jahre zuvor von deutschen Kaufleuten als Hansestadt gegründet, galt es als ausgemacht, dass der deutschsprachige Anteil der Bevölkerung in allen wichtigen Bereichen des Lebens immer die Nase vorn haben würde. Das galt für die Stadtverwaltung, die Akademikerschaft, für Industrie und Handel, Kultur und Presse, den Mittelstand und lange auch für das Handwerk als wichtigsten Erwerbszweig der

1 Die folgenden Ausführungen basieren v. a. auf den Beiträgen von Erwin Oberländer, Rigas Aufstieg zur multinationalen Wirtschaftsmetropole, in: Erwin Oberländer/Kristine Wohlfahrt (Hrsg.), Riga. Portrait einer Vielvölkerstadt am Rande des Zarenreiches 1857–1914, Paderborn 2004, S. 11–30, und Markus Lux: Das Riga der Deutschen, ebenda, S. 75–113. Einen Großteil der Informationen zur Rigaer Zeit Paul Wendels, vor allem den Hinweis auf Carl Oberg, verdanke ich dem Historiker und Baltisten Maik Habermann, der sie im Rahmen seiner Heinz-Erhardt-Forschungen – Erhardt stammte aus Riga – recherchierte.

2 Markus Lux, Das Riga der Deutschen, S. 101.

Stadt. Der Künstler hat das später durchaus kritisch reflektiert, wenn er von „Hochmut und [...] Indolenz der früheren herrschenden Klasse, nämlich der baltischen Deutschen" schrieb.[3] Die Lage änderte sich allerdings auch hier. Zwar blieb die Dominanz der deutschen Rigenser noch bis 1914 weitgehend erhalten, doch zahlenmäßig waren sie bereits deutlich ins Hintertreffen geraten. Der Anteil der Deutschen an der Stadtbevölkerung ging wegen der enormen Zuwanderung der letzten Jahrzehnte ständig zurück und sank von 1867 bis 1913 von 42,8 % auf nur noch 13,5 %. Als Paul nach Riga kam, stellten die Deutschen noch rund ein Viertel der Bevölkerung. Zudem machte die Politik der zaristischen Zentralregierung in St. Petersburg den Deutschen das Leben schwerer. Seit 1877 galt Russisch und nicht mehr Deutsch als Amtssprache, und spätestens ab 1892 wurde es auch im Unterricht an öffentlichen Schulen verpflichtend. „Riga verwandelte sich [...] im Zuge seiner wirtschaftlichen Expansion [...] in eine ausgesprochene Vielvölkerstadt, in eine Stätte der Völkerbegegnung, was allerdings nicht mit Völkerverständigung zu verwechseln war. Denn trotz vielfältiger Kontakte in der Arbeits- und Geschäftswelt blieben die Angehörigen der verschiedenen Nationalitäten in der Alltagswelt, d.h. im privaten und gesellschaftlichen Bereich, weitgehend unter sich."[4] Wie immer bei Zuwanderung lag das zum einen daran, dass sich Neuankömmlinge gerne zusammenfinden, um ihre kulturelle Identität zu wahren; zum anderen am zunehmenden Nationalbewusstsein vor allem der Lettinnen und Letten, deren Bevölkerungsanteil ständig stieg, wodurch sie mit der Zeit die stärkste Bevölkerungsgruppe bildeten. All das wird dem jungen Paul Emanuel Wendel in seinen Jahren in Riga kaum entgangen sein. Auch nicht der sozialpolitische Wandel in der Stadt, der sich in der Revolution von 1905 mit einem Generalstreik im Oktober entlud, der die Stadt- und Gouvernementsverwaltung eine Zeit lang entmachtete und dessen Gewalttätigkeit sich gerade von Seiten der lettischen Bevölkerung primär gegen die Deutschen richtete.[5]

Dennoch prägten nach wie vor die Deutschen das urbane Gesamtklima, das trotz aller technischen wie sozialen Errungenschaften immer noch weit davon entfernt war, groß- oder gar weltstädtisch zu sein. Zahlenmäßig machte das Viertel der Deutschen eben nur eine mittlere Großstadt aus. „Das deutsche Bürgertum galt als ausgesprochen konservativ[...], Haus und Familie [waren] von

3 Paul O'Montis, Künstlerreise durch Lettland. Ein Brief von Paul O'Montis. Riga, im März 1930, in: Das Organ der Varieté-Welt. Zentralorgan des gesamten Vergnügungsgewerbes (künftig: Das Organ), Nr. 1115 vom 12. 4. 1930.

4 Oberländer, Rigas Aufstieg, S. 29.

5 Lux, Das Riga der Deutschen, S. 86.

zentraler Bedeutung, ähnlich dem Familienkult in Deutschland. Die Deutschen in Riga legten großen Wert auf das Zuhause als Garant und Hüter ihrer deutschen Nationalität, des deutschen Geistes und der deutschen Werte."[6] Wichtiger kultureller Treffpunkt war das Deutsche Stadttheater. Moderne Werke waren hier eher ungern gesehen, Autoren aus der Region wurden den deutschen Klassikern vorgezogen, und mit der schwindenden kulturellen Ausstrahlung der Deutschen war das Theater Anfang des neuen Jahrhunderts kaum noch ausgelastet. „In der Presse wurde dem Theater oft harsche Kritik zuteil (‚Frl. Grete Schulte verfügt weder über gewinnbringende Formen noch über ein auch nur relativ gutes Spiel')."[7] Noch dreißig Jahre später sollte Paul O'Montis über die in seinen Augen immer noch herrschende kulturelle Provinzialität seiner Heimatstadt öffentlich lästern. Dabei profitierte damals gerade er davon, denn sie bot dem jungen Mann die Möglichkeit, sich fern eines hochkulturellen oder gar avantgardistischen Anspruchs auszuprobieren und selbstverfasste Jugendstücke auf eine zentrale Stadtbühne zu bringen. In einer wirklichen Kulturmetropole wäre das so niemals möglich gewesen.

Über Pauls Stiefvater wissen wir wenig. Es ist davon auszugehen, dass er mit Familienname Weiss (Weiß) hieß. Pauls Mutter veröffentlichte am 9. Oktober 1910 in der Rigaschen Zeitung eine Anzeige, in der sie unter dem Namen Martha Oberg-Weiss Unterricht in Malerei und Kunstgewerbe anbot.[8] Paul nannte über dreißig Jahre später bei einer polizeilichen Vernehmung in Köln als Vornamen seines verstorbenen Vaters „Theodor W.", obwohl sein leiblicher Vater Friedrich Lajos hieß.[9] Ob daraus zu schließen ist, dass sein erster Stiefvater Theodor Weiss (Weiß) hieß? In den Adressbüchern der Stadt Riga dieser Jahre finden sich viele Einträge für Th. oder Theod. Weiß, aber eine Verbindung zu Martha ist nicht belegbar. Eine Martha Weiß finden wir erst ab 1906 mit eigener Adresse Newastraße 12 W(ohnung) 8, 1909 wohnte Martha Weiß ganz in der Nähe in der Romanowstraße 36 W(ohnung) 6 und ist als Witwe eingetragen. 1910 ist sie immer noch in der Romanowstraße 36 eingetragen, diesmal aber als Mal- und Handarbeitslehrerin, also ganz ähnlich wie in ihrer Zeitungsannonce vom Oktober des gleichen Jahres. Damals war sie bereits neu verheiratet. Ab 1911 finden sich keine Einträge mehr. Aus den fragmentarischen Hinweisen

6 Ebenda, S. 78 f.

7 Ebenda, S. 81.

8 Rigasche Rundschau vom 9. 10. 1910, S. 5. „Quartier 6" bedeutet möglicherweise ein Zimmer gegenüber der eigentlichen Wohnung Nr. 6 oder eine Nachbarwohnung.

9 Im gleichen Dokument verwechselt er auch den Geburtsnamen seiner Mutter (Meyer) mit dem Namen seiner Patentante Messmer.

könnte man schließen, dass Marthas zweite Ehe nur von kurzer Dauer war, die Trennung um 1905 herum erfolgte und der Gatte um 1908 herum gestorben ist.

Martha Wendel/Oberg-Weiss

Hier in Riga verdichtet sich aber ein wenig das Bild von Pauls Mutter. Aus ihrer Zeitungsannonce erfahren wir, dass sie Unterricht gab „in folgenden Fächern: Oel-, Aquarel, Silicine-, Porzellan, Brand-, Email- und Perlmalerei; Metallplastik, Zinntreibarbeit, Lederschnitt und Lederplastik, Tiefbrand, Münchner Tarso, Holzschnitzerei, Sammetbügelarbeit, Selbstanfertigung der Bilderrahmen u.s.w". Sie verdiente ihren Lebensunterhalt also mit Malerei und Kunsthandwerk und könnte Paul schon früh mit kreativen und kunsthandwerklichen Gestaltungsmitteln vertraut gemacht haben. Paul profitierte davon und konnte sich nach dem Ersten Weltkrieg parallel zu seinen ersten Auftritten mit der Illustrierung mindestens zweier Kriminalromane ein zusätzliches Einkommen verdienen.

Martha erscheint als eine kluge und selbstbewusste Frau, die sich schon früh im Rigaer Gewerbeverein engagierte. Der Gewerbeverein, eine der mitgliederstärksten Vereinigungen der Stadt, veranstaltete Vortragsreihen, hatte eine eigene Bibliothek und nahm so teilweise die Aufgaben einer modernen Volkshochschule wahr. Abgesehen von seinen Bildungsaufgaben unterstützte er auch die ersten genossenschaftlichen Gründungen in der Stadt. Gleich mehrfach trat Pauls Mutter dort öffentlich in Erscheinung: Als mutmaßlich alleinerziehende Mutter engagierte sie sich im November 1909 bei einem „Diskutier-Abend mit Damen" für die Sache der modernen Frauenbewegung.[10] Und sie schauspielerte: Im Dezember 1903 und Januar 1904 stand Martha unter ihrem ersten Familiennamen Wendel im Gewerbeverein bei einer großen Theateraufführung auf der Bühne: bei einem „Dramatisch[en] Abend mit nachfolgendem Tanz" in dem Schwank „Hans Huckebein".[11] Pauls künstlerische Begabung scheint sich also zu einem guten Teil seiner Mutter zu verdanken. Sie wird ihn sicherlich früh gefördert und darin unterstützt haben, schon als Schüler seine darstellerischen Talente auszuleben und sich mit ersten Stücken auf den Brettern, die die Welt bedeuten, auszuprobieren. Als Spross einer bürgerlichen Familie wird er mit großer Wahrscheinlichkeit auch ein Musikinstrument erlernt haben, vermutlich Violine oder Klavier.

10 Rigasche Zeitung, Nr. 276 vom 28. 11. 1909.

11 Düna Zeitung vom 20. 12. 1903 und 13. 1. 1904, Rigasche Rundschau vom 17. 1. 1904.

Pauls Wohnadressen, unter denen er mit seiner Mutter allein oder später mit Familie lebte, waren die Romanowstraße 36 W(ohnung) 6, die Große Newastraße Nr. 12 W(ohnung) 8, später Nr. 15 W(ohung) 6, die Elisabethstr. 59 und die Säulenstraße 14 W(ohnung) 9. Alle Wohnungen lagen im bürgerlich-vornehmen südwestlichen Viertel der Petersburger Vorstadt nahe der historischen Altstadt, dem angestammten Wohngebiet der Deutschen.

Wie schon angedeutet, heiratete Pauls Mutter ein drittes Mal. Durch die neue Verbindung wird Pauls künstlerisches Leben nachhaltig geprägt.

Carl/Karl Oberg

Höchstwahrscheinlich im Jahr 1910 heiratete Martha den Kaufmann Carl (Karl) Oberg.[12] Für Oberg ist es bereits die vierte Ehe. Er bringt seine Tochter Frederike Catharina Molly Oberg, geboren am 16. Juni 1893, in die Verbindung mit. Paul hat jetzt also eine Halbschwester. Beide werden am 23. April 1911 gemeinsam in der evangelisch-lutherischen Petri-Kirche konfirmiert.[13] Im bereits erwähnten Presseporträt spricht O'Montis von seinem russischen Stiefvater, und in der Tat stammte Oberg aus Russland: Er wurde am 8. Juni 1858 in St. Petersburg geboren.[14]

Der Kaufmann Carl Alexander Oberg – er hatte es zu etwas gebracht und war eine gute Partie. Zum Zeitpunkt der Eheschließung führte er in Riga an einer guten Adresse eine Musikalienhandlung, die so rentabel lief, dass an eine Erweiterung zu denken war. Er hatte sich hochgearbeitet. Betrieb er noch in den 1890er-Jahren nur ein Geschäft in der Altstadt – ein „Pianoforte- und Harmonium-Magazin" –, in der Jakobstraße 3 nahe der Börse, so verlegte er es im Jahr 1901 in die ebenfalls in der Altstadt gelegene Weberstraße 12. Zugleich erweiterte er das Klavier- und Harmonium- durch ein „Special-Musikinstrumenten-Geschäft" und bot nun auf zwei Verkaufsflächen zusätzlich Streich-, Blas-, Schlag- und mechanische Instrumente an, dazu Gitarren, Zithern, Balalaikas

12 Im Rigaschen Adressbuch von 1910 wohnt (C)Karl Oberg noch unter der Adresse „Altstadt 3", im Adressbuch 1911 bereits in der Newastraße 15/6.

13 www.lvva-raduraksti.lv/de/menu/lv/2/ig/1/ie/242/book/7839.html [alle Internetquellen wurden, sofern nicht anders angegeben, zuletzt am 14. 5. 2020 abgerufen und überprüft] (Molly S. 218, Paul S. 220). Das im Vergleich zu heute höhere Alter der Konfirmandinnen und Konfirmanden war damals nicht ungewöhnlich, viele waren sogar älter als die beiden Halbgeschwister.

14 www.lvva-raduraksti.lv/de/menu/lv/2/ig/1/ie/242/book/7861.html (S. 167). Seine Eltern waren Johann Oberg und Elisabeth geborene Voss, beide evangelisch-lutherisch.

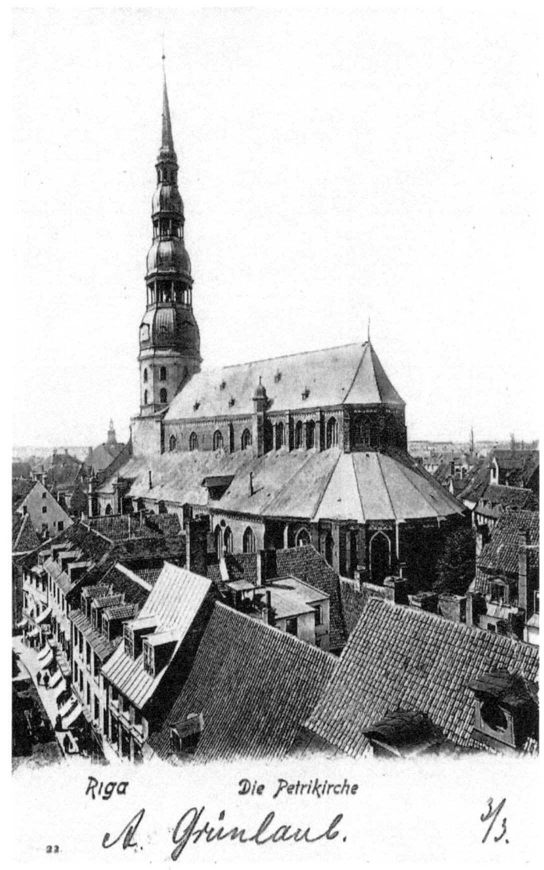

Die Petri-Kirche in Riga
Sammlung Ralf Jörg Raber

sowie entsprechendes Zubehör; auch eine Reparaturwerkstatt gehörte dazu. Die Musikinstrumente wurden parterre, die Klaviere im ersten Stock angeboten. Spätestens ab Dezember 1907 kamen Grammophone und Schallplatten dazu. Der Laden platzte bald aus allen Nähten. Im Jahr 1911 eröffnete Carl Oberg eine Filiale auf der Verlängerung des aus der Altstadt herausführenden prachtvollen Alexanderboulevards, der Alexanderstraße 2 Ecke Elisabethstraße, mitten im neuen Zentrum der Petersburger Vorstadt, damals wie heute eine gewerbliche Toplage.

Glich die Musikalienhandlung in der Weberstraße mit ihren gedrungenen Schaufenstern noch eher einem kleinen Krämerladen, präsentierte sich das neue „Maison de Musique“ großzügig und modern mit einer fast durchgehenden, elegant um die abgerundete Hausecke geschwungen Fensterfront. Carl Oberg ließ einen üppigen Geschäftsprospekt drucken, auf dessen Front beide Geschäftshäuser abgebildet waren – die Fotos verziert mit prachtvoller

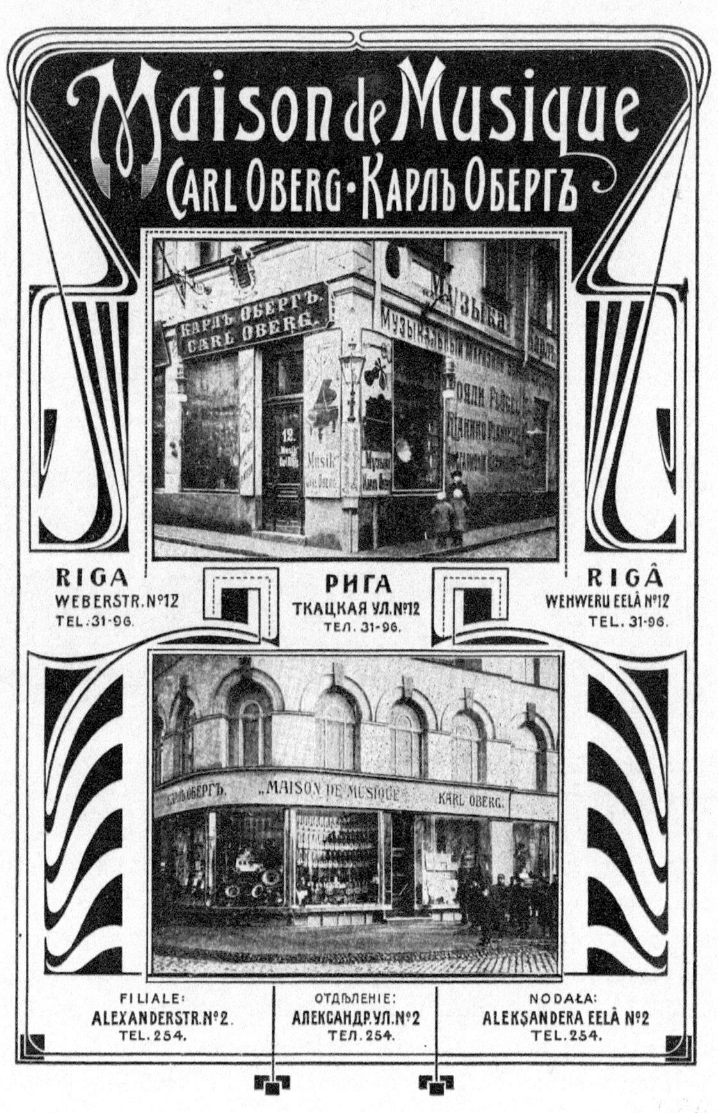

Werbeprospekt von Carl Obergs Musikalienhandlungen
in der Weber- und in der Alexanderstraße
The National Library Of Latvia

Jugendstilornamentik – und präsentierte auf achtundzwanzig Prospektseiten vor allem sein großes Angebot an Streichinstrumenten samt Ersatzteilen, Taktstöcken und Notenständern. Später vertrieb er zusätzlich noch Orchestrions für Gastwirte und Kinos, und er unterhielt einen Notenverlag. Der Verkauf von Konzertkarten für Musik-, Theater-, und Kabarettveranstaltungen gehörte da schon lange zum Kerngeschäft.

Es kann nicht überraschen, dass Carl Oberg bei diesem geschäftlichen Engagement selbst ein musikalischer Mensch war. Passend zu seinem Warenangebot spielte er Violine und Harmonium und ist mindestens zweimal öffentlich aufgetreten: als Violinist am Abend des 9. April 1898 im Saal des Wöhrmann'schen Parks im Rahmen einer Benefizveranstaltung,[15] und am Harmonium im Rahmen eines geistliches Konzertes des russischen Bildungsvereins im Saal des Gewerbevereins am 1. April des Jahres 1907.[16] Gesungen hat er auch: Im April 1909 wurde er Ehrenmitglied seines Gesangsvereins „Gutenberg".[17]

Es verstand sich von selbst, dass der Geschäftsmann Carl Oberg in jährlicher Wiederholung in den riesigen Spendenlisten auftauchte, die zum jeweiligen Jahreswechsel in alphabetischer Reihenfolge in der Tagespresse veröffentlicht wurden. Das gehörte zum guten Ton, war aber auch dringend nötig. Denn nach wie vor wiesen die Stadtoberhäupter die Verantwortung für die sozialen Aufgaben und die Herausforderungen der Stadt von sich – zwei Drittel der Einwohner Rigas hatten keinen Anspruch auf städtische Unterstützung[18] – und delegierten sie in private Spenderhände und ehrenamtliches Engagement.

Im Ersten Weltkrieg musste Oberg infolge der katastrophalen Stadtentwicklung seinen Laden in der Weberstraße wahrscheinlich aufgeben, das Geschäft in der Alexanderstraße mit seinem Piano- und Flügel-Verkauf in der Bel-Etage existierte aber noch bis mindestens Oktober 1918.[19]

15 Rigasche Zeitung vom 8. 4. 1898.

16 Rigasche Zeitung vom 28. 3. 1907.

17 Rigasche Zeitung vom 13. 4. 1909.

18 Lux, Das Riga der Deutschen, S. 108.

19 In der Rigaschen Zeitung vom 5. 4. 1915 und vom 22. 10. 1918 steht nur noch das Geschäft in der Alexanderstraße. Im einzigen online zugänglichen Adressbuch von 1926/27 findet sich kein Eintrag mehr, allerdings eine „Oberg, Martha, Hndlrn., Brivibas 33-11". Diese Straße war die ehemalige Alexanderstraße. Nachdem Lettland seine staatliche Unabhängigkeit erlangt hatte, befand sich in den ehemaligen Oberg-Geschäftsräumen ein Laden für Kriegsinvaliden. Foto siehe: zudusilatvija.lv/objects/object/47143/.

Paul Wendel-Oberg

Für Paul war die Verbindung seiner Mutter zu dem Musikalienhändler Carl Oberg ein Glücksfall. Der künstlerisch interessierte und begabte Sechszehnjährige traf in seinem neuen Stiefvater auf einen Mann, der ihm allein in seinen beiden Geschäftsräumen, in denen Paul aus- und einging, die ganze musikalische Welt zu Füßen legte: Musikinstrumente jeglicher Art, Noten und vor allem Schallplatten aller Genres und der neusten Trends, lagen immer griff- und vorführbereit auf dem Ladentisch. Dazu hatte er es mit einer Kundschaft zu tun, deren Interessen vornehmlich um das Theater- und Musikleben, ihr Instrumentarium und Konzertereignisse kreisten. Paul wird diesen Zustand wohl genossen und das Musik- und Grammophonhaus ihn oft der kleinen und verstaubten Alltagswelt der Rigaer Deutschbalten enthoben und ihm den Blick in die große weite Welt der musikalischen Kultur geöffnet haben.

Er dankte es seinem Stiefvater, liegt doch auf der Hand, dass es sich bei dem Namen Oberg um den Schlüssel zu Pauls späterem Künstlernamen O'Montis handelt. In einer Anzeige vom Mai 1912 wird er als „Herr P. Oberg, ein Sohn des bekannten Musikverlegers gleichen Namens" eingeführt, auch 1913 taucht der Name Paul Oberg, 1914 sogar als Wendel-Oberg, auf. Noch Jahre später wird in der Rigaschen Rundschau im Zusammenhang mit einem Auftritt in Königberg im September 1927, als er sich längst unter seinem Pseudonym einen Namen gemacht hatte, noch einmal die Verbindung zu seinem Stiefvater hergestellt: „Paul O'Montis' – des Rigenser Paul Obergs – Auftreten an einem ‚bunten Abend'"[20]. Da der Name Paul Oberg oder Paul Wendel-Oberg nach bisheriger Recherche in keinem amtlichen Dokument steht – auch im Kirchenbuch zur Konfirmation im April 1911, als seine Mutter schon den Doppelnamen trug, steht nur Pauls alter Familienname Wendel –, ist zu vermuten, dass er sich selbst den Namen seines Stiefvaters zugelegte und sich in Riga Paul Wendel-Oberg nannte. Aus dem Namen Oberg kreierte er dann später seinen Künstlernamen „O'Montis". Wann das genau geschah, ist nicht gesichert; er selbst nennt ihn im Zeitungsporträt zum ersten Mal im Zusammenhang mit seinen abendlichen Kabarettauftritten in Königsberg im Jahr 1918. Dazu passt zeitlich, dass er unter seinem Künstlernamen mindestens ab Mai 1918 in Riga auftrat.

Darüber, warum er den Namen seines zweiten Stiefvaters trug und Carl Oberg sogar zum Paten seines Künstlernamens machte, lässt sich nur mutmaßen. Vielleicht fand er in dem Musikverleger zum ersten Mal – neben der künstlerisch tätigen Mutter – auch ein verständnisvolles Familienmitglied

20 Rigasche Rundschau vom 23. 9. 1927.

für seine eigenen künstlerischen Veranlagungen und Ambitionen.[21] Nebenbei bemerkt war der Name auch werbetechnisch geschickt gewählt, ein echter Hingucker in Anzeigen und auf Plakaten – Paul verstand schon damals, sich clever zu inszenieren.

Paul Wendels schulischer Bildungsweg lässt sich nicht mehr genau rekonstruieren. Ein Mitschüler und späterer Journalist schrieb, Paul habe die Rigaer Mittelschule besucht; in Polizeiakten heißt es einmal, er sei „Fachschüler", dann, er sei „Maturant" gewesen. Wenn dies zutrifft, hat er das Abitur abgelegt.

Künstlerische Anfänge in Riga

Schon als Schüler zog es Paul auf die Bühne. Er nutzte jede passende Gelegenheit, sein aufblühendes Showtalent unter Beweis zu stellen. Besagter Journalist und Mitschüler erinnerte später an diese Sturm und Drang-Zeit des jungen Paul Wendel: „Das schauspielerische Talent von Paul O'Montis (anfänglich noch nicht unter diesem Namen bekannt) ist bereits damals aufgefallen, als er noch Schüler an der Rigaer Mittelschule war, längst konnte man in ihm einen zukünftigen Artisten sehen, dessen Name heute in ganz Europa einen sehr guten Ruf hat. Der Verfasser dieser Zeilen, der in der Schule einige Klassen unter Paul O'Montis war, erinnert sich sehr lebhaft daran, wie der genannte Künstler noch als junger

21 Im Jahr 1901 wird in der Presse der lettischen Hafenstadt Libau (Liepāja) erstmals ein Humorist und Charakterdarsteller mit Namen Gustav Oberg erwähnt. Zwei Jahre später plante in Riga ein Gustav Oberg, der als königlich-preußischer Hofschauspieler lange Jahre an Berliner Theatern gewirkt haben will, das Kurhaus in Edinburg, einem damals zu Riga gehörenden Ostsee-Badeort (heute Teil von Jūrmala) für drei Jahre zu pachten und um Operette und Lustspiel zu erweitern. Er übernahm schließlich im Frühjahr 1904 das Kurhaus und plante, im dortigen Familiengarten Varieté-Vorstellungen anzubieten. Auch in Libau soll er im gleichen Jahr ein Varieté eröffnet haben. Gustav Oberg spielte auch in Riga, 1903 und 1907 im Theater-Varieté Alcazar, und 1909 in Edinburg eine „Revue mit Gesang und Tanz von Eug. Oberg". Insofern gab es neben Gustav und Carl noch weitere künstlerisch aktive Menschen mit Namen Oberg in Riga und Umgebung. Gustav Oberg stammt aus dem estnischen Tartu, auf Deutsch Dorpat, russisch Jurjew, und wurde in der Presse als „langjähriges Mitglied der Königlichen Theater in Berlin" vorgestellt. Möglicherweise waren Gustav und Carl Oberg miteinander verwandt, so dass Paul durch die dritte Ehe seiner Mutter in einen erweiterten künstlerisch aktiven Familienkreis eintrat, der ihm – neben der dem Kunsthandwerk und der Malerei verbundenen Mutter – Vorbilder lieferte und ihn in seinen eigenen künstlerischen Ambitionen unterstützte, vielleicht sogar beflügelte – so dass sein Künstlername gar als Hommage an die Oberg-Familie gedeutet werden könnte.

Bursche auf den wohltätigen Festen, wo sich die oberste Gesellschaft von Riga einfand, mit seinen Auftritten – er sang Lieder, pfiff, erzählte Witze usw. – Aufmerksamkeit erweckte“.[22]

„Comtesse Rokoko"

Bereits mit siebzehn verfasste er ein Operetten-Libretto, das – kaum war er achtzehn geworden – auch zur Aufführung kam. Die Operette oder, wie es in der Presse genannt wurde, das Vaudeville „Comtesse Rokoko“, war ein Werk des Rigaer Stadttheater-Kapellmeisters Fritz Koreny-Schenk. Als zunächst dritter Kapellmeister war Koreny-Schenk im August 1902 gemeinsam mit seiner Frau, der Operetten-Soubrette Hermine Hoffmann-Koreny-Schenk am Rigaer Stadttheater engagiert worden.[23] Dort war er schnell aufgestiegen, leitete den Chor, schrieb u. a. die Musik zur Operette „Die Hofdame“, zur Ballett-Pantomime „Der Mai ist gekommen“ und zur Märchenkomödie „Der gestiefelte Kater“, alles im Deutschen Stadttheater aufgeführt. Carl Oberg verlegte mindestens ein Stück von ihm mit dem Titel „Märchen-Zauber“. Man kannte sich also, die Welt war klein in Riga. Der Kapellmeister muss wohl im Frühjahr 1912 plötzlich gestorben sein und hinterließ ein Kind. Zugunsten dieses Kindes fand am 7. Mai 1912 im Rigaer Stadttheater eine Benefizveranstaltung statt, aufgeführt wurden die Lehár-Operette „Der Rastelbinder“ und eben „Rokoko“. In der Vorankündigung tauchte Pauls Name erstmals in der Presse in Verbindung mit einer öffentlichen Veranstaltung auf: „Der Abend wird eingeleitet durch die Erstaufführung der Koreny-Schenkschen Operette ‚Rokoko‘, deren Libretto, wie schon erwähnt, Herr P. Oberg, ein Sohn des bekannten Rigaer Musikverlegers gleichen Namens, zum Verfasser hat“.[24]

Die Tonkunst des Verstorbenen erntete nur gedämpftes Wohlwollen: „Die Musik [...] ist, ohne originell zu sein, in liebenswürdiger Art auf einen anmutigen Operettenton gestimmt. Eine Gelegenheitsarbeit [...], frohgemut hingeworfen, mit einschmeichelnden, leicht ins Ohr fallenden Melodien bedacht, flott in den Rhythmen und gefällig instrumentiert. Auf weitere Bedeutung will seine Musik keine Ansprüche erheben, aber ihm [dem Komponisten] [...] hätte sie auf engere Kreise lokalisiert, sicher neue Anhänger und Freunde zugeführt.“ Pauls Libretto fiel beim Rezensenten mit Bausch und Bogen durch:

22 Meims, W., Der Abend mit den Liedern des Paul O'Montis, in: Postimees vom 8. 3. 1931 (Ankündigung für ein Konzert im estnischen Tartu am 9. 3. 1931).

23 Rigasche Rundschau vom 8. 8. 1902.

24 Rigasche Zeitung vom 7. 5. 1912.

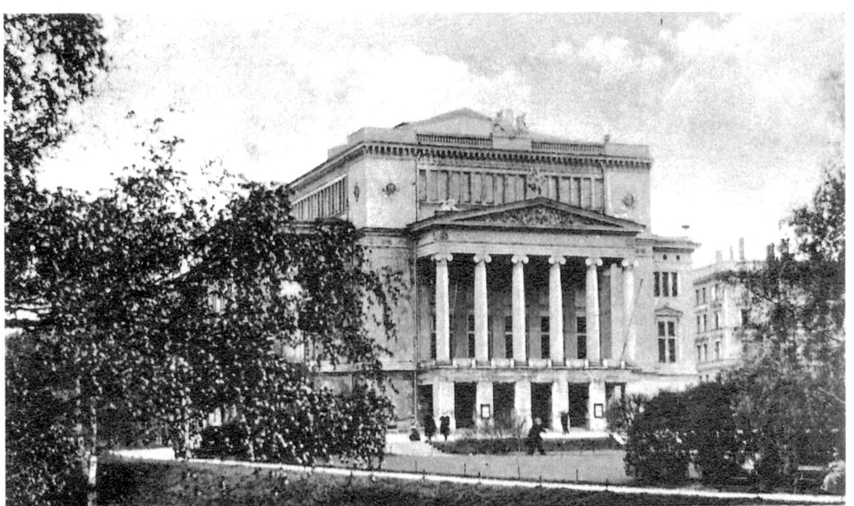

Sammlung Ralf Jörg Raber

„Der Textverfasser heißt Wendel-Oberg. Er trägt die Tertianermütze und sein Witz geht im Grunde genommen auch nicht über den Tertianerhumor hinaus. Wohl aber der Stoff. Wenn man jugendliche Versuche im Dichten und Dramatisieren macht, so pflegt es gewöhnlich nicht ohne Tragik, nicht ohne Kampf, Schwert und Massenmorde abzugehen. Der junge Wendel denkt anders darüber. Seine Phantasie, genau besehen, verliert sich ins Triviale und das will mir keineswegs als übermäßig lobenswert erscheinen. Die Sache, mit denen seine Rokokofiguren sich befassen, ist hinlänglich verbraucht: Liebesromane bei Mondenschein, Liebesgeplänkel hinter Busch und Strauch, bornierte Hofschranzen, kleine Hofintrigen und endlich – ein glückliches Paar. Alles, alles Ben Akiba [alles schon mal dagewesen]. Nicht unbegabt mag der junge Jüngling sein, indessen, bevor er die Kulissen kommandiert, möge er vorläufig andauernd und fest die Schulbank in Ehren halten."

Als Trostpflästerchen für Paul Wendel bekam auch noch Lehár sein Fett weg: „Dem Vaudeville folgte die bekannte Operette ‚Der Rastelbinder' von – nun natürlich von Franz Lehár, dem gefürchteten Befehlshaber des modernen Walzer-, Marsch- und Polkabasars."[25]

25 Rigasche Zeitung vom 8. 5. 1912.

Sollte Paul damals wirklich noch die „Tertianermütze“ getragen haben, hätte er zuvor wohl einige schulische Ehrenrunden gedreht. Wahrscheinlicher aber ist, dass die Kritik den gerade Achtzehnjährigen – und damit wohl: Primaner – auf den Rang eines fünfzehnjährigen Tertianers zurückstufen wollte.

„Die fromme Klotilde“

Paul ließ sich davon nicht entmutigen und wurde bereits im folgenden Jahr mit seinem ersten großen Erfolg belohnt. Auch die Rigasche Zeitung schien ihren Verriss vom Vorjahr längst vergessen zu haben, als sie in der Vorankündigung der neuen Operette den jungen Paul als „Herrn Wendel-Oberg, der sich als Verfasser von Operettenlibrettos in Riga bereits einen guten Namen gemacht“ hat, anpries.[26] Die Musik des Einakters schrieb der Musikpädagoge und Dirigent des Rigaer Sängerkreises Anton Drexler. Am Sonntag dem 20. Januar 1913 wurde „Die fromme Klotilde“ anlässlich eines Familienabends auf der Bühne des Gewerbevereins uraufgeführt. Am darauffolgenden Montag erschien eine ausführliche Besprechung:

> „Die Handlung spielt natürlich in Frankreich, wo eine reiche Erbin von ihrem eigennützigen Vormunde durch Erziehung zur Frömmigkeit vom Heiraten abgehalten werden soll. Zweien Pariser Lebemännern, deren einer ein Cousin der Erbin, gelingt es einen Wandel in der Sinnesart der schönen Klotilde herbeizuführen und mit der Verlobung des einen dieser Herren schließt das Stück. Komische Komplikationen und Situationen entstehen durch das unerwartete Erscheinen zweier Pariser ‚Lebedamen‘ in dem einsamen Schloss. Das Libretto ist von Herrn Wendel-Oberg, der übrigens auch das Libretto zur Koreny-Schenk’schen posthumen Operette verfasst hat, geschickt und bühnenwirksam zusammengestellt und enthält alle obligaten Requisiten der modernen Operetten, a. d. s. Gänsemarsch, Tanzduett mit einem kleinen Cancan u. dergl. Die Musik ist flott und ansprechend, wenngleich ohne einen besonderen Schlager und bietet einige Duette und Terzette ernsteren musikalischen Genres. Gespielt wurde die Operette von lauter Dilettanten überaus flott und sicher. […] Aufgenommen wurde die Operette mit stürmischem Beifall und dem Dichter und Komponisten wurden reichliche Ovationen zuteil.“[27]

26 Rigasche Zeitung vom 17. 1. 1913.
27 Rigasche Zeitung vom 21. 1. 1913.

Die „Klotilde“ wurde mehrfach wiederaufgeführt, am 31. März 1913, am 10. Januar 1914 und im gleichen Jahr noch einmal am 9. Juli im Rigaer Stadtteil Hagensberg im Rahmen des dortigen Sommer-Theaters.[28]

„Die Göttermaus oder die Flederdämmerung“

Knapp zwei Monate nach der Erstaufführung der „Klotilde“ war Paul am Polytechnikum, der Technischen Universität in Riga, in eine weitere Bühnenaufführung involviert. Ob er selbst am Polytechnikum eingeschrieben war – im Presseporträt nennt er das Fach Architektur –, ließ sich allerdings nicht bestätigen. Denn sein Name ist dort in keiner der archivierten Matrikel bzw. Immatrikulationslisten verzeichnet.[29] Laut Presse übernahm er dort die Regie einer Aufführung des Studententheaters der Burschenschaft „Fraternitas Baltica“. Der neu bearbeitete Dreiakter wird eine Operetten-Parodie gewesen sein, nannte er sich doch in ironischer Anspielung auf Johann Strauß’ „Fledermaus“ „Die Göttermaus oder die Flederdämmerung“. Am Dirigentenpult stand wie schon bei der „Comtesse“ der neue Kapellmeister des Deutschen Stadttheaters Jungel-Janson. Aufgeführt wurde das „Burschentheater“ am 10. und 12. März 1913 im Saal des Schützenvereins „zum Besten des Deutschen Vereins“[30] von Riga. Eine Kritik der Aufführung ist nicht überliefert. Möglicherweise handelt es sich dabei um jenes im Zeitungsporträt erwähnte „Laientheater, auf dem ich in einem von mir verfassten Stücke eine Hauptrolle spielte und auch die Regie führte“.

Auch unter den Deutschbalten hatte sich mittlerweile der nationale Ton verschärft, waren im Zuge der Ereignisse des Revolutionsjahres 1905 mit seinen antideutschen Ausschreitungen auch in den Ostseeprovinzen „Deutsche Vereine“ gegründet worden. Sie dienten vor allem Unterhalt und Unterstützung der deutschen Privatschulen und Volkstumspflege. Von einem aggressiven Nationalismus waren sie hingegen weit entfernt, „die Loyalität gegenüber dem Zaren wurde im allgemeinen nicht in Frage gestellt“.[31] So gehörte sicherlich auch der junge Paul zu den begeisterten Zuschauern beim aufwendig gefeierten Kaiserbesuch von Zar Nikolaus II. im Juli 1910 und konnte möglicherweise aus der Entfernung mitverfolgen, wie der Zar „mit einer silbernen Schaufel aus einer aus Mahagoniholz gefertigten Schubkarre Erde auf einen hier zu verpflanzenden Eichenbaum“ schüttete.[32]

28 Rigasche Zeitung vom 27. 3. 1913/14. 1. 1914/9. 7. 1914.

29 Antwort der Technischen Universität in Riga auf eine Anfrage vom 20. 3. 2019.

30 Rigasche Zeitung vom 4. 3. 1913.

31 Lux, Das Riga der Deutschen, S. 109.

32 Rigasche Zeitung ohne Datum, zit. nach Lux, Das Riga der Deutschen, S. 83.

Paul begann ein Volontariat am Stadttheater, von dem er im Westdeutschen Beobachter erzählt, er habe es „zum Entsetzen [s]eines Vater“ begonnen, und es sei nur durch den Krieg unterbrochen worden. Auch in der Rigaschen Zeitung wird im Juli 1914 kurz erwähnt, dass „Herr P. Wendel-Oberg [...] am hiesigen Stadttheater tätig war“.[33] Was aber genau genommen hieß, dass er schon vor Ausbruch des Krieges dort nicht mehr als Volontär arbeitete. Auch Pauls Bemerkung, er habe erfolgreich bei einem Laientheater Regie geführt und eine Hauptrolle gespielt, kann anhand der Presseartikel nur zum Teil nachvollzogen werden, denn von einer Hauptrolle ist darin nicht die Rede. Auch sein Studium scheint – wie bereits erwähnt – fraglich. Dass der Kaufmann Carl Oberg trotz „Maison de Musique“ und erster Bühnen-Meriten seines Stiefsohns mit Blick auf dessen Zukunft eher an etwas „Solides“ gedacht haben mag, erscheint auch ohne Beweis durchaus glaubwürdig.

Zu Beginn des Ersten Weltkrieges war Paul Wendel zwanzig Jahre alt und konnte bereits auf eine kleine Theaterkarriere in seiner neuen Heimatstadt Riga zurückblicken. Sein eigentliches Metier war allerdings das Schreiben, er wird auch in den folgenden Lebensdekaden jede Gelegenheit nutzen, seiner literarischen Kreativität freien Lauf zu lassen: in Liedtexten, Einaktern, Filmdrehbüchern, Operettenlibretti und weiteren Genres. Dass hingegen die Musik und vor allem der Gesang ihm einmal zu europaweiter Popularität verhelfen würden, konnte zum damaligen Zeitpunkt noch niemand erahnen – wohl nicht einmal er selbst!

33 Rigasche Zeitung vom 9. 7. 1914.

3 Erster Weltkrieg: Sibirien – St. Petersburg – Königsberg – Riga

Zu Beginn des Ersten Weltkriegs lebten in Riga rund eine halbe Million Menschen, darunter etwa 68 000 Deutsche. Der Krieg katapultierte die deutsche Stadtbevölkerung, unter ihr auch Paul Wendel, in ein politisches Dilemma: Sie waren Bürgerinnen und Bürger einer russischen Stadt, hatten aber einen deutschen Pass, waren sogenannte Reichsdeutsche. Deutschland und Russland waren Kriegsgegner, aus Sicht der Zarenpolitik gehörten die Rigaer Deutschen also zu den Kriegsfeinden im eigenen Land. Allein die Staatsangehörigkeit reichte aus, sie der Zusammenarbeit mit dem Deutschen Reich und insbesondere der Spionage und/oder Sabotage, als eine Art fünfte Kolonne Berlins, zu verdächtigen.[1] Das schon lange bestehende und nun verstärkte Misstrauen der russischen Bürokratie gegenüber der deutschen Oberschicht führte schließlich dazu, dass große Teile der Deutschen aus den Ostseeprovinzen – und eben auch der Stadt Riga – ins Innere des Zarenreiches zwangsumgesiedelt wurden. Unter ihnen befand sich Paul Wendel. Er war zwar noch nicht volljährig, aber wehr-und militärpflichtig. So musste auch er 1914 seine Sachen packen und wurde auf eine Reise in eine ungewisse Zukunft geschickt. Einen genauen Ort erfahren wir nicht: „Ich wurde, obwohl ich einen russischen Stiefvater hatte, sofort nach Sibirien verschickt", berichtet er nur knapp im Zeitungsporträt. Dass er sich wenige Zeilen später als „Kriegsgefangenen" bezeichnete, muss allerdings korrigiert werden. Paul Wendel war „eigentlich kein Kriegsgefangener, der als Angehöriger der deutschen oder österreichisch-ungarischen Armee an der Front gefangen wurde, sondern Zivilinternierter, also ein militärpflichtiger Ausländer, der bei Kriegsausbruch von den russischen Behörden festgesetzt wurde. In diesem Fall unterschied sich sein Status sehr wesentlich von dem eines Kriegsgefangenen. Die Zivilinternierten waren nur in seltenen Ausnahmefällen in den großen Lagern untergebracht, sondern ihnen wurden entlegene Orte in Sibirien zur zeitweiligen Ansiedlung zugewiesen."[2]

1 Die Ausführungen in diesem Kapitel stammen, wenn nicht anders angegeben, aus der Korrespondenz des Autors mit den Osteuropa-Experten Prof. Dr. Erwin Oberländer, Dr. Mark Hatlie und Detlef Henning; siehe auch Lux, Riga der Deutschen, S. 82; Oberländer, Rigas Aufstieg, S. 20; ome-lexikon.uni-oldenburg.de/orte/riga-riga.

2 Dr. Georg Wurzer in einem Schreiben an den Autor vom 2. 4. 2019. Wurzer promovierte in Tübingen im Jahr 2000 mit dem Thema „Die Kriegsgefangenen der Mittelmächte in Russland im Ersten Weltkrieg".

Da es keine systematische Untersuchung zur Zivilinternierung bzw. über die genauen Umstände der Zwangsumsiedlungen und Zustände an den zugewiesenen neuen Lebensorten gibt, bleiben die nun folgenden drei Jahre im Leben des Künstlers im Dunkeln. Dieser Zeitraum war für seine künstlerische Entwicklung entscheidend, denn der jugendliche Autor Paul Wendel-Oberg wandelte sich zum erwachsenen Kabarettisten und Sänger Paul O'Montis. Diese Entwicklung schildert er selbst so: „Hier, in den Dörfern der russischen Steppe, ganz auf uns allein angewiesen, entwickelte sich unter den Gefangenen eine Geselligkeit, deren treibende Kräfte einige Künstler, Schauspieler und Artisten waren, die der Krieg überrascht hatte. In diesem Kreise sang ich zum ersten Male Kabarettlieder. Ich sang nach alten Noten, die man zufällig bei einem mitgefangenen Pianisten fand und hatte einen durchschlagenden Erfolg. Jetzt stand es fest, ich musste zum Kabarett."[3] Aus der Rückschau liest sich diese Entwicklung geradezu als zwangsläufig und folgt sicher auch einer dramaturgischen Interpretation der erfolgreichen eigenen Starbiografie, entweder durch ihn selbst oder den redigierenden Journalisten. Denn so zwangsläufig und eingleisig verliefen die folgenden Jahre keineswegs. Aber in dieser Zeit hat er den Weg zum Sänger beschritten.

Was Paul Wendel vom Kriegsgeschehen in seiner Heimatstadt mitbekam, ist nicht bekannt, auch nicht, ob er in diesen Jahren mit seinen Eltern in Verbindung stand und ob seine Mutter ebenfalls die Stadt verlassen musste. Das Ende seiner Internierung schildert er so: „In der Weihnachtsnacht 1917 gelang mir die Flucht. Im Chaos der russischen Revolution konnte ich mich fast unbeanstandet in Petersburg aufhalten, wo ich zum ersten Mal als Artist auftrat, und zwar auf der Bühne eines Kino-Varietés, ohne dass jemand ahnte, dass ich deutscher Kriegsgefangener sei. Mitte 1918 gelingt es mir, nach Deutschland durchzukommen; da ich keine Papiere hatte, wurde ich in Königsberg in ein Armierungsbatallion [eine Truppe zum Bau von Straßen, Brücken, Wegen und Stellungen] gesteckt. Während ich nun am Tage in diesem Bataillon Dienst tat, trat ich abends als Paul O'Montis in einem Kabarett der Stadt auf. Das kann natürlich nicht lange verborgen werden, nach drei Wochen wird diese Frechheit entdeckt, ich wanderte drei Tage ins Loch."[4] Zumindest das letzte Kriegsjahr gilt es neu zu sortieren. Denn seine Aussagen stehen in einer gewissen Spannung zu einer späteren Aussage, die in diese Zeit zurückweist. In der Kritik eines Auftritts von O'Montis aus dem Jahr 1929 erinnerte ein Rezensent an dessen Auftritte

3 Westdeutscher Beobachter vom 23. 12. 1933.

4 Diese wenigen Wochen Militärzeit wurden jedoch nie aktenkundig; in späteren Polizeidokumenten wird stehen, dass er keinen Militärdienst geleistet hat.

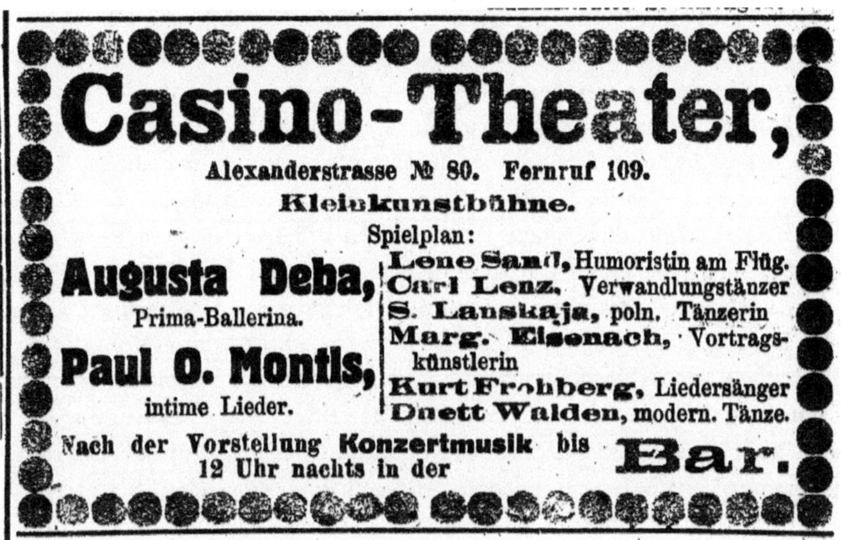

Eine der ersten Auftrittsanzeigen als Paul O'Montis | Rigasche Zeitung vom 11. Mai 1918

in Riga „in der Kriegs- und Okkupationszeit".[5] Das würde bedeuten, dass sich der Künstler noch während des Krieges wieder in Riga aufgehalten hat und dort auch aufgetreten ist.

Mitte 1915 hatte sich die Kriegsfront bis in die unmittelbare Nähe Rigas vorgeschoben und verharrte dort. Infolge der Februarrevolution 1917 starteten die deutschen Truppen eine neue Offensive und konnten die Stadt Riga im September einnehmen. Von September 1917 bis November 1918 stand die Stadt somit unter deutscher Besatzung. In dieser Zeit müsste O'Montis also – folgen wir dem Rezensenten – wieder in Riga gewesen sein. Und in der Tat finden sich in Rigaer Zeitungen zumindest für das Jahr 1918 zahlreiche Annoncen, die seine ersten Auftritte in der Stadt und auch einen gewissen „Aufstieg" in der dortigen Kleinkunstszene dokumentieren. Er trat jetzt mit seinem Künstlernamen auf: Die Wandlung des Rigensers Paul Wendel, genannt Wendel-Oberg, zur Künstlerfigur „Paul O'Montis" war nunmehr vollzogen. Bereits in diesen frühesten Anzeigen vom Mai 1918 wurde sein Name fett hervorgehoben, seine „intimen Lieder"[6] waren also einer der Höhepunkte der abendlichen Vorstellungen im „Casino-Theater". Es waren unterhaltsame Chansons in der Tradition des ersten deutschen Kabaretts „Bunte Bühne", genannt „Überbrettl", so stand es

5 Rigasche Rundschau vom 13. 8. 1929.

6 Rigasche Zeitung vom 11. und 15. 5. 1918.

dann auch in einer weiteren Anzeige: „Paul O'Montis, Lieder des Überbrettl".[7] Auch wenn bereits damals O'Montis als Sänger, als Chansonnier in den Vordergrund rückte, so war noch lange nicht ausgemacht, in welche Richtung er sich künstlerisch spezialisieren sollte. Im „Casino-Theater" trat er nämlich auch als Schauspieler auf und mimte gemeinsam mit einem Kollegen namens Robert Nesemann das schrullig satirische Komiker-Paar „Serenissimus" und „Kindermann". Der senile, dümmliche Tattergreis Fürst Serenissimus im verschossenen Hofkleid und sein servil-ignoranter Adjutant, die Hofschranze Freiherr von Kindermann, waren so etwas wie die Urahnen der ewig nörgelnden Greise Waldorf und Statler aus der „Muppet-Show". Um 1901/02 traten sie als wiederkehrende Running-Gags im ersten Berliner „Schall und Rauch"-Kabarett des berühmten Theaterleiters und -regisseurs Max Reinhardt in Erscheinung – das Publikum kannte die Figuren bereits aus den Magazinen „Jugend" und „Simplizissimus". Beide Figuren erlaubten sich mit ihren gespielten Unterbrechungen und Improvisationen – und somit an der Zensur vorbei – Kritik an der Hohenzollernmonarchie.[8] Die Nummer war also schon etwas verstaubt, aber es wäre interessant zu erfahren, was die beiden Komiker im letzten Kriegsjahr im besetzten Riga angesichts des verlorenen Krieges zu sagen hatten. Allzu kritisch waren ihre Kommentare wohl nicht, die Presse beschrieb sie als „heiteres Serenissimus-Zwischenspiel" mit dem Auftritt einer Tanzdiva.[9] Ein politischer Kabarettist ist O'Montis nie geworden. Über die Monate Mai bis Juli im Kleinkunsttheater „Casino" erfahren wir, dass er auch gemeinsam mit einer Sängerin namens Martha Brandenburg Operetten-Duette sang, und von der Kritik erstmals besonders herausgestellt wurde, dass er „seine Vorträge durch prächtige Mimik" unterstützte.[10]

Ein weiteres Kleinkunsttheater in Riga, das Kino-Varieté „Marine", wurde auf ihn aufmerksam und engagierte ihn für mehrere Auftritte von Ende Juli bis in den September. Nehmen wir eine der Reklameanzeigen beim Wort, dann hatte er sich schon damals einen Namen bzw. Ruf erarbeitet, denn er wurde bereits wie ein Star beworben: „Achtung! Der Direktion ist es gelungen einen so hervorragenden Vortragskünstler wie Paul O'Montis für ein kurzes Gastspiel

7 Rigasche Zeitung vom 10. 6. 1918.

8 Rigasche Zeitung vom 28. 6. 1918. Zu Serenissimus und Kindermann: Volker Kühn, Das Kabarett der frühen Jahre: Ein freches Musenkind macht erste Schritte, Berlin 1984, S. 52–56, Heinz Greul, Bretter, die die Zeit bedeuten. Die Kulturgeschichte des Kabaretts, Köln/Berlin 1967, S. 117; Klaus Budzinski, Die Muse mit der scharfen Zunge. Vom Cabaret zum Kabarett, München 1961, S. 76.

9 Rigasche Zeitung vom 4. 7. 1918.

10 Rigasche Zeitung vom 18. 7. 1918.

zu gewinnen. Dadurch wird den werten Besuchern die Gelegenheit geboten die feine, stimmungsvolle Kunst dieses seltenen Chansonniers zu genießen". Und dem nicht genug: „Dem Wunsch Herrn O'Montis entgegenkommend wird für sein Gastspiel die Bühne des Theaters umgebaut, desgleichen liegt die ganze Spielleitung und Ausgestaltung des Programms in Händen des Künstlers."[11] Auch in weiteren Annoncen hob man seinen Namen unter allen weiteren Programmpunkten entweder drucktechnisch heraus oder nannte ihn gleich an erster Stelle.[12] Paul O'Montis – ein Star der ersten Stunde? Zumindest hatte die Direktion des Kino-Varietés „J. Grünspan & Komp." ein so großes Vertrauen in seine Talente, ihm gleich auch die Regie der Abendveranstaltungen in die Hände zu legen und auf seine Wünsche einzugehen.

Die Zeitungsannoncen gestatten einen kleinen Einblick in sein damaliges Repertoire, namentlich genannt werden die „Kriegsepisode ‚Ivonne'" – gemeint war sehr wahrscheinlich Th. A. Körner's Lied „Yvonne" aus dem Jahr 1916[13] – und die Nummern „Tanzender Tor", „Opium-Tänzer", „Opium-Rausch" oder „Paul O'Montis als Narr der Liebe". Was genau sich dahinter verbirgt, ist unklar. Beim erstgenannten Stück könnte es sich um „Das Lied vom tanzenden Toren" (auch: „Der tanzende Tor") handeln, eine Film-Komposition von Alexander Schirmann.[14] Auch „Narr der Liebe" könnte aus einem Film stammen.[15] Sänger, Schauspieler, Regisseur, und nehmen wir seine jugendlichen Anfänge noch hinzu: Textdichter – wen wundert's, dass O'Montis auch noch als Tänzer auf die Rigaer Bühne trat und im August 1918 im „Casino-Theater" an einem Tango-Tanzwettbewerb teilnahm.[16]

11 Rigasche Zeitung vom 26. 7. 1918.

12 Rigasche Zeitung vom 30. 7. 1918 und Latviesu avize vom 5. 8. 1918.

13 Rigasche Zeitung vom 17. 7. 1918; Th. A. Körner: Yvonne. Episode, siehe: archive.org/details/Musikalisch-literarischerMonatsbericht1916/page/n97/mode/2up/search/Yvonne.

14 Aus dem dänischen Spielfilm „Der tanzende Tor" („Klovnen") von 1917; Evelin Förster, Fox Macabre Teil 1. Unterhaltungskunst im Berliner Revolutionswinter 1918/1919, in: FOX auf 78. Ein Magazin – rund um die gute alte Tanzmusik, Heft 31. Hrsg. v. Klaus Krüger, Dietramszell 2019/20, S. 21f; de.wikipedia.org/wiki/Der_tanzende_Tor_(1917).

15 Rigasche Zeitung vom 19. 6. („Paul O'Montis als Narr der Liebe"), 9.7. („Der Narr der Liebe"), 13. 7. („Opiumrausch") und 26. 8. 1918 („Narr der Liebe", „Tanzender Tor", „Opium-Tänzer"). Für keinen Titel findet sich in Hofmeisters Musikalisch-literarischem Monatsbericht für 1915–1919 ein Verlagseintrag für Musikstücke. „Narr der Liebe" könnte aus zwei Filmen stammen, dem deutschen Film „Ein Narr der Liebe" (1916), oder aus der dänischen Produktion „Der Narr seiner Liebe" mit Gunnar Tolnæs, die im Mai und Juni 1918 in Riga aufgeführt wurde (Rigasche Zeitung vom 8. 5. 1918 und Libauer Zeitung vom 17. 6. 1918).

16 Rigasche Zeitung vom 10. 8. 1918.

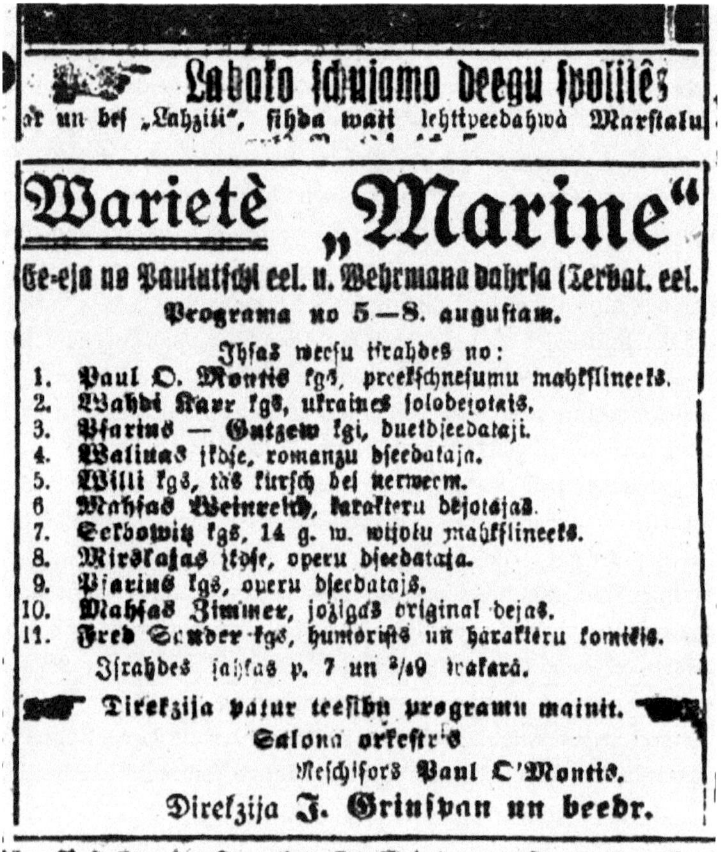

Labako schujamo deegu spolitês
ar un bes „Lahzili“, sihda wali lehtipeedahwâ Marstalu

Wariete „Marine“

Ge-eja no Paulutschi eel. u. Wehrmana dahrsa (Terbat. eel.

Programa no 5—8. augustam.

Ihsas weesu israhdes no:

1. Paul O. Montis kgs, preekschnesumu mahkslineeks.
2. Wahdi Karr kgs, ukraines solodejotais.
3. Pjarins — Gutzew kgi, duetdseedataji.
4. Walinas jkdse, romanzu dseedataja.
5. Willi kgs, tas kursch bes nerwecm.
6 Mahsas Weinreich, karakteru dejotajas.
7. Sekbowitz kgs, 14 g. w. wijolu mahkslineeks.
8. Mirslajas jkdse, operu dseedataja.
9. Pjarins kgs, operu dseedatajs.
10. Mahsas Zimmer, jozigas original dejas.
11. Fred Sander kgs, humorists un harakteru komikis.

Israhdes sahkas p. 7 un 3/49 wakarâ.

Direkzija patur teesibu programu mainit.

Salona orkestr's

Meschifors Paul O'Montis.

Direkzija J. Grinspan un beedr.

Latvijas Avīze [Lettlands Zeitung] vom 5. August 1918

Denn tanzen konnte er, und später wird die bühnenreife tänzerische Begabung des Chanson-Stars wiederholt lobend erwähnt werden.

Sich gerade in der alten, zudem stark konservativ geprägten Heimat, wo man beäugt wurde und sich nicht hinter der Anonymität verstecken konnte, mit einem neuen „Anstrich“, mit Künstlernamen und ebensolcher Profession neu profilieren zu wollen, war ein mutiger Schritt. Aber Paul hatte sich verändert und wollte das auch zeigen. Vielleicht fällt in diese Jahre der Wandlung und des Sich-neu-Entdeckens auch sein Coming Out als Schwuler, das ihn anspornte, sich in Allerlei auszuprobieren und darzustellen.

Zurück zum letzten Kriegsjahr in Riga und dessen chronologischer Sortierung: Es könnte durchaus sein, dass O'Montis im Zeitungsporträt einen Auftritt in St. Petersburg mit seinen Auftritten im Rigaer „Kino-Varieté Marine“ verwechselte. Einen Hinweis auf eine mögliche Verwechslung liefert er selbst, denn in einem späteren Reisebericht über Riga schrieb er, dass „ich hier 1918 meine ersten Lorbeeren als Kabarettist erntete".[17] Auch wenn sein mindestens einmonatiger Aufenthalt in Königsberg, seine Rekrutierung und seine Auftritte in einem dortigen Kabarett stimmen sollten, so muss diese Zeit vor seine Rückkehr nach Riga fallen, also vor Mai 1918. Danach musste er sich auch um seine Ausweispapiere gekümmert haben, „wer […] die Stadtgrenze passiere wollte, bedurfte hierfür einer vorherigen Erlaubnis seitens der Besatzer".[18] Ohne irgendeinen Ausweis hätte er sich wohl nicht in Riga aufhalten, geschweige dort öffentlich auftreten können. Vielleicht hatte Paul Wendel als junger kriegsdiensttauglicher Mann auch hier ähnlich wie in Königsberg tagsüber irgendeine kriegswichtige Aufgabe zu erfüllen.

Riga hatte sich seit seinem Weggang völlig verändert: Ein großer Teil der Industrieanlagen samt Arbeitskräften war seit 1915 ins Innere Russlands verlegt worden, weil man befürchtete, sie könnten in die Hände der deutschen Truppen fallen. Etwa 200 000 Einwohnerinnen und Einwohner waren für Rüstungszwecke nach Zentralrussland evakuiert worden. Die Stadtbevölkerung war also auf etwa die Hälfte geschrumpft, was natürlich auch Auswirkungen auf andere Wirtschaftsbetriebe hatte, auch auf die Musikalienhandlungen seines Stiefvaters Karl Oberg, deren eine er in dieser Zeit wahrscheinlich aufgeben musste. Paul lebte wohl wieder bei seinen Eltern, aber sehr lange wird er sich nicht mehr in Riga aufgehalten haben. Ob er die Ausrufung der unabhängigen Republik Lettland am 18. November noch vor Ort miterlebte, ist nicht bekannt.

17 Paul O'Montis, Künstlerreise durch Lettland, in: Das Organ, Nr. 1115 vom 12. 4. 1930.

18 Andreas Fülbert, Riga. Kleine Geschichte der Stadt, Köln/Weimar/Wien 2014, S. 171.

4 Bis zum Erfolg in Berlin

Folgen wir O'Montis' Worten im Westdeutschen Beobachter, ging nun alles sehr schnell. „Nach der Revolution komme ich nach Berlin, hier sah mich Direktor Gruß aus München und engagierte mich für seine Bonbonniere. Und nun ging es immer rascher aufwärts und heute werde ich durch ganz Europa geworfen."[1] Doch die Zeit vor dem Erfolg in Berlin, etwa Mitte 1926, war mühsamer als hier geschildert und auch nicht so geradlinig im Blick auf seine spätere Sängerkarriere. Denn künstlerisch bewegte er sich zunächst noch auf mehreren Feldern.

Librettist und Dramatiker

Seiner Schilderung nach kam er also frühestens Ende 1918 nach Berlin. Dort wird er bald Kontakt zu dem Verleger Max Frensdorff gesucht haben. Dieser hatte bis vor Kurzem mit Harry Schreyer in der Kantstraße das „Kabarett am Zoo" betrieben und übernahm dort die Aufgabe eines Spielleiters. Seit 1919 führten beide den „Pegasus Theater- und Musikverlag Schreyer und Co.". Mit diesem Verlag arbeitete O'Montis bis Anfang der 1930er-Jahre immer wieder zusammen. Bereits 1919 erschienen bei „Pegasus" seine Gesangstexte zu einer neuen Operette des Komponisten Siegwart Ehrlich: „Das blaue Mieder".[2] Koautor war E. Kaiser, über den nichts Näheres zu erfahren war. Der Leipziger Ehrlich gehörte zu den produktivsten Schlagerkomponisten der 1920er-Jahre, rund achtzig Kompositionen lagern im Archiv der Staatsbibliothek zu Berlin. Zu seinen bekanntesten gehören „Amalie geht mit'm Gummikavalier" und „Ich bin die Marie aus der Haller-Revue".[3]

1 Westdeutscher Beobachter vom 23. 12. 1933.

2 Texte der Gesänge aus Das blaue Mieder. Operette in drei Aufzügen von Paul O'Montis und E. Kaiser. Musik von Siegwart Ehrlich, Pegasus Theater und Musikverlag GmbH Berlin 1919; Bestand Staatsbibliothek zu Berlin, Mus. Te 81. Eintrag in „Hofmeisters Musikalisch-literarischer Monatsbericht über neue Musikalien, musikalische Schriften und Abbildungen" im Februar 1920, archive.org/details/Musikalisch-literarischerMonatsbericht1920/page/n31. „Das Blaue Mieder" fand Eingang in das nationalsozialistische Lexikon der Juden in der Musik, Berlin 1940, S. 310.

3 Zu Siegwart (eigentlich Siegbert) Ehrlich siehe: Knud Wolffram, Der Architekt des Gummikavaliers – Siegwart Ehrlich, in: FOX auf 78. Ein Magazin – rund um die gute alte Tanzmusik, Heft 17. Hrsg. v. Klaus Krüger, Dietramszell 1998, S. 57–60.

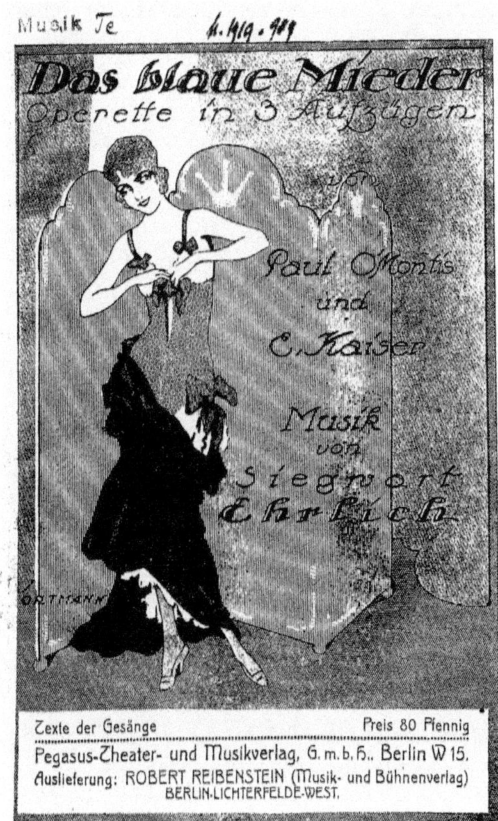

Gesangstexte von Paul O'Montis zur Operette des Komponisten Siegwart Ehrlich: „Das blaue Mieder"
Staatsbibliothek zu Berlin

Die beiden Hauptschlager der neuen Operette in drei Aufzügen, „Muttchen hat mir's Küssen verboten" und „Wenn der Sandmann kommt", erschienen 1919 ebenfalls bei „Pegasus" als Notenblätter für Klavier und Gesang und anschließend noch einmal als Salonorchester-Ausgabe,[4] was vermuten lässt, dass beide Nummern Ende 1919/Anfang 1920 einen gewissen Bekanntheitsgrad erreicht hatten. Über Aufführungen und Kritiken zur Operette ließ sich leider nichts mehr in Erfahrung bringen, aber aus den Liedtexten lässt sich zumindest der Inhalt in etwa rekonstruieren. Auch wenn es sich nach 1918 weitgehend „ausgeadelt" hatte, auf O'Montis' Operettenbühne tummelten sich die Prinzen,

4 Noten für Klavier und Gesang: Eintrag im Musikalisch-literarischen Monatsbericht im Februar 1920, archive.org/details/Musikalisch-literarischerMonatsbericht1920/page/n25. Salonorchester-Noten: Eintrag im Musikalisch-literarischen Monatsbericht im Juni 1920, archive.org/details/Musikalisch-literarischerMonatsbericht1920/page/n87.

Baroninnen, Palastdamen und Hofmarschalle lustig weiter, als wäre das Kaiserreich nie untergegangen. Das titelgebende „blaue Mieder" trägt die „Korsettspezialistin" Odette Flouchon und verdreht damit in Paris allen Männern den Kopf.

Geh ich abends in's Maxime
Geh ich in's Troccadero ganz kokette sur la rue
Sein der Anschluss gleich gemacht
Eh ich haben mir gedacht
Eh, patent, c'est charmant, o belle vue
Seht doch die Odette
Ah die mollige reizende nette [...]
Ein Galant schenkt mir gleich hundert Franc
Jeder macht die Wette
Sein bon heur bringen ihm nur Odette [...]

Allen voran Prinz Ferdinand – ulkigerweise der 34. –, der eigentlich ein Fürstentum leiten und standesgemäß heiraten soll, dazu aber nicht die rechte Lust verspürt.

Man nennt den Prinz, den Prinz Hallodri mich
'Nen Windhund jung und keck [...]

Der Prinz will sich schließlich seinem Schicksal beugen, sein Abenteuer mit Fräulein Flouchon aber weiter pflegen. Doch er hat Glück: Die Frau, die er heiraten soll, ist längst mit einem Grafen durchgebrannt, und so bleibt alles beim Alten. In der Operette gibt es ein paar Spitzen auf den dynastischen Heiratszwang, auch das Beuteraster der vorgesehenen Braut wird ironisch beschrieben – es heißt, sie stehe auf „Stallparfum" –, ansonsten war das Ganze nicht mehr als ein harmloser, biederer Spaß.

Bei „Pegasus" erschien auch ein weiteres literarisches Erzeugnis O'Montis', der Einakter „Totensonntag. Ein dramatischer Epilog von Paul O'Montis". Eine Ausgabe hat all die Jahre überdauert, mit großer Wahrscheinlichkeit handelt es sich bei dem Exemplar im Mainzer Kabarettarchiv sogar um ein zeitgenössisches Original.[5]

5 Paul O'Montis, Totensonntag. Ein dramatischer Epilog, Pegasus Verlag Repertoire Büro „Simplicissimus", ohne Datum. Der Pegasus-Verlag in der Joachimsthaler Straße 30 hatte eine Abtteilung II Repertoire-Büro „Simplicissimus" zum Vertrieb von Chansons und

Zur Handlung: Am Abend des Totensonntags beobachten die beiden Hauptfiguren Gösta Jansen und ihr Geliebter Knud Monrad den Zug der Gläubigen zum Friedhof. Gösta hat vor einem Jahr auf Drängen und mithilfe des Apothekers Monrad ihren Mann vergiftet. Der Mord aber brachte der Beziehung kein Glück, Gewissensbisse und Schuldgefühle ließen die Liebe des Apothekers längst erkalten, er will sich trennen. Beziehungsstreit und Erinnerungen an die zurückliegende Tat werden offen im Beisein des Vaters des Ermordeten ausgetragen, der nach einem Schlaganfall stumm und gelähmt im Rollstuhl sitzt, allein die Finger der rechten Hand vermag er noch zu bewegen. Nachdem Gösta von ihrem Geliebten verlassen und verzweifelt zurückbleibt, erscheint unerwartet der Bruder des Ermordeten, der als Seemann fünf Jahre unterwegs war. Erschüttert über die schlimmen Neuigkeiten, den Schlaganfall seines Vaters und den Tod seines Bruders – Gösta erzählt, der Alkoholiker sei einem Herzschlag erlegen – besteht der Bruder darauf, vor seinem erneuten Abschied noch einmal gemeinsam ein Abendbrot einzunehmen. Zu Tisch klopft der mittlerweile nervös und unruhig gewordene Vater mit seinen noch beweglichen Fingern rhythmische Schläge auf die Tischplatte, der Bruder erkennt darin Morsezeichen, die er dekodiert und die ihm den Mord offenbaren. Er würgt die Schwägerin, die sich aber losreißen kann und schreiend in die Nacht entflieht. Der Schluss deutet auf einen Suizid hin.

Vor allem im Prolog, im Auftritt des Todes vor Beginn der eigentlichen Spielhandlung, stellte O'Montis seine lyrische Begabung unter Beweis. „Totensonntag" lässt sich nicht exakt datieren, der Einakter entstand zwischen 1919 und 1933. Möglicherweise war das Stück zur Aufführung im Rahmen eines Kabarettprogramms erdacht. Es gehörte damals zur gängigen Spielpraxis, im Abendprogramm neben Chansons, Rezitationen, kleinen Varieténummern und humoristischen Beiträgen auch kurze Einakter aufzuführen.

Vortragsweisen für Kabarett, Varieté und Kleinkunstbühnen. Exakt diese Angaben, nämlich die Verlagsadresse und „Repertoirebüro ‚Simplicissimus'" befinden sich als Stempel auf der Schreibmaschinenabschrift. Die beiden Verlagsstempel lassen vermuten, dass es sich um ein zeitgenössisches Originaldokument handelt. Wahrscheinlich war die Nachfrage so gering, dass sich der Druck nicht lohnte, man mit Schreibmaschinen-Durchschlägen aber eine kleine Auflage bedienen konnte. Das Dokument stammt aus dem ehemaligen Rundfunkarchiv des mittlerweile fusionierten Radiosenders Südwestfunk Baden-Baden.

Filmregisseur und Drehbuchautor

Neben seiner Arbeit als Librettist versuchte O'Montis damals auch ins Filmgeschäft einzusteigen. Insgesamt fünf Filme werden heute mit seinem Namen in Verbindung gebracht, von denen leider keine Kopien mehr existieren. Drei Stummfilme sind lediglich darin dokumentiert, dass sie auch in der von Alfred Rosenthal herausgegebenen Buchreihe „Film-Romane" erschienen sind. Das ermöglicht zumindest die ungefähre Rekonstruktion der Filmhandlungen.

Der erste Roman und mutmaßlich auch der Film erschien 1919, hieß „Die Totenmaske" und wird auf dem Titelblatt als Kriminalfilm charakterisiert.[6] Autor war Hans Bach. Allerdings ist die Geschichte keine klassisch kriminalistische, bei der ein Fall gelöst wird, vielmehr ein Abenteuerroman mit fantastischen Zügen. Die Handlung spielt Anfang des 20. Jahrhunderts vornehmlich auf einem Schloss in Südfrankreich. Als Hauptfigur kristallisiert sich der junge Gärtner des Schlossgrafen heraus, der sich in eine am Hof lebende jugendliche Verwandte des Grafen verliebt, die allerdings noch unter Vormundschaft des Hausherren lebt und mit ihrem Vermögen dem verschuldeten Vormund eine finanzielle Sicherheit bietet. Die Jungen gehen eine heimliche Beziehung ein, die Frau wird schwanger. Der Sohn des Grafen, noch verschwenderischer und verschuldeter als der Alte, tötet seinen Vater, um an das verwaltete Vermögen zu kommen. Der Verdacht fällt allerdings auf den jungen Gärtner, der des Mordes verurteilt und nach Französisch-Guayana deportiert wird. Aus innerer Not heiratet die junge Frau den Sohn des Grafen. Daraus entwickelt sich eine abenteuerliche Geschichte, in deren Verlauf dem Gefangenen die Flucht gelingt und ihm in einer komplizierten medizinischen Operation das Gesicht des auf einer Schiffreise zu Tode gekommen Grafensohnes und Gatten seiner Geliebten transplantiert wird. Unter neuer Identität zurückgekehrt, verspinnt sich der Held in tragische Nebenkonflikte, an deren Ende das ganze Schloss in Flammen aufgeht.

Die Wahrscheinlichkeit ist groß, dass es sich dabei um den 1919 von Nils Chrisander gedrehten gleichnamigen Streifen „Die Totenmaske" handelt.[7] Der Film wurde von der Rheinischen Lichtbild-AG produziert, die zum Berliner Bioskop-Konzern gehörte. Im Buch wiederum wird im Vorderblatt ausdrücklich auf „Rheinlicht Bioscop" hingewiesen. Das würde bedeuten, dass O'Montis den Film wohl nicht gedreht, aber die Geschichte und möglicherweise auch das Drehbuch

6 Hans Bach, Die Totenmaske. Ein Kriminalroman [...] nach dem gleichnamigen Kriminalfilm von Paul O'Montis, Film-Romane. Hrsg. v. Alfred Rosenthal, Bioskop-Buch, Berlin, ohne Jahr (nach handschriftlichem Eintrag im Exemplar der Staatsbibliothek zu Berlin 1919, laut Katalog der Deutschen Nationalbibliothek Leipzig 1920).

7 www.filmportal.de/film/die-totenmaske_00c3f2bf322b4bb2bd99ab2ce6cbcfce.

verfasst hat. Mit der fantastisch anmutenden Gesichtstransplantation bewegte sich unser Künstler ganz auf der Höhe der Zeit, das Thema Transplantation war in den 1920ern en vogue und beschäftigte die Gemüter; auch der mit seinem expressionistischen Horrorfilm „Das Cabinet des Dr. Caligari“ weltberühmt gewordene Regisseur Robert Wiene griff das Thema wenige Jahre später in „Orlac's Hände“ auf und gab den damit verbundenen Ängsten und Befürchtungen Ausdruck.

Auch „Die Sabbatkönigin“ erschien in der gleichen Buchreihe im Jahr darauf als Filmroman des Autoren Hans Bach.[8] Der „abenteuerliche Roman“ spielt Mitte des 19. Jahrhunderts zur Zeit der volksrevolutionären Bewegungen in Europa. Die Titelheldin ist Fürstentochter in einem fiktiven europäischen Königsreich und unehelicher Spross ihrer Mutter aus einer Liaison mit einem Zigeunerprimas und – wie wir später erfahren – auch -königs, der für diese Liebe mit dem Leben bezahlen muss. Das muss gesühnt werden, und so verbünden sich die Rachepläne des um ihren König verwaisten Zigeunervolks samt Fürstentochter als rechtmäßiger Erbin des Königstitels „Sabbatkönigin“ mit den revolutionären Umsturzgedanken des Kronprinzen, der republikanisch gesinnt ist und die Monarchie ablehnt. Als dritter Verbündeter erscheint ein nicht weniger revoltierender Student, der zum Anführer der Aufständischen aufsteigt und sich – natürlich – in die Titelheldin verliebt. Nach vielen Toten, Irrungen und Wirrungen gelingt schließlich der Volksaufstand, er beendet die Monarchie und vereint das Paar. In der trivial erzählten Geschichte mit vielen hochdramatischen Wendungen sieht man förmlich die rollenden Augen, die sich ballenden Fäuste und zahlreichen Ohnmachtsanfälle der Film-Darstellenden – passend zur expressiven Gestaltungsdramaturgie vieler zeitgenössischer Stummfilmstreifen und passend zu O'Montis: Operettenstoff!

Durch einen weiteren Filmroman besagter Buchreihe, wohl auch aus dem Jahr 1920, nun aber des Autoren Hans Weißbach, erfahren wir von der Existenz eines dritten Films: „Der verschwundene Autobus“.[9] Diesmal handelt es ich um einen wirklichen Kriminalfall: Ein kommunaler Linienbus verschwindet samt

8 Hans Bach, Die Sabbatkönigin. Ein abenteuerlicher Roman [...] nach dem gleichnamigen Film von Paul O'Montis, Film Romane. Hrsg. v. Alfred Rosenthal, Bioscop-Buch, Berlin 1920.

9 Hans Weißbach, Der verschwundene Autobus. Abenteuer des Reporters Allan-Read. Kriminalroman [...] nach dem gleichnamigen Film von Paul O'Montis, Film-Romane. Hrsg. v. Alfred Rosenthal, Berlin, ohne Jahr (handschriftlicher Eintrag Deutsche Nationalbibliothek 1920). Andere Quellen für die Existenz der Filme „Die Sabbatkönigin“/„Der verschwundene Autobus“ haben wir nicht, der Deutschen Kinemathek in Berlin sind sie unbekannt, auch der Friedrich-Murnau Stiftung, die sich für Erhalt, Pflege und Restaurierung u. a. des deutschen Stummfilm-Erbes einsetzt. Exemplare der Romane befinden sich heute in der Staatsbibliothek zu Berlin und der Deutschen Nationalbibliothek in Leipzig.

Insassen spurlos von der Bildfläche, nur der ermordete Fahrer wird schließlich gefunden. Der Polizeiinspektor, ein etwas behäbiger und schusseliger Beamter, muss schon nach ersten Ermittlungsversuchen feststellen, dass ihm der junge, gewandte und clevere Zeitungsreporter Allan-Read immer eine Nasenlänge voran ist. Das ungleiche Paar verbindet sich und ermittelt gemeinsam. Die Geschichte nimmt immer fantastischere Wendungen, sie finden ein Haus mit einer versenkbaren Plattform, einem geheimen Untergeschoss und einer Nebelanlage, mit deren Hilfe das Absenken der Plattform verschleiert werden kann. Gegenstand des Verbrechens ist die ominöse Erfindung eines der verschwunden Buspassagiere: eine Maschine, mit deren Strahlen man Menschen vollkommen willfährig machen kann. Der Erfinder führte sie an jenem Morgen im Bus mit sich. Davon war ein früherer Schüler des Professors gut unterrichtet, durch die Entführung des gesamten Busses gelang es ihm, diese Maschine an sich zu bringen. Nach allerlei spannungsreichen Wendungen gelingt es den Ermittlern natürlich, den Täter zu stellen: Die Maschine wird zerstört.

Die Existenz zweier weiterer Filme, an denen Paul O'Montis mitwirkte, gilt heute als gesichert. Der abendfüllende Kriminalfilm in fünf Akten „Das Diadem der Zarin“ wurde zwar von Richard Löwenbein geschrieben und auch gedreht.[10] Sein Drehbuch soll allerdings „nach einer Idee von Paul O'Montis“ entstanden sein. In einer kurzen Zeitungsankündigung zur Uraufführung am 24. März 1922 in den Berliner UFA-Lichtspielen am Tauentzienplatz wird O'Montis als Ideengeber sogar ausdrücklich erwähnt.[11] Gesichert gilt auch, dass O'Montis gemeinsam mit Rudolf Saklikower das Drehbuch von „Der Mann mit der eisernen Maske“ verfasste, einem Film des Regisseurs Max Glass aus dem Jahr 1922,[12] wahrscheinlich auf der Grundlage des Romans von Alexandre Dumas. Freigegeben im Dezember 1922, fand die Uraufführung wohl im Januar 1923 in Berlin statt.

Filmaufnahmen, in denen er selbst zu sehen ist, gibt es nicht. Im Jahr 1930 wurde zwar im Rahmen einer Plattenwerbung O'Montis „in seinem ersten D.L.S.-Tonfilm: ‚Ein Tango für dich‘“[13] angekündigt, aber das erwies sich als Irreführung. Denn im Film war er lediglich zu hören – auf einer vorgespielten Schellackplatte mit dem Robert-Stolz-Tango „Das Märchen vom Glück“ – und

10 Dokumentiert bei www.filmportal.de/film/das-diadem-der-zarin_95128cd6da224dc48d6be4d988b33089.

11 Berliner Börsenkurier (Morgenausgabe) vom 24. 3. 1922. Siehe auch Gerhard Lamprecht, Deutsche Stummfilme 1921–1922, Deutsche Kinemathek e. V. Berlin (Hrsg.), Berlin 1968, S. 400.

12 Dokumentiert bei www.filmportal.de/film/der-mann-mit-der-eisernen-maske_01be8ca58cde4cc5ab09ab0d4cbeb376.

13 Der Ton, Nr. 9, September 1930.

er verlieh damit einer Filmfigur seine Singstimme. Weder im Filmvorspann noch im Filmbegleitheft „Illustrierter Film-Kurier“[14] wurde sein Name genannt. Man wollte wohl dem Kinopublikum die vorgeschwindelte Illusion nicht rauben. Seine damalige Plattenfirma druckte in ihrem Firmenmagazin „Der Ton“ genau jene Filmszene mit Grammophon und Platte im Bild ab und dokumentierte damit gleichzeitig ihr hervorragend gelungenes Product-Placement in dem Kinostreifen: Die Darstellerinnen sitzen mit ihrem Koffergrammophon auf dem Bett und halten das „Odeon“-Firmenlogo gut sichtbar in die Kamera, Bildkommentar: „Singt Paul O'Montis nicht himmlich?“[15]

Grafiker und Buchautor

Eine weitere Einnahmequelle fand der Künstler damals in der grafischen Gestaltung von Romanen. Er durfte nun unter Beweis stellen, was er sich zu Hause bei seiner Mutter als Grundlagen angeeignet hatte.

So erschienen 1923 im Berliner Verlag „Es werde Licht“ in der Reihe „Illustrierte Kriminalromane“ gleich zwei Bände unter seiner Mitwirkung. Bei dem Kriminalroman „Der Detektiv und die Tänzerin“ des Autors Fred Römmar gestaltete O'Montis den farbigen Umschlag und übernahm die Buchillustration.[16] Beim Roman „Enigma“ hingegen wirkte er über die Illustrationen hinaus gemeinsam mit Curt J. Braun auch als Autor des Werks.[17] Im Gegensatz zu O'Montis gelang Curt Johannes Braun (1903–1961) allerdings der Einstieg in die Schriftstellerei und vor allem ins Filmgeschäft. Er schrieb in allen drei politischen Systemen von der ersten bis zur zweiten Republik genehme Filmdrehbücher; Wikipedia listet über einhundert Filme, an denen er mitwirkte. „Enigma“ ist weniger ein Kriminalroman denn eine Gaunerkomödie mit feinen ironischen Untertönen, im Mittelpunkt die beiden Protagonisten Anatol Pigeon, „der König der Diebe“, und Enigma – nomen est omen – die geheimnisvolle und ebenso schöne Unbekannte. Sie befreit Pigeon mit einer spektakulären Aktion aus einem Londoner Untersuchungsgefängnis, wo ihm gerade nichts Geringeres als der Raub der Kronjuwelen zur Last gelegt wird. Sie hat einen weiteren großen Coup mit ihm vor: Pigeon soll einen Millionen-Geldtransfer der englischen Nationalbank an einen venezolanischen Potentaten

14 Illustrierter Film-Kurier, Nr. 83 (BFK Nr. 1424) „Ein Tango für dich“.

15 Ebenda.

16 Fred Römmar, Der Detektiv und die Tänzerin. Illustrierte Kriminalromane, Bd. 1, Umschlag und Illustration von Paul O'Montis, Berlin 1923.

17 Paul O'Montis/Curt J. Braun, Enigma, Umschlag und Illustrationen von Paul O'Montis, Illustrierte Kriminalromane, Bd. 3, Berlin 1923.

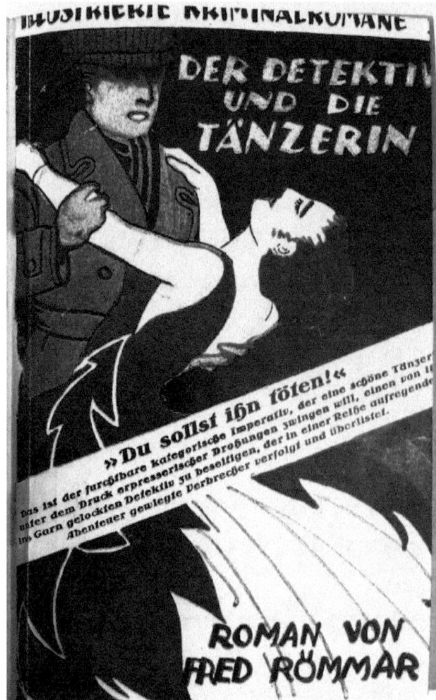

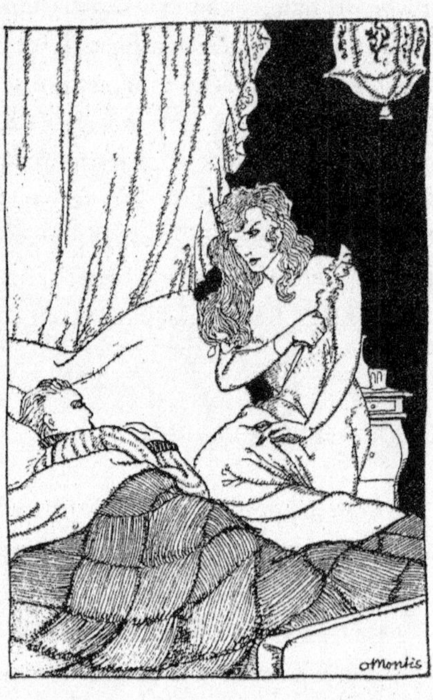

Von Paul O'Montis gestalteter Buchumschlag von „Der Detektiv und die Tänzerin" sowie Illustration im Buchinneren, ebenfalls von O'Montis
beide: Deutsche Nationalbibliothek Leipzig

verhindern, der mit diesem Geld einen Krieg finanzieren will. Aber letztlich ist sie selbst scharf auf das Geld. Sie: immer den passenden Dietrich in der Tasche, um sich Eintritt in alle möglichen Gemächer zu verschaffen, er: mit immer neuen fixen Ideen. Beide beherrschen meisterhaft die Camouflage und führen in amüsanten Verwechslungsszenen die Mitspielenden an der Nase herum. Sie geraten dann noch in einen weiteren turbulenten Fall, diesmal geht es um Falschgeld, und werden am Ende, wer konnte es ahnen, ein Paar.

Beide Trivialromane erschienen in einer Erstauflage von immerhin 50 000 Exemplaren und dürften O'Montis ein kleines Einkommen beschert haben. Ob seine Mutter mit der Gestaltung der beiden Bücher zufrieden war, ist nicht überliefert. Aber ihm war wohl selbst klar, dass er auf anderen künstlerischen Gebieten mit mehr Talent ausgestattet war.

Eine gemeinsame Linie oder hervorstechende innere Überzeugung sind aus seinen literarischen Werken, ob Film oder Roman, nicht herauszulesen, auch keine homoerotischen Züge. So steht allein die spielerische Lust an fantasievollen

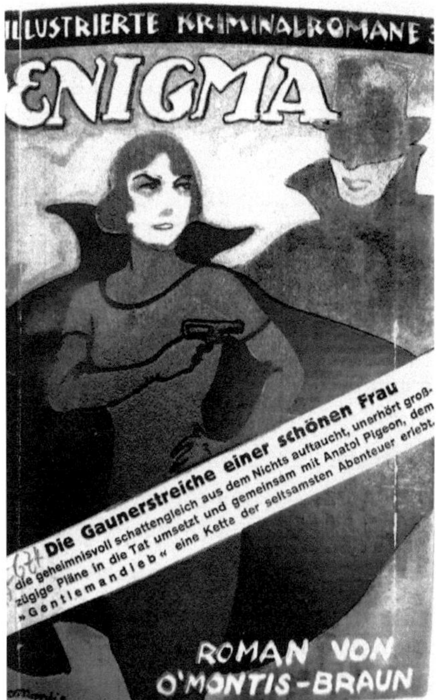

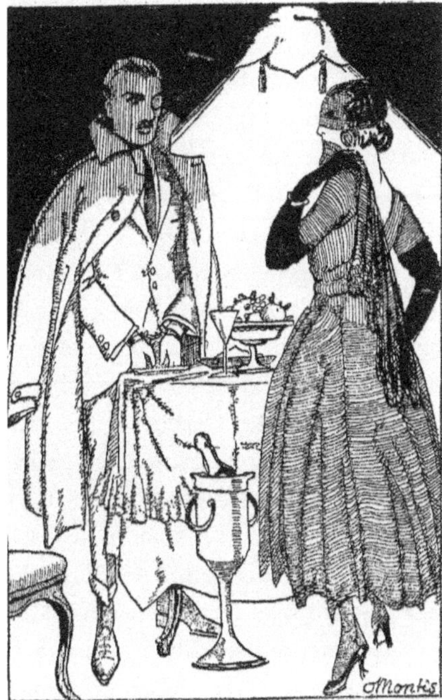

Von Paul O'Montis gestalteter Buchumschlag von „Enigma"
sowie Illustration im Buchinneren, ebenfalls von O'Montis
beide: Deutsche Nationalbibliothek Leipzig

und abenteuerlichen Geschichten im Vordergrund. O'Montis hatte wirklich eine blühende Fantasie und war nicht nur literarisch ein kreativer Mensch. Vor allem hatte er den nötigen Biss und das Durchhaltevermögen, seine großen wie kleinen Talente auch mehr oder minder gewinnbringend ans Publikum zu bringen. Diese Stärke sollte ihm auf der Bühne noch sehr nützlich sein.

Sänger und Kabarettist

Denn natürlich ist Paul O'Montis in diesen Jahren auch musikalisch unterwegs. Es ist die Zeit der „Ochsentour" – will heißen: O'Montis, jung, ehrgeizig, fleißig, aber auch arm und bereit, jedes Angebot anzunehmen, tingelt erst einmal durch die Lande und muss sich auf ihren zahlreichen Provinz- und Kleinstbühnen mühevoll ausprobieren und behaupten, mit der Absicht und unerschütterlichen Hoffnung, einmal groß herauszukommen. So treffen wir ihn beispielsweise im

November 1921 mitten im Ruhrgebiet in der aufstrebenden Industriemetropole Essen, wo er im Fürstenhof-Cabaret auftritt, einer erst zwei Jahre zuvor eröffneten Kleinkunstbühne. Mit neuem Angebot an Artistik, Kabarett und – als Essener Premiere – sogar mit Jazz versuchte das zentral gelegene Weinhaus und Restaurant „Der Fürstenhof" gleichzuziehen mit dem Kulturangebot vergleichbarer Großstädte wie Dortmund, Düsseldorf oder Köln, denen die Stahlstadt Essen doch etwas hinterherhinkte. Da musste man als Künstler auch schon mal in Kauf nehmen, dass der Name in der Presse falsch gedruckt war.[18] Ein weiteres frühes Engagement verschlug ihn im Juni 1922 nach Bremen ins „Astoria-Theater", das brachte immerhin Einkünfte für einen ganzen Monat.[19] Für einen aufstrebenden Künstler wie O'Montis war es sicher eine entbehrungsreiche Zeit, und mit der Hyperinflation 1923 verlor auch er zahlreiche Auftrittsmöglichkeiten, da zahlreiche Bühnen Konkurs machten. Zwar sorgte die Einführung der Rentenmark im November 1923 noch vor der allgemeinen Währungsreform im August des Folgejahres wieder für stabile Wechselkurse und einigermaßen stabile Verhältnisse. Aber „in der Saison 1923/24 arbeiteten allein in Berlin 156 Kabaretts fast ohne Gewinn. Es entbrannte ein hartnäckiger Konkurrenzkampf."[20]

Als einer seiner frühen Auftritte in Berlin ist ein Gastspiel im Mai 1924 im „Etablissement Café Zielka" dokumentiert.[21] Das „Zielka" lag an einer guten Adresse im repräsentativen „Equitable-Palast" Friedrichstraße 60/Ecke Leipziger Straße. Im ersten Stock gab es ein großes, preisgünstiges Café mit einer Kleinkunst- und Varietébühne, auf der gelegentlich auch ein Star wie Otto Reutter auftrat. Das zweite Stockwerk bot ausreichend Gelegenheit zum Billardspiel.[22] Für O'Montis bot das Engagement im „Zielka" eine von vielen Chancen, sich im kulturellen Überangebot Berlins langsam einen Namen zu machen. Später wurde aus dem Café übrigens das berühmte Tanzlokal „Moka Efti", eine der besten Adressen für Tanz- und Swing-Musik im Berlin der 1930er-Jahre.

Ein weiterer Schritt auf der Karriereleiter war O'Montis' erstes Engagement in Wien im Oktober 1924, vor allem, weil er sich im österreichischen Kulturzentrum gleich mit zwei bereits bekannten Namen messen lassen musste. Auftrittsort war der „Pavillon", offiziell ein Bar-, Grill- und Souper-Lokal in Wiens

18 „Paul Montis" in Essener Allgemeine Zeitung vom 3. 11. 1921.

19 Das Organ, Nr. 707 vom 10. 6. 1922 und Nr. 708 vom 17. 6. 1922.

20 Rudolf Hösch, Kabarett von gestern nach zeitgenössischen Berichten, Kritiken und Erinnerungen, Bd. 1; 1900–1933, Berlin 1967, S. 167.

21 Berliner Tageblatt vom 10. 5. 1924.

22 Knud Wolfram, Tanzdielen und Vergnügungspaläste. Berliner Nachtleben in den dreißiger und vierziger Jahren. Von der Friedrichstraße bis Berlin W, vom Moka Efti bis zum Delphi, Berlin 1992, S. 76.

1. Bezirk in der Walfischgasse 11. Die Presse geizte nicht mit Versprechungen, wenn sie warb: „Pavillon hat in diesem Monat ein Programm zusammengestellt, wie es wohl noch selten in Wien geboten wurde. Ganz Wien spricht bereits von Blandine Ebinger, deren große Kunst täglich stürmischen Beifall erntet, und von Fritz Grünbaum, dessen Conférencen unerreichte Solovorträge voll Geist, Witz und Humor sind [...]; ebenso die fein pointierten Vorträge der Damen [...] sowie der Herren Paul O'Montis und Fred Fleming". Und sie legte noch einmal nach: „Das täglich übervolle Haus spart nicht mit Beifall".[23] Ein Aufsteiger, der mit solchen Berühmtheiten wie der Chanteuse Blandine Ebinger und dem Conférencier Fritz Grünbaum fast in einem Atemzug genannt wurde, konnte dies bei seinen Bemühungen um weitere Engagements sicherlich gut in die Schale werfen.

Aber es gab auch Rückschläge. Für seinen Auftritt im Berliner Kabarett „Charlott-Kasino" im September 1924 erntete er einen bitterbösen Verriss in der „Berliner Börsenzeitung": „Chansonnier Paul O'Montis – wäre weniger mehr. Man darf sich durch Beifall nicht zu Mätzchen verleiten lassen. Paul O'Montis hat eine angenehme, sympathische Stimme. Aber er macht Klamauk. Er hätte mit dem schönen Chanson ‚Madame Lulu' von Harry Waldau ohne billige Witzchen und Übertreibungen größeren Beifall eingeheimst. Zum mindesten, wenn er ein Künstler sein will, vor sich selbst. Während Paul O'Montis, sicher verführt durch Provinzerfolge, schwer den Weg und nur mit größter Energie und Selbstkritik zur Kunst zurückfinden wird, ist bei der jungen Peggy Permond noch Hoffnung vorhanden, wenn sie sich nicht allein von falschen Freunden und Schmeichlern beraten lässt."[24] Eine solche Kritik wird nicht spurlos an dem Newcomer vorüber gegangen sein – er wird vermutlich noch mehr und noch härter an sich und seinem Vortragsstil gearbeitet haben, um in der verwöhnten Kulturmetropole Berlin auf Dauer bestehen zu können.

Das erwähnte Chanson von der Dame mit ihren vielen Liebhabern sollte noch lange fester Bestandteil seines Bühnenprogramms sein. Der bekannte Journalist und Feuilletonist Paul Marcus alias PEM gestattet uns einen weiteren Einblick in O'Montis damaliges Repertoire, wenn er im Rückblick seiner Erinnerungen O'Montis zu den Stars den damaligen Kleinkunstszene zählt und sich vor allem des Liedes „Montevideo" erinnert:[25]

23 Neues 8 Uhr Blatt vom 13. 10. 1924. Im Melderegister der Stadt Wien ist er erstmals vom 7. 10. bis 1. 11. 1924 wohnhaft im 1. Bezirk in der Seilergasse 16/3/22 (Nr. 16/3. Stock/Tür Nr. 22) gemeldet.

24 Berliner Börsenzeitung vom 25. 9. 1924.

25 Paul Marcus, Zwischen den Kriegen. Aus Berlins glanzvollen Tagen und Nächten. Mit einem Nachwort von Inka Bach, Berlin 2013, S. 131 (zuvor veröffentlicht unter dem Titel „Heimweh nach dem Kurfürstendamm").

Montevideo

[...] Montevideo
Ist keine Gegend für meinen Leo
Denn man weiß, dort ist's heiß
Und so schwül fürs Gefühl
Montevideo, Montevideo
Nie mehr im Leben lass ich den Leo
Dir in die Näh, Montevideo

Er war dort bei einer AG
Da hätt' er soll'n pflanzen Kaffee
Er hat aber gar nichts gepflanzt
Tango hat er getanzt
Was soll ich viel reden sie hammern [sie haben ihn mir] zerfranzt.

Montevideo, Montivideo [...]

Wie O'Montis diesen Tango auf der Bühne vortrug, ist nicht überliefert. Aber es muss schon einen Grund gegeben haben, dass PEM, der die Kabarettszene bestens kannte, den Künstler oft auf der Bühne gesehen hatte und dem ein ausgezeichnetes Gedächtnis nachgesagt wird, sich ausgerechnet dieses einen Liedes erinnert. Wer weiß, was O'Montis damals aus dem Refrain alles machte und welche Fantasien er bediente.

Damit stehen wir aber bereits im Jahr 1925. Im Oktober wird O'Montis zum ersten Mal von dem bekannten Journalisten, Lyriker und Kritiker Max Herrmann-Neiße, der allmonatlich im Berliner Tageblatt seine Streifzüge durch die aktuelle Berliner Kabarettszene präsentierte, namentlich genannt. Zum Oktoberprogramm des „Charlott-Kasino" weiß Herrmann-Neiße zwar wenig Wohlwollendens zu sagen, aber – so fährt er fort: „Heraus heben sich zwei Nummern: Paul O'Montis, weil er an sich unbedeutende Chansons mit technischer Akkuratesse ausarbeitet, und Harry Lamberts-Paulsen".[26] Für O'Montis ein weiterer wichtiger Schritt auf seinem Weg fortschreitender Popularität. Fortan wird Herrmann-Neiße, der „einzig kompetente Kritiker der zehnten Muße in den zwanziger Jahren",[27] immer wieder über O'Montis' Auftritte berichten. Noch

26 Berliner Tageblatt vom 10. 10. 1925.

27 Volker Kühn (Hrsg.), Kleinkunststücke, Bd. 2: Hoppla, wir beben. Kabarett einer gewissen Republik 1918–1933, Berlin 1988, S. 211.

wird der Künstler in einer Anzeige der „Danziger Künstlerspiele“ etwas plump als „Der Schlager-König“ beworben, aber das sollte sich bald ändern.[28]

Anfang 1926 war er zumindest noch nicht so bekannt, dass er als Zugpferd galt: In den Zeitungsannoncen zur Friedrich Hollaenders Revueparodie „Laterna Magica“ im Februar 1926 im Berliner „Renaissance-Theater“ wurden Blandine Ebinger, Valeska Gert, Hans Heinrich von Twardowski, Aribert Wäscher, Annemarie Haase, Herbert Zernik, die Kostümbildnerin Lotte Pritzel und sogar die Debütantin Ruth Albu genannt, O’Montis’ Name dagegen tauchte nicht auf. Auch in den zahlreichen Zeitungskritiken sucht man seinen Namen vergeblich, nur einmal wird er ohne weitere Ausführung erwähnt.[29] Herrmann-Neiße urteilte lakonisch: „Von den Männern hält nur Aribert Wäscher das Niveau“.[30] Doch ein Bonmot am Rande: Auch in Hollaenders Parodie durfte die im Berliner Revuegeschäft mittlerweile obligatorische Girl-Tanztruppe natürlich nicht fehlen. Klar, dass Hollaender auch diese Nummer als Parodie auf die großen Vorbilder der James-Klein- und Herman-Haller-Revuen ausgestaltete. Haller bot neben den berühmten britischen „Tiller-Girls“ auch seine eigene Formation, die „Haller-Girls“. Folgerichtig benannte Hollaender seine Nummer zum Scherz die „Tagger-Girls“ nach dem Direktor des „Renaissance-Theaters“ Theodor Tagger. Und die sahen, angeführt von der Grotesktanzpantomimin Valeska Gert, etwas anders aus als die militaristisch uniformen Frauenreihen bei Haller oder Klein. Mittendrin hüpften und tanzten O’Montis gemeinsam mit von Twardowski und Wäscher und setzten als „Tagger-Girls“ mit ihrer Travestie auf die Parodie noch eins drauf – zum Glück festgehalten in einer kleinen Zeitungskarikatur.[31]

Mit zunehmender Popularität galt es nun, die Bindung an Fans und Publikum zu festigen: Möglicherweise während eines Magdeburger Gastspiels gab er bei der Druckerei „Graphische Anstalt Gebrüder Garloff“ in der Kleinen Klosterstraße seine erste Autogrammpostkarte in Auftrag.[32]

28 Das Organ, Nr. 890 vom 12. 12. 1925.

29 „Sonst noch zu nennen: Aribert Wäscher und Paul O’Montis“, Arnold Lippschitz: Laterna Magica. Nachtvorstellung im Renaissance-Theater; Neue Berliner Zeitung/Das 12 Uhr Blatt vom 20. 2. 1926.

30 Max Herrmann-Neiße, Endlich eine Revueparodie, in: Der Kritiker, C.F.W. Behl (Hrsg.), Berlin April 1926, zit. nach Walter Rösler, Das Chanson im deutschen Kabarett, 1900–1933, Berlin 1980, S. 370, Anm. 111.

31 „Nachtvorstellung in Charlottenburg. Die ‚Laterna magica‘ der Renaissance-Bühne“, Neue Berliner Zeitung/Das 12 Uhr Blatt vom 20. 2. 1926. Valeska Gert siehe B.Z. am Mittag vom 20. 2. 1926.

32 Sowohl die leicht unscharfe Fotografie als auch der Hintergrund deuten auf eine Privataufnahme hin, die O’Montis in Druck gab. Aus der Bildnummer 36372 lässt sich im Vergleich mit anderen Künstlerpostkarten der Druckerei keine Datierung erschließen. Für

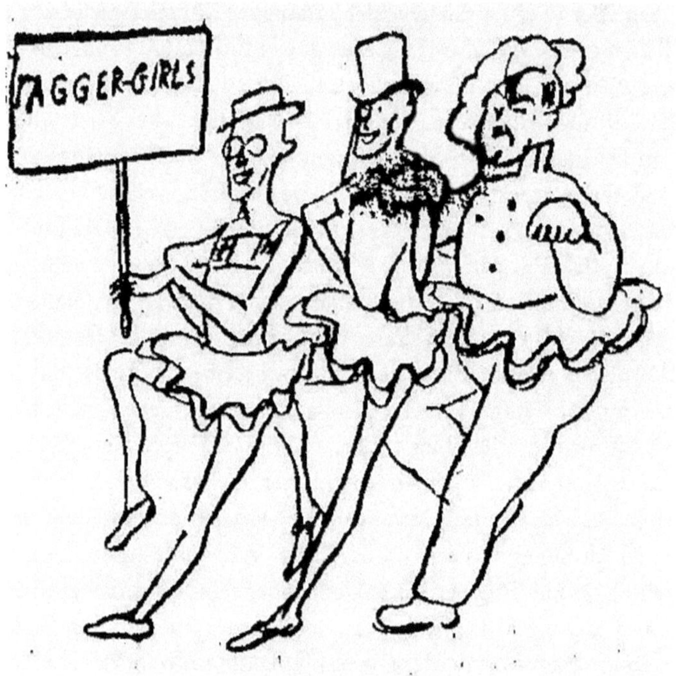

Tagger-Girls (von Twardowski, O'Montis, Wäscher)
Neue Berliner Zeitung. Das 12 Uhr Blatt vom 20. 2. 1926

Nach einem „Durchbruch", einem besonderen Ereignis, nach dem der Künstler dann in „in aller Munde" war, sucht man allerdings vergeblich. Seine Popularität entwickelte sich langsam, wenn auch stetig, und irgendwann – so wird man sagen können – gehörte er dann einfach dazu, war er fester Bestandteil der Berliner Kleinkunstszene. Das dürfte wohl spätestens Mitte 1926 der Fall gewesen sein.

Neben anderen Engagements, etwa in den „Meran-Künstlerspielen" in Schöneberg in der ersten Märzhälfte, sollte sein Haupthaus das bereits erwähnte Kabarett Charlott-Kasino werden. Das Charlott oder auch Charlott-Casino am Kurfürstendamm 12 war eigentlich ein Weinlokal, in dem man auch essen und tanzen konnte, auch noch spätabends im Anschluss an einen Operettenbesuch im nahe gelegenen Theater des Westens.[33] Paul O'Montis hatte Glück: Um das

einen Auftritt in Magdeburg gibt es bisher noch keinen Nachweis, der eine ungefähre Datierung erlauben würde.

33 Berliner Leben. Theater-Kunst-Mode-Sport 25 (1922), Nr. 3, S. 28.

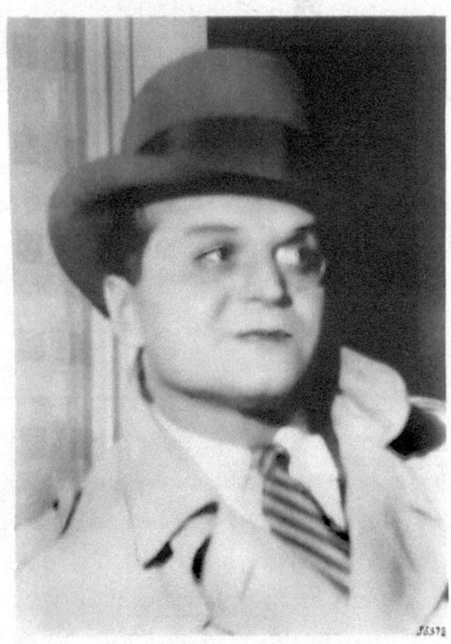

Erste Autogrammpostkarte
Sammlung Wolfgang Schneidereit

Mitte 1924 nicht gerade florierende Lokal zu beleben, kam der Inhaber – ein Herr S. Jacobsohn – auf die Idee, sein Angebot um Kabarett zu bereichern und dadurch mehr Gäste anzuziehen.[34] Er engagierte aus Wien den bekannten Schlagertexter und Conférencier Kurt Robitschek („Im Prater blüh'n weder die Bäume"), der dann seinerseits die in Berlin bereits erfolgreichen Komiker Paul Morgan und Max Adalbert ans Charlott holte.[35] Die Drei brachten neuen Schwung in den Laden, bevor sie dann im Dezember gemeinsam mit Max Hansen das später berühmte „Kabarett der Komiker" gründeten. So bekam O'Montis im Juni 1924 (wahrscheinlich für kleines Geld) die Chance, im Charlott auftreten zu können. Dass er dem Lokal dann auch die Treue hielt, zeigt, dass er einen guten Riecher hatte, ein Gespür dafür, wo er auftreten, wo er bestehen musste, um sich in Berlin einen Namen zu machen. Denn dafür entpuppte sich das Charlott als genau der richtige Ort: Schon ein Jahr später brummte der Laden und gehörte zu den beliebtesten und bestbesuchten Kabarettlokalen Mitte der 1920er-Jahre. Es stand für pure Unterhaltung, es war ein sogenanntes Amüsierkabarett, wie die meisten

34 Egon Jameson, Am Flügel: Rudolf Nelson. Berlinische Reminiszenzen 15, Berlin 1962, S. 10 f.

35 Budzinski, Die Muse, S. 162 f.

Etablissement (nicht nur) in Berlin, die sich Mitte der 20er mit der Bezeichnung „Kabarett" im Namen schmückten. Geschliffener literarischer Spott, politische Satire oder beißende Gesellschaftskritik waren um diese Zeit im deutschen Kabarett kaum mehr zu finden. Max Herrmann-Neiße, der selbst als Autor und Kabarettist noch wenige Jahre zuvor auf so engagierten Bühnen wie der „Wilden Bühne" in Berlin oder der „Retorte" in Leipzig gestanden hatte,[36] schrieb frustriert: „Ein entschieden selbstständiges, zielbewusst geistiges und kämpferisches Brettl gibt es nicht mehr, nur noch Unterhaltungsstätten von ungefähr gleichem Niveau [...], das gehobene Tingeltangel regiert." Der scharfzüngige Geist gewährt uns einen Einblick in das kleine Theaterlokal nahe der Gedächtniskirche, bei dem übrigens mit großer Wahrscheinlichkeit, wie in den meisten Kleinkunstlokalen, während laufender Vorstellung bestellt, auf- und abgetragen wurde: „Ein verhältnismäßig kleiner Raum, der meist getrommelt voll ist. Die Woge des Straßenverkehrs wirft jeden Abend die nötige Portion Vergnügungsreisender hinein, es handelt sich also mehr um ein Zufallspublikum als um die Summe aus Stammgästen und ausgesprochenen Kabarettinteressierten. Demgemäß schafft das Programm es mit der Quantität, herrscht das Barnum- und Bailey-Prinzip der ununterbrochenen, nie pausierenden Nummernfolge."[37] Und wenig schmeichlerisch: „Den meisten Beifall beim Durchschnitt heutiger Kabarettbesucherschaft hat wahrscheinlich das ‚Charlott', weil sein Programm einen völlig physiognomielosen Mischmasch aus den verschiedenartigsten Möglichkeiten gibt: leicht Aufsässiges, schmalzig Patriotisches, Berlinerisches, Wienerisches, Plebejisches, Adliges, Mondänes, Ordinäres, sentimentale Vorsintflutlichkeit und Dada."[38] Und mittendrin Paul O'Montis, der kam bei Herrmann-Neiße immerhin recht gut weg: „Paul O'Montis bringt wieder neue pikante Chansons mit seiner sicher abwägenden Technik."[39] Oder: „Paul O'Montis hat die Technik, die banalsten Modechansons so zu bringen, dass sie auch einem anspruchsvolleren Menschen Spaß machen, weil er, über ihnen stehend, sie schon gleich

36 Klaus Budzinski/Reinhard Hippen, Metzler Kabarett Lexikon, Stuttgart 1996, S. 142.

37 Max Herrmann Neiße, Berliner Kabaretts, in: Skizzen, herausgegeben von Electrola, Januarheft 1930; zit. nach Max Herrmann-Neiße, Gesammelte Werke, Bd. 9: Kabarett. Schriften zum Kabarett und zur bildenden Kunst. Hrsg. v. Klaus Völker, Frankfurt a. M. 1988, S. 371. Barnum & Bailey war ein US-amerikanisches Zirkusunternehmen, das sich als „The Greatest Show On Earth" präsentierte und bis 2017 existierte.

38 Herrmann-Neiße, Oktober 1925, zit. nach Max Herrmann-Neiße, Gesammelte Werke, Bd. 9: Kabarett. Schriften zum Kabarett und zur bildenden Kunst. Hrsg. v. Klaus Völker, Frankfurt 1988, S. 178 f.

39 Berliner Tageblatt Nr. 130 vom 8. 3. 1926.

launig persifliert."[40] „O'Montis, der das mondäne und das karikaturistische Couplet wirklich beherrscht",[41] gehöre mittlerweile zu den bewährten Namen und Nummern. Und noch einmal lobte der Kritiker die „gekonnte Ironie des Paul O'Montis".[42] Das Charlott wiederum schreckte nicht zurück vor Übertreibungen, wenn es den Künstler in Presseanzeigen anpries. Er sei „der allgemein anerkannte, beste Chansonier Deutschlands, der Heros des Chansons" – Herrmann-Neiße nannte das schlicht „Großmaulreklame".[43]

Für ihn, der die Kleinkunstszene scharf beobachtete, war des Künstlers Art und Weise, einen Schlager oder ein Chanson darzubieten, mittlerweile stilbildend geworden ist. Gleich zweimal erwähnt er, dass andere Vortragende „‚mondän', etwa in der Nachfolge des O'Montis" ihre Stücke dargeboten hätten oder als „durchschnittlicher Epigone, etwa des O'Montis", aufgetreten seien.[44] Der Künstler hatte sich also in wenigen Jahren in Berlin als unverwechselbar erkennbar gemacht – eine beachtliche Leistung angesichts des Massenangebots in der Hauptstadt.

Mitte 1926 scheint es Paul O'Montis also geschafft zu haben: Am 23. Juni veranstaltete der internationale Verband der Varietédirektoren im Funkhaus am Kaiserdamm ein großes Sommerfest. Man warb „mit den besten Nummern aus allen Berliner Programmen", die vom Abend bis in die frühen Morgenstunden das Berliner Publikum bei guter Laune halten sollten. Acht Tanzkapellen spielten, unter anderem Sam Wooding, die schwarze US-Band, die im Jahr zuvor erstmals echten afroamerikanischen Jazz nach Berlin und ganz Europa brachte. Das Who Is Who der damaligen (männlichen) Kabarettszene trat auf, Wilhelm Bendow („Wo laufen sie denn [...], wo laufen sie denn hin?"), der bereits genannte Conférencier Kurt Robitschek, Paul Graetz, Willy Rosen, Kurt Gerron, Max Hansen, Paul Morgan – und wie selbstverständlich unter all diesen Größen auch Paul O'Montis.[45] Nun gehörte er wirklich dazu!

40 Berliner Tageblatt Nr. 278 vom 15. 6. 1926.
41 Berliner Tageblatt Nr. 558 vom 26. 11. 1926.
42 Berliner Tageblatt Nr. 590 vom 5. 12. 1926.
43 Berliner Tageblatt Nr. 278 vom 15. 6. 1926.
44 Max Herrmann-Neiße, September 1926, in: Max Herrmann-Neiße, Gesammelte Werke, Bd. 9: Kabarett. Schriften zum Kabarett und zur bildenden Kunst. Hrsg. v. Klaus Völker, Frankfurt a. M. 1988, S. 241–245.
45 Berliner Tageblatt und Berliner Volkszeitung vom 22. 6. 1926.

5 Der Bühnenstar

Begegnet uns Paul O'Montis heute vor allem als Schallplatteninterpret, so war er doch in erster Linie ein Bühnenkünstler. Die „Bretter" waren sein Metier, hier konnte er alle seine Begabungen ausleben und zeigen, was er draufhatte. Hier war er frei in der Gestaltung seines Repertoires und konnte auf aktuelle Ereignisse gegebenenfalls mit kleinen Textänderungen in seinen Parodien reagieren, natürlich ohne den Publikumsgeschmack aus den Augen zu verlieren. Seine Bühnenengagements ernährten ihn, sie waren bis zum Ende seines beruflichen Lebens seine Haupteinnahmequelle. Von den Schallplattenaufnahmen allein hätte er nicht leben können. Dort stand er nicht selten im Schatten renommierter Begleitorchester; oft hatte er – wie damals üblich – nur den Refrain zu singen, manchmal wurde sein Name auf dem Plattenlabel gar nicht erst erwähnt. Auf der Bühne jedoch stand er im Mittelpunkt, fokussierten sich Scheinwerfer und Aufmerksamkeit des Publikums nur auf ihn, er allein hatte als Künstler zu bestehen, die Klavierbegleitung hatte ihm zu folgen und sich auf ihn einzurichten.

Wer den Künstler Paul O'Montis verstehen will, muss sich ihn als Bühnenkünstler vorstellen, auf einer eher überschaubaren Bühne, im Kleinkunsttheater, im Kabarett, dort, wo auch geflüsterte Töne trugen, wo er mit feinster musikalischer Präzision und ebensolcher Mimik und Gestik auch noch die hintersten Reihen problemlos erreichen und gewinnen konnte.

Zum Glück gibt es zahlreiche Zeitzeugen, die uns heute noch einen Eindruck seiner Auftritte vermitteln können und uns Gelegenheit bieten – natürlich unter Zugabe eines gewissen Quantums eigener beflügelnder Fantasie – einen O'Montis-Auftritt mitzuerleben: die vielen Kulturjournalisten der Tagespresse nämlich, die in seinen Konzerten live dabei waren und sie anschließend in ihren Kritiken dokumentierten und kommentierten. Aus Berlin erfahren wir allerdings wenig Substanzielles: „Paul O'Montis singt seine Bravourstücke, reizend, liebenswürdig, auf seine Gunst beim Publikum pochend – natürlich nicht vergebens"[1] (im „Boulevard-Theater") – „Paul O'Montis erweist sich auch diesmal als einer unserer feinsten ‚Pointeure'. Dass er dabei bis auf Wolzogen zurückgreifen muss, ist nicht seine Schuld" – „Paul O'Montis pflegt das

1 Berliner Volkszeitung vom 12. 7. 1928.

exotische Genre. Es bekommt ihm und uns gut" – „An Kanonen sind verpflichtet worden [...] Paul O'Montis (Kommentar überflüssig)" (alle drei „Kabarett der Komiker").[2]

Erfreulicherweise gerieten die Beschreibungen, Beobachtungen und Kommentare seiner Gastspielauftritte jenseits der Hauptstadt umso redseliger und aufschlussreicher. Die Erklärung ist einfach: In Berlin war er einer von vielen, aber außerhalb Berlins war er der Star. In Berlin war er ein anerkannter, prominenter Brettlkünstler, dessen Name bei keinem Kabarettereignis fehlen durfte, der schließlich auch im Radio und auf Schallplatte, also in allen damaligen Massenmedien präsent war – aber das waren viele seiner Bühnenkolleginnen und -kollegen auch. Ob im kleinen Charlott-Casino, im Kabarett der Komiker mit seinen fast 1000 Sitzplätzen oder im riesigen Varieté-Saal der Berliner Scala, immer blieb er *ein* Programmpunkt unter vielen, musste er sich im Abend- oder Nachtprogramm behaupten zwischen Showeinlagen und kleinen Theaterstücken, unter Trapezkünstlern, Tanzpaaren, Conférenciers, weiteren Sängerinnen und Sängern, darunter ganz große Namen wie etwa Claire Waldoff. Auf vielen seiner Gastspielreisen hingegen stand *er* im Mittelpunkt des Interesses, war er es, der einen Saal oder einen Kurpavillon füllte, sein Name stand groß auf den Werbeplakaten und in den Presseanzeigen, ihm vor allem galt die Neugier des zahlenden Publikums und der schreibenden Pressezunft. Natürlich musste er sich auch dort den Abend auf der Bühne mit anderen Showacts teilen, doch dann hieß es in der anschließenden Pressekritik umgekehrt lakonisch wie ironisch, sein Auftritt „wurde von der saisonüblichen Kräfteparade umrahmt. – Gesang und Tanz im bunten Wechsel – variatio delectat".[3] Denn das Hauptprogramm war er! Zwar erfahren wir nichts über die genaue Dauer eines solchen Auftritts, aber bei Tourneereisen stand ihm mit großer Sicherheit wesentlich mehr Zeit zur Verfügung als in einem Berliner Kabarett, er war freier, gewünschten Zugaben auch zu folgen und seinen Abendauftritt ggf. zu verlängern ohne sich großen Ärger mit der Direktion einzuhandeln. Er war eben nicht mehr eine Kabarett-Nummer unter vielen, sondern er gestaltete ein richtiges Konzert.

2 Max Herrmann-Neiße, Vossische Zeitung vom 8. 7. 1928; gemeint war der Dramatiker, Conférencier und Kabarettautor Ernst von Wolzogen (1855–1934), der Begründer des ersten literarischen Kabaretts in Deutschland, des „Überbrettl" genannten „Bunten Theaters" im Januar 1901 in Berlin; Berliner Volkszeitung vom 6. 1. 1929; Das Organ, Nr. 1051 vom 12. 1. 1929.

3 Rigasche Rundschau vom 23. 9. 1927.

Zeitzeugenberichte

Wenn wir den Künstler auf seinen zahlreichen Tourneen ins In- und Ausland begleiten, geben wir denen das Wort, die ihn damals als „Augen- und Ohrenzeugen" live auf der Bühne erleben durften – ihre damalige Begeisterung wirkt bis heute ansteckend.

Ausgangspunkt ist Königsberg: O'Montis gastierte den ganzen Sommer 1927 in der ostpreußischen Stadt und sang im „Münz-Palast". Eine der treffendsten und klügsten Beschreibungen des Künstlers erschien damals in der Königsberger Allgemeinen Zeitung: „Der Name bedeutet ein ganzes Programm. Er bedeutet: Rhythmus, Eleganz, Musikalität, Geist, Witz, Ironie, Satire, Humor, Ulk – und über alledem ein bißchen Dekadenz. Kein Zweifel: Dieser Künstler mit der biegsamen, schlanken Gestalt, dem schmalen feingeschnittenen Kopf, den seltsam tiefliegenden dunklen Augen ist der personifizierte Ausdruck unserer Zeit, dieser nervösen, sich immer mehr differenzierenden und spezialisierenden Gegenwart. Und er ist zugleich das wandelnde – nein: das tanzende Gesamtkunstwerk. Unerhört die Vielseitigkeit und Wandlungsfähigkeit dieses Königs der Chansonniers. Ob er ‚seriöse' oder wirklich ernste Sachen bringt, ob er Parodien vorträgt oder ‚Klamauk' macht: Er ist jedes Mal ein anderer und bleibt doch immer – O ' M o n t i s."[4]

Höhepunkt dieses Gastspiels war sein Auftritt im Königsberger Stadttheater, einem der angesehensten Häuser in Preußen und im Deutschen Reich. „Als erster und einziger Cabarett-Künstler [...] einer Einladung des Intendanten Geißel folgend",[5] trat er dort im Rahmen eines bunten Varieté-Abends vor ausverkauftem Haus auf. Er wurde stürmisch begrüßt. „Von minutenlangem Beifall empfangen, sprach, sang, mimte, tanzte Paul O'Montis, zeigte sein unwahrscheinlich vielseitiges Können im Verein mit seiner aparten Persönlichkeit und siegte, – siegte auf ganzer Linie. – Das reizende, biedermeierliche ‚Spieluhridyll', – die schauerliche ‚Knochenballade' – die erschütternde Kriegsepisode ‚Kaddisch' – – und dann ‚Meyer auf dem Himalaja' und viele andere seiner blendenden Leuchtraketen: vor allem die unsterbliche ‚Amalie mit dem Gummiknüttel'[6] – brannten im musikalisch-mimisch-choreografischen Feuerwerk ab! Es zeigte sich wieder einmal, dass bei aller wirklichen Kunst der Gegenstand

4 Königsberger Allgemeine Zeitung (ohne Datum), Autor: Dr. Wynneken, zit. nach Das Organ, Nr. 983 vom 24. 9. 1927.

5 Das Organ, Nr. 983 vom 24. 9. 1927.

6 Gemeint ist der Schlager „Amalie geht mit'm Gummikavalier"; der „Gummikavalier" war eine aufblasbare Schwimmhilfe.

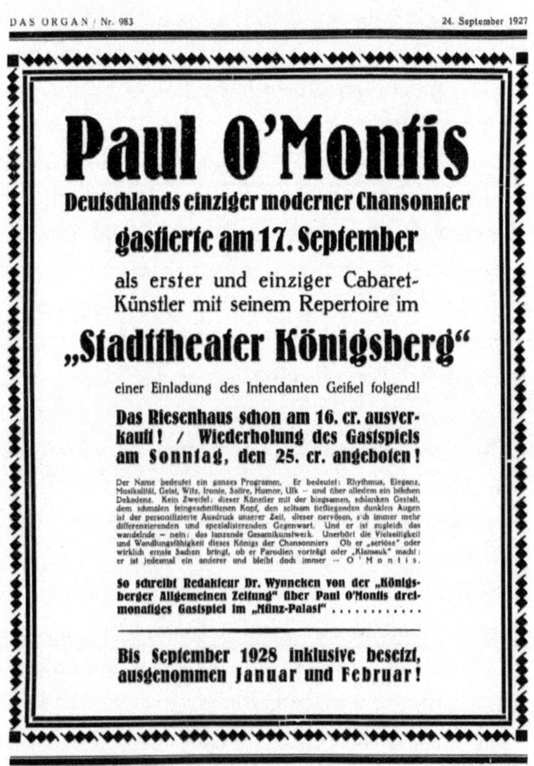

DAS ORGAN / Nr. 983 — 24. September 1927

Paul O'Montis

Deutschlands einziger moderner Chansonnier

gastierte am 17. September

als erster und einziger Cabaret-Künstler mit seinem Repertoire im

„Stadttheater Königsberg"

einer Einladung des Intendanten Geißel folgend!

Das Riesenhaus schon am 16. cr. ausverkauft! / Wiederholung des Gastspiels am Sonntag, den 25. cr. angeboten!

Der Name bedeutet ein ganzes Programm. Er bedeutet: Rhythmus, Eleganz, Musikalität, Geist, Witz, Ironie, Satire, Humor, Ulk — und über alledem ein bißchen Dekadenz. Kein Zweifel: dieser Künstler mit der biegsamen, schlanken Gestalt, dem schmalen feingeschnittenen Kopf, den seltsam tiefliegenden dunklen Augen ist der personifizierte Ausdruck unserer Zeit, dieser nervösen, sich immer mehr differenzierenden und spezialisierenden Gegenwart. Und er ist zugleich das wandelnde — nein: das tanzende Gesamtkunstwerk. Unerhört die Vielseitigkeit und Wandlungsfähigkeit dieses Königs der Chansonniers. Ob er „seriöse" oder wirklich ernste Sachen bringt, ob er Parodien vorträgt oder „Klamauk" macht: er ist jedesmal ein anderer und bleibt doch immer — O'Montis.

So schreibt Redakteur Dr. Wynnecken von der „Königsberger Allgemeinen Zeitung" über Paul O'Montis dreimonatiges Gastspiel im „Münz-Palast" . . . .

Bis September 1928 inklusive besetzt, ausgenommen Januar und Februar!

Das Organ Nr. 983 vom 24. September 1927

eine untergeordnete Rolle spielt. Paul O'Montis stellt sich nicht in den Dienst einer Sache, er macht sich die Sache dienstbar. Sein nie ruhender Körper, seine nervösen Künstlerhände, seine Stimme, die zwischen Sopran und Bariton niederschwingt, genügen schon allein, um überall ein Geheimnis zu wittern, das oft scheinbar hinter belanglosen Worten des Textes, in Wirklichkeit aber in der Persönlichkeit des Künstlers steckt."[7]

Sein Erfolg drang bis nach Berlin und bescherte ihm einen kleinen Artikel im Fachblatt „Das Organ der Varietéwelt". Interessant die einleitenden Zeilen: „‚Es gibt nur eine Nummer, der man jede Gage zahlen kann, weil sie einem drei Monate lang volle Häuser macht, das ist Paul O'Montis!' […] äußerte sich Herr Direktor Tielscher anlässlich des Gastspiels dieses Künstlers im Konkurrenz-Unternehmen Münz-Palast. ‚Wenn O'Montis drüben ist, kann ich bei mir den

7 Rigasche Rundschau vom 23. 9. 1927 (ohne Autor).

lieben Gott auftreten lassen, er wird auch nicht ziehen!'"[8] Möglicherweise hat O'Montis selbst diesen Artikel geschickt und werbewirksam lanciert, denn in der gleichen Ausgabe nahm er seinen Erfolg zum Anlass, eine ganzseitige Anzeige zu schalten und auf freie Termine im Folgejahr hinzuweisen. Das konnte und wollte er sich nun leisten.

Zwei Jahre später, im Sommer 1929, führte ihn eine Gastspielreise wieder nach Ostpreußen. Erneut sang er im Königsberger Stadttheater zweimal vor ausverkauftem Haus: „O'Montis, auch diesmal in bester Form. [...] Das Haus raste vor Begeisterung und zwang dem Künstler noch einige Zugaben ab, darunter das immer wieder gern gehörte ergreifende ‚Kaddisch'."[9] Nach einem Auftritt im Ostseebad Cranz mischte er im Bäderort Neukuhren die Sommerfrischler gehörig auf und erntete eine hervorragende wie ausführliche Kritik:

> „Man sollte eigentlich annehmen, dass Menschen aus der großen Stadt, die im Seebad bestrebt sind, im Rahmen der durch das Wetter gezogenen Grenzen ihre abgekämpften Nerven wieder ein wenig aufzufrischen, keine sonderliche Neigung haben, sich an den Nervenkitzel der Großstadtluft ohne dringende Notwendigkeit erinnern zu lassen. Weit gefehlt: Es bedurfte nur einiger Plakate, daß PaulO' Montis komme, um einen Ansturm auf die Leitung der Strandhalle auszulösen, der einen einfach nicht zu bewältigenden Umfang annahm. Die weite Strandhalle hätte den doppelten Umfang haben müssen, und sie hätte doch nicht den Platzforderungen genügt, die am Abend an sie gestellt wurden. Dies ist lehrreich: Es zeigt, wie beliebt Paul O'Montis ist, welchen Widerhall sein reifes Künstlertum gefunden, nein, sich errungen hat, daß er, der schon fast als Königsberger anzusprechen ist, nach seinen wiederholten Gastspielen – zuletzt im Opernhause – immer wieder eine solche Anziehungskraft ausübt, daß er, neben seinem rein kabarettistischen Wirken bekannt durch Schallplatten und Rundfunk, immer wieder und stets vermehrt die Massen fesselt wie kein zweiter seiner Berufskollegen. Paul O' Montis ist ein erster Künstler, ist erste Klasse im internationalen Kabarett, ist vielseitig, erstarrt nicht in der einmal gefundenen Form, arbeitet ständig an der Vervollkommnung, an der Ausfeilung und weiteren Ausgestaltung seiner Vortragsstücke, seiner Vortragseigenart. Und gerade das macht den Künstler so ungemein wertvoll, unterscheidet ihn von so manchen anderen: dass er auch da noch Verinnerlichung und Verbesserung sucht und findet, wo sie eigentlich

8 Das Organ, Nr. 983 vom 24. 9. 1927.
9 Das Organ, Nr. 1072 vom 8. 6. 1929.

> niemand mehr verlangen kann, dass sein künstlerisches Streben und sein Ehrgeiz keine Beharrung kennt, sondern in steter Fortentwicklung eben sein Künstlertum beweist. Er war wieder blendend in Form, als er in der Neukuhrener Strandhalle, die bis aufs letzte Plätzchen überfüllt war, in der die Menschen bis hoch hinauf die Treppe bis zu den Fremdenzimmern standen, alte Freunde erneut in den Bann seiner Persönlichkeit zog, solchen, die ihn etwa noch nicht gekannt haben mögen, zeigte, wer und was Paul O'Montis ist. Er begann mit dem Weinlied aus dem ‚Lachenden Ehemann',[10] gemodelt entsprechend den Anforderungen des modernen Kabaretts. Zum Schluss nicht ‚Klamauk', sondern Ernst: ‚Es gibt eine Frau, die man niemals vergisst'. Das Lied von der Mutter. Und staunend verfällt man in den Bann seiner Kunst, die nach der Krokodilangelegenheit es wagen darf, so ergreifende und packende Töne anzuschlagen, die so natürlich und zum Mitempfinden zwingend tönen, fernab von jeder Theatralik und Künstelei. Und so schloss Paul O'Montis mit Innigkeit, ohne von dem eroberten Terrain einzubüßen. Es war ein Ereignis, eine Sensation für Neukuhren, die nachwirken wird. Ein Hauch Großstadtluft schlug in das Familienidyll des Samlandbades. Aber er störte nicht, sondern erfrischte, schuf Frohsinn und Frohlaune, für die Paul O'Montis gedankt sei."[11]

Im Frühjahr und Sommer 1930 begab sich der Künstler auf eine Osteuropa-Tournee mit mehreren Stationen in Lettland und Estland. Nach über zehn Jahren trat er zum ersten Mal wieder in seiner Heimatstadt Riga auf. Während noch im Jahr zuvor die Rigasche Rundschau im Zusammenhang mit seinem Auftritt in Neukuhren etwas herablassend „über unseren Landsmann Paul O'Montis (Oberg), an dessen bizarre Erscheinung in der Kriegs- und Okkupationszeit sich so mancher Rigenser noch lebhaft erinnern wird [...]",[12] sich meinte äußern zu müssen, schienen nun alle diese frühen kabarettistischen Selbstversuche nichtig und vergessen. Denn sein Auftritt in Riga wird als Premiere angekündigt, „in Deutschland allgemein bekannt und beliebt [...] [und] [...] bei uns nur durch Grammophonplatten eingeführt, die zu den begehrtesten ihrer Art gehören".[13] In der Presse erschien ein Foto des eleganten Künstlers, und im Kleingedruckten

10 „Fein, fein, schmeckt der Wein" aus der Operette „Der lachende Ehemann" von Edmund Eysler von 1913.

11 Königsberger Hartungsche Zeitung (ohne Autor), zit. nach Rigasche Rundschau vom 13. 8. 1929.

12 Rigasche Rundschau vom 13. 8. 1929.

13 Rigasche Rundschau vom 7. 2. 1930.

wurde ganz nebenbei auf seine damalige Plattenfirma „Odeon“ verwiesen. Begleitet vom Pianisten Emil Kühnemann wurden Konzerte am 5. und 8. März im Schwarzhäuptersaal angekündigt: „Klassische Lieder, moderne Schlager, Tanzlieder, Nigger Songs, russische Romanzen, Imitationen u. and. Jeden Abend ein anderes Programm.“[14] Die Konzerte waren ein voller Erfolg. Während sich die deutsche Presse in vornehmer Zurückhaltung gefiel – O'Montis hat sich darüber fürchterlich aufgeregt und seinem Ärger später auch auf Papier Luft gemacht –, druckte die russische Zeitung „Sevodnja Večerom“ eine euphorische Konzertkritik (mit kleinen Spitzen), aus der wir einiges über das Live-Erlebnis eines O'Montis-Konzertes erfahren:

> „Dass zwei Konzerte bereits lange vor dem ersten Termin völlig ausverkauft sind, ist ein für Riga beispielloses Phänomen. O'Montis hatte in seiner ‚Eröffnungsrede' daher allen Grund, den Rigensern dafür zu danken, dass sie ihn in so guter Erinnerung behalten haben. Und um dem Künstler gerecht zu werden – er hat diejenigen, die an ihn ‚glaubten', auch nicht enttäuscht.
> O'Montis ist ein besonderer Künstler, der sich von den zahlreichen anderen Vertretern seines Genres unterscheidet: durch seine Persönlichkeit, durch die besondere Form, mit der er seine ‚Schlager' darbietet, und durch den außergewöhnlichen Reichtum der von ihm eingesetzten Mimik und Gestik. Jemand nannte ihn einmal den deutschen Wertinski.[15] Aber das stimmt nicht. O'Montis ist ein Künstler seines eigenen Genres. Man darf ihn nicht als Kabarettsänger bezeichnen. Man muss sich ihm vom Gesamteindruck all dessen her, was er auf der Bühne tut, annähern. Und er ‚tut' sehr viel auf einmal: Er singt, er tanzt, er spielt – und all das auf seine ganz eigene Weise. Möglicherweise wird sich ein Musikkritiker an vielen signifikanten Mängeln in O'Montis' Stimme stören. Aber er fesselt zweifellos das Massenpublikum, das er herzlich zum Lachen bringt mit seiner Gestikuliererei und seiner Mimik, die man strenggenommen als ‚Grimassenziehen' bezeichnen kann – doch einem aufgeschlossenen Menschen gilt dies als Beweis für das

14 Rigasche Rundschau vom 22. 2. 1930. In der lettischen Zeitschrift Aizkulizes (Hinter den Kulissen) vom 14. 3. 1930 ist allerdings von vier genehmigten Auftritten in Riga die Rede, auch O'Montis schreibt später von vier Konzerten. Am 16. 3. gab es noch einen Abschlussabend, wann der vierte Abend stattfand, ist nicht bekannt.

15 Gemeint war der populäre russische Sänger, Kabarettist und Filmschauspieler Alexander Nikolajewitsch Wertinski (1889–1957), der zu jener Zeit in Cabarets am Pariser Montmartre auftrat. Berühmt wurde er durch seine Auftritte als Pierrot, eine Figur, die auch von O'Montis auf einer Schallplatte besungen wurde; de.wikipedia.org/wiki/Alexander_Nikolajewitsch_Wertinski [31. 1. 2020].

unbestrittene künstlerische Talent des ‚Schlagerkönigs'. Er singt sowohl alte als auch moderne Stücke, leichte wie auch sentimentale. Er weiß, wann er sein eigenes ‚Arsenal' einsetzen kann und wann er sich diesem besser enthält. Aber wenn er es einsetzt – das wird vielleicht besonders im Stück ‚In der Bar zum Krokodil' deutlich – dann sehen Zuhörer wie Zuschauer die charakteristischen Bilder vor sich, von denen O'Montis mit Worten und Gesten erzählt. Und wenn er das ‚Kaddisch' singt – einige mögen zurecht einwenden, dass dieses Stück als Gebet in der Nachbarschaft einer ‚Madame Lulu' und eines ‚Casanova-Tango' nicht ganz angemessen ist – ist der Saal, der sich eben noch in einer Atmosphäre gelöster Heiterkeit befand, sofort von der feinen Lyrik dieses Werks durchdrungen.
O'Montis hatte sehr großen Erfolg. Und wenn er nicht hartnäckig gegen die Unfähigkeit seines Begleiters, sich ihm anzupassen, hätte kämpfen müssen, wäre der Eindruck vom Konzert noch besser geworden. Umso mehr, da O'Montis überdies ein wunderbarer Conférencier ist, bei dem der Saal auch in den kurzen Pausen zwischen den einzelnen Stücken an nichts anderes als an den Künstler selbst denkt."[16]

Auch die Kritik seines Auftritts im nahe gelegenen Mitau (Jelgava) am 6. März vermittelt einen guten Eindruck von der Bühnenpräsenz des Künstlers: „Seine Stimme ist nicht groß, aber sympathisch, eher leise, als laut, aber dennoch deutlich zu verstehen, aber seine Mimik … und der Vortrag. Er trägt seine Chansons, nicht nur mit der Stimme, sondern mit Unterstützung seiner kolossal entwickelten Mimik und seines ungemein beweglichen Körpers, vor und man muß lachen, ob man will oder nicht. Ihm liegen besonders die lustigen, schlüpfrigen, modernen Schlager, die er meisterhaft vorträgt und der Gewerbeverein hat von ihm Sachen zu hören bekommen, welche früher seine altersgrauen Wände vor Schauder wackeln gemacht hätten. Ehe man es sich versah, war lächelnd, mit entsprechenden Gesten, eine Schlüpfrigkeit da, und siehe da, wo früher vor Entrüstung Haubenbänder geflattert hätten, da geschah nichts dergleichen. Er gefiel, gefiel sehr und erntete rauschenden Beifall und … nächstens gehen wir wieder hin!"[17]

Auch über seinen Auftritt kurz darauf am 9. März in Libau (Liepāja) im Hotel Petersburg sind wir gut informiert, unter der Rubrik „Kunst und Wissenschaft" erschien am 11. März in der Libauschen Zeitung ebenfalls eine ausführliche Konzertkritik:

16 Sevodnja Večerom vom 6. 3. 1930, Übersetzung Christian Hennig.
17 Mitauer Nachrichten vom 11. 3. 1930.

„Paul O'Montis Abend: ‚Ernst ist das Leben und heiter die Kunst' – so denkt gewiss auch Paul O'Montis, zum mindesten in Bezug auf die Kunst, seine Kunst; wie weit das Leben für ihn ernst ist, soll sein Geheimnis bleiben. Und wenn man nach seinen Vorträgen den Saal verlässt, so ist man selbst von der Wahrheit des Spruches durchdrungen. Oder man muss schon ein ganz unverbesserlicher Misanthrop und Grau-in-Grauseher sein, wenn man sich von diesem charmanten Künstler nicht aufheitern lassen will. O'Montis ist durch und durch Humorist, sozusagen vollgesogen von Humor. Ich zweifle keinen Augenblick daran, dass er es nicht nur auf der Bühne, in seinem Beruf ist, sondern auch im alltäglichen Leben. Trotz dessen Ernstes. Und so köstlich ansteckend wirkt sein Frohsinn, dass man mitlachen muss ob man will oder nicht. Er versteht es alles, was er zu sagen hat, so schmackhaft und hübsch garniert, zu servieren, auch die gepfeffertsten Leckerbissen, dass man sich den Gaumen daran nicht verbrennt. Einen besonderen Charme gewinnen seine Darbietungen durch die glückliche Mischung liebenswürdigster Schnoddrigkeit und künstlerischen Empfindens, künstlerischen Feingefühls. O'Montis kennt die Grenzen des Zulässigen: bis hierher und nicht weiter, was jenseits liegt, ist Stammkneipen-Atmosphäre. Das Programm brachte neben altbekannten Sachen, wie ‚Madame Loulou', dem unvermeidlichen, bei uns noch nicht überwundenen ‚Sonny boy', ‚Kaddish' und drgl., eine ganze Reihe sehr amüsanter, sehr charmanter, sehr pikanter Chansons und Schlager, wie beispielsweise ‚Du glaubst ich weiß nicht', das verschämt frivole ‚Die beiden Alten', ‚Weiße Chrysanthemen' und viele andere, welche O'Montis, in seiner lebendigen Drolerie an die besten Chansonniers französischer Schule erinnernd, mit durchschlagendem Erfolg vortrug. Seine Stimme ist nicht groß, aber von angenehmer Weichheit und gut geschult, Vortrag, Diktion und Mimik einfach glänzend. Der pfropfenvolle Saal dankte andauernd stürmisch."[18]

Wenige Tage danach kehrte er noch einmal nach Riga zurück und gab am 16. März ein großes Abschiedskonzert. Organisiert wurde der Abend, bei dem auch ein spanisches Tanzpaar und eine Jazz-Kapelle namens „The Savoy Band" auftraten, von der „Vereinigung russischer Künstler". Was lag da näher als seinen russischen Fans eine ganz besondere Aufmerksamkeit zu schenken: „Paul O'Montis conférenciert in russischer Sprache", bewarb das Blatt „Sevodnja" im Vorfeld seinen Auftritt.[19] Das Publikum dankte es ihm: „Der große Gewerbe-

18 Libausche Zeitung vom 11. 3. 1930 (Autor „v. L.").

19 Sevodnja vom 11. 3. 1930.

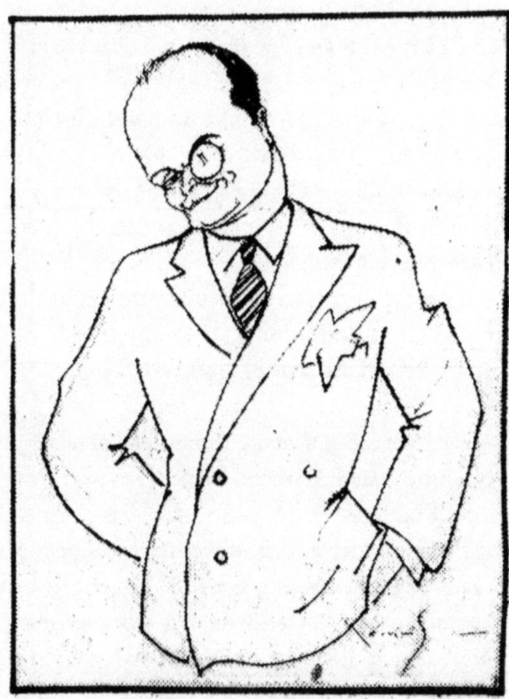

Sevodnja Večerom [Der Abend] vom 15. März 1930, Übersetzung: Paul O'Montis (Zu seinem morgigen Konzert im Gewerbeverein). Karikatur von Civis

vereinssaal war – ein seltener Anblick – bis auf den letzten Platz gefüllt. Man bereitete dem liebenswürdigen Künstler, der in einem Jahr wiederzukommen versprach, immer wieder herzliche Ovationen und erzwang Zugaben", hieß es in der Rigaschen Rundschau.[20] Auch „Sevodnja Večerom" schrieb von „begeisterten Ovationen" und charakterisierte sein neues Repertoire trefflich als „sowohl lyrisch als auch schelmisch".[21]

Ende Juni gastierte er dann – kurioserweise als Chanson- und Jazzsänger angekündigt – für drei Tage in der estnischen Hauptstadt Tallinn im „Dancing-Palace Gloria", einem Tanzsaal im zentralen Kino Gloria-Palast.[22] Anfang Juli gab er dann noch einmal drei Konzerte in der estnischen Hauptstadt und trat

20 Rigasche Rundschau vom 17. 3. 1930 (Autor „wvs.").

21 Sevodnja Večerom vom 17. 3. 1930 (Übersetzung aus dem Russischen Christian Hennig).

22 Der Eintritt kostete 1,50 estnische Kronen (k Kr.), Päevaleht vom 16./19./28. 6. 1930.

dort im größten Kinosaal der Stadt im Vorfeld eines Spielfilmprogramms auf, im Grand Marina mit seinen über 1200 Sitzplätzen.[23] Der Presse zufolge befand sich O'Montis auf einer Reise nach Stockholm, ob er dort aufgetreten ist oder einfach nur einmal ausspannen wollte und als kunstinteressierter Zeitgenosse die große „Stockholmer Ausstellung 1930" für Architektur, Design und Kunsthandwerkwerk besuchte, ist nicht überliefert.[24]

Im Frühjahr 1931 folgte eine weitere Tournee in den Osten. Sie führte ihn wiederum nach Tallinn, wo er am 5. und 6. März im Konzertsaal Estonia zwei Konzerte gab. Der Künstler wurde groß angekündigt: „Paul O'Montis ist derzeit der populärste und beliebteste Chansonier in Europa."[25] Über den ersten Abend schrieb sodann die Kritik begeistert:

> „Die vielseitige Entwicklung des Lebens bringt manchmal etwas Originelles und einen Hörgenuss leichterer Art in die kunstvollen Räumlichkeiten des Konzertsaals vom ‚Estonia'. Am Donnerstagabend dem 5. April hat Paul O'Montis, der berühmte deutsche Sänger von Ulkschlagern (Chansonnetten), im Estonia sein erstes Konzert gegeben, das im Estonia eine richtige Neuheit war. Passend zu den Ulkschlagern trat ebenso auch der Künstler mit seinem lustigen und kabaretthaften Stil auf, indem er sich mal auf den Stuhl, mal auf den Pianodeckel setzte, mal den Zylinderhut schwenkte und mal die Hände in die Taschen steckte. Zwischen den Liedern erzählte er heitere Geschichten, dann sang er wieder lustig, familiär mit einem wohlwollenden Lächeln. Der Auftritt wäre eher für den Tanzsaal im ‚Gloria Palace' geeignet. Unter dem Publikum waren meistens Deutsche und Juden, immer wieder war ein Auflachen zu hören. Auf lebhafte Zugaberufe hin sang Paul O'Montis zwei bis drei Mal mehr Lieder als im Programm angegeben. Es waren leichte sentimentale Lieder wie Herzlose Ludmilla, Drei Chormädchen, Piskatschek im Harem, Brief an einen Unbekannten, Berliner Nachtgespenst u. a. zu hören."[26]

23 Waba Maga vom 3. 7. 1930. Genannt werden u. a. die Schauspielerinnen und Schauspieler Anny Ondra, Bob Steele und Lola Mendez.

24 Paevaleht vom 16.6.1930 (Information zu Stockholm). In der digitalisierten Presse finden sich keine Hinweise auf einen Auftritt.

25 Kaja vom 27. 2. 1931 (Übersetzung aus dem Estnischen Firma Eurotext).

26 Kaja vom 7. 3. 1931: Libus kontsert ‚Estonias'. Paul O'Montis'e laulude õhtu (Lustiges Konzert im Theater ‚Estonia'. Liederabend von Paul O'Montis, ohne Autor, Übersetzung aus dem Estnischen Firma Eurotext). Die genannten Lieder waren möglicherweise O'Montis selbstverfasstes „Arme, kleine Duduschka", „Armes kleines Girl vom Chor", „Dein erster Brief" und „Das Nachtgespenst".

Weitere Konzerte folgten im estnischen Tartu, in den litauischen Städten Kaunas und Memel und dann in Königsberg.

Vom äußersten Osten ging es in den äußersten Westen, nach Köln, damals die drittgrößte Stadt des Deutschen Reiches, also alles andere als Provinz. Wir schreiben bereits das Jahr 1933. Erste Varietéadresse in Köln war der „Kaiserhof" in der Salomonsgasse 11, eine exklusive und mondäne Vergnügungsstätte mit einer Mischung aus Varieté und Kabarett, erst wenige Jahre zuvor grundlegend modernisiert und mit Stars wie Trude Hesterberg neu eröffnet.[27] O'Montis ist hier oft aufgetreten, jetzt ist *er* der Star des Abends:

> „O'Montis. O'Montis. O'Montis … man möchte diesen Namen mehrere Zeilen hindurch setzen lassen. Es wird so viel mit Schmeicheleien, wie Meister seines Fachs, Klassiker der Kabarettkunst usw. herumgeworfen – O'Montis ist wirklich etwas Einmaliges, einer jener Entdeckungen, die es nur in Glücksjahren gibt. Reichlich romantisch ist ja seine Geburt als Kabarettist. In den Einöden Sibiriens, in russischer Gefangenschaft, sang er seine ersten Couplets. Sein Siegeslauf ist fast beispiellos. Von seinem jüngsten großen Erfolg in der Berliner Skala kommt er nun in den Kaiserhof. O'Montis bringt alles mit, was von einem Kabarettisten verlangt wird: eine einschmeichelnde und doch nicht sentimentale Stimme, wirklichen Witz, Schauspielkunst, Laune, Eleganz und Wandlungsfähigkeit. Er reißt mit, ganz gleich, ob er ein schlichtes Volkslied singt, parodiert oder kalauert. Ganz köstlich seine Parodie auf Faust [eine selbstverfasste Tonfilmparodie], in der er Hans den Albers ebenso meisterhaft karikiert wie die Adele Sandrock. Herb und echt ist der Song vom Nigger-Boy, unübertrefflich die Karikatur eines amtlichen Berichtes. Im Lied aus dem ‚Schloss im Mond'[28] zeigt O'Montis den ganzen Schmelz seiner Stimme. Kein Wunder, daß man Zugabe um Zugabe verlangt. Hoffentlich sehen wir O'Montis recht bald wieder. Der Erfolg des Kaiserhofs ist mit diesem wirklichen Meister des Kabaretts hundertprozentig."[29]

Die Hälfte der Pressekritik war ihm gewidmet, im weiteren Verlauf agiert ein Conférencier „im Schatten von O'Montis", und die Kritik schließt wie sie begann mit seinem Namen: „Und nun nochmals: Niemand versäume Paul O'Montis."

27 Jürgen Müller, „Willkommen, Bienvenue, Welcome …" Politische Revue-Kabarett-Varieté in Köln 1928–1938, Köln 2008, S. 302 f.

28 „Ist das nicht romantisch", im Original „Isn't it romantic" (Musik: Richard Rogers, Text: Lorenz Hart) aus dem US-amerikanischen Film „Love Me Tonight", dt. „Schloss im Mond" von 1932.

29 Kölner Lokal Anzeiger, Nr. 505 vom 3. 11. 1933 (Autor „-W-").

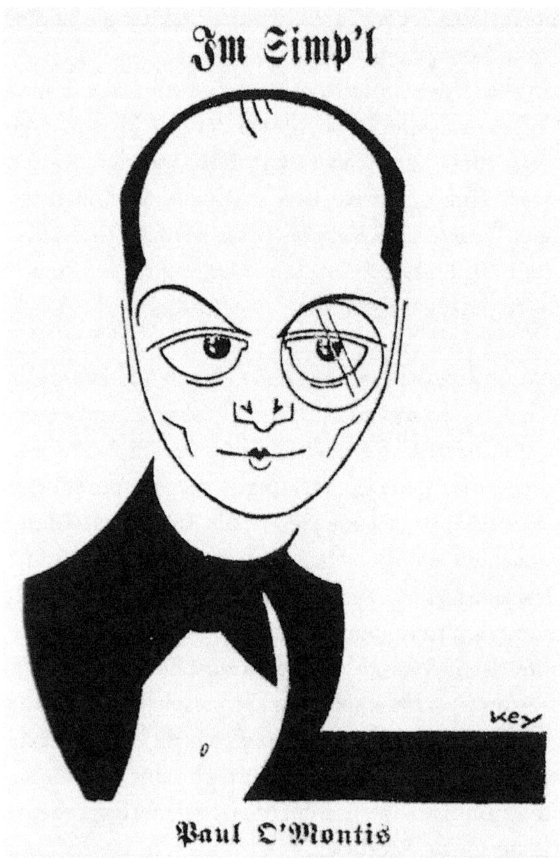

Karikatur von KEY im Kölner Stadt-Anzeiger vom 19. Mai 1931
Müller, Willkommen, S. 355

Einen Monat später war er wieder zu Gast am Rhein. Die Kölnische Zeitung – Stadt-Anzeiger dokumentierte detailliert sowohl seinen Auftritt als auch sein Erscheinungsbild:

> „Es erschien sodann ein Herr mit Namen O'Montis, auf den Straßen Kölns weltberühmt ob seines Wintermantels, der die Farbe der sonnenbeschienenen Akropolis auf einem Gemälde von Dupré hat (Köln, Wallraf-Richartz-Museum). Er kostet etwa 2000 Mark, der Dupré nämlich. Der Mantel etwas weniger. Wie gesagt, erschien einer mit Namen Paul O'Montis in seinem – gleichfalls weltberühmten – nachtschattenblauen Smoking und behauptete, nicht dafür zu können. Nämlich dafür nicht, dass er ein wenig Reklame für seine Schallplatten mache. Sodann sang er das kleine Liebeslied von Madame Lou-Lou, frisch, unbekümmert und wirksam heute wie zur Väterzeit, sang das tragische Bänkellied vom Zweiten, jener bedauernswerten Figur, bei

der es niemals zum ersten Glied langt, sang die großangelegte Ballade über Casanova I., dann die Tragödie einer Verlorenen [Ramona Zündloch?], eine Parodie, bei der selbst Herr Orchestervorsteher Toni Fluß an seinem neuen Flügel einen Lachkrampf bekam und das Begleiten vergaß. Herr O'Montis versuchte einen Schrei hervorzustoßen, Herr Fluß fand diesen Versuch mit Recht zum Lachen."[30]

O'Montis brachte als Zugaben das auch auf Platte veröffentlichte „Taverne von Santa Fé" und zwei nicht näher ausgeführte Sketche mit „groteske[r] Komik". Im weiteren Verlauf des Programms war er noch einmal gemeinsam mit anderen Künstlerinnen und Künstlern des Abends in einer kleinen Theateraufführung, der Ritterspiel-Parodie „Jeder einmal in Stuhlpforta", zu sehen.

Die Zeitzeugenberichte belegen es: Paul O'Montis wusste sich zu inszenieren. Das begann bereits in seiner äußeren Erscheinung: In feinstes Tuch gehüllt, Frack, Smoking – mal weiß oder nachtschattenblau – und Fliege, geziert mit einem Statussymbol höherer Gesellschaftsschichten, einem Monokel, verkörperte er auf der Bühne den Galant par excellence vom Scheitel bis zur Sohle. Seine Ausstrahlung wirkte beinah aristokratisch, er mimte auf distanziert und distinguiert. Dazu pflegte er einen leicht exaltierten und manierierten Vortragsstil, zuweilen garniert mit einer Portion Pathos. Künstlerischer Ehrgeiz und Perfektionismus blieben stets spürbar und hielten das Publikum auf Abstand als wirkmächtiges Mittel seiner Darstellungskunst. Seine Popularität verdankte sich jedoch dem Umstand, dass er zugleich dies alles zu brechen wusste. Denn ebenso wirkmächtig verströmte er auf der Bühne einen packenden und mitreißenden Humor, einen ansteckenden Optimismus, was sich wie ein roter Faden durch die Zeitungskritiken hindurchzieht. Er verstand es, sein Publikum zum Lachen zu bringen, ohne dabei Distanz, seinen Stil und literarischen Anspruch einzubüßen. O'Montis hatte keine Scham im Blick auf „Frivoles" oder „Pikantes", wie man damals sagte, gab dabei aber Acht, seinen Charme nicht zu verlieren.

Sein Bühnenrepertoire wusste er geschickt zu servieren als gemischte Platte aus altbekannten und aktuellen Liedern, Tagesschlagern aus Vor- und Nachkriegsoperette, Film und Revue wechselten sich ab mit deutschen Versionen englischer oder amerikanischer Hits. Erdet man sein Publikum durch Humor oder durch Ernst? O'Montis verstand sich in Beidem, setzte gekonnt auf Stimmungswechsel, brach die Ausgelassenheit etwa durch das jüdische Klagelied „Kaddisch", um nur wenige Minuten später sein Publikum mit einer Schlagerparodie – sein Markenzeichen und seine Spezialität – wieder zu entzücken. Auch

30 Kölnische Zeitung – Stadt-Anzeiger, Nr. 652 vom 2. 12. 1933.

Sentimentalität war ihm alles andere als fremd, aber er wusste um die Gefahr des Zuviel und balancierte geschickt auf diesem schmalen Grat. Seine Bühnenpräsenz bestach nicht allein durch den exzellent einstudierten musikalischen Vortrag, ihm gelang es gleichermaßen, sein Publikum auch durch schauspielerische Wandlungsfähigkeit, durch die verschiedenen Charaktere der Songs zu gewinnen. Er war ein glänzender Erzähler, Conférencier und Entertainer. Er konnte nicht nur singen und pfeifen, sondern auch tanzen und durch fein platzierte Gestik und Mimik Spannung aufbauen. Natürlich durften auch Showeffekte nicht fehlen, die fakultativen Bewegungen mit dem Zylinder oder ein überraschend wirkendes, aber natürlich präzis einstudiertes Platznehmen auf dem Piano. Für seine auch auf Platte eingespielte Nummer „Turandot“ schlüpfte er gar in ein chinesisches Kostüm.[31] Alles musste stimmen auf der Bühne und wurde bis hin zur Einrichtung – „eine Ecke eines modern eingerichteten Zimmers, ein Stuhl, ein Tisch, eine Lampe“[32] – von ihm in Szene gesetzt: Seine Bühnenshow war abwechslungsreich, kurzweilig, immer geschah etwas, er war stets in Bewegung bei gleichzeitig spürbar hoher Körperspannung.

Bei solistischen Konzertabenden konnte er all diese Talente noch besser zu Geltung bringen als bei einem Nummernprogramm in einem Kabarett. Auch wenn es paradox klingt: Es ist leichter ein vierzig- oder gar sechzigminütiges Abendkonzert zu gestalten als sich auf zwanzig Kabarett-Minuten beschränken zu müssen. Ein längeres Programm gestattet einem Künstler oder einer Künstlerin eine Dramaturgie aufzubauen und zu entwickeln, es gelingt leichter, einen Spannungsbogen zu gestalten und auch zu halten, wechselnde Emotionen des Publikums wirkungsreich einzubinden. Bei zwanzig Minuten ist das Programm bereits zu Ende, wenn man die Menschen gerade erst so richtig gepackt hat. Kein Wunder also, dass O'Montis an seiner Solo-Kariere feilte und zwischen Kabarett-Engagements immer wieder auf Tour war.

Vielleicht ist das einer der Gründe, warum er anscheinend kein langfristiges Engagement in einem Ensemble antrat. In den großen Glanzrevuen eines James Klein, Herman Haller und Erik Charell taucht er nicht auf. Sängerkollegen wie etwa Leo Monosson oder Erwin Hartung standen bei Haller auf der Bühne, aus dem Kabarettkollegium Wilhelm Bendow, Paul Morgan, Curt Bois oder die Waldoff bei Charell.[33] Vielleicht fehlte ihm für die große Bühne dann doch das Stimmvolumen. Aber auch in den kleineren literarischen Revuen eines Rudolf

31 Sevodnja Večerom vom 11. 3. 1930 und Postimees vom 7. 3. 1931.

32 Aizkulises, 14. 3. 1930, Übersetzung Maik Habermann.

33 Wolfgang Jansen, Glanzrevuen der zwanziger Jahre. Stätten der Geschichte Berlins, Bd. 25, Berlin 1987, S. 99, 156, 159.

Nelson[34], Marcellus Schiffer oder Micha Spoliansky scheint er nicht mitgewirkt zu haben, bei Friedrich Hollaender nur ein einziges Mal, in der bereits erwähnten Kabarettrevue „Laterna Magica“ im Jahr 1926.[35] Möglicherweise war er aber auch nicht teamfähig oder auch nicht teamwillig. Ob er ein gut gelittener oder unbeliebter Kollege war, auch darüber ist nichts bekannt.

Agentur und Kontaktadresse

Wie der Künstler seine Tourneereisen organisierte, wissen wir ebenfalls nicht. Hatte er eine feste Agentur oder arbeitete er mit wechselnden Agenten? Zumindest seine Auftritte in Riga wurden mit großer Wahrscheinlichkeit vom ansässigen Konzerthaus Neldner organisiert, der Künstler selbst nennt einen russischen Agenten mit Namen M. Schereschewsky. Im Zusammenhang mit einem Auftritt in der Münchner Bonbonnière wird ein Dr. Weller (Parenna) erwähnt. Wie hat O'Montis auf sich aufmerksam gemacht? Weder in den Branchen-Magazinen Der Artist, noch im Organ der Varieté-Welt war auf den entsprechenden Seiten eine Kontaktadresse geschaltet, dabei war selbst ein Star wie die Waldoff im „Organ“ regelmäßig gelistet. Zeitweilig hatte er einen Privatsekretär namens Lange, möglicherweise war dies Otto B. Lange, auf den in einer Anzeige im Blick auf den Erwerb von O'Montis-Sketschen verwiesen wurde. Die angegebene

34 In früheren Veröffentlichungen zitierte ich die Großmutter des Berliner Plattensammlers und Swing-Experten Stephan Wuthe, die um das Jahr 1930 O'Montis im Nelson-Theater am Kurfürstendamm erlebt haben wollte: „Sein Pianist saß bereits am großen, weißen Flügel und intonierte eine geschmeidige Melodie, die unsere Erwartungen steigerte. Dann betrat er die Bühne, elegant gekleidet und graziös in seinen Bewegungen. Doch nicht, dass er etwa gleich zu singen begann, nein, er setzte sich erst einmal in einen großen, weißen Ledersessel, kramte eine Zigarette nebst Zigarettenspitze hervor. Und in einer geradezu heilig anmutenden Zeremonie rauchte er langsam und genüsslich sein Zigarettchen, bevor er sich dann – man möchte fast sagen: herabließ, seine Schlager und Parodien einem spannungsvoll hingehaltenen Publikum vorzutragen.“ In dieser Erinnerung gibt es allerdings einige Ungereimtheiten: 1930 gab es das Nelson-Theater nicht mehr, Nelson hatte es 1928 schließen müssen. Ben Albach/Jaques Klösters zufolge engagierte Nelson „keine Künstler mit eigenem Repertoire [...], sondern [baute] sein komplettes Programm auf eigener Musik“ auf, Ben Albach/Jacques Klöters, Exiltheater in den Niederlanden, in: Frithjof Trapp/Werner Mittenzwei/Henning Rischbieter/Hansjörg Schneider, Handbuch des deutschsprachigen Exiltheaters 1933–1945, Bd. 1: Verfolgung und Exil deutschsprachiger Theaterkünstler, München 1999, S. 219-234, hier S. 223 f. Auch dass Paul O'Montis auf der Bühne geraucht haben soll wird von keiner Pressekritik bestätigt.

35 Volker Kühn, Spötterdämmerung. Vom langen Sterben des großen kleinen Friedrich Hollaender, Berlin 1997, S. 144–147.

Korrespondenz-Adresse „Berlin W50, Ansbacher Straße 23“ war dann um 1930 möglicherweise auch seine damalige Kontaktadresse.

Wo Paul O'Montis als Paul Wendel in Berlin wohnte, lässt sich ebenfalls nicht mehr rekonstruieren. Einen Eintrag im Berliner Adressbuch hatte er nicht, in der historischen Einwohnermeldekartei, die leider nur noch sehr lückenhaft vorhanden ist, sind weder Paul Wendel noch Paul O'Montis verzeichnet. Aus einem Züricher Polizeibericht vom 1936 erfahren wir immerhin, dass er als deutscher Staatsangehöriger „früher“ in „Charlottenburg, Preußen“, gelebt haben soll, aber leider nicht genau wo. Noch mysteriöser wird die Sache, wenn in einem Kölner Vernehmungsprotokoll vom Dezember 1933 vermerkt ist, O'Montis habe – befragt nach seiner Adresse – als Antwort „ohne feste Wohnung“ angegeben. Sollte es wirklich so sein, dass der doch damals etablierte Künstler, der rund fünfzehn Jahre seinen Lebensmittelpunkt in Berlin hatte, dort ohne festen Wohnsitz war? Wo hat er gelebt, in Hotels, in Pensionen, bei Freunden und Bekannten, zur Untermiete? An einer überschaubaren Zahl von Orten, oder war er ständiger Vagabund, gar ein Getriebener?

Verdienst und Einkommen

Paul Wendel alias O'Montis hat in diesen Jahren gut verdient. Zwei belastbare Zahlen finden sich dazu: Der Kabarettunternehmer Peter Sachse (Curt Weiße-Papst), dem damals in Berlin eine stattliche Anzahl Kabaretts gehörten, bezifferte 1930 in einem Artikel das Jahresgehalt von O'Montis auf „etwa 40 000 Mark und mehr“,[36] und Sachse wusste, wovon er schrieb. Dazu passt eine weitere Zahl: Für seine Engagements im Kölner „Kaiserhof“ soll er 1933, noch mitten in der Rezession, eine monatliche Gage von 2500 Mark bezogen haben,[37] wahrscheinlich lagen also seine Forderungen in den Jahren davor über dieser Summe. Rechnet man noch weitere Auftritte hinzu, etwa bei großen Einzelveranstaltungen wie einer Silvesterfeier, im Bühnenprogramm großer Kinofilme, im Rundfunk, plus seine Einnahmen aus Schallplattenaufnahmen abzüglich der Prozente für die Agentur (in einem „Organ“-Artikel ist von 6 Prozent die

36 Das Organ, Nr. 1136 vom 6. 9. 30.

37 Brief des Schweizerischen Generalkonsulats Köln an die Schweizerische Bundesanwaltschaft vom 5. 2. 1936, Schweizerisches Bundesarchiv E4320B#1990/266#80*. Unklar an dieser Summe ist, ob sie sich wirklich auf den Zeitraum eines ganzen Monats oder das Einzelengagement bezieht. Das dauerte in der Regel fünfzehn Auftrittstage, mitten im Monat wechselte dann das Kabarett-Programm; aber nicht immer folgte für den Künstler ein weiteres Engagement für die verbliebene Monatshälfte.

Rede[38]), so kann der Künstler leicht bei dem genanntem Jahreseinkommen gelandet sein. Zwar war er damit kein Spitzenverdiener, aber sein Einkommen lag weit über dem deutschen Durchschnitt.[39] Sein Ruf, hohe Gagen zu nehmen, eilte ihm auch im Exil voraus; im Zagreber „Morgenblatt" stand 1937: „Die Gage, die er für seine Gastspiele erhält, sprengt auch heute noch die ansonsten üblichen Ausmaße in den internationalen Artistenverträgen."[40]

Bühnenrepertoire

Natürlich präsentierte der Künstler gerade in den Jahren 1927 bis 1933 die aktuellen Tagesschlager und Gassenhauser, die man von ihm auch auf Schallplatte kaufen konnte und sollte. Genannt wurden die beiden Filmschlager „Sonny Boy" und „Ist das nicht romantisch" sowie das Mutterlied „Es gibt eine Frau, die dich niemals vergisst" (das es später – kaum verwunderlich – sogar bis ins Repertoire von Roy Black schaffte) und „Eine schöne weiße Chrysantheme". Hinter dem erwähnten „Song vom Nigger-Boy" steckt möglicherweise der auf dem Plattenetikett im Untertitel als „Negerwiegenlied" angepriesene Schlager „Eilali, Eilali, Eilala, alle Kaffern sind aus Afrika".[41] Bei einigen konnte er das Privileg nutzten, dass es diese Lieder fast oder gar ausschließlich nur von ihm auf schwarzer Scheibe zu erwerben gab, z. B. „Die Taverne von Santa Fé" oder seine Plattenpremiere „Du glaubst vielleicht ich weiß nicht, dass du mich betrogen".[42] Er sang humorvolle Kabarettchansons wie „Das Nachtgespenst" aus der Rudolf Nelson-Revue „Der rote Faden", Operettenhits und immer wieder auch das eindringliche „Kaddisch" (auf das weiter unten eingegangen wird).

38 Leo Heller, Wie ich Kabarettist wurde ..., in: Das Organ, Nr. 860 vom 16. 5. 1925.

39 Zum Vergleich: Das höchste monatliche Durchschnittseinkommen zurzeit der Weimarer Republik lag 1929 bei 2110 Reichsmark, 1933 zurzeit der letzten Kölner Kaiserhof-Auftritte bei 1583 Reichsmark. Ein kg Brot kostete 1933 33 Pfennige, ein Ei 10 Pfennige und ein halbes Pfund Butter 1,58 Mark. Über Künstlereinkünfte wurde z. T. sehr offen geschrieben: Der weltberühmte Clown Grock soll eine Monatsgage von 45 000 Mark erhalten haben, Otto Reutter verdiente in den 1920er-Jahren monatlich 12 000 Mark, was aber nur ein Bruchteil dessen gewesen sein soll, was er vor der Inflation fordern konnte. Spitzenartisten lagen zwischen 6000 und 8000 Mark; Werner Bonwitt, Ernst das Leben ..., in: 40 Jahre Wintergarten. Festschrift zur Wiedereröffnung nach erfolgtem Neubau August 1928. Hrsg. v. Heinz Ludwig, Berlin 1928, S. 92 f.

40 Morgenblatt (Zagreb) vom 5. 9. 1937.

41 Weitere Einspielungen siehe Henner Pfau, Lexikon der deutschen Tanzmusik 1925–1945, Bd. 2: D–E, Leverkusen 1991, S. 189.

42 Pfau, Lexikon, Bd. 2, S. 167.

Andere finden sich nicht in seiner Discografie wie „Was macht der Maier am Himalaya“, „Amalie geht mit’m Gummikavalier“ oder später „Ein Schiff fährt nach Shanghai“. Nicht alles lässt sich mehr eindeutig identifizieren wie die „Karikatur eines amtlichen Berichts“, „Die beiden Alten“ oder „Piskatsckek im Harem“. Zwei Lieder scheinen es ihm und dem Publikum besonders angetan zu haben: Rudolf Nelsons „Kuno, der Weiberfeind“ und das schon früh erwähnte Chanson „Madame Lulu“ von Harry Waldau – beide blieben lange in seinem Programm.

O’Montis selbst berichtete im „Organ der Varieté-Welt“, wie er (und wohl die meisten seiner Kolleginnen und Kollegen) an ihr Repertoire kamen: Am billigsten seien die bereits gedruckten Schlager, die ihm die Verlage frei Haus schicken würden, die bereits mit einer populären Musik versehen seien und man textlich immer noch umarbeiten könne. Hinzu kämen, so der Künstler, die vielen jungen und unbekannten Autoren, die einem für kleines Geld ihre Werke anböten. Am teuersten seien die Auftragsproduktionen an prominente Autoren. Als seine drei erfolgreichsten Bühnennummern nannte er die Schlager „Ja, der Sonnenschein“, die deutsche Coverversion eines US-amerikanischen Schlagers von 1925, „Parlez vous français“, ein Schlager von 1926, und den bereits erwähnten „Maier am Himalaya“, ein international erfolgreicher Hit des Jahres 1927, der daher wohl als einziger dieser Drei im kollektiven Gedächtnis haften blieb. Alle drei Erfolgsnummern wurden übrigens nie auf Platte veröffentlicht, denn bei Vertragsabschluss Ende 1927 galten sie schon wieder als „kalter Kaffee“.

O’Montis sang auch Texte, die er selbst verfasste, die nie auf Schallplatte erschienen sind oder gedruckt wurden und bislang unbekannt waren. Möglicherweise verbarg sich hinter der „Herzlose[n] Ludmilla“, die er im März 1931 in Tallin auf der Bühne besang, sein Lied „Arme, kleine Duduschka“. Der Durchschlag einer maschinengetippten Abschrift des Liedes befindet sich heute im Deutschen Kabarett Archiv in Mainz.[43] Die Musik stammte von Hermann Krome (1888–1955), in den 1920er- und 1930er-Jahren ein viel beschäftigter Schlagerkomponist, Theaterkapellmeister und Volksliedforscher. Krome schrieb und brachte Soldatenlieder heraus, auch ein Stück wie „Die SA und die SS“ hat er komponiert.[44] Leider sind die Noten der „Duduschka“ verschollen. O’Montis’ Text wurde von dem bereits erwähnten Kaufmann und Verleger Max Frensdorff[45]

43 „Arme, kleine Duduschka“, Worte von Paul O’Montis, bearb. v. Max Frensdorff, Musik v. Hermann Krome, Max Frensdorff Repertoire-Vertrieb Berlin-Wilmersdorf, o. D. Das Dokument stammt wie auch die Abschrift des Einakters „Totensonntag“ aus dem ehemaligen Rundfunkarchiv des mittlerweile fusionierten Senders Südwestfunk Baden-Baden.

44 Fred K. Prieberg, Handbuch Deutsche Musiker 1933–1945, 2. Aufl. 2009 (CD-ROM), S. 4278.

45 Zum Schicksal des jüdischen Verlegers Max Frensdorff ließ sich nichts in Erfahrung bringen, der Pegasus-Verlag stand bis 1942 unter seinem Namen im Berliner Adressbuch. Weder

bearbeitet und wahrscheinlich wie das kleine Theaterstück „Totensonntag" als getippte Kopie zum Verkauf bzw. zur Aufführung angeboten. In Frensdorffs Pegasus-Verlag waren auch schon O'Montis' Gesangstexte zur Operette „Das blaue Mieder" erschienen. Die Entstehungszeit der „Duduschka" lässt sich nur ungefähr datieren: nicht weit vor März 1931.[46]

Arme, kleine Duduschka

Am Bartisch saß, den Rock bis zum Knie,
Die kleine, so schwarze Duduschka,
Und Kinderaugen hatte sie,
Die kleine, so schwarze Duduschka.
Die Männer, sie haschten nach ihrem Blick,
Nach ihrer Hand, nach höchstem Glück
Und Wonne der kleinen Duduschka.
„Gib mir dein Bild", so bat ich sie,
„Wir werden uns niemals mehr seh'n".
Sie gab's mir und unter der Fotografie
Die folgenden Worte steh'n:
Nehmt mit, was ihr nur kriegen könnt,
s'ist alles einerlei – –
Und nicht um alte Liebe geflennt, –
Zu schnell kommt das Vorbei. – –
Dann reut euch die Zeit, die ihr verloren!!
Ihr Laffen, ihr Affen! Ihr Toren! – –
So schreibt die kleine Duduschka.

in Yad Vashem noch im „Gedenkbuch Opfer der Verfolgung der Juden unter der nationalsozialistischen Gewaltherrschaft in Deutschland 1933–1945" findet sich sein Name.

46 Auf dem Textblatt steht als Verlagsanschrift „Max Frensdorff Repertoire-Vertrieb Bln.-Wilmersdorf Nassauischestr. 9/10". Unter seiner alten Adresse seit 1919 Joachimsthaler Str. 30 in Berlin-Charlottenburg ist der Pegasus Theater- und Musikverlag Schreyer und Co. zuletzt im Berliner Adressbuch 1933 eingetragen. Erst im Berliner Adressbuch 1936 taucht der Verlag wieder auf, allerdings mit Sitz Nassauische Str. 9. Das war die Privatadresse Max Frensdorffs (Eintrag u. a. Jüdisches Adressbuch für Großberlin 1929/30). Im Berliner Adressbuch war Frensdorff 1926–1932 als Kaufmann eingetragen. 1933 ließ er sich erstmals als Verleger eintragen, bis einschließlich Adressbuch 1942. Die Vermutung liegt also nahe, dass er irgendwann 1932 oder schon vorher den Verlag ganz übernommen und den Verlagssitz in seine Wohnung verlegt hatte. Bis 1938 ist der Verlag im Berliner Adressbuch eingetragen. Der nächste Eintrag erfolgte erst im Adressbuch 1943 als „Pegasus usw. *Pegasus Verlag Erika von Schaper Wilmersdf Pommersche Str. 5 T".

Im Vestibül eines Grand Hotels,
Sah ich dann die kleine Duduschka.
Sie lachte wie einst, genau so hell,
Die kleine, so schwarze Duduschka.
Sie war Frau Direktor in Gold getaucht,
Ihr Mann war alt und stark verbraucht,
Zum Kummer der kleinen Duduschka.
Wir beide verbrachten die Nacht, –
Die Stunden im Nu vergingen,
Wir haben getrunken, gejauchzt und gelacht
Und sie fing an zu singen:
Nehmt mit, was ihr nur kriegen könnt,
s'ist alles einerlei – –
Und nicht um alte Liebe geflennt, –
Zu schnell kommt das Vorbei. – –
Dann reut euch die Zeit, die ihr verloren
Ihr Laffen! Ihr Affen! Ihr Toren! –
So sang die kleine Duduschka.

Verqualmte Kneipe, versoffnes Gesumm,
Dazwischen die schwarze Duduschka,
Sie reicht Fusel und Bier herum
Und allen gehörte Duduschka.
Ihr Mann war tot und das Geld verjuchheit,
Kein Pfennig blieb nach kurzer Zeit
Und arm ist die kleine Duduschka.
Dann machte man Platz, beglotzte sie dumm,
Die Geige beginnt ihr Geschrei.
Ihr Körper wirbelt im Tanze herum
Und sie kreischt heiser dabei:
Nehmt mit, was ihr nur kriegen könnt',
s'ist alles einerlei – –
Und nicht um alte Liebe geflennt,
Zu schnell kommt das Vorbei. – –
Dann reut euch die Zeit, die ihr verloren!
Ihr Laffen! Ihr Affen! Ihr Toren! – –
Arme
kleine
Duduschka!

„Arme, kleine Duduschka“ ist ein Epigone des „Dirnenliedes“, einer Modeerscheinung im deutschen Kabarett Anfang der 1920er-Jahre. Nach Hurra-Patriotismus, biederem Frohsinn und frivolen Verklemmtheiten sollte endlich und unzensiert das wahre Leben mit all seinen gesellschaftlichen Außenseitern auf die Kabarettbühne. „Schafft Huren, Diebe, Ketzer her und macht das Land chaotisch, dann wird es wieder menschlicher und nicht mehr so despotisch“, brachte noch rund sechs Dekaden später der singende Dichter Konstatin Wecker diese Überdrüssigkeit am Mittelmaß auf den Punkt und auf Platte. Die Vorbilder wiederum reichen zurück bis ins französische Montmartre-Kabarett des ausgehenden 19. Jahrhunderts. Zwar gab es Lieder und Milieubilder über Prostitution schon in Kabarett und Revue der Kaiserzeit, seine Blütezeit erlebte das schon damals „Dirnenlied“ genannte Genre aber in den ersten Jahren der Republik.[47] Und schon damals verdrehte Chef-Kritiker Max Herrmann-Neiße die Augen über jener „unerträglichen Mode des Dirnenliedes“.[48] Der DDR-Kabarett-Historiker Walter Rösler unterscheidet sieben Varianten: Thema soziales Mitleid, Fatalismus bzw. Galgenhumor gepaart mit Verzweiflung, Prostitution aus Passion, Gefahren, Salonfähigkeit, „Kuppelmutterlieder“ und die Groteske. O’Montis’ Song gehört wie die meisten „Dirnenlieder“ zur zweiten Variante, Duduschka erfährt Aufstieg und Fall, singt ihr Hohelied vom „Nehmt mit, was ihr nur kriegen könnt’“ und ergibt sich mit einem kräftigen Schuss Sarkasmus ihrem Schicksal. Rösler weist darauf hin, dass es einerseits beim Konsum solcher Außenseiter-Liedern immer auch um versteckte antibürgerliche, die eigene kleine Welt sprengende „latente Sehnsüchte nach einer unerreichbaren Ungebundenheit“ gehe, andererseits aber auch um den Ursprung des Kabaretts „in den Kreisen einer Bohème […], die ihren eigenen Außenseiter-Status betonte“.[49] Übertragen wir das auf O’Montis: Auch ihm war Duduschkas Welt nicht fremd, sein rast- und ruheloses Leben ohne festen Wohnsitz schon vor seiner Emigration, sein Aufstieg in die Riege der Besserverdienenden, die Selbsterfahrung als Schwuler in einer heteronormen Gesellschaft, schon vor 1933 in ständiger Gefahr verhaftet und verurteilt zu werden, seine sexuellen Kontakte zu vor allem jungen Männern, zu Strichern – das alles war schon ein bisschen Duduschka, natürlich auch gepaart mit kommerziellem Interesse, er lebte schließlich auch von dem, was ankam.

In eine ganz andere Richtung geht das zweite, selbstgedichtete und bisher unbekannte Lied, seine „Faust“-Parodie:

47 Walter Rösler, Das Chanson im deutschen Kabarett, S. 209–223.

48 Max Herrmann-Neiße, Mein Weihnachtswunsch fürs Kabarett, in: Die neue Schaubühne, 1921, Heft 8/9, S. 168 ff., zit. nach Rösler, Das Chanson im deutschen Kabarett, S. 209.

49 Rösler, Das Chanson im deutschen Kabarett, S. 208.

„Faust"-Parodie

Der gute alte Doktor Faust,
der sitzt in seinem Turm,
er sitzt dort viele Jahre lang
und ist ein Bücherwurm;
doch dann, ja dann wirft fort er Buch und Stift
und sagt: „Jetzt trink ich noch ein bisserl" Gift!"

Horch, Brüderlein, horch!
Ein Knurren dringt da an sein Ohr,
und ein Pudel, pechschwarz kriecht hinterm Ofen hervor!
Er wedelt die Zähne und fletscht mit dem Schweif –
(gesprochen) äh falsch: Er fletscht die Zähne und schweift
mit dem Wedel – nein wedelt mit dem Schweifel!/
Knurre nicht Pudel!
Hol' dich der Teufel!
Und der Hund, der eben noch herum geschubbert,
entpuppt sich als Wallburg-Mephisto und blubbert:
„Was steht dem Herrn zu Diensten?"
„Ich möchte' wieder einmal verliebt sein,
von Herzen mit Schmerzen,
ganz über alle Maßen!
Hab alles versucht, doch es hilft mir nichts mehr –
lang – ja lang ist's her, lang ist's her".
Was Steinach und Vorenoff nicht gelingt,
Mephistos schafft's: „Du wirst verjüngt!
Wir wollen tun, als ob wir Freunde wären,
hier unterschreib mit deinem Blut."
„Das also ist des Pudels schwarzer Kern!
Wohlan es sei! Ich habe Mut!"
Faust unterschreibt und schon entführt ihn Mephistopheles
mit Blitz und Donner, dann riechts nach Zwiebel und Knofeles

Überblenden! Neues Bild.
Ein Frühlingsmorgen, hold und mild...
Im Prater blüh'n die Bäume
und dort singt ein blond Mägdelein –
Die göttliche Alpar als Gretchen,

mit Schmalz und Gefühl den Refrain:
„Wenn man sein Herz verliert
weiß keiner wohin es führt,
und das ist schön, so wunderschön!“
Und Faust, schön wie Apoll,
singt sie an in Dur und Moll:
„O, Fräulein Grete – ob ich es wagen darf?
O, Fräulein Grete ich bin auf sie so scharf!
Wenn Sie gestatten, stell ich mich Ihnen vor?“
„Ich will nicht wissen, wer sie sind
Ich lass auf nichts mich ein!
Ich bin ein wohlerzognes Kind
Und geh nach Haus allein!“
Sie senkt die Augen, keusch und tränenfeucht,
ihr Besen bubt – Busen bebt
und sie entfleucht …
eilt stracks nach Haus,
und dort im Gärtlein
singt die Sandrock als Martha Schwertlein:
„Ich bin von Kopf zu Fuß auf Liebe eingestellt,
denn das ist meine Welt, und sonst gar nichts.
Mein Kind, du scheinst mir sehr verwirrt und chauffiert,
gesteh's, du hast poussiert!
Und sonst gar nichts??“
„Mich sprach ein netter junger Mann
Oh – Martha!
Soeben auf der Straße an
Oh – Martha!
Doch weil es die Zensur verlangt
Oh – Martha!
So sag ich nein und hab gedankt
Oh – Martha!

Und weil es so Sitte seit altersher,
kein deutscher Film ohne Militär,
erscheint Valentin als Lieutenant,
bei allen Mädchen als „Greifer“ bekannt!

„Hoppla! Jetzt komm' ich –
Alle Türen auf, alle Fenster auf!
Hoppla! Jetzt komm' ich!
Mit diesem Doktor Faust, nehm ich es auf!
Will Euch fordern auf Pistolen,
gebt mir Gratifikation,
sonst soll Euch der Teufel holen!"
Da erscheint Mephisto schon und spricht
„Was kann der Heinerich davor, dass er so schön ist,
und dass der Doktortitel heute so beliebt?
Warum soll eine Frau kein Verhältnis haben?"
Doch aus Gretchens stiller Kammer
tönt ein Wiegenlied, oh Jammer!
„Ich weiß nicht, zu wem ich gehöre,
natürlich will's keiner gewesen sein!"

Doch kaum naht die tragische Wendung,
da greift die Filmzensur gleich ein.
Happyend und Sonnenschein
muss heut in jedem Tonfilm' sein.
Und so ein echter Doktor jus –
seiner Geliebten sagen muss:
„Darf ich dich um deine Hand jetzt bitten,
's ist die höchste Zeit!"

Und im nächsten Bild schon kommt geschritten,
Gretchen – im Hochzeitskleid – und im Geleit
Von zwanzig Girls, die zum Tanzen bereit!
Ballett muss sein beim ersten Kuss
Ballett muss sein bei jedem Stuss –
Fällt den Autoren nichts mehr ein,
dann hoch das Bein,
Musik muss sein!

Damit aber nicht die Steigerung fehle,
kommt plötzlich Mephisto wild herangebraust,
und fordert höhnisch die Seele des Doktor Faust.
Der aber lächelt voll Ironie:
„Ach, eine Seele besaß ich noch nie,

denn ich bin nur Tonfilmtenor!"
Und freudig stimmt ein der ganze Chor:
„So muss 'ne Tonfilmoper sein,
sonst geht kein Aas in's Kino 'rein!
Dreht Goethe sich auch im Grab herum,
so will es heut' das Publikum!"

In seiner „Faust-Parodie" zog Paul O'Montis den noch jungen Tonfilm kräftig durch den Kakao, vor allem dessen Vermarktungsstrategie, aus jedem Stoff eine Tonfilmoperette zu machen, auch die im gesamten Unterhaltungsgewerbe herrschende Mode, selbst vor der Verwurstung deutscher Klassiker nicht einzuhalten. Hievten nicht wenige Jahre zuvor Starkomponist Lehár und seine Librettisten Herzer und Löhner-Beda sogar die Symbolfigur deutscher Hochkultur Johann Wolfgang von Goethe auf die Operettenbühne? Und ließen ihn sogar noch singen, die Geliebte und Titelheldin Frederike anschmachtend: „Oh Mädchen, mein Mädchen"? Nun also das Herzstück deutscher Klassik, Goethes Faust: von O'Montis neu für den Film adaptiert, aufbereitet zu einem fiktiven Drehbuch voller Witz und Ironie, mit Regieanweisungen und zahlreichen aktuellen, insbesondere musikalischen Anspielungen – ein buntes Kaleidoskop des damaligen (nicht nur) cineastischen Amüsierbetriebs. Auch von diesem auf der Bühne sowohl gesungenen wie gesprochenen Stück sind die Originalnoten nicht mehr vorhanden, aber die Musik erschließt sich zum großen Teil aus den über ein Dutzend musikalischen Zitaten aus zeitgenössischer Popmusik bis hin zu einem Schnipsel aus Charles Gounods Faust-Oper („Mein schönes Fräulein, darf ich's wagen").[50]

In seiner Besetzungsliste war der Textdichter brandaktuell: Selbstverständlich hatte er eine Rolle für die gerade angesagte Operettendiva Gitta Alpar, als Gretchen sang sie aus ihrem aktuellen Tonfilm („Die – oder keine") den Hit

50 Zum Beispiel aus „Jetzt trink ma noch a Flascherl Wein" von Carl Lorenz, „Ich möcht' einmal wieder verliebt sein" von Robert Stolz aus der Tonfilmoperette „Liebeskommando", dem Volkslied „Sag mir das Wort (Lang, lang ist's her)", „Wir wollen tun, als ob wir Freunde wären" aus der Operette „Die Frau von Format" und aus dem Robert -Stolz-Evergreen „Im Prater blüh'n wieder die Bäume"; Marlene Dietrichs Klassiker „Ich bin von Kopf bis Fuß auf Liebe eingestellt"; weitere Anspielungen stammen aus „Was kann der Sigismund dafür, dass er so schön ist" aus der Revue-Operette „Im weißen Rössl", „Warum soll eine Frau kein Verhältnis haben" aus der Oscar -Straus-Operette „Eine Frau, die weiß, was sie will", „Ich weiß nicht, zu wem ich gehöre" von Friedrich Hollaender, dem Hit „Wochenend und Sonnenschein" (den man auch von O'Montis auf Platte erwerben konnte) und zuletzt noch möglicherweise auf den Schlager „Darf ich um den nächsten Tango bitten".

„Wenn man sein Herz verliert". Als Gretchens Bruder hatte O'Montis Hans Albers vorgesehen, der – ganz klar – auch singen musste: „Hoppla, jetzt komm' ich" aus seinem Film „Der Sieger" (dazu noch die Anspielung auf seinen früheren Krimi „Der Greifer"). Seinem Kollegen vom „Kabarett der Komiker", den schwergewichtigen Humoristen Otto Wallburg, dessen verwaschene und überstürzte Sprechweise ihm den Spitznamen „der Blubberer" eingebrachte,[51] hatte er die Rolle des Mephisto zugedacht. Wie die Schauspielerin Adele Sandrock Marlene Dietrichs Klassiker interpretierte bzw. O'Montis auf der Bühne in ihre Rolle schlüpfte, na – das braucht man gar nicht erst zu beschreiben.

Von der Mode der Schönheitsoperationen sang bereits Claire Waldoff: „Ick lass mer nich die Neese verpatzen wegen Emil seine unanständ'ge Lust", O'Montis zielte auf die ebenso populären Frischzellen- und Verjüngungskuren der Hautevolee und erwähnte die beiden Ärzte Serge Voronoff und Eugen Steinach, die durch Transplantation von Affenhoden bzw. Teilen daraus Männer aufpeppen wollten. Steinach, das darf an dieser Stelle nicht unerwähnt bleiben, versuchte mit dieser Methode allerdings auch, Homosexualität zu therapieren.[52]

O'Montis wurde sogar einen Hauch politisch, denn gleich zweimal erwähnte er die Filmzensur. Trotz Abschaffung der allgemeinen Zensur galt sie bereits seit 1919. Ihr fiel auch der weltweit erste Film, der Homosexualität thematisierte und sich für die Abschaffung deren Strafbarkeit starkmachte, Richard Oswalds „Anders als die andern", zum Opfer. Der Streifen war unter Mitwirkung Dr. Magnus Hirschfelds und seines „Wissenschaftlich-humanitären Komitees" entstanden, der weltweit ersten Organisation zur Emanzipation von Homosexuellen. Zudem galt seit Januar 1927 das „Gesetz zur Bewahrung der Jugend vor Schund- und Schmutzschriften" mit Einrichtung entsprechender Prüfstellen. Auf die Liste der „Schmutz und Schundliteratur" war auch ein Teil der Homosexuellen-Zeitschriften geraten und durfte nicht mehr frei im Handel verkauft werden.[53] All das wird Paul O'Montis gewusst und vielleicht auch im Hinterkopf gehabt haben. In seiner unterhaltsamen Parodie kratzte er lediglich ein bisschen an der Oberfläche – ein politisch bekennender Kabarettist ist er ja nie gewesen. Eins allerdings zeigt seine Faust-Parodie: seine nie verletzende Ironie und seinen ansteckenden Humor, wofür er bei seinen Auftritten so geschätzt wurde.

Das Stück ist frühestens in der zweiten Jahreshälfte 1932 entstanden, im Januar 1933 schrieb die Presse bereits darüber, benannte zwei Ko-Autoren Josef

51 de.wikipedia.org/wiki/Otto_Wallburg.

52 de.wikipedia.org/wiki/Serge_Voronoff, de.wikipedia.org/wiki/Eugen_Steinach.

53 Hans-Georg Stümke, Homosexuelle in Deutschland. Eine politische Geschichte, München 1989, S. 68.

Baar und Frank Günther und kündigte eine Platteneinspielung bei der „Deutschen Grammophon“ an; zu der kam es aber nicht mehr.[54] Schon seine erste Tonfilm-Parodie auf Friedrich Schillers „Wilhelm Tell“, allerdings nicht unter eigener Autorenschaft, war beim Publikum 1932 trotz Wirtschaftskrise auf Platte gut angekommen, das wird ihn dazu ermuntert haben, mit der „Faust-Parodie“ selbst eine Art Fortsetzung auf die Beine zu stellen. Später sollte noch eine weitere auf das Filmdrama „Meuterei auf der Bounty“ folgen.

Möglicherweise schlummern in Archiven und Nachlässen noch weitere Texte, die Paul O'Montis für die Kabarettbühne verfasste.

Akustische Probleme

Von seinem Bühnenrepertoire nun zu den Nickeligkeiten des Künstleralltags. Bedenkt man, dass O'Montis bei den meisten seiner Auftritte noch kein Mikrofon zur Verfügung stand, verwundert es nicht, dass es gelegentlich zu akustischen Problemen kam. Als er am 5. März 1931 in Tallinn im großen Konzertsaal „Estonia“ auftrat, war zwar das Publikum ganz aus dem Häuschen und forderte Zugaben. Aber die überwiegend positive Pressekritik schloss ein wenig widersprüchlich mit der Bemerkung: „Im großen Konzertsaal war die Aufführung jedoch etwas schwach und wenig begeisternd, da die zu schnell und leise gesprochenen scherzhaften Reden für die Zuschauer in den hinteren Reihen verloren gingen“.[55] Möglicherweise gab es auch schon im Jahr davor, im Juli 1930, einen ähnlichen Konflikt bei seinen drei Auftritten in Tallinns größtem Kino Grand Marina mit 1200 Plätzen. Denn 1931, im Vorfeld seiner zweiten Tournee durch mehrere osteuropäische Städte, wies die Presse darauf hin: „Der populäre Sänger Paul O'Montis gibt nun nur seine eigenständigen Konzerte, wobei er das Programm an das Konzertpodium angepasst hat.“[56] Das könnte auf akustische Probleme hindeuten. Pech, dass es nun ausgerechnet beim ersten Tour-Konzert wieder nicht rund lief.

Im September 1933 trat er im Varieté-Programm des Hamburger UFA-Palastkinos im Bühnenprogramm zum neuen Anny-Ondra-Streifen „Fräulein Hoffmanns Erzählungen“ auf. Der UFA-Palast war schon damals mit seinen

54 Die jüngsten Uraufführungen genannter Werke (Film „Die – oder keine“ und Operette „Eine Frau, die weiß, was sie will“) reichen in den September 1932. Pressehinweis auf geplante Schallplatte: Das Organ, Nr. 1258 vom 7. 1. 1933.

55 Kaja vom 7. 3. 1931.

56 Übersetzung aus dem Estnischen, Kaja vom 5. 3. 1931.

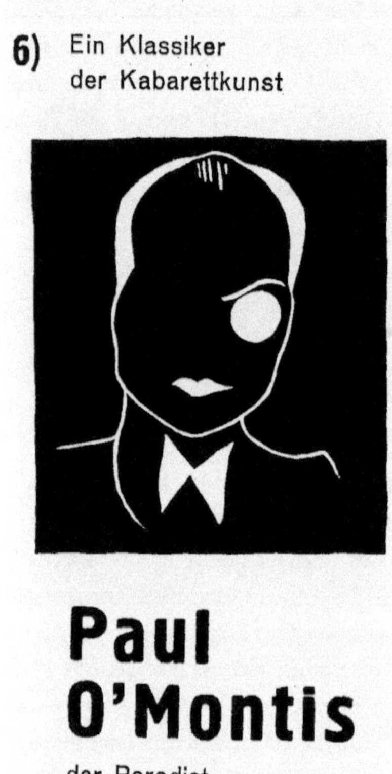

Scala Programm-Heft vom Oktober 1933

über 2600 Sitzplätzen völlig überdimensioniert und konnte nur durch zusätzliches Varieté rentabel bleiben.[57] Zwar lobte der „Hamburger Correspondent“: „Das Variete-Programm ist wieder ausgezeichnet besetzt. Ein Vortragskünstler wie Paul O' Montis ist allein das Kommen wert. Besonders großen Erfolg hat er mit seiner Parodie eines Tonfilms ‚Faust‘.“[58] Die „Hamburger Nachrichten“ merkten allerdings an: „Nur blieb er leider, offenbar in Verkennung der Raumverhältnisse, zuweilen unverständlich“.[59]

Paul O'Montis hatte keine Raum füllende Opernstimme. Über seine musikalische Ausbildung gibt es keinerlei Informationen. Im Zeitungsporträt schwieg er sich darüber aus, was die Vermutung nahelegt, dass es zumindest

57 www.mopo.de/hamburg/ufa-palast--so-entstand-der-kinopalast-der-rekorde-28994388.
58 Hamburgischer Correspondent und neue hamburgische Börsen-Halle vom 18. 9. 1933.
59 Hamburger Nachrichten vom 19. 9. 1933.

keine akademische gab und er weitgehend ein talentierter Autodidakt war. Aus seinen Plattenaufnahmen lässt sich allerdings schließen, dass er mit großer Wahrscheinlichkeit professionellen Gesangsunterricht genossen hatte bzw. regelmäßig für sich in Anspruch nahm. Die Lieder waren musikalisch hervorragend einstudiert, vor allem seine gute Aussprache, die deutlichen Wortabschläge bei „d“ und „t“, die Stimmführung der Konsonanten lassen auf eine fundierte Stimmbildung schließen. Für die Kabarettbühne, auch die des Kabaretts der Komiker (KaDeKo) mit seinen rund 1000 Plätzen, war seine Stimme gut geeignet. In Riesensälen wie dem der Berliner Scala mit ihren ca. 3000 Sitzplätzen, wo er mehrfach und für einen ganzen Monat engagiert war, kam ihm sicherlich zugute, dass das Varieté schon früh mit einer Mikrofonanlage ausgestattet war.[60]

O'Montis in der Kritik: „Repertoirenot"

Neben reichlich Lob gab es auch Kritik. In Berlin, wo das Haltbarkeitsdatum selbst von Revuen manchmal schon nach wenigen Wochen abgelaufen war, wurde beanstandet, dass er sich zu viel wiederhole: „Auch Paul O'Montis singt oft Gehörtes, und macht auf charmante Weise an sich Belangloses ergötzlich“,[61] schrieb Max Herrmann-Neiße nach einem Besuch im „Florida“. Und nochmal Herrmann-Neiße: „Im ‚Boulevard-Theater‘ singt Paul O'Montis mit dem gewohnten Charme seine allzu oft gehörten Bravourstücke.“[62] Ganz von der Hand zu weisen war das nicht, in der Tat blieben einige Stücke über Jahre in seinem Repertoire. Andere Kritiker schlossen sich an und bemerkten, dass seinen „Darbietungen […] eine Auffrischung nicht schaden könnte“.[63] Nun platzte dem Sänger allerdings der Kragen. Der genaue Hintergrund lässt sich nur ungefähr rekonstruieren, möglicherweise waren es nur wenige wie die gerade zitierten Zeilen, wahrscheinlicher aber stand ein ausführlicherer Kommentar in der Berliner Presse, der sich anlässlich seines Auftritts im Kabarett der Komiker im August 1930 kritisch mit seinem aktuellen Repertoire auseinandersetzte. O'Montis verteidigte sich im Wochenblatt „Berliner Herold“ und schrieb unter

60 Diesen Hinweis verdanke ich Fabian Riedel, Autor des Buches Und abends in die Scala! Karl Wolffsohn und der Varietékonzern SCALA und PLAZA 1919 bis 1961. Aufstieg, ‚Arisierung‘, ‚Wiedergutmachung‘, Berlin 2019.

61 Berliner Tageblatt vom 24. 4. 1928.

62 Berliner Tageblatt vom 11. 7. 1928.

63 Berliner Börsenzeitung vom 5. 8. 1930.

anderem: „Ich hatte diesmal mit meinem neueinstudierten Repertoire Pech. Das ist schon jedem Kabarettisten passiert. Ich war gezwungen, am Pressetag ältere Schlager hervorzuholen, bis ich die neuen einstudiert hatte. Inzwischen kreiere ich sie schon allabendlich mit unbestritten größtem Erfolg. Die Krise liegt nämlich, meiner Ansicht nach, bei dem Mangel an wirklich bühnenwirksamen Schlagern und Chansons. Wir haben kaum ein halbes Dutzend Komponisten und Textdichter, die zeitgemäßes Repertoire schreiben können.“[64]

Das war angesichts der Vielzahl von Autorinnen und Autoren allein in Berlin natürlich ziemlich vermessen und veranlasste den bereits erwähnten Kabarettunternehmer und Chefredakteur des Branchen-Magazins „Das Organ der Varieté-Welt“, den promovierten Juristen Curt Weiße-Papst, besser bekannt unter seinem Künstlernamen Peter Sachse, zu einer Erwiderung. Adressat war zwar ein „Lieber Herr X!“, aber es lag auf der Hand, dass Paul O'Montis gemeint war. Grundsätzlich gab er ihm zunächst Recht: Die Repertoirenot „ist das Grundübel des modernen Kabaretts. Die Kabarettkrise, in der wir uns befinden, hat – selbstverständlich neben der allgemeinen Wirtschaftslage – keine andere Ursache als der Repertoiremangel.“ Dem angeblichen Mangel an Autoren widersprach er allerdings energisch: „Deutschland, das heute in jeder Beziehung das literarisch produktivste Land der Welt ist, sollte ausgerechnet versagen, wenn es gilt, Chansons zu schreiben? […] Unsere Dichter und Schriftsteller würden mit dem gleichen Erfolge für das Kabarett produktiv sein wie auf dem Gebiete des Romans, des Feuilletons, des Dramas und des Films, wenn sie nur richtig bezahlt würden. Da liegt der Hase im Pfeffer. Vortragskünstler wie Direktoren haben versäumt, auch die Autoren leben zu lassen.“

Theaterautoren erhielten in der Regel zehn Prozent der Einnahmen. Und nun wurde er persönlich: „Ein Künstler von Ihrem Format, lieber Herr X., bezieht in Deutschland im Jahr an Kabarettgagen für Mitwirkung beim Rundfunk und Schallplattenaufnahmen etwa 40 000 Mark und mehr. Hand aufs Herz: haben Sie zehn Prozent dieser Summe pro Jahr, also 4000 Mark, für Repertoire ausgegeben? Ich schätze, dass Sie noch keine 50 Prozent, noch keine 30 Prozent davon für Ihre literarischen Mitarbeiter ausgaben! Wie die meisten Vortragskünstler und Chansonniers haben auch Sie sich darauf beschränkt, hauptsächlich Schlager aus Operetten, Tonfilmen usw. zu singen, die einem von dem Verleger gratis ins Haus geschickt werden. Ja, so kann man die Chansonproduktion nicht

64 Zit. nach Peter Sachse, An einen Chansonnier, in: Das Organ, Nr. 1136 vom 6. 9. 1930. Die Ausgabe des Berliner Herolds vom 17. 8. 1930 mit dem kompletten Artikel ist z. Z. in keinem Archiv vorhanden. Darum war es auch nicht möglich herauszufinden, auf welchen Kommentar der Künstler genau reagierte.

anregen; die Chansondichter können auch nicht aus der leeren Westentasche leben. Bezahlt eure Autoren richtig, dann werden sie etwas leisten! Ich kenne eine berühmte Vortragsnummer unserer Kabaretts, die für ein Chanson, mit dem sie erfolgreich seit Jahren herumreist und Höchstgagen verdient, ganze 25 Mark bezahlt hat. Glauben Sie, dass der Autor dieses Chansons noch einmal Lust verspürt, fürs Kabarett zu arbeiten?" Auch das war möglicherweise eine persönliche Spitze gegen O'Montis, denn Sachse kannte den Sänger wie die ganze Kabarettszene gut. Als Lösung schlug er ein Tantiemenmodell vor, also die prozentuale Beteiligung von Autoren am Erfolg einer Nummer.[65]

Diesen Frontalangriff ließ der Künstler natürlich nicht auf sich sitzen und konterte in der Folgenummer des Branchen-Organs unter der Überschrift „Repertoirenot"[66]:

„Ich habe die Erfahrung gemacht, dass prominente Autoren ohne einen richtigen Vorschuss sich erst überhaupt nicht an die Maschine setzen, und nach langem Warten und Mahnen erhält man dann ein Machwerk, das tatsächlich als ‚Maschinenarbeit' anzusehen ist. Oder man hat mit diesem ‚Originalchanson' in Berlin einen durchschlagenden Erfolg beim intellektuellen Publikum, doch schon in Hamburg oder Köln, ja oft schon im Zentrum Berlins wird das teuer bezahlte Repertoire wertlos, weil hier ein anspruchsloseres Publikum kein Verständnis dafür aufbringt. Ich habe Sachen im Koffer liegen, für die ich Hunderte bezahlte und die ich einen einzigen Monat singen konnte. Manche erwiesen sich, nach mühseligem Studium, als überhaupt ungeeignet für mein Genre. So erging es mir erst jetzt im Kabarett der Komiker: Die in der Provinz erprobten Erfolge wurden hier zu peinlichen ‚Abstinkern'."

Zum Vorwurf der Abspeisung mit 25 Mark entgegnete er, niemand wüsste, ob ein Lied wirklich erfolgreich sein werde. „Außerdem laufen einem die jungen, noch unbekannten Autoren regelrecht die Bude ein und sind froh, wenn man ihnen für 25 Mark etwas abkauft. Es ist also kein Wunder, wenn ich den gedruckten Verlagsschlagern, die einem massenhaft ins Haus geschickt werden, den Vorzug gebe. Sie haben meist schon durch eine populäre Musik die Garantie des Erfolgs in sich, wodurch oft schlechte Texte erträglich gemacht werden, und wenn man, wie ich, diese Texte meist noch selbst umarbeitet und mit bühnenwirksamen Pointen versieht, fährt man dabei immer besser, als bei der Suche nach Originalen." Er nannte seine bereits erwähnten größten Erfolge,

65 Zit. nach Sachse, An einen Chansonnier.

66 Paul O'Montis, Die Repertoirenot. Eine Antwort von Paul O'Montis, in: Das Organ, Nr. 1137 vom 13. 9. 1930.

„die mich keinen Pfennig Tantiemen oder dergleichen gekostet haben. Und ist so ein Schlager mal abgesungen, legt man ihn leichter ad acta als ein teuer bezahltes Chanson, das man obendrein, wie schon erwähnt, nicht einmal allgemein ausnutzen konnte.

Dr. Peter Sachse nennt die Berliner Autoren Theobald Tiger [Kurt Tucholsky], Mehring, Holländer als Stützen des deutschen Chansons; ich selbst schätze die Dichtungen dieser Herren im höchsten Maße und wäre froh, wenn ich ihre ‚Songs' überall bringen könnte. Aber die Erfahrung lehrt mich, dass gerade diese sozial-politisch-aktuellen Songs eine spezifisch Berliner Angelegenheit sind und für die Provinz oder gar das Ausland glatte Versager vorstellen. Und ich behaupte sogar, dass ein angeblich so versnobtes, blasiertes Publikum, wie am Kurfürstendamm zu Berlin, innerlich einen Hang für den melodiösen, sentimentalen oder gar blöden Schlager hat und ihn so gerne ‚frisst', wie man etwa nach ein paar literarisch wertvollen Büchern gern einen Band Edgar Wallace verschlingt. Ich merke das allabendlich im Kabarett der Komiker: Der Erfolg meines Repertoires ist ein ganz ‚allgemein verständliches', längst populäres Schlagerliedchen, das mir keine Kritik als ‚olle Kamelle' vermiesen kann.

So stehe ich für meinen Teil auf dem Standpunkt: Das Chanson, so wie man es vom Überbrettl her im Gedächtnis hat und wie ich es immer wieder durch Reprisen aufzufrischen suchte, ist selig entschlafen. Der moderne Song mit der aggressiven Note wird vom Gros des Publikums, sogar in Berlin, nicht verstanden oder nur als pikantes Horsd'œuvre genossen. Den Erfolg und das Geschäft macht heute sowohl dem Interpreten als auch dem Cabaret der Schlager, wenn er auch einen öfteren Repertoirewechsel bedingt als Originale; gewiss findet man unter den letzteren Ausnahmen. So hat z. B. Frank Günther mir einige Songparodien (allerdings nur Parodien!) geschrieben, die auch außerhalb des Berliner Westens größten Beifall finden. Diejenigen Autoren aber, die ihre Produktion auf einen Zusammenklang von Chanson, Song und Schlager mit guten, im Ohr verbleibenden Musiken einzustellen verstehen, und Texte schreiben wollen, die in Berlin genauso gefallen wie in Kottbus oder Zürich, diese werden die Erfüllung unserer Wünsche in der Repertoirefrage bringen."

Chefredakteur Peter Sachse ließ es sich nicht nehmen, direkt im Anschluss an O'Montis' Artikel nachzulegen: Am Beispiel des völlig neuen Programms seines Berliner Kabaretts Korso sehe man, „es gibt schon Autoren, man muss nur den Willen haben, sie zu finden, und muß ferner den schöpferischen Mitarbeitern den Lohn zahlen, den sie verdienen. Wenn das die deutschen Kabarettisten wieder lernen, werden sie auch wieder ein Repertoire haben." Und schob die kleine Drohung des Kabarettunternehmers hinterher: „Allerdings werden sie sich dazu etwa beeilen müssen, wenn sie nicht von dem Nachwuchs, dem wir jetzt ans Licht helfen, überholt werden wollen."[67]

Nur wenige Seiten weiter ließ Sachse dann noch einmal nachtreten und druckte ein Gedicht des Autors Kurt Lemke, das unschwer als O'Montis-Karikatur zu erkennen war:[68]

Der Chansonnier

Ein klein wenig Puder noch – so,
Und dann das Monokel natürlich,
Der Frack sitzt ja gut sowieso,
Und sonst bin ich auch ganz manierlich.
Nun läute man langsam die Herrschaften rin,
Die schwachen, die armen, die reichen,
Ich will sie so zart, wie fast selber ich bin,
Mit flüsterndem Herzen erweichen.
Noch ein Blick, noch ein Trick, noch ein Schmiss!
Ich singe das Lied von der Miss,
Die aus Liebe ins Grab viel zu früh ging,
Und da draußen, da war es Frühling.

Jetzt ging ja das Licht auch schon aus.
Ich werde Euch schon in den Bann zieh'n!
Ich hör' schon den tollen Applaus.
(Und helf' noch der Trude beim Anzieh'n) –
Der Vorhang bewegt sich – ich komme schon raus
Und trete – – – in gähnende Stille??
Habt Ihr denn die Hände bei Gott und zuhaus'
Und fehlt Euch zum Klatschen der Wille?? –
Noch ein – Blick, noch ein – Trick, noch ein – Schmiss,
(Vielleicht hilft mir noch meine ‚Miss',
Die aus Liebe ins Grab viel zu früh ging.
Und da draußen, da war es Frühling.)

67 Peter Sachse, Antwort an Paul O'Montis, in: Das Organ, Nr. 1137 vom 13. 9. 1930.
68 Kurt Lemke, Der Chansonnier, in: Das Organ, Nr. 1137 vom 13. 9. 1930.

Verfroren fiel durch mein Chanson.
Das Einglas verbarg eine Träne.
Der Frack war als einziger bon,
Sonst war's eine schreckliche Szene.
Am Flügel abwechselnd mein Partner war blass
Und – wie in einem Boudoir – rot.
In Logen ringsum schwitzten Freunde sich nass.
Premiere der Repertoirenot! –
Keinen Blick, keinen Trick diesem song!
Wer schreibt mir das schöne Chanson,
Das ganz heimlich ins Grab viel zu früh ging?
Und da draußen war so oft Frühling –.

O'Montis hatte sich mit seinen Vorwürfen an die Chanson-schreibende Zunft weit aus dem Fenster gelehnt. Er war ein durchaus streitbarer Zeitgenosse, bereit, sich auch öffentlich zu positionieren, sich angreifbar zu machen und für Diskussionsstoff zu sorgen. Als erfolgreicher Star musste er damit rechnen, dass ihm nun auch kräftig Wind entgegenblies und sein Image als humorvoller Unterhaltungskünstler Schaden nehmen konnte. In einer Auseinandersetzung war er durchaus risikofreudig. Was den Berufsalltag und sein Repertoire betrifft, ging er aus kommerziellen Gründen meistens lieber auf Nummer sicher. Man muss seine Positionen nicht teilen, doch auch O'Montis erfuhr allabendlich, dass es sich bei einem Großteil seines Berliner Kabarett-Publikums nicht – wie bei Kritikern – um verwöhnte Stammkunden, sondern eher um touristische Laufkundschaft handelte; als Entertainer arrangierte er sich, passte sich an und setzte auf das, was gut ankam.

Etwas gnädiger, aber dennoch mit einer deutlichen kleinen Spitze, lasen sich im Branchen-Organ im Oktober 1930 die Zeilen zu seinem Engagement im Berliner Kabarett Faun: „Von Paul O'Montis ist nichts zu sagen, als daß nichts Neues zu sagen ist. Er ist immer noch unbestritten der absolute, routinierte, effektsichere Meister des Chansons, besser als Vorgänger und Nachläufer."[69] Doch Kritik musste er sich weiter gefallen lassen, wie etwa den sicherlich schmerzlich stechenden Pfeil aus Hamburg über seinen bereits erwähnten Beitrag im Bühnenprogramm eines Kinofilms: „Paul O'Montis stellt sich als Chansonnier von Können vor, von so viel Können, daß man eigentlich von ihm anspruchsvollere Chansons erwartet."[70]

69 Das Organ, Nr. 1141 vom 11. 10. 1930.

70 Zeitungsartikel mit Hinweis auf den Kinofilm „Kiki" samt Begleitprogramm, Hamburg 2. 11. 1932, Quelle unbekannt, zit. nach grammophon-platten.de/page.php?471.

Pianisten

Leider erfahren wir aus der zeitgenössischen Presse nur wenig über die Pianisten, mit denen der Künstler auftrat und die ihn auf seinen Tourneen begleiteten. Das ist sehr bedauerlich, denn ein guter Begleitpianist trägt wesentlich zum Erfolg des im Rampenlicht stehenden Stars bei. Oder muss sich, wie im Fall Emil Kühnemann in Riga, den Pressevorwurf gefallen lassen, weit hinter den Star zurückzufallen, der „hartnäckig gegen die Unfähigkeit seines Begleiters" habe ankämpfen müssen".[71] Kühnemann war Angestellter eines großen Rigaer Musikhauses, sicherlich auch ein guter Klavierspieler, aber wohl wenig erfahren im Begleiten eines Individualisten wie O'Montis. Auch über den jungen Berliner Pianisten Hans Levinsohn alias Jean Jodeska (auch Hans L. Jodeska), der O'Montis im März 1931 bei seiner Tournee durch Estland und Litauen begleitete, wissen wir nicht viel.[72] Er wurde Silvester 1906 in Königsberg geboren und spielte zudem Akkordeon, Orgel, Harmonium und Celesta. Als Jude wurde er aus der Reichsmusikkammer ausgeschlossen, er emigrierte, lebte und musizierte schließlich in Shanghai. Sein Name steht in den beiden Nazi-Lexika „Judentum und Musik" (1938) und „Lexikon der Juden in der Musik" (1941).[73] Über den Komponisten und Pianisten Hans Erich Apostel, der O'Montis im Juli und August 1936 durch österreichische Tourismusorte folgte, sind wir dagegen gut informiert. Denn der Schüler Arnold Schönbergs und Alban Bergs gilt heute als wichtiger Vertreter der sogenannten Wiener Schule und Förderer der Neuen Musik. Da Apostels Werke aber als „entartete" Kunst in Nazideutschland nicht mehr aufgeführt werden durften, wechselte er zwecks Bestreitung seines Lebensunterhalts zur Unterhaltungsmusik und arbeitete auch als Begleitpianist. Nach dem Krieg baute er die österreichische Sektion der Internationalen Gesellschaft für Neue Musik mit auf und erhielt zahlreiche Ehrungen.[74] Auch Theodor Jakob Schmidt alias Ted/Teddy Sinclair (1909–1969), der mit O'Montis 1932/33 zusammenarbeitete, und Franz Hasl, der im Jahr 1938 mit ihm tourte, waren hervorragende Pianisten und Begleitpartner (zu beiden später mehr).

71 Sevodnja Večerom vom 6. 3. 1930, siehe oben S. 39.

72 Waba Maga vom 28. 2. 1931: „Paul O'Montis … singt am 5. und 6. März in Estland am Konzertsaal ‚Estonia' … an beiden Abenden begleitet von seinem regelmäßigen Pianisten Jean Jodeska aus Berlin …", Anzeige mit Nennung in Postimees vom 7. 3. 1931.

73 www.lexm.uni-hamburg.de/object/lexm_lexmperson_00005294; und: www.lexm.uni-hamburg.de/object/lexm_lexmperson_00007261.

74 René Gilbert, Hans Erich Apostel, stadtlexikon.karlsruhe.de/index.php/De:Lexikon: bio-0306; und E-Mail vom 9. 5. 2020.

Weitere Auftritte

Ein paar Worte noch zu weiteren Auftritten: Nach seinen Engagements im Charlott-Casino konnte man Paul O'Montis ab Mitte 1928 in Berlin vor allem im berühmten Kabarett der Komiker bewundern. Ein späterer Chronist nannte das KaDeKo spöttisch „eine Art Kleinkunst-Warenhaus, in dem für jeden Geschmack eine Abteilung eingerichtet war, eine Mixtur aus Varieté, Theater und literarischem Kabarett. Alles, was Rang und Namen hatte, trat in diesem Kabarett-Großunternehmen in den Jahren bis 1933 auf."[75] Gleichermaßen zählte das KaDeKo in der ausgehenden Weimarer Republik zu den wenigen großen Kabarettbühnen, auf denen noch die geschliffene politische Satire zu finden war. Ein Blick in die Ankündigung zur großen Silvesterfeier 1928 genügt, um zu erahnen, in welcher Liga O'Montis damals spielte: Trude Hesterberg, Lotte Werkmeister, Max Hansen, Hans Moser, Willy Rosen, oder die damals wohl beste deutsche Jazzcombo, die Weintraubs Syncopaters.[76] Andere Stars kamen hinzu: Karl Valentin und Liesl Karlstadt, oder Claire Waldoff, die dort an gemeinsamen Abenden ihr Lied „Hannelore" zum Besten gab, eines der wenigen auch auf Schallplatte gepressten Stücke, in denen offen lesbische bzw. bisexuelle Frauenliebe besungen wurde. In der hauseigenen Zeitschrift „Die Frechheit" wurde sein Künstlerfoto großformatig abgedruckt.[77] Auch die Kritik meinte es gut mit ihm, als sie ihn mit dem am selben Abend auftretenden und groß angekündigten Moulin-Rouge-Revuestar Spalada verglich, dessen gute Stimme und noch bessere Charakterisierungskunst hervorgehoben wird: „Ein Gegensatz zu ihm der deutsche Kabarettier Paul O'Montis, fast noch wirksamer als er, obwohl er nach früheren Proben mit stärker wirkenden Vortragsstücken aufwarten kann; immer wieder neu und in charakteristischer Darstellung, vielseitig und doch eigenartig, mög' es sich bei ihm um Matrosen- oder Wiegenlieder, um den flüsternden Bariton oder um mimisch-dramatische Studie handeln."[78]

Auch bei der großen Festvorstellung anlässlich des fünfjährigen Bestehens des KaDeKo am 2. Dezember 1929 tummelte sich der Sänger wie selbstverständlich unter all den großen Namen des deutschsprachigen Kabaretts, die bis heute als Verkörperung der kulturellen Blüte der 1920er-Jahre gelten. Für Paul O'Montis waren diese ausgehenden 1920er-Jahre wohl die kommerziell besten

75 Walter Rösler, Von den Anfängen bis 1945, in: Rainer Otto/Walter Rösler, Kabarettgeschichte. Abriss des deutschsprachigen Kabaretts. Taschenbuch der Künste, 2. Aufl., Berlin (Ost) 1981, S. 108.

76 Anzeige im Berliner Tageblatt vom 30. 12. 1928.

77 Die Frechheit, Nr. 5 (1929), Heft 1, S. 8.

78 Berliner Börsenzeitung vom 5. 1. 1929.

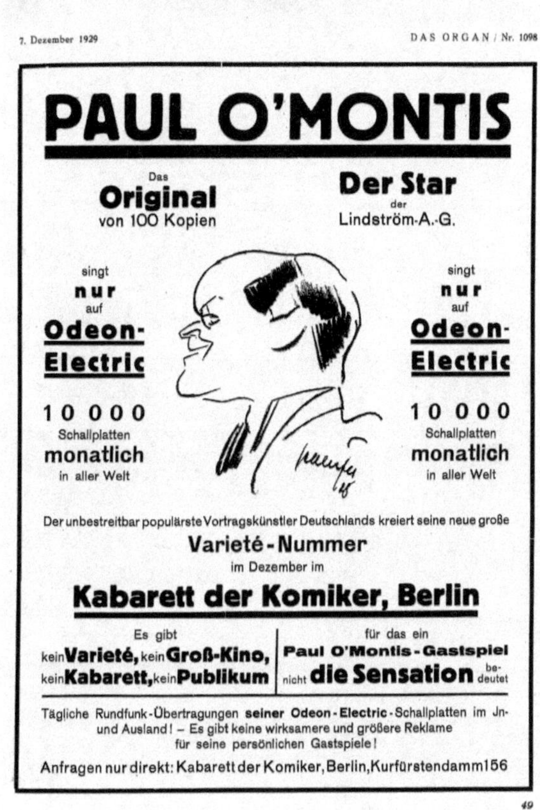

Das Organ Nr. 1098
vom 7. Dezember 1929

seines Künstlerlebens, er hatte sich einen Namen gemacht, war auf Bühne, Schallplatte und im Radio präsent – die Auswirkungen der großen Wirtschaftskrise standen erst noch bevor. Als Zeugnis dieser Hochphase erschien im Dezember 1929 eine ganzseitige Anzeige im „Organ", wo er mit all seiner Medienpräsenz zu wuchern wusste.

Als O'Montis im März 1928 wieder einmal im Hannoveraner Kabarett Corso auftrat, verewigte er sich mit einer ausführlichen Widmung in einem Autographen-Buch, das er seinen Zeilen zufolge drei Jahre zuvor mit seinem Eintrag bereits eröffnet hatte. Dieses Blatt mit seiner Hand- und Unterschrift hat glücklicherweise all die Zeiten überstanden. Die Herkunft des Autographen ist ungeklärt. Laut Besitzer stammt es aus dem Nachlass des Schellackplatten-Sammlers Dr. Friedrich Cartharser. Das Blatt ist aus einem Buch seitlich herausgerissen; aus diesem Buch existieren noch weitere herausgerissene Seiten mit Autographen von Künstler aus anderen Auftrittsorten wie dem Dortmunder Kabarett Jungmühle,

Corso-Cabaret
Hannover März 1928

Zum dreijährigen Jubiläum unserer Freundschaft (honi soit qui mal y pense!) beschliesse ich dieses „Markenalbum" so wie ich es einst begann – mit den besten Wünschen für Deine Zukunft. Ollen Meckerfritze!

Paul O'Montis

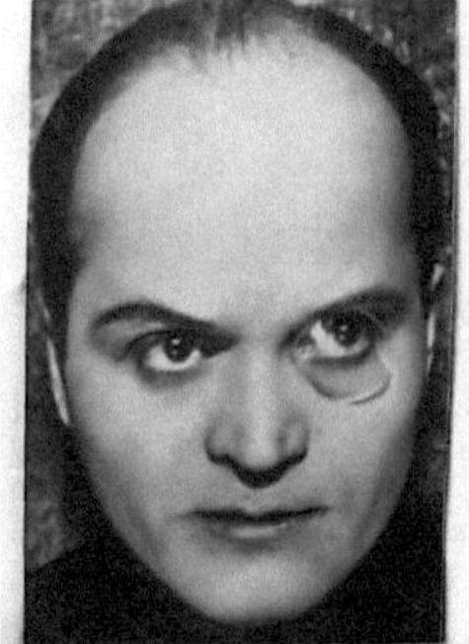

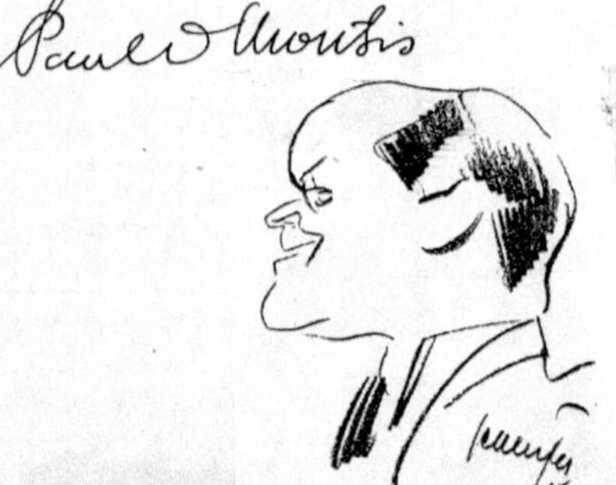

Sammlung Wolfgang Schneidereit

was auf eine Autographen-Sammlung hindeutet, möglicherweise eines Kabarett- und Kleinkunst-Fans, der damit nach Veranstaltungen an Künstlerinnen und Künstler herantrat. Laut Eintrag hatte Paul O'Montis dieses Buch – er nennt es „Markenalbum" – drei Jahre zuvor eröffnet, vielleicht sogar am gleichen Ort während seines verbürgten Corso-Gastspiels in der zweiten Maihälfte 1925. Dass er von „Freundschaft" schreibt und den Sammler als „ollen Meckerfritzen" karikiert, deutet zumindest darauf hin, dass er diesen Sammler gekannt oder zumindest wiedererkannt hatte. Die beiden Bilder wurden mit großer Wahrscheinlichkeit vom Sammler nachträglich in das Album geklebt. Die O'Montis-Karikatur eines nicht-identifizierten Künstlers, datiert auf 1928, erschien wohl zum ersten Mal im Organ Nr. 1098 vom 7. Dezember 1929. Die Fotografie zeigt den Ausschnitt einer Autogrammkarte, die zu Beginn seiner Aufnahmetätigkeit bei der Plattenfirma Carl Lindström-AG entstand und der wahrscheinlich auch als eigenständige Karte im Umlauf war.

Bekannte Künstler, die die große Freitisch-Aktion förderten

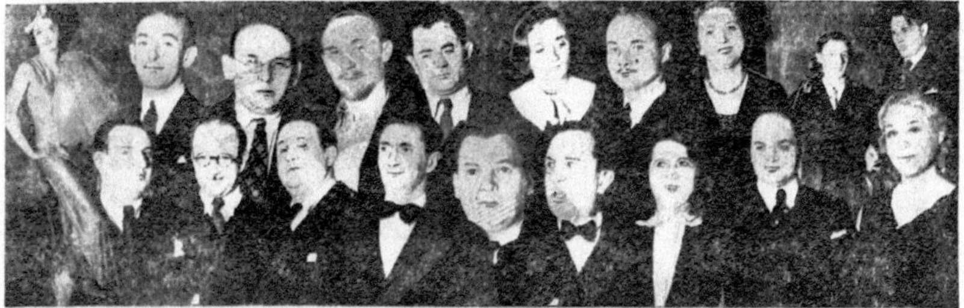

Die bei der am vergangenen Sonntag im „Wintergarten" veranstalteten Matinee kostenlos aufgetretenen Künstler, die durch ihren Solidaritätsakt die große Freitischaktion für hungernde Kinder wesentlich gefördert haben.
Obere Reihe nach rechts: Genia Nikolajewa, Paul Graetz, Hanns Eisler, Ernst Busch, Alexander Granach, Sonja Wronkow, Frank Günther, Resi Langer, Josef Weißgerber, Waldemar v. Vultee. — Untere Reihe: Max Ehrlich, Werner Finck, Otto Wallburg, Felix Bressart, Erich Weinert, Erwin Gotthelf, Claire Waldoff, Paul O'Montis, Alexandrine Alexandrowa.

Die Welt am Abend vom 1. November 1932 | *Akademie der Künste, Berlin, Bild Eisler_10027*

Selbstverständlich gehörte auch der Künstler zur „Matinee der Prominenten", die mitten in der Wirtschaftskrise am 30. Oktober 1932 an einer Benefizveranstaltung teilnahmen, der „Freitisch-Aktion der ‚Welt am Abend' für hungernde Kinder" im großen Berliner Varieté Wintergarten. Ein Blick auf die darauf publizierte Fotocollage aller Künstlerinnen und Künstler offenbarte wieder einmal das „Who Is Who" der Berliner Kabarettszene, zu der O'Montis sich zählen durfte.[79] Für diesen einen Abend war er allerdings nur „ausgeliehen", denn sein Vertrag band ihn damals an den zweiten nicht minder großen Berliner Varieté-Palast, die Scala, an der er auch im Folgejahr 1933 für den kompletten Oktober gebucht war.

Zu guter Letzt: „Unsere Künstler besuchen rege seine Konzerte, um sich etwas abzuschauen", stand im März 1930 in einem Magazin in Riga.[80] War unter ihnen auch der spätere Kabarettist und Humorist Heinz Erhardt (1909–1979)? Geboren und z. T. aufgewachsen in Riga versuchte auch Erhardt sich bereits in jungen Jahren auf der Bühne. So trat er nur wenige Monate später im November 1930 im Rahmen eines Kabarettprogramms auf, der Johannitour des Rigaer Yachtclubs, und „wandelte mit Erfolg in den Fußstapfen O'Montis' […]".[81] Zu Heinz Erhardt gibt es weitere Verbindungen: Im Sommer 1928 schrieb er aus

79 Welt am Abend vom 1. 11. 1932.
80 Aizkulizes vom 14. 3. 1930, Übersetzung aus dem Lettischen Maik Habermann.
81 Rigasche Rundschau vom 3. 11. 1930.

Riga an seinen Vater in Deutschland, dass er im Musikgeschäft seines Großvaters Paul Neldner, wo er von 1928 bis 1938 arbeitete, Schallplattenkonzerte organisiere – und wir dürfen wohl mutmaßen, dass sich dort auch die O'Montis-Neuerscheinungen der Stahlnadel hingaben. Neldners Konzertbüro in Riga war es auch, das die O'Montis-Konzertkarten für Riga verkaufte und wahrscheinlich die Konzerttour organisierte.[82] Bei Neldner angestellt war zuvor auch der Pianist Emil Kühnemann, der O'Montis in Riga bei zwei Auftritten begleitete.[83]

82 Rigasche Rundschau vom 7. und 22. 2. 1930. O'Montis schrieb in seinem Beitrag „Künstlerreise durch Lettland" (Das Organ, Nr. 1115 vom 12. 4. 1930) selbst, sein Engagement sei von einem Rigaer Konzertbüro ausgegangen.

83 Alle Hinweise auf Heinz Erhardt verdanke ich Maik Habermann.

6 Im Rundfunk

Noch bevor O'Montis im Massenmedium Schallplatte Fuß fassen konnte, öffnete ihm dessen kleines Geschwister die Pforten – die Ätherwellen des Rundfunks. Von einem Massenmedium konnte bei den Radiosendungen allerdings noch nicht die Rede sein: Mitte 1927, als der Künstler zum ersten Mal im Funk zu hören war, gab es im Deutschen Reich gerade einmal knapp unter zwei Millionen angemeldete Radiohörerinnen und -hörer bei einer Bevölkerungszahl von rund 64 Millionen; an der Spitze lag Berlin mit immerhin 12 Prozent Rundfunkbeteiligung.[1] Mit 2 RM monatlich war man dabei, aber das konnte sich noch nicht jeder leisten. Selbst wenn man die zahlreichen Schwarzhörenden addiert – viele bastelten ihre Rundfunkgeräte ja immer noch selbst zusammen anstatt ein teures fertiges Gerät zu erstehen – war der Rundfunk vielmehr erst dabei, sich zum Medium für die breite Bevölkerung zu entwickeln. So war es gerade in diesen Anfangsjahren eine Win-Win-Situation für beide Seiten, wenn ein Rundfunksender einen populären Unterhaltungskünstler wie Paul O'Montis, der sich in der Reichshauptstadt mittlerweile einen Namen gemacht hatte, für sein Sendeprogramm gewinnen und damit seine Aktualität unter Beweis stellen konnte. Und der Künstler bekam die Gelegenheit, dass zumindest an diesem einen Sendetag ihn nicht nur fünfhundert, sondern gleich mehrere tausend Menschen als Publikum erleben konnten, vielleicht zum ersten Mal auf ihn aufmerksam wurden.

Ob es wohl ein Zufall war, dass Paul O'Montis wenige Wochen vor seinem bereits erwähnten Konzert im Königsberger Stadttheater, wo er stürmisch empfangen wurde, gleich zweimal im Königsberger Rundfunk auftrat? Leider wissen wir über diese wohl erste Begegnung des Künstlers mit dem neuen Medium nicht mehr als den im Berliner Tageblatt veröffentlichten lakonischen Satz: „1. August … Paul O'Montis origineller Humor in Königsberg".[2] Kurioserweise war das keine Sendungs-Ankündigung, wie man heute vielleicht erwarten würde, sondern ein Rückblick auf Rundfunk-Höhepunkte im zurückliegenden Monat. Das gilt auch für seinen zweiten Rundfunkauftritt in Königsberg am

1 The Times: Broadcasting in Germany. Twenty-Five Stations. 6. Oktober 1927, S. 6, zit. nach de.wikipedia.org/wiki/Geschichte_des_H%C3%B6rfunks_in_Deutschland#Zehn_Sender_im_Reich; Das Organ, Nr. 1062 vom 30. 3. 1929.

2 Berliner Tageblatt vom 5. 8. 1927, Funkspiegel. Fünfter Sommerbericht.

21. August 1927, den das Tageblatt in seiner Rubrik Funk-Spiegel Radiokritik mit dem einen Satz kommentierte: „Paul O'Montis macht in Königsberg den modernen Schlager funkpopulär."[3]

Von einem weiteren Auftritt in einer Radiosendung, diesmal in Danzig am 3. Februar 1928, erfahren wir immerhin die Uhrzeit, nämlich 22:10 Uhr, und dass er diesen angekündigten Abend „Unterhaltungs- und Tanzmusik" gemeinsam mit der Kapelle Alois Salzberg gestaltete.[4] Der gerade erst zwei Jahre alte Sender Danzig, der organisatorisch zur Königsberger ORAG Ostmarken Rundfunk AG gehörte, leistete sich bereits eine eigene Funkkapelle unter der Leitung des Konzertmeisters Salzberg, die auch außerhalb von Rundfunkkonzerten öffentlich musizierte.[5]

Wieder fällt auf, dass der Künstler vor allem außerhalb Berlins und verstärkt im Osten live im Rundfunk aufgetreten ist. Aus Königsberg war er zum Beispiel in folgenden Sendungen zu hören: „Beliebte alte Schlagerweisen mit Paul O'Montis und der Funkkapelle" am 22. September 1928 von 21:15 – 22:30 Uhr,[6] oder in einer „Schlagerstunde mit Paul O'Montis" am 8. Juni 1929 um 20:05[7] – wobei hier nicht eindeutig zu entscheiden ist, ob O'Montis wirklich im Sendestudio war oder eine Stunde lang nur O'Montis-Platten aufgelegt wurden. Ähnlich verhält es sich mit der Sendung „Chanson-Revue mit Paul O'Montis. Verbindende Worte: Frank Günther" vom 4. Juli 1929 um 20 Uhr.[8] Möglicherweise wurden auch hier nur Platten aufgelegt und Günther fungierte qua Profession als Conférencier. Mit dem Schauspieler, Kabarettisten und Chansonautor Frank Günther arbeitete O'Montis in diesen Jahren viel zusammen (auf ihn ist weiter unten zurückzukommen). Live sang er auf jeden Fall in der darauffolgenden Sendung am 12. Juli des gleichen Jahres, einem „Wunsch-Abend. Paul O'Montis und Funkkapelle".[9]

Auch diese beiden zuletzt genannten Rundfunksendungen im Juli 1929 waren geschickt im Vorfeld einer Tourneereise platziert, die O'Montis in die

3 Berliner Tageblatt vom 26. 8. 1927.

4 Berliner Tageblatt vom 3. 2. 1928.

5 www.danzig.org/galerie/?cat_id=1335&gallery-img-id=21087. Der Name Alois Salzberg steht in der Liste „Die Juden der Freien Stadt Danzig unter der Herrschaft des Nationalsozialismus" von Erwin Lichtenstein, www.jewishgen.org/Danzig/lichtenstein.php.

6 Die Bühne. Wochenschrift für Theater, Kunst, Film Mode, Gesellschaft, Sport (Wien) 5, Heft 202 vom 20. 9. 1928, S. 2.

7 Hamburger Nachrichten vom 1. 6. 1929. Ausgestrahlt auch vom Sender Königsberg-Danzig, Tagblatt (Linz) vom 8. 6. 1929.

8 Hamburger Nachrichten vom 29. 6. 1929.

9 Hamburger Nachrichten vom 6. 7. 1929.

Ostsebäder Cranz und Neukuhren bei Königsberg führte, wo er – wie bereits erwähnt – die Sommerfrischler begeisterte. Am 19. April 1932 war er noch einmal im Sender Königsberg zu Gast, wo er gemeinsam mit dem kleinen ORAG-Orchester unter der Leitung von Eugen Wilcken eine ganze Stunde lang zur besten Abendzeit von 19:20 bis 20:20 „Zur Unterhaltung“ musizierte.[10]

Auch ein Radiokonzert in Breslau ist dokumentiert am 28. März 1931, diesmal allerdings zu spätester Nachtstunde von 0 bis 0:50 Uhr. Das war dem Umstand geschuldet, dass der Auftritt in einem Kinosaal und sehr wahrscheinlich nach der letzten Filmvorführung stattfand, im Deli-Theater (Deutsche Lichtspiele), das die Firma Musikhaus Höhne, ein Schallplattengeschäft in der Breslauer Straupenstraße 12, wohl extra für diese Konzertübertragung angemietet und den Star engagiert hatte. Ob das Werbekonzert anschließend den Plattenverkauf bei Höhne mitten in der Wirtschaftskrise ankurbeln konnte, ist nicht überliefert.

Wieviel der Künstler an einem Auftritt im Radio verdiente, lässt sich nur schätzen. Zum Vergleich: Für ihren ersten Rundfunkauftritt in der Berliner Funk-Stunde bekamen die Comedian Harmonists im Oktober 1929, also zu Anfang ihrer Karriere, eine Gage von 450 Mark,[11] d. h. 75 Mark pro Person für elf Gesangstitel. Vielleicht ist das ein Richtwert.

Mit seinen Schallplatten war der Star mindestens ein Jahrzehnt in vielen europäischen Ländern im Radio präsent, nachweislich in Deutschland, der Schweiz, Österreich und Estland. Auch als er in Köln im Gefängnis saß, wurde im Wiener Rundfunk seine Musik gespielt, noch im Juli des Jahres 1938 war seine Musik – nach seiner Emigration aus Nazideutschland – in einer Schlagersendung im estnischen Rundfunk zu hören.[12]

Leider gibt es von Paul O'Montis außer den erhaltenen Schallplatteneinspielungen keine weiteren Tondokumente, d. h. rundfunkeigene Aufzeichnungen oder Funkmitschnitte. Doch zum Glück ist seine Stimme und Interpretationskunst auf zahlreichen Schellackschätzchen erhalten geblieben.

10 Allgemeiner Tiroler Anzeiger vom 16. 4. 1932; ausgestrahlt auch über die Sender Danzig und Heilsberg, Radio Wien vom 15. 4. 1932.

11 Peter Czada/Günter Große, Comedian Harmonists. Ein Vokalensemble erobert die Welt, Berlin 1993, S. 45.

12 Österreich: Wilhelm Tell-Parodie (DGG/Polydor), Radio Wien vom 5. 10. 1934, Estland: „Halloh Margot“ (Aufnahme von 1929), Postimees vom 10. 7. 1938.

7 Der Schallplatten-Star

Immer auf dem Quivive, stets die Nase im Wind – als Leiter der Aufnahmeabteilung des Schallplattenkonzerns Lindström war Georg von Wysocki nicht nur für die optimale Qualität der einzelnen Aufnahmen von der Planung bis zur Freigabe der Pressmatrizen verantwortlich. Stets war der schon von Jugend auf passionierte Plattensammler auf der Suche nach neuen Talenten und gut darüber informiert, was es in der Musikszene an Novitäten zu entdecken gab. Da galt es zuzugreifen und das Portfolio der Firma zu bereichern, bevor die Konkurrenz sie ihm wegschnappte. Dass Paul O'Montis 1927 zur festen Größe der Berliner Kabarettszene zählte, die gewichtige Kritikerstimme von Max Herrmann-Neiße ihn mit positiven Kurzkommentaren würdigte, der Künstler Auftritte bei der neuen Medienkonkurrenz Radio hatte – das alles dürfte von Wysocki nicht entgangen sein. Die Zeit war also reif, es mit dem Sänger zu wagen. Der Plattenvertrag kam wahrscheinlich irgendwann in der zweiten Jahreshälfte 1927 zustande, denn am 17. Dezember spielte O'Montis bei Lindström seine ersten vier Titel ein.

Die Carl Lindström AG[1] war nicht irgendeine Berliner Plattenfirma, längst war aus der einstigen Phonographenfabrik des Mechanikers Carl Lindström ein Global Player geworden, der zu den größten Schallplattenproduzenten Europas mit Presswerken in und außerhalb des Kontinents gehörte. Neben Platten produzierte sie weiterhin Grammophone und ab 1930 auch Radios. Lindström vereinigte zahlreiche Schallplattenmarken, die im Laufe der Jahre zugekauft wurden, sogenannte Labels, unter ihrem Dach. Hauptlabel war Odeon, im Unterhaltungsbereich meist mit blauem Etikett, goldener Schriftprägung, indirekten Versalien des Labelnamens und einem kleinen runden Säulentempel – nach dem weltberühmten Hund Nipper der Firma His Master's Voice das wohl bekannteste Plattenlogo der Schellackzeit. Namenspate soll das französische Staatstheater Odéon, das heutige Odéon-Théâtre de l'Europe, gewesen sein.[2] Paul O'Montis kam gerade zur rechten Zeit: Im Jahr zuvor hatte die Lindström

1 Alle Informationen nach Rainer E. Lotz, Carl Lindström und die Carl Lindström Aktiengesellschaft. Einführungsvortrag zum 9. Discografentag, Immenstadt 2008, www.phonomuseum.at/includes/content/lindstroem/aktiengesellschaft.pdf.

2 grammophon-platten.de/page.php?104.

AG zwar ihre Selbstständigkeit verloren und gehörte nun zur britischen Columbia Gramophone Company, Lindström kam dadurch aber in den Genuss eines neuen technischen Aufnahmeverfahrens, das die Musikindustrie revolutionierte und auch bei der Vermarktung des neuen Vertragskünstlers eine wichtige Rolle spielen sollte: die Mikrofon-Technik.[3] Bis Mitte der 1920er-Jahre wurden alle Schallplatten noch ohne Mikrofon, also nicht elektrisch, sondern „akustisch“ aufgenommen. Künstlerinnen und Künstler samt Orchester mussten tongewaltig in präzis drapierte Aufnahmetrichter musizieren, die mechanisch mit dem Schneidegerät verbunden waren. Leise Töne hatten kaum eine Chance, den Weg bis zur Schneidenadel zu überleben, hohe und tiefe Frequenzen, vor allem die Bässe, blieben gleichfalls auf der Strecke. Der britische Columbia-Konzern hatte bereits 1925 die Rechte zur Anwendung der neuen elektromagnetischen Mikrofon-Technik erworben und mit ihm nun auch die Firma Lindström. Nun konnte man auf dem deutschen Markt mit der Konkurrenz gleichziehen, vor allem dem neuen deutschen Ableger der britischen HMV/His Masters Voice, die die neue Technik geschickt und programmatisch gleich zum Firmennamen ihrer deutschen Tochter Electrola erhoben hatte und bereits einsetzte. Das Mikrofon ermöglichte nun weitaus natürlich klingendere Aufnahmen mit einem erheblich erweiterten Frequenzumfang, vor allem aber mehr Flexibilität bei der Lautstärke.

Zum ersten Mal in der Geschichte der Tonaufzeichnung bekam nun das Spiel mit den leisen Tönen seine Chance. Diese Möglichkeit wussten die Plattenkonzerne geschickt zu vermarkten, die US-amerikanische Victor hatte es mit Jack Smith[4], dem „flüsternden Bariton“ vorgemacht: Der Sänger schmetterte nicht mehr mit voller Inbrunst seine Schlager in die Matrize, er reduzierte seine Stimme soweit, dass sie gerade noch fein und sauber zu modulieren war und erzeugte dadurch eine Art „intime“ Vortragsatmosphäre. In einem großen Konzertsaal hätte kein Mensch ein Wort verstanden, zu Hause aber am Grammophon konnte man einem fein ziselierten Vortrag lauschen. Das ist genau das richtige Image für seinen neuen Vertragskünstler, wird sich der clevere von Wysocki gedacht haben. So wurde aus Paul O'Montis „der flüsternde Chansonnier“. Unter diesem Markenzeichen versuchte Odeon zumindest in den ersten Jahren seinen neuen Künstler auf dem Schallplattenmarkt zu platzieren. Auf den beiden Autogrammkarten, die O'Montis mal mit weißer, mal schwarzer Fliege zierte, war

3 Herbert Haffner, „His Master's Voice“. Die Geschichte der Schallplatte, Berlin 2011, S. 82.

4 grammophon-platten.de/page.php?546. Der NDR strahlte am 12. 2. 1973 eine Sendung „Der Flüsterbariton. Jack Smith und die Folgen“ auf, in der auch einige Lieder von O'Montis gespielt wurden, Archivnummer F825389.

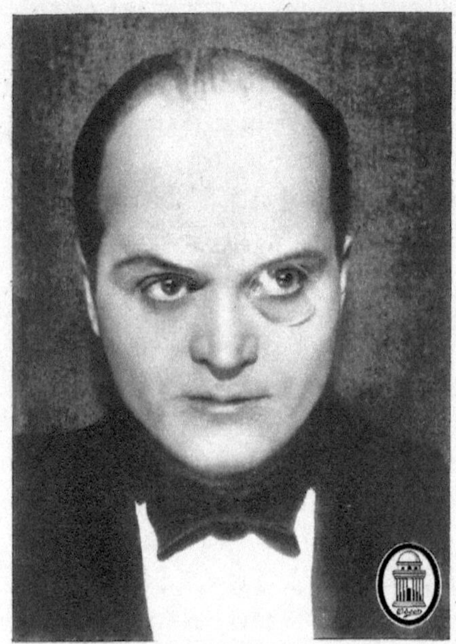

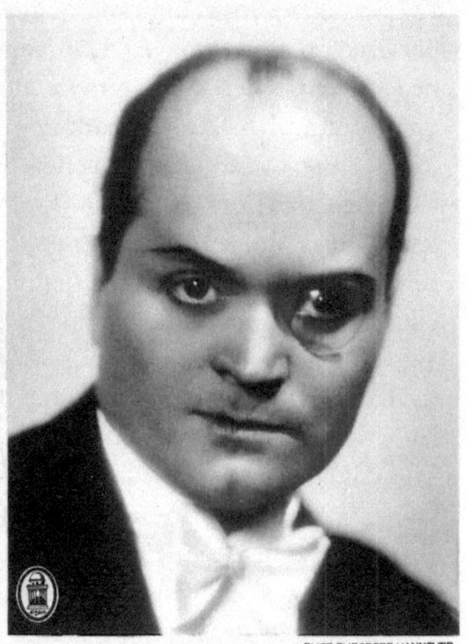

Autogrammpostkarten
Sammlung Ralf Jörg Raber (li.); Sammlung Hans-Joachim Schröer (re.)

extra verzeichnet, dass seine Platten nur mit Mikrofon aufgenommen wurden: „Paul O'Montis – Der Chansonnier nur auf Odeon-Electric".

Bereits in seiner ersten Aufnahme „Du glaubst vielleicht ich weiß nicht, dass du mich betrogen", bewies O'Montis, dass er das Ausdrucksspektrum der neuen Technik bestens zu nutzten wusste: Er sang nicht nur, sondern er spielte, er schauspielerte mit seiner bewusst klein eingesetzten Stimme, jonglierte mit verschiedenen Tonfärbungen und Stimmungen, er schluchzte, flüsterte, sprach, deutete an, verließ das vorgesetzte Notenbild, um fein platzierte Mimik und Gestik akustisch einzupassen. Es gelang ihm eine Unmittelbarkeit zum Grammophon-Publikum herzustellen, die vorangegangenen Plattenstars verwehrt geblieben war. Paul O'Montis gehört zu den ersten Künstlern der deutschen Popmusik, die derart lebendig, farbenfroh und suggestiv mit der Liedaufzeichnung umgehen konnten und umzugehen wussten und damit die populäre Musik, vor allem das Genre aufgezeichneter Kleinkunst in Deutschland, modernisierten und bereicherten.

Als das „Original" Jack Smith 1928 im KaDeKo auftrat, wurde kurioserweise in einem „Organ"-Artikel darauf hingewiesen, dass seine Art des Vortrages nicht neu sei, sondern „zum Beispiel im stärksten Maße Paul O'Montis zu eigen hat, [...] aber verdrängt [wurde] durch den alles zerhackenden Rhythmus der amerikanischen Jazzschlager", Smith sei „eine Neuerung, die gar keine ist".[5] Dabei war der US-Amerikaner schon Jahre vor O'Montis auf dem deutschen Plattenmarkt präsent gewesen. „Flüsternder Chansonnier" war ein Vermarktungsetikett, das O'Montis zum Glück nie konsequent abverlangt wurde. Denn auch Georg von Wysocki wusste nach den ersten Aufnahmen zu genau, dass der Künstler auf Platte mit seiner Stimme weitaus mehr anzufangen wusste als nur zu „flüstern".

Berliner Firmensitz von Lindström war die Schlesische Straße 27, ein Gebäudekomplex, der heute übrigens noch existiert und mit einem großen Hinweis auf die früheren Odeon-Werke versehen ist. Hier befanden sich auch die Aufnahmestudios und Produktionsstätten für die Schellackplatten. O'Montis dürfte dort oft ein- und ausgegangen sein, denn bis zum 22. Oktober 1932, seiner letzten Aufnahmesitzung bei Odeon, veröffentlichte er 117 Liedtitel. Im Anschluss kamen dann noch sieben Titel bei der Deutschen Grammophon Gesellschaft und zwei bei der österreichischen Columbia dazu.[6] Von diesen insgesamt 126 veröffentlichten Titeln gibt es für elf Lieder mehrere veröffentlichte Aufnahmen (in den meisten Fällen wurde ein Lied gleich mehrmals aufgenommen, um dann unter diesen die beste zu nehmen). Weitere zwölf Titel waren bei Odeon geplant, wurden möglicherweise auch aufgenommen, aber nach bisherigem Forschungsstand nicht veröffentlicht.[7] Nur wenige Kleinkünstler wie die Comedian Harmonists, Claire Waldoff oder Austin Egen kamen auf vergleichbar hohe Aufnahmezahlen. Damit gehört Paul O'Montis aus heutiger Sicht zu den wichtigsten Schallplatten-Kabarettisten der Weimarer Republik.

5 Das Organ, Nr. 1030 vom 18. 8. 1928.

6 Wolfgang Schneidereit, Discographie der Gesangsinterpreten der leichten Muse von 1925 bis 1945 im deutschsprachigen Raum. Eine Discographie mit biographischen Angaben in drei Bänden, Bd. 2: Kirsten Heiberg bis Ethel Reschke, Norderstedt 2019, S. 955–966.

7 Manfred Weihermüller, Discographie der deutschen Kleinkunst, Bd. 1, Bonn 1991, S. 191–202. Aus der Tatsache, dass er im November 1932 bei seiner neuen Firma Deutsche Grammophon erste Aufnahmen machte, kann man vermuten, dass sein Jahresvertrag bei Lindström möglicherweise von November bis Oktober lief und bis 1932 insgesamt viermal verlängert wurde. Im ersten Vertragsjahr kam der Künstler dann auf 38 veröffentlichte Aufnahmen (plus eine nicht veröffentlichte Aufnahme), im zweiten auf 21 (plus 6 nicht veröffentlichte), im dritten auf 40 (plus 1), im vierten bedingt durch die Weltwirtschaftskrise nur noch auf 5 (plus 2) und im letzten immerhin noch auf 12 (plus 2) Aufnahmen.

Monat Dezember 1927

Datum	Noten-Nr.	Aufnahme-Nummer		Text
17. Dez. 27.			Paul O'Montis, Vortragskünstler, m/Begl.: Mischa Spoliansky	
		Be. 6414 W	Du glaubst vielleicht, ich weiß nicht, daß du mich betrogen!	Fritz Grünbaum
	578	Be. 6415 W	Was hast du für Gefühle, Moritz?	Geta
	578	Be. 6415	Wiederholung	
		Be. 6416 W	Casanova, ich lieb Dich, Tango-Serenade	Fritz Rotter
		Be. 6417 W	Lost River Blues	Egon Schubert

Musik	Verleger	Adoptiert	Wiederh. verlangt	Zerstörung verlangt	Wiederholt	Kombination	Katalog Nr.	Bemerkungen
[illegible]	Wiener Bohème Verlag	v. W. 6/1.28				Be. 6416	O-2314 a	Febr. 1928
~~Wiener Bohème Verl.~~	" " "	—		v. W. 19.1.28		Be. 6417	O-2351	März 1928
		v. W. 19.1.28						" "
Otto Stransky	Wiener Bohème Verlag	v. W. 6/1.28				Be. 6414	O-2314 b	Febr. 1928
Carlo Stank	Wiener Bohème Verlag	v. W. 6/1.28				Be. 6415	O-2351	März 1928

Aufnahmebuch Odeon Serie Be 6364-8657, 25 cm,
vom 29. November 1927 bis 22. Oktober 1929
Gesellschaft für Historische Tonträger, Wien

Seine Plattenfirmen haben Paul O'Montis alles singen lassen, wovon sie sich Absatz versprachen: allem voran Schlager und Tanzmusik, Hits aus Film, Operette und Revue, Ulknummern, Frivoles, Rührseliges, aber auch nachdenklich stimmende Schicksalsbilder, wenig Avantgardistisches mit Linksdrehung, wenig Nationalkonservatives mit Rechtsdrehung. Viermal durfte er eigene Texte unterbringen, auch die bewegten sich auf der beschriebenen Farbenpalette. Musikalisch blieben die meisten Aufnahmen dem Vortragsstil des Kabaretts verbunden, wurden mit Klavierbegleitung oder mit kleiner Orchesterbesetzung eingespielt; jazzorientierte Bigband-Begleitung gab's erst Anfang der 1930er-Jahre, als das allgemeine Jazzfieber bereits etwas abgeklungen war. Rund ein Sechstel der Titel wurde ausschließlich von ihm eingespielt,[8] darunter aber nur wenige typische O'Montis-Nummern. Der Künstler war sicherlich abhängiger von der Gunst seiner Plattenfirma als die Topstars seiner Zeit, er musste damit leben, dass sein Name nicht auf jeder Platte stand. Vielleicht war ihm das auch zuweilen ganz recht, denn als Star der zweiten Reihe hatte er Verträge zu erfüllen und wohl auch den ein oder anderen Titel einzuspielen, der ihm weniger zusagte.

Zur damaligen Repertoiregestaltung und Bezahlung erinnert sich Harald Banter, Sohn Georg von Wysockis: „Meines Wissens gab es für Exklusiv-Künstler Zeitverträge, die aber u. U. auch eine bestimmte Plattenanzahl enthielten. Sicherlich wurden auch Vorschläge der Künstler entgegengenommen und berücksichtigt, aber die Entscheidung darüber traf auf jeden Fall die Firma [...]. Eines weiß ich genau: Dass ein Künstler damals prozentual am Platten-Umsatz beteiligt wurde, beschränkte sich auf ganz wenige Ausnahmen von Spitzenstars. Richard Tauber gehörte dazu. Die Einzelhonorierung wurde unterschiedlich behandelt. Musiker wurden pro Sitzung bezahlt, Solisten auch pro Titel. Es mögen aber nicht mehr als 25–100 Reichsmark, je nach Marktwert, gewesen sein."[9] Wieder bietet sich ein Vergleich mit den Comedian Harmonists an, die im August 1928 ebenfalls bei Odeon ihre ersten Aufnahmen machten: Sie bekamen

8 Nach meinen Recherchen die Titel „Lost River Blues", „Mein Schatten und ich", „Was man im Rausch verspricht", „Madonna in Blau", „Komm' ins Weekendhäuschen", „Nimm dir die Kleine", „Wenn du dich erholen willst, komm nach Dresden", „Es war einmal ein Zigeuner", „Der Frauen (Küssen – Hassen – Weinen)"„Blonde Mädels von Berlin", „Adelheid, du hast den Sex Appeal", „Zwei glückliche Tage", „Es muss ja nicht grad' Frühling sein", „Ramona Zündloch", „In der Taverne von Santa Fé", „Große Tonfilm-Parodie zu Wilhelm Tell", „Einmal im Mai kommt die große Liebe", „Pierrots Liebestraum", „Das Chanson für Hochwohlgeborene", „Hände der Mutter".

9 Aus zwei Schreiben Harald Banters an den Autor vom 28. 6. 2018 und 8. 9. 2017. Dass im Hause von Wysocki über O'Montis gesprochen wurde, daran können sich aber weder Harald Banter noch seine Schwester Gisela von Wysocki erinnern.

einen Jahresvertrag mit der Verpflichtung zu dreißig Aufnahmen und einer Gage pro Aufnahme von 200 Mark plus 50 Mark für das Arrangement, macht also rund 33 Mark für jedes Ensemblemitglied pro Aufnahme (ohne die Gage für das Arrangement). Ein Jahr später schloss die nun populär gewordene Gruppe einen gleich dotierten Vertrag mit Electrola ab, bekam jetzt aber 5 Prozent (später 7,5 Prozent) Umsatzbeteiligung.[10]

Möglicherweise waren die Konditionen bei O'Montis ähnlich. Die Bezahlung der jeweiligen Musiktitel dürfte bei ihm allerdings differenzierter ausgefallen sein, da er bei vielen Aufnahmen nur als Refrainsänger eines Orchesters in Erscheinung trat, der manchmal, wie gesagt, auf dem Plattenetikett noch nicht einmal erwähnt wurde. Für solche Aufnahmen bekam er sicherlich weniger als für eine mit komplettem Text aufgenommene Gesangsnummer. Folgen wir Harald Banter so war an eine Umsatzbeteiligung sicher nicht zu denken. Leben konnte er also von seinen Schallplattenaufnahmen nicht, sie bescherten ihm ein schönes und für einige Jahre auch regelmäßiges Zubrot. Aber der Prestigegewinn, den er durch die zahlreichen Aufnahmen verbuchen konnte, wog weitaus mehr als die Vergütung durch die Firma Lindström. Überall, wo in Europa Deutsch gesprochen bzw. verstanden wurde, war er durch seine Platten präsent, in den Niederlanden wurde in Werbung für Grammophone und Platten sein Name in einem Atemzug mit dem Richard Taubers genannt, in Rumänien stellte die Ostjüdische Zeitung ihren Leserinnen und Lesern in der Bukowina Neuerscheinungen des Künstlers vor.[11] Durch die internationalen Verflechtungen der Columbia Graphophone Company auf der Basis nach wie vor dominierender europäisch-kolonialer Weltwirtschaftsstrukturen wurden in Europa produzierte Schallplatten in der ganzen Welt verkauft. Werbeankündigungen von O'Montis-Platten führen uns bis auf die Insel Sumatra, in Südamerika wurden seine Platten gehört, eine seiner schönsten Aufnahmen erschien sogar aus nicht zu klärenden Gründen ausschließlich in Brasilien.[12]

In der hauseigenen Werbezeitschrift „Der Ton. Das Magazin für Musik- und Tanzfreunde" wurden natürlich auch die Neuerscheinungen seiner Platten regelmäßig beworben und oft mit zwei sich abwechselnden kleinen Fotos als Hingucker versehen. Geschickt platzierte die Zeitschrift hin und wieder Antworten

10 Czada/Große, Comedian Harmonists, S. 40–44.

11 Ostjüdische Zeitung. Organ der jüdischen Nationalpartei in der Bukowina vom 10./13./15. 2. 1929.

12 Die deutsche Coverversion des Lew-Pollack-Liedes „Miss Annabelle Lee" mit deutschen Text von Fritz Rotter als „Wie wundervoll küsst Annemarie" (Berlin, 31. 1. 1929; Matrize Be 7929, Odeon 1617b). Zu Sumatra: Plattenreklame in: De Sumatra Post vom 13. 9./17. 9. /20. 9./24. 9./27. 9./1. 10./4. 10./8. 10. 1930.

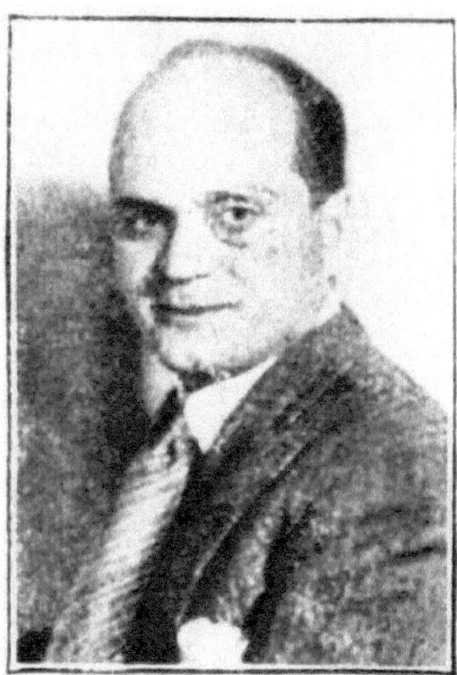

Der Ton Nr. 7
von Juli–August 1928

auf Leseranfragen (etwa im Februar 1930 mit der falschen Information, er sei Königsberger) oder fiktive kleine Witzgeschichten, die inhaltlich kaum von Belang waren und nur der Werbung für seine Platten dienten. Großfotos, Karikaturen oder Geschichten zur Absatzförderung gab es allerdings keine, sie blieben den Topstars der Firma vorbehalten.[13]

Auch in der deutschsprachigen Presse wurden seine Platten regelmäßig vorgestellt. Die Lobbyarbeit der großen Plattenkonzerne erreichte, dass ihre Neuveröffentlichungen mit Titel, Bestellnummer und einem wohlwollenden Kurzkommentar regelmäßig angepriesen wurden: Bei O'Montis hieß es dann z. B., er flüstere „mit sinnlicher Weißglut“ oder „mit einer unverschämten Indiskretion“. Einmal wuchs das Lob sogar zu einer kleinen Konzertkritik: „Paul O'Montis! Wenn ein Conférencier diesen Namen ansagt, greifen die Frauen und Mäderln unwissentlich ans Herz und halten es fester, denn sonst verlieren sie es. [...] Er bringt jeden Schlager in besonderer Art, er wird nie schablonenhaft oder langweilig. Und dazu besitzt O'Montis eine Vortragskunst, wie man sie in Wien nur

13 Gesichtet wurden die Jahrgänge 1927 (Nr. 1–7, 9 März–Oktober, Dezember), 1928 (Nr. 3, 4, 5, 7 März–Mai, Juli/August), 1929 (alle außer Nr. 8 August), 1930 (Nr. 8 [August], 11 [November]), 1931 und 1932.

einmal hörte: das war, als O'Montis im ‚Simplizissimus' gastierte! In den lebhaften Beifall mischt sich auch das heftige Herzpochen und so gibt O'Montis noch als Draufgabe (auf einer phonetisch ebenso vorzüglichen ‚Odeon'-Platte A 161036): ‚Ist dein kleines Herz für mich noch frei, Baby?' Er singt das zärtlich unwiderstehlich! Und zum Schlusse bringt er noch ‚Sonny Boy'. Nach Al Jolsen hat es keiner noch so ergreifend gesungen. Er singt, und du, du weinst dazu, wie man in Abänderung eines berühmten Schlagers (von Leo Einöhrl) sagen könnte!"[14]

Aus dem großen Œuvre Paul O'Montis' ragen einige Aufnahmen besonders heraus, die einer genaueren Betrachtung lohnen.

Chansons

Vermarktet wurde der Künstler als Chansonnier, obwohl die meisten seiner Aufnahmen gar keine Chansons sind. Aber – was ist ein Chanson? Über die musikalischen Genrebegriffe ihrer Zeit ulkten O'Montis' Kabarettkollegen „Die 4 Nachrichter": „Wenn man gut singen kann, singt man ein Lied. Wenn man weniger gut singen kann, singt man ein Chanson. Wenn man gar nicht singen kann, singt man einen Song. Wir singen jetzt einen Song [...]!"[15] So wie der deutsche Überbegriff für alle gesungenen Texte „Lied" in Frankreich zum fremdsprachigen Lehnwort für das Genre Kunstlied wurde („Le lied"), entstand umgekehrt aus dem französischen Wort für Lied, nämlich „Chanson", in Deutschland ein neues Genre. Das geschah um die Wende vom 19. zum 20. Jahrhundert und ist eng verbunden mit der Entstehung des deutschen Kabaretts, der musikalischen Heimat von O'Montis. Doch in der Kabarettliteratur gibt es keine eindeutige Definition dessen, was denn nun ein Chanson sei. Dietrich Schulz-Koehn, eigentlich ein Jazz-Spezialist, bringt es auf eine simple Formel: „Die Musik ist gut und der Text noch besser als die Musik – er ist ‚literarisch', er gehört zur Dichtkunst" – um dann gleich wieder einzuschränken: „Jedenfalls in den meisten Fällen".[16] Der DDR-Kabaretthistoriker Walter Rösler beschließt seine umfangreiche Geschichte des deutschen Kabarettchansons bis 1933 mit den Worten: „Nicht aus

14 Freiheit! vom 9. 4. 1929, S. 5; Freiheit! vom 22. 1. 1929, S. 6; Freiheit! vom 28. 1. 1930.

15 „Song von den brennenden Zeitfragen", Musik und Text: Die vier Nachrichter (Kurd E. Heyne, Helmut Käutner, Bobby Todd und Frank Norbert alias Norbert Schultze), Telefunken A 1136 vom 13. 5. 1932.

16 Dietrich Schulz-Koehn, Vive la chanson. Kunst zwischen Show und Poesie, Gütersloh 1969, S. 8.

einzelnen Formen, Inhalten und Techniken ist also die Spezifik des Chansons zu erfassen, sondern nur aus deren Zusammenwirken: Erst aus der Summe von Inhalt, Form, Vortragweise, Rahmen und Funktion der Darbietung ergibt sich jene neue Qualität, die wir als Chanson bezeichnen."[17]

Die Sängerin Yvette Guilbert, das große französische Vorbild für das neue Genre Kabarettchanson der damaligen Jahrhundertwende, wurde einmal bewundernd gefragt: „Was machen sie bloß mit einem Chanson? Wenn man den Text nur liest, ist doch eigentlich gar nichts dran."[18] Die Antwort war klar: *Sie machte* das Lied zu einem Chanson. Ähnliche Anerkennung erfuhr auch Paul O'Montis, wenn ihm in Kritiken bescheinigt wurde, er sei zurzeit einer der feinsten „Pointeure", was wohl so zu deuten ist, dass ihm bei seiner Interpretation immer wieder überraschende Pointierungen, Unterstreichungen, Hervorhebungen gelängen, die man dem Lied selbst gar nicht zugetraut hatte. Oder wenn es heißt, dass er durch seine geistreichen Persiflagen selbst banale Lieder so vorzutragen vermochte, dass sie auch anspruchsvolleren Menschen Freude bereiten. Paul O'Montis gelang es in vielen seiner Schallplatteneinspielungen durch seine ganz individuelle Vortragskunst aus einem einfachen Lied ein Chanson zu kreieren. Diese Verwandlungskunst, die Metamorphose eines Liedes zu einem Chanson, bewies O'Montis bereits in seiner zweiten Aufnahme-Sitzung am 27. April 1928 mit einer Coverversion des US-amerikanischen „Me and my Shaddow". Der Revue-Schlager, der sich in den USA zu einem Jazz-Standard entwickeln sollte, geriet durch den deutschen Text von Frank Günther mit O'Montis' Interpretation zu einem kleinen, gehobenen Lied:

Mein Schatten und ich

[...] Treu folgt durch's Leben
Mir mein Schatten Tag und Nacht
Blieb stets daneben
Selbst wenn ich einen Seitensprung gemacht
Er lässt mich nie allein
Ob's trübe wär, ob Sonnenschein
Stets neben mir her
Folgt treu mir durchs Leben
Nur mein Schatten Tag und Nacht.

17 Rösler, Das Chanson im deutschen Kabarett, S. 303.

18 Zit. nach Klaus Budzinski, Pfeffer ins Getriebe. So ist und wurde das Kabarett, München 1982, S. 41.

Ein weiteres Beispiel ist das zwei Monate später eingespielte Lied „Was man im Rausch verspricht“, ebenfalls Coverversion eines US-amerikanischen Schlagers („Am I Wasting My Time on You“) mit deutschem Text von Schlagervielschreiber Friedrich Schwarz:

Was man im Rausch verspricht

[...] das hält man oft nicht
Und wenn man's auch tausendmal schwor
Und die Lust einer Nacht die selbst du entfacht
Klingt fern wie ein Traum dir ans Ohr
Kommt der Tag grau und kühl
Dann stirbt dein Gefühl
Vergessen sind Schwüre und Blick
Und dem Rausch folgt die Reu'
Du gehst achtlos vorbei
Wenn ein Herz auch daran zerbricht.

Selbst einen banalen Tageschlager wie „Vier Worte möcht' ich dir jetzt sagen“ (Musik: Ralph Erwin, Text: Fritz Rotter), der in über vierzig Schallplatten-Versionen käuflich zu erwerben war,[19] vermochte der Künstler durch seinen intimen Vortragstil zu einem Chanson zu veredeln: Er spielte mit Tempi, setzte gekonnt seine Ritardandi und Zäsuren und wechselte zum Sprechgesang. Paul O'Montis war eben kein Schlagersänger, er war ein Vortragskünstler.

Vier Worte möcht' ich dir jetzt sagen

Vier Worte nur: „Ich hab' dich lieb“
Was auch geschehen mag in fernen Tagen
„Ich hab' dich lieb, ich hab' dich lieb“
In deinem Schmerz, in deinem größten
In Stunden, die einst grau und trüb
Da sollen dich vier Worte trösten
Vier Worte nur: „Ich hab' dich lieb“.

Diese Wirkung gelang ihm vor allen dann, wenn er wie auf der kleinen Kabarett-Bühne nur von einem Pianisten begleitet wurde. Im Plattenstudio in der

19 Henner Pfau, Lexikon der deutschen Tanzmusik 1925–1945, Bd. 8: U–Z, S. 899.

Schlesischen Straße durfte er mit den Meistern ihres Fachs zusammenarbeiten: Bei den ersten vier Aufnahmen wurde er von keinem Geringeren als Micha Spoliansky (1898–1985) begleitet. Spoliansky wird heute, wenn es um die literarische Revue der 1920er-Jahre geht, mit Friedrich Hollaender und Marcellus Schiffer in einem Atemzug genannt. Er schrieb anspruchsvolle Kabarettrevuen und Filmmusik, der Absolvent des Stern'schen Konservatoriums wurde aber ebenso für Einspielungen Richard Taubers aus Schuberts Winterreise von Lindström engagiert. Noch völlig unbekannt schrieb er 1920 unter dem Pseudonym Arno Billing die Musik zur ersten Homosexuellenhymne der Welt „Das lila Lied", obwohl er selbst gar nicht schwul war, und brachte das erfolgreiche Stück als Heteroversion („Sei meine Frau auf 24 Stunden") als augenzwinkernde Aufforderung zum One-Night-Stand ein Jahr später unter eigenem Namen erneut auf den Markt.[20] Sexuelle Liberalität schien ihm ein Anliegen gewesen zu sein, zwei Jahre vor ihrem großen Filmdurchbruch sang Marlene Dietrich gemeinsam mit Margo Lion 1928 in einer Spoliansky-Revue das Lied „Meine beste Freundin" mit deutlichen Anspielungen auf lesbische Partnerschaft.

Ein weiterer Begleiter im Tonstudio war der österreichische Komponist und Pianist Ralph Erwin (1896–1943). Er verfasste zahlreiche Filmmusiken und Schlager, am populärsten wurde seine Melodie des Schlagerevergreens „Ich küsse ihre Hand, Madame". Erwin war, wie viele O'Montis-Einspielungen beweisen, ein hervorragender Begleitpianist, der nicht nur die Melodie, sondern auch seinen Sänger genauestens studierte, ihm förmlich an den Lippen hing und ihn stets genau verstand, wusste, ggf. auch ahnte, welche stimmlichen Wendungen der Sänger verfolgte. Genannt werden muss auch sein Kollege Hans Bund (1898–1982), der ebenfalls O'Montis in vielen Lindström-Aufnahmen begleitete, in den 1930er-Jahren schließlich ein eigenes Tanz-Orchester gründete, zahlreiche Platten einspielte und nach dem Krieg beim WDR als Orchesterleiter arbeitete. Auch nach seinem Wechsel zur Deutschen Grammophon Gesellschaft arbeitete O'Montis mit zwei hervorragenden Pianisten zusammen: Ted, oder auch Teddy, Sinclair, bürgerlich Theodor Jakob Schmidt, war ein versierter Swing-Pianist, arbeitete in den 1930er-Jahren bis in den Krieg als Barpianist im Hamburger Hotel „Vier Jahreszeiten" und brachte dort die hansestädtische Swing-Jugend zum Entzücken (dazu weiter unten mehr). Ebenso versiert im Genre Jazz war Alexander Zakin (1903–1990), mit dem O'Montis seine letzte Platte in Deutschland einspielte. Nach seiner Emigration machte sich Zakin in den USA einen Namen, spielte oft im Weißen Haus und veröffentlichte mit dem international

20 Weitere Informationen siehe Ralf Jörg Raber, „‚Wir sind wie wir sind' – Ein Jahrhundert homosexuelle Liebe auf Schallplatte und CD, Hamburg 2010, S. 21–28.

bekannten Violinisten Isaak Stern mehrere Schallplatten. O'Montis' letzter Studiopianist war in Wien Heinz Sandauer (1911–1979), auch er hochbegabt. Er arrangierte bereits als junger Mann für Lehár, Kálmán und Stolz, spielte mit einem Tanzorchester Schlagerplatten ein, leitete Rundfunkorchester und war als Musikpädagoge akademisch tätig.

Die deutsche Version des US-Filmschlagers „Isn't It Romantic" / „Ist das nicht romantisch" nahm O'Montis gleich zweimal auf, in seiner letzten Aufnahmesitzung bei Odeon im Oktober 1932 als Refrainsänger des Orchesters Dajos Béla und einen Monat später bei seiner neuen Plattenfirma allein mit Begleitung des Pianisten Ted Sinclair. Und nur hier konnte ihm die Metamorphose gelingen, den Schlager zu einem, zu *seinem* Chanson zu verwandeln.

Aber es gibt auch Beispiele für „echte" Chansons in seinem Schallplatten-Repertoire. Bereits sechs Jahre vor den Comedian Harmonists spielte der Künstler das heute als Klassiker der 1920er-Jahre geltende Stück „In der Bar zum Krokodil" ein, jene amüsante Parodie auf die biblische Josephs-Geschichte mit Text von Fitz Löhner-Beda, damals einer der gefragtesten und versiertesten Textdichter; die Musik stammt von Willy Engel-Berger. Zu Recht gilt dieses Stück heute als typischer Vertreter der sogenannten Goldenen Zwanziger Jahre: witzig, frech und ein Hauch frivol, leicht beschwingt und gleichzeitig literarisch anspruchsvoll. Zudem zeichnet es ein brillantes Zusammenspiel von Text und Musik aus.

Eine Chanson-Platte, aufgenommen im Dezember 1932 bei seiner neuen Plattenfirma Grammophon, verdient eine intensivere Betrachtung, denn beide Seiten repräsentieren gewissermaßen die Antipoden des deutschen Kabaretts seit seiner Gründung im Januar 1901: auf der einen Seite das bürgerliche Unterhaltungskabarett mit gehobenem literarischen Anspruch, das niemandem wehtun will, höchstens pieken statt stechen – vertreten durch Ernst von Wolzogens Berliner „Buntes Theater"/„Überbrettl". Auf der anderen Seite der gegenbürgerliche Entwurf, die scharfe Gesellschaftssatire, die im wahrsten Sinn der Redewendung kein Textblatt vor den Mund nimmt, um nicht für Gesagtes geradestehen zu müssen – vertreten durch die nur drei Monate später in München gegründeten „Elf Scharfrichter" (wo Frank Wedekind mit seinem Chanson „Vergänglichkeit" zum ersten Mal das Tabu Homosexualität auf die deutsche Kabarettbühne brachte[21]). Beginnen wir mit Letzterem und der B-Seite besagter O'Montis-Platte, denn sie birgt ein ganz außergewöhnliches Chanson eines ebenso außergewöhnlichen Radio-Experiments. „Das Chanson für Hochwohlgeborene", Musik von Edmund Nick, Text von Erich Kästner, stammt aus dem

21 Matthias Henke, Die großen Chansonniers und Liedermacher. Wichtige Interpreten, bedeutende Liedersänger, Hermes Handlexikon, Düsseldorf 1987, S. 13 f.

avantgardistischen Funkhörspiel des Senders Breslau „Leben in dieser Zeit“, das am 14. Dezember 1929 zum ersten Mal ausgestrahlt wurde und so erfolgreich war, dass sogar eine Bühnenfassung daraus entstand.

In jener Pionierzeit des Rundfunks suchten Edmund Nick, damals Leiter der Musikabteilung beim Breslauer Rundfunk, und sein Freund Kästner nach neuen dramaturgischen Formen des noch jungen Mediums jenseits üblicher Sendeformate wie Konzert, Schallplattenmusik und Redebeitrag. Sie wagten das akustische Experiment einer speziell auf das Rundfunkformat zugeschnittenen Collage aus Gedichten, Chor, Geräuschen und Zwischentexten. Inhaltliches Ziel war ein Porträt des zeitgenössischen Alltagslebens, ihr Stück „wendet sich an die Menschen der Großstadt, [...] bringt ihnen ihresgleichen zu Gesicht und Gehör, [...] demonstriert ihre Sorgen, ihre vergeblichen Wünsche und ihre Methoden, das ‚Leben in dieser Zeit‘, so schwer erträglich es ist, zu meistern“, so Kästner in einem Programmheft zur Bühnenfassung.[22] Eine zeitgenössische Kritik beschreibt den sozialkritischen Anspruch des Hörspiels: „Der ‚Held‘ des Werkes heißt Kurt Schmidt und ist einer aus dem Heer der Millionen, die in den Büros der Großstädte an staubige Schreibtische gefesselt sind, die ihr Leben mit dem Zusammenrechnen von Zahlen verbringen, die abgestumpft werden gegen die Leidenschaften, weil seinen Leidenschaften nur leben darf, wer Geld hat, die abgestumpft werden gegen die Natur, weil die Natur nur genießen darf, wer Geld hat. Die Resignation treibt diese Millionen Kurt Schmidts in den Geist halbspießerlicher Selbstzufriedenheit, unter der nur leise der Gram und der Groll über ein freudloses, einförmiges Dasein lebt. [...] Als Widerspiel und als Ergänzung gibt Kästner ihm eine Frauengestalt zur Seite; die Chansonette, die das Leben leichter nimmt, und die doch als Mutter des Menschen dieser Zeit wieder eng mit dem Schicksal der Gegenwart verbunden ist.“[23]

Kurioserweise – oder gerade passend? – übernahm O’Montis auf Platte den Part ebenjener Chansonette, für die sein eingespieltes „Chanson für Hochwohlgeborene“ im Hörspiel gedacht war. Kästner skizziert darin karg im Stil der neuen Sachlichkeit, doch fein satirisch grundiert, den Snobismus einer von Leben und Geld gelangweilten adligen Oberschicht in einer Republik, in der zwar alle Vorrechte der Geburt und des Standes abgeschafft waren, die Klassenunterschiede aber bestehen blieben. Textvorlage war sein schon früher publiziertes gesellschaftskritisches Gedicht „Vornehme Leute, 1200 Meter hoch“.

22 Zit. nach www.rundfunkschaetze.de/edition-radiomusiken/vol-1-radiomusik-leben-in-dieser-zeit/#Experiment.

23 Fritz Rosenfeld in Wiener Arbeiter Zeitung vom 21. 1. 1931, zit. nach www.rundfunkschaetze.de/edition-radiomusiken/vol-1-radiomusik-leben-in-dieser-zeit/#Experiment.

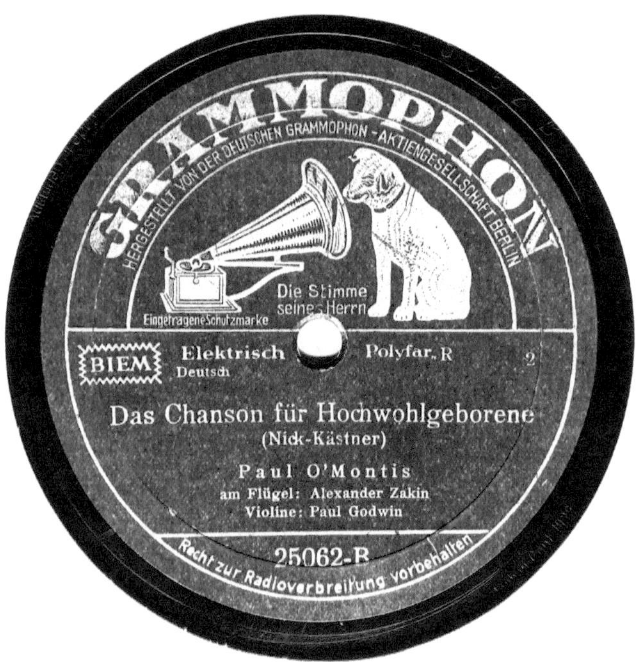

Sammlung Ralf Jörg Raber

Das Chanson für Hochwohlgeborene

Sie sitzen in den Grandhotels
Ringsum sind Eis und Schnee
Ringsum sind Berg und Wald und Fels
Sie sitzen in den Grandhotels
Und trinken immer Tee […]

Sie haben ihren Smoking an
Im Walde klirrt der Frost
Ein kleines Reh hüpft durch den Tann
Sie haben ihren Smoking an
Und warten auf die Post
Und lauern auf die Post.

Sie schwärmen sehr für die Natur
Und heben den Verkehr
Sie schwärmen sehr für die Natur
Und kennen die Umgebung nur
Von Ansichtskarten her […]

Sie sitzen in den Grandhotels
Und sprechen stets von Sport
Und einmal treten sie im Pelz
Sogar vors Tor des Grandhotels
Und fahren wieder fort [...]

Auch O'Montis betrat mit diesem Chanson neues Terrain. Seine Aufnahme demonstriert, über welche Bandbreite der Ausdruckskunst er verfügte: Mit leicht blasiertem Tonfall und zugleich dicht an Kästners sprachlicher Sachlichkeit gelang dem Sänger eine Ernsthaftigkeit, die beklemmend ist. Seine Interpretation lässt erahnen, was von diesem Künstler auf seinem Weg in die „reiferen Jahre" alles noch zu erwarten gewesen wäre. Umso bedauerlicher ist die Tatsache, dass gerade diese Platte seine letzte in Deutschland eingespielte und erschienene ist. Sie gehört heute zu den seltenen O'Montis-Scheiben, denn als sie im März 1933 auf den Markt kam, befand sich die Republik bereits in Auflösung, Edmund Nick vor seiner Entlassung beim Breslauer Sender und Erich Kästners Œuvre vor seiner öffentlichen Verbrennung. Vermutlich war sie also nur kurze Zeit im Handel. Überhaupt ist erstaunlich, dass die Firma Grammophon sie auf den Markt brachte. Denn in dieser Zeit der Wirtschaftskrise – die Plattenproduktion hatte sich gegenüber 1928 mehr als halbiert[24] – waren für feinsinnige Kleinkunstaufnahmen, deren Markt immer schon klein war, erst recht keine Schlangen im Plattenladen zu erwarten. Wahrscheinlich war das auch der Grund, warum eine weitere bereits im September 1932 bei Lindström mit O'Montis gemachte Aufnahme aus dem Hörspiel, der ebenfalls für die Chansonette vorgesehene „Gesang vom verlorenen Sohn", gar nicht erst auf den Markt kam.[25] Sehr schade: Denn des Künstlers Einspielung des „Chanson[s] für Hochwohlgeborene" gehört nicht nur zu seinen interessantesten und besten Aufnahmen, sie ist auch ein echtes Zeitdokument, weil sie die einzige kommerzielle zeitgenössische Aufnahme aus dem Radiohörspiel ist.[26]

Dass O'Montis selbst einmal in einer Aufführung von „Leben in dieser Zeit" im Radio oder auf der Bühne mitgewirkt hat, ist höchst unwahrscheinlich.[27]

24 Haffner, His Master's Voice, S. 81.

25 Weihermüller, Discographie, S. 201.

26 Es existiert noch eine weitere zeitgenössische Aufnahme mit dem Bariton Robert Koppel und dem Königsberger Funkorchester vom 13. 12. 1930, der Song „Kurt Schmidt, statt einer Ballade", die allerdings nur für den Rundfunk hergestellt wurde und sich heute im Deutschen Rundfunkarchiv befindet.

27 Kästner und Nick waren sehr genau und hätten wohl nicht geduldet, dass die Lieder der Chansonette von einem Mann gesungen worden wären; Auskunft von Dr. Johan L. C. Zonneveld, Kästner-Experte und Mitglied im Förderverein des Erich Kästner Museums in Dresden, Schreiben an den Autor vom 27. 1. 2011.

Leider war die Nick/Kästner-Einspielung O'Montis' einziger Ausflug ins damals moderne literarische, gesellschaftskritische Chanson. Autoren wie Kurt Tucholsky oder Walter Mehring fehlen gänzlich, von Friedrich Hollaender gab's nur das unterhaltsam satirische „Nachtgespenst" und das leichtgewichtige Chanson „Dein erster Brief". Gesellschaftspolitischer Anspruch stand beim Kabarettisten Paul O'Montis nie an erster Stelle, dort thronte allein die gute Unterhaltung.

Auch die A-Seite der Platte war nicht fürs große Publikum gemacht. Mit „Pierrots Liebestraum" kehrte O'Montis thematisch dorthin zurück, wo sein Herz schlug – in die Anfangszeit des bürgerlichen Amüsier-Kabaretts. Pierrot, melancholischer Einzelgänger und Dienerfigur der Commedia dell'arte, einst entstanden aus dem gutmütigen Intriganten und Schlauberger „Pedrolino" im Italien des 16. Jahrhunderts, war im französischen und deutschen Kabarett fest verankert und bot Fläche für unterschiedlichste Projektionen.[28] Eine Pierrot-Pantomime mit der Musik von Oscar Straus hatte ihren festen Platz in Wolzogens Eröffnungsprogramm 1901; kurz darauf conferierte Max Reinhardt in seinem ersten „Schall und Rauch"-Kabarett gemeinsam mit zwei Kollegen im Pierrot-Kostüm; im zweiten „Schall und Rauch" nach dem Krieg versetzte der sozialistische Schauspieler Gustav von Wangenheim im Pierrot-Kostüm das Publikum mit seinen selbstgedichteten Liedern nostalgisch in vergangene Vorkriegszeiten, als in den Berliner Cafés noch Literaten und Bohemiens und keine Schieber zu finden gewesen wären; in der späteren Kabarettliteratur wurde darüber gestritten, inwieweit Arnold Schönbergs avantgardistischer, musikalischer Sprechgesang „Pierrot Lunaire" von 1912 seinem kurzen Gastspiel in Wolzogens „Überbrettl" zu verdanken war.[29] Paul O'Montis war sich dieser Traditionsfülle sicherlich bewusst, als er den Titel „Pierrots Liebestraum" aufnahm, vielleicht hatte er ihn sogar selbst vorgeschlagen.

Pierrots Liebestraum

Er sang ihr vier Treppen hoch unter dem Dach
Die zärtlichsten Liebes-Romancen
Der Mond schien gar schelmisch in ihr Gemach
Erhellt es mit magischem Glanze

28 Marcel Kunz/Alessandro Marchetti, Arlecchino & Co. Erziehung zum Theater. Historische Einführung, didaktische Darstellung, Spielanregungen zur Commedia dell'arte, Zug 1985, S. 15.

29 Kühn, Kabarett der frühen Jahre, S. 47, Rösler, Chanson, S. 69; www.henrybwalthall.com/Wangenheim.html; Greul, Bretter, S. 221; zum Streit Greul, Bretter, S. 114 f., und Rösler, Chanson, S. 77.

Er war Pierrot verträumt und stumm
Sie ein Pierrettchen so blond und dumm
Zwar hatten sie nichts zu essen
Doch liebten sie sich zum Fressen
Und durch die schimmernde Weite zieht
Sein kleines verträumtes Liebeslied

Mädel, du bist mein Märchenland
Was machst du aus meinem Leben, sprich
Ich halte dein Herzchen in meiner Hand
Mädel ich lebe für dich

Nicht ewiglich währt so ein Frühlingsgedicht
Soviel man auch betet und bittet
Ein anderer kam und sie wehrte ihn nicht
Er hat sie mit Gold überschüttet [...]

Texterin war Marie Cohn, Schriftstellerin, Kabarett- und Drehbuchautorin, die sich dem Zeitgeist geschuldet das Pseudonym Eddy Beuth zulegte. Sie schrieb für Nelsons Cabaret Roland von Berlin und Chat Noir, arbeitete u. a. mit Siegwart Ehrlich zusammen, mit dem O'Montis einst die Operette „Das blaue Mieder" kreierte, und war schließlich selbst Koautorin einer Operette, „Die Frau im Dunkeln".[30] Vielleicht kannte man sich sogar. Sicherlich, „Pierrots Liebestraum" ist nicht mehr als ein harmloses Liedchen. Doch aus heutiger Sicht leuchtet es in einem eigenartigen Licht: Im Pariser Chat-Noir am Montmartre, dem ersten modernen Kabarett überhaupt, hing ein riesiges Gemälde, Adolphe Willetes' „Parce Domine": „Ein wirbelnder Zug wälzt sich daher, in der Mitte ein vollgepackter Omnibus mit johlenden Masken, Künstler, Grisetten, ein ganzer Schwarm nackter Hexlein, Musikanten und Nachtwächter, altes und junges Volk, alles taumelt, tanzt und flutet durcheinander, allem voran die zahllosen Pierrots und Pierretten. [...] ein verhüllter Sarg, eine wehende Trauerfahne voran, eine Schar lichter Pierrot-Amorettlein mit Lampions schwebt an der Spitze. Und über dem ganzen wunderlichen Treiben lugt aus dem verhängten Wolkenzelt der grüne Mond, ein blasser, verschwommener Totenschädel."[31]

Das war mehr, als der Titel „Verzeih, Gott!" mit seiner ironischen Anspielung auf die katholische Liturgie vermuten lässt, es war visueller Ausdruck der

30 Evelin Förster, Die Frau im Dunkeln. Autorinnen und Komponistinnen des Kabaretts und der Unterhaltung von 1901 bis 1935. Eine Kulturgeschichte, Berlin 2013, S. 56–67.

31 Erich Klossowski, Die Maler von Montmartre; zit. nach Greul, Bretter, S. 90.

Weltuntergangsstimmung des Fin de Siècle. Der Kabaretthistoriker Heinz Greul: „Im Geburtsjahr des *Chat Noir* hatte Frankreich die freieste Presse der Welt. Der gesellschaftskritische Impetus des Naturalismus in Literatur und Theater wirkte sich aus und brachte eine, wenn auch politisch unbestimmte, Frontstellung gegenüber Bourgeoisie, Kapitalismus und Klerus, als Ausgangspunkt des Kabaretts. Es hielt sie nicht. Sein Bohèmecharakter ließ es zum passiven Organ der Zeitstimmung absinken, zum bevorzugten Instrument dissonantischen Lebensgefühls."[32] Mitten drin die sich küssenden, tanzenden Pierrots mit ihren kleinen privaten Dramen, ahnungslos vorm bevorstehenden großen Abgang, der mit dem Ersten Weltkrieg nicht mehr lange auf sich warten ließ. Und rund vierzig Jahre später mitten drin ein schwuler Sänger am Ende der ersten deutschen Republik … – mit einem Pierrot-Lied.

Schwul-Avantgardistisches

Eine bedeutende Nachwirkung des Künstlers liegt darin, dass er sich auf Schallplatte im Hinblick auf sexuelle Vielfalt weit aus dem Fenster legte bzw. – so muss man ja immer im Hinterkopf behalten – legen durfte. Die Firma Lindström ließ den Künstler von Anfang an sexuelle Themen besingen, die bisher auf der Schallplatte weitgehend tabu waren. Für die homosexuelle Kultur, Identität und Geschichtsschreibung ist O'Montis heute vor allem deswegen so bedeutsam, weil er zu den ersten Künstlerinnen und Künstlern des 20. Jahrhunderts gehört, die im neuen Massenmedium Schallplatte Homo- und Bisexualität, Gender thematisierten bzw. thematisieren durften. Kein Plattensänger seiner Zeit bediente das Klischee und sang so schön „schwul" und „tuntig" wie er, niemand „schwuchtelte" sich mit seinen „Huuuchs" und Lautspielereien so offen und herzlich durch die Plattenrille wie Paul O'Montis. Dass er dennoch niemals offen von Homosexualität sang und auf Platte immer Frauen als Partnerinnen besungen wurden, störte da nicht weiter. Was der offen schwule Kabarettist und Humorist Wilhelm Bendow auf seinen Sprechplatten sich erlauben durfte (übrigens beim gleichen Konzern), das traute und gestattete sich Paul O'Montis in ähnlicher künstlerischer Direktheit in seinen Liedvorträgen. Damit gehörte Paul O'Montis zur Pop-Avantgarde seiner Zeit.

Die Firma verfolgte mit solchen Aufnahmen natürlich hauptsächlich kommerzielle Absichten. Das überkommene sexuelle Weltbild war längst in Bewegung geraten, Geschlechterrollen wurden infrage gestellt, sogenannte Aufklärungsfilme fluteten die Kinos. 1918 gründete Dr. Magnus Hirschfeld mit seinem Institut für

32 Greul, Bretter, S. 89.

Sexualwissenschaft in Berlin die weltweit erste Einrichtung für Sexualforschung und setzte damit seine über zwanzig Jahre zuvor begonnene Emanzipations- und Lobbyarbeit gegen den § 175 fort. Ein Jahr später lief, wie bereits erwähnt, zumindest für kurze Zeit „Anders als die andern“ in den Kinos. Verlage boten in hohen Auflagen Zeitschriften für Schwule und Lesben an. Jede Großstadt bot ein immer größer werdendes Angebot an Lokalen und Treffpunkten. Mit Ruth Margarethe Röllings Buch „Berlins lesbische Frauen“ (1928) und Curt Morecks „Führer durch das lasterhafte Berlin“ (1931) in der Hand konnte man/frau gleich welcher sexuellen Neugier die Berliner Homosexuellenszene erkunden. Und wer ins Ausland reiste, bediente sich eines Reiseführers des Verlags Karl Schultz, der auch Szene-Zeitschriften herausgab. Es gab Ansätze, dem sich verändernden gesellschaftlichen Weltbild auf dem wirtschaftlich bedeutsamen Schallplattenmarkt Ausdruck zu verleihen. Den Anfang machte der Berliner Kabarettstar Otto Reutter, als er bereits 1908 auf Schallplatte in seinem Couplet „Der Hirschfeld kommt“ die Aktivitäten des Sexualforschers auf die Schippe nahm. Die ungeahnte Popularität der erwähnten Homosexuellenhymne „Das lila Lied“ führte zu insgesamt drei Einspielungen bei großen Berliner Schallplattenkonzernen, eine davon sogar mit gesungenem Refrain. Das war nun aber auch schon etwas her, nämlich 1921. Seither hatte es niemand mehr gewagt oder für nötig befunden, an das Thema heranzugehen; in Zeiten der Wirtschaftskrise setzte man in den Plattenstudios eher auf den sicheren Erfolg. Nun aber, mit stabilisierten Rahmenbedingungen, schien die Zeit reif für kommerzielle Experimente mit sexuellen Tabuthemen.

Und der erste, der dafür auserkoren wurde, war Paul O'Montis. Denn gleich in seiner ersten Aufnahmesitzung in der Schlesischen Straße am 17. Dezember 1927 brachte er das Lied „Was hast du für Gefühle, Moritz?“:

Was hast du für Gefühle, Moritz

Sie kennen doch vom Kino
Den schönen Valentino
Und haben wohl schon hundertmal
Den Harold Lloyd bewundert
Die Mischung von den beiden
Gesteh' ich ganz bescheiden
Und kann es auch beeiden
Das ist er
Wenn er erscheint beim Fünfuhrtee
Gamaschen, Schlips und Cutaway
Kurzum, das ganze Ausgesch

Das ist der Moritz Weiß
Der Gang, der Blick, der leise Tritt
Der elegante Hosenschnitt
Da hüpfen alle Herzen mit
Und alles flüstert leis

Was hast du für Gefühle, Moritz, Moritz, Moritz
Sind's kühle oder schwüle, Moritz, Moritz, Moritz
Du sagst nicht Ja, du sagst nicht Nein
Du bist so fein, und doch gemein
Du hast ein Herz für viele, Moritz, Moritz, Moritz
Du bist zu schön, um treu zu sein

Die schöne Frau Camilla
Empfängt ihn in der Villa
Sie hat ihn oft gebeten
Bei ihr mal einzutreten
So wie ein bunter Falter
Im vorgeschrittnen Alter
Mit einem Busenhalter
Sitzt sie da
Doch er macht nicht von ihr Gebrauch
Hat g'faltne Hände überm Bauch
Und bloß nur durch die Nasen Rauch
Das macht sie nervios
Sie hat schon alles aufgetischt
Ein Griff, ein Dreh, das Licht verlischt
Sie wart' und wart'
Es wird sonst nischt
Und überhaupt, was ist denn los

Was hast du für Gefühle, Moritz, Moritz, Moritz
Sind's kühle oder schwühüle, Moritz, Moritz, Moritz
Du sagst nicht ja, du sagst nicht nein
Da muss was nicht in Ordnung sein
Du hast ein Herz für viele, Moritz, Moritz, Moritz
Du bist zu doof, um treu zu sein[33]

33 Textfassung der Platte laut Gehör.

Das Chanson karikiert einen Zeitgenossen, der dandyhaft mit Gamaschen und Schlips und einen Hauch „effeminiert" leichten Schrittes durch den Alltag flaniert und mit Männern und Frauen gleichzeitig flirtet. Er bleibt dabei völlig oberflächlich und unverbindlich. Selbstverliebt, doch nicht weniger unsicher, spielt er damit, was er von seinen wahren Gefühlen zeigen darf und was nicht. „Moritz" verkörpert eine Mischung zweier Männertypen, beide Kinostars und beide jenseits des Klischees vom kernigen Kerl: Rudolfo Valentino, die schöne Stummfilmlegende, der so gar nicht dem Bild des harten Helden entsprach, der als „pinkfarbene Puderquaste" öffentlich verspottet und dem vorgeworfen wurde, den US-amerikanischen Mann zu verweib- und zu verweichlichen. Dann der smarte, attraktive Harold Lloyd, auch kein viriler Kraftprotz, aber einer, der sich mutig, clever, flink und gewitzt durchzusetzen wusste. Wie so oft griff auch hier O'Montis in den Text ein und pointierte: Er ersetzte bei seiner Aufnahme den im Originaltext genannten deutschen Actionfilmdarsteller Harry Piel durch genannten Lloyd und unterstrich damit, dass der junge „Moritz Weiß" wirklich einen neuen, modernen Männertyp frei von Spuren eines Actionkämpfers verkörpern sollte. Das Chanson ergötzt sich in Anspielungen und Andeutungen und beflügelt umso mehr Fantasie, Klatsch und Tratsch. Ist Moritz nun …, oder ist er nun nicht …? Warum passierte bei der „schönen Frau Camilla" denn nichts, obwohl sie sich so abmüht? Kann er nicht …, will er nicht …? „Und überhaupt, was ist denn los?" Und wieder veränderte O'Montis den Text und bilanzierte im zweiten Refrain die Lage: „Das muss was nicht in Ordnung sein!" (anstatt „Du bist so fein und doch gemein").

Aufgrund der begrenzten Spieldauer einer 25 cm Platte sang der Künstler leider nur die beiden zitierten der insgesamt drei Strophen, wodurch die Zweideutigkeiten keine Auflösung erfahren. Denn die Text-Intention ist klar: Moritz ist nicht heterosexuell. Das unterstreicht die dritte Strophe, die in der Notenausgabe zu finden ist: Man zerreißt sich den Mund über seine angeblichen Frauenaffären, von der allerdings keine wirklich bestätigt ist. Und am Ende wird schmunzelnd vermerkt, wie er mit dem Portier flirtet.

Du ziehst die Stirn' in Falten
Und schaust sehr ungehalten
Wie war das bei Frau Walisch
Warst du da auch so moralisch
Auch sagte mir mein Bruder
Du kaufst Parfum und Puder
Für dieses kleine Luder aus der Bar
Und die verrückte Lauterböck

Die hat am Hals 'nen blauen Fleck
Und sagte allen Leuten keck
Sie hätte ihn von Dir
Und Fräulein Lilly im Kontor
Die küsst Du immer hinters Ohr
Und gestern hast Du bei dem Tor
Kokettiert mit dem Portier

Moritz ist entweder bisexuell und pflegt Amouren nach allen Seiten, oder er ist schwul mit einer großen Schar von besten Freundinnen, oder er traut sich (noch) nicht zu seinen Gefühlen zu stehen und lässt nach außen hin alles offen.

Dass „Moriz Weiß“ (so original im Notentext) zudem auch Jude ist, erklärt sich durch die beiden jüdischen Liedautoren, durch beider Witz und Selbstironie. Textautor Ernst Fritz Löhner, genannt Beda, war ein Meister seines Fachs und gehörte zu den begabtesten Textern dieser Blütezeit des witzigen, frech frivol verspielten Schlagers. Mit Liedkomponist Richard Fall hat er oft zusammengearbeitet. Beide Künstler wurden in KZs ermordet.

Gerade in seiner Verschmitztheit wollte dieses Stück den Nerv der Zeit treffen. Nicht nur Schwule spielten und experimentierten mit der eigenen Geschlechterrolle. In einer Publikation des Schwulen Museums Berlin zum hundertjährigen Jubiläum der Schwulenbewegung heißt es: „Das Tuntige und das Schwule hatten damals avantgardistische Qualität. [...] Möglich schien alles – jeder Mann war auch ein bisschen feminin. Vieles wurde gebrochen und in Frage gestellt. Das Androgyne zeigte sich nicht nur im Bubikopf, auch die Männer konnten sich à la Valentino oder Dorian Gray schminken und verfeinern.“[34] Wie „Moritz Weiß“, diese Kreuzung aus Beau und cleverem Burschen, overdressed und mit „leisem Tritt“.

Allerdings blieb die Plattenaufnahme auch im Ungefähren stecken: Kannte man die dritte Strophe nicht, erschloss sich auch die Textabsicht nicht vollends. Und warum ist er zu „doof“ (statt zu „schön“) um treu zu sein, wie O'Montis den Refrain am Schluss wiederum änderte? Die „Moritz“-Platte gab es nur von Paul O'Montis mit ausgesungenem Text.[35] Einen rasenden Absatz fand sie nicht.

34 Andreas Sternweiler, Schwules Selbstbewusstsein, in: Goodbye to Berlin? 100 Jahre Schwulenbewegung. Eine Ausstellung des Schwulen Museums und der Akademie der Künste, Berlin 1997, S. 123 f.

35 Pfau, Lexikon, Bd. 8, S. 920. Die am 26. 10. 1927 mit Otto Fassel ebenfalls bei Odeon in Berlin eingespielte Fassung wurde nicht veröffentlicht, grammophon-platten.de/page.php?396.

Auch wer den folgenden Schlager mit vollem Text hören wollte, wurde im Plattenladen ausschließlich auf O'Montis verwiesen, daneben gab es höchstens Aufnahmen mit Refraingesang.[36] Auch hier ein Tabubruch: Der Titel „Ich bin verrückt nach Hilde" (Musik: Otto Stransky, Text: Artur Rebner), aufgenommen am 31. Januar 1929, thematisierte in einer kleinen Sequenz das Spiel mit den Geschlechtern. Er ist die erste deutsche Schallplattenaufnahme, in der verpackt in einem witzigen Schlagertext das Genderthema angeschnitten wird, die einzige Aufnahme der Schellackära, in der ein Transvestit oder ein Transmensch vorkommt.

Ich bin verrückt nach Hilde

[...] Ich war schon bei Frida, das tu ich nie wieder
Die niest beim Küssen, weil sie Schnupfen hat
Dann war ich bei Ada, das war noch viel fader
Die liest dabei das Achtuhrabendblatt
Am schlimmsten aber war es bei Mariann'
Dann stellte sich's heraus, das ist ein Mann, oh

Ich bin verrückt nach Hilde
Die küsst ja wie 'ne Wilde
Ja darin ist das Mädel kolossal [...]

In einem anderen Fall genügte ein winziger Texteingriff, um dem Stück eine kleine „schwule" Pointe zu geben. In seiner Interpretation des Titels „Adelheid, du hast den ‚Sex Appeal'" (Musik: Willy Rosen, Text: Artur Rebner, aufgenommen am 22. 8. 1930) endet der schmachtende Schlussrefrain des besungenen Prokuristen Siegfried Kraus an die Geliebte völlig unerwartet und vom Original abweichend mit seinem Seufzer: „[...] Oh, Harry Piel!":

Adelheid, du hast den Sex-Appeal

[...] Innen bist du warm von außen kühl
Schau ich dich nur an von vorn und im Profil
Spür ich in allen Gliedern gleich den Sex Appeal
Oh Harry Piel

36 Pfau, Lexikon, Bd. 4, S. 443 f.

Das war natürlich nur dem Reim geschuldet und purer Klamauk, aber O'Montis traute sich das – und die Firma ließ es ihm durchgehen! Ebenso wie seinen absichtlichen „Pimmel"-Versprecher im Lied „Halloh Margot", den vor ihm m. W. auch noch keiner gewagt hatte:

> (Am Telefon) *„Ich will die Pimmel – äh: Himmel-mbH [...]!"*

In „Nanu, schönes Fräulein, so allein", näselte er sich gekonnt durch eine Strophe und beschloss die Platte mit einem dahingezogenen „süß" und „Huuuch" – viril klingt anders! Auf eine weitere Platte, die in diesem Zusammenhang interessant ist – die Parodie „Ramona Zündloch" – wird weiter unten ausführlich eingegangen.

Spätestens jetzt drängen sich Fragen auf wie offen Paul O'Montis seine Homosexualität gelebt hat bzw. inwieweit sie öffentlich bekannt war. Zumindest die erste Frage lässt sich nur schwer beantworten. Es gibt keinen Hinweis darauf, dass der Künstler in der Öffentlichkeit in irgendeiner Form dazu Stellung bezog. Anders als etwa der schwule Textdichter Bruno Balz, der sogar einen „schwulen" Schlager veröffentlichte („Bubi, lass uns Freunde sein"), hat er sich in Szenemagazinen nicht literarisch oder in einer anderen Form geäußert, in Zusammenhängen der organisierten Homosexuellenszene taucht sein Name auch nicht auf. Einer polizeilichen Zeugenaussage zufolge soll er sich dem Zeugen gegenüber für die Gleichstellung von Homo- und Heterosexuellen ausgesprochen haben – mehr war nicht zu erfahren. Waren es auch nur wenige Titel bzw. Anspielungen, so besang er offener als die meisten Künstlerinnen und Künstler seiner Zeit sexuelle Vielfalt, und er wusste sicherlich: Wer von Homosexualität singt oder darauf anspielt, wird mit ihr in Verbindung gebracht. Dieses „Risiko" ging er ein, es war ihm anscheinend egal. Das war sehr mutig in einer Zeit, in der männliche Homosexualität unter Strafe stand.

Die zweite Frage lässt sich leichter beantworten. Einem Teil der Öffentlichkeit zumindest dürfte sein Schwulsein kein Geheimnis gewesen sein. Am deutlichsten war das im März 1930 im Rahmen einer kurzen Konzertkritik aus Riga zu lesen: „Ungeachtet seiner großen Erfolge schenkt er dem schönen Geschlecht keinerlei Aufmerksamkeit."[37] Das war schon ein sehr weitgehendes Outing, das möglicherweise aber auch schon damals aussprach, was viele bereits wussten oder ahnten. Allerdings war die Zeitung lettischsprachig, in der deutschen bzw. deutschsprachigen Presse wand man sich herum. Eindeutige Hinweise fehlen, es gibt aber solche, die man als Anspielung auf sein Schwulsein deuten könnte.

37 Aizkulises vom 14. 3. 1930, Übersetzung Maik Habermann.

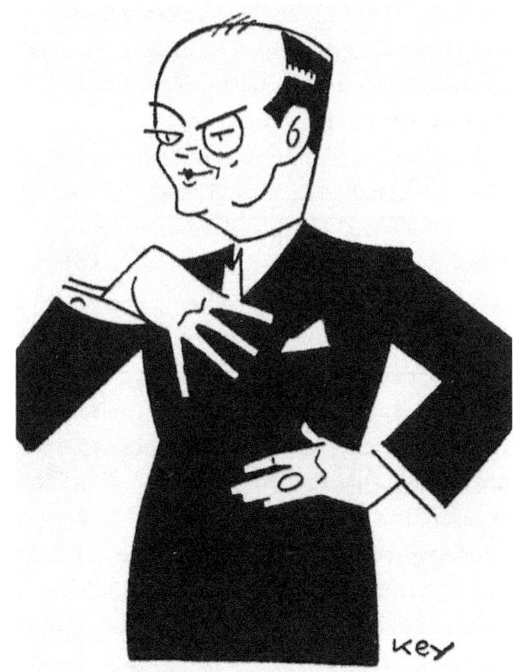

Karikatur von Key im Kölner Stadt-Anzeiger vom 3. Mai 1932
Müller, Willkommen, S. 334

So schloss die Rigasche Rundschau eine im Übrigen sehr positive Würdigung eines Auftritts in Königsberg mit den Worten: „Sein nie ruhender Körper, seine nervösen Künstlerhände, seine Stimme, die zwischen Sopran und Bariton niederschwingt, genügen schon allein, um überall ein Geheimnis zu wittern, das oft scheinbar hinter belanglosen Worten des Textes, in Wirklichkeit aber in der Persönlichkeit des Künstlers steckt."[38] Welches „Geheimnis" konnte denn gemeint sein, das „in der Persönlichkeit des Künstlers steckt" und das man auf der Bühne „wittern" konnte, wenn nicht seine Homosexualität? Die gleiche Zeitung schrieb anlässlich eines anderen Auftritts über O'Montis' „bizarre Erscheinung in der Kriegs- und Okkupationszeit".[39] Das könnte darauf hinweisen, dass Paul Wendel schon 1918 bei seinen ersten öffentlichen Auftritten in Riga als Sänger „Paul O'Montis" aus seinem Schwulsein keinen Hehl machte, dass an seiner ganzen „Erscheinung", vielleicht an seiner extravaganten Kleidung, an seinen Bewegungen, an Mimik und Gestik abzulesen war, dass da jemand wunderlich, sonderbar, „bizarr", eben „anders als die andern" war. Auch eine Zeile in der bereits zitierten dichterischen O'Montis-Karikatur von Kurt Lemke im Zusammenhang

38 Rigasche Rundschau vom 23. 9. 1927 (ohne Autor).

39 Rigasche Rundschau vom 13. 8. 1929.

mit dem Streit um die Repertoirenot könnte man als Anspielung auf O'Montis' Homosexualität deuten: „Nun läute man langsam die Herrschaften rin / Die schwachen, die armen, die reichen / *Ich will sie so zart, wie fast selber ich bin* / Mit flüsterndem Herzen erweichen."[40]

Ein weiterer Hinweis könnte auch in einer Zeitungskarikatur stecken: Der Kölner Journalist, Bühnenbildner und Zeichner Willy Key karikierte den Sänger im Mai 1932 für die „Kölnische Zeitung – Stadt-Anzeiger" mit einer Hand-Pose, die man zumindest aus heutiger Sicht als eine von vielen selbstironischen „typisch schwulen" Handbewegungen outen würde. Seit der zweiten deutschen Homosexuellen-Emanzipationsbewegung Anfang der 1970er-Jahre spielt das selbstbewusste und selbstironische öffentliche Hantieren mit „schwulen Klischees" eine große Rolle, darunter das Spielen mit konkreten – und bewusst überzeichneten – Hand- und Armbewegungen, etwa die abgeknickte Hand an der Stirn („Diademgriff") oder die Knickhand am „Dekolleté", „Colliergriff" genannt, mit der Paul O'Montis von Key gezeichnet wurde. Hier bietet sich ein interessanter Vergleich an: Zum selben Auftritt erschien im „Organ" eine weitere und in ihrer Zeichentechnik sehr ähnliche Karikatur eines Zeichners namens „Ali", in der der Künstler frappierend ähnlich mit Einstecktuch und Klunker an der linken Hand gezeichnet wurde, allerdings ohne „schwule" Pose.[41] Es ist also durchaus möglich, dass Key hier den Künstler bewusst „schwul" karikieren wollte.

Nun könnte man sicherlich auch sagen: Wer Ohren hat zu hören, der hör(t)e! O'Montis stellte in vielen seiner Aufnahmen sein Schwulsein akustisch nicht unter den Scheffel. Konnte nicht ein jeder Konsument, nicht eine jede Verkäuferin beim Vorspielen so mancher Platte des Künstlers Homosexualität ahnen?

Unter Kolleginnen und Kollegen war seine Homosexualität sicher kein Geheimnis, öffentlich darüber getratscht wurde jedoch nicht, es gibt jedenfalls m. W. keinen belastbaren Hinweis darauf. Wenn es die Presse wusste, dann auch die Nazi-Presse. So verwundert es schon, dass ausgerechnet das „Amtliche Organ der NSDAP" in Köln, der Westdeutsche Beobachter, im November 1933 anlässlich eines Auftritts „von Kölns derzeit beliebtestem Conférencier Paul O'Montis" schreibt und dem schwulen Künstler jenes bereits mehrfach zitierte und wohlwollende Zeitungsporträt gestattete.[42] Wie leicht hätte die Nazi-Presse O'Montis schon vor '33 mit ein paar deftigen Bemerkungen oder einer gezielten Kampagne in den Abgrund stürzen können.

40 Lemke, Chansonnier, in: Das Organ, Nr. 1137 vom 13. 9. 1930. Hervorhebung durch d. A.

41 Das Organ, Nr. 1224 vom 14. 5. 1932.

42 Westdeutscher Beobachter vom 23. 12. 1933.

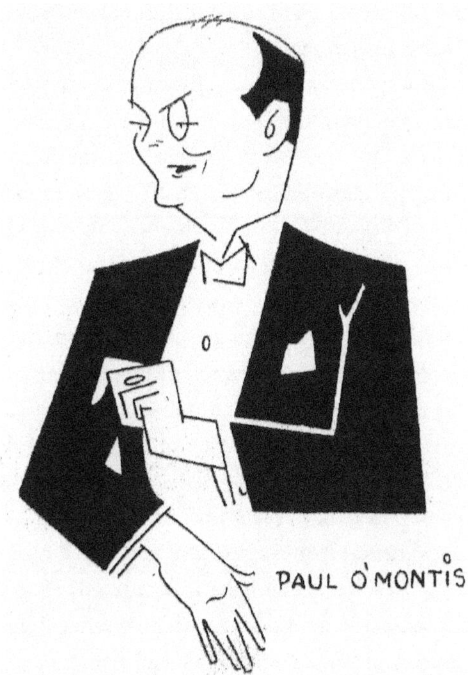

Karikatur von „Ali" in Das Organ Nr. 1224 vom 14. Mai 1932

Wie Paul Wendel sich selbst als Schwuler wahrnahm, wird – sofern nicht doch noch irgendwann einmal nachgelassene private Dokumente auftauchen – nicht mehr zu klären sein. Wie er seine Homosexualität lebte, darüber gibt es nur wenige konkrete Anhaltspunkte, die allerdings stammen alle aus behördlichen Dokumenten, fußen also auf einem Gesetzeskonflikt bzw. Homophobie. Diese Hinweise, auf die weiter unten noch ausführlicher eingegangen wird, lassen darauf schließen, dass er im Hinblick auf Sexualkontakte gut vernetzt war. Das heißt, er besaß wahrscheinlich für mehrere Städte, in denen er auftrat, Kontaktadressen von möglichen Sexualpartnern, darunter auch Stricher, die er auch an andere weitergab. Er scheint vor allem auf jüngere Männer gestanden zu haben, auch Jugendliche um die 15/16 Jahre.

Über längerfristige partnerschaftliche Beziehungen gibt es nur Vermutungen und Gerüchte, auch amtliche, aber keine Belege. Die ersten führen in die Jahre 1932/33. Die Information, sein damaliger Pianist Theodor Jakob Schmidt alias Teddy Sinclair sei sein Partner gewesen, konnte zwar nicht bestätigt werden.[43] Dennoch lohnt ein genauerer Blick auf diesen begabten Swing-Pianisten

43 Die Information stammt von dem mittlerweile verstorbenen Schellackplatten-Sammler Dr. Friedrich Carthaser.

und Menschen Schmidt/Sinclair, der möglicherweise auch schwul war (dazu das Porträt im Anhang).

Ein weiteres Gerücht, diesmal sogar ein amtliches, führt ins Jahr 1938. Aber auch die Information aus einem Schreiben der Polizeiverwaltung in Zagreb, „dass er [Paul O'Montis] sogar intime Beziehungen mit seinem Pianisten, mit dem er aufgetreten ist [...], hat" – gemeint war der österreichische Pianist Franz Hasl (1910–2004) – ließ sich ebenso wenig durch ein weiteres Dokument bestätigen. Wiederum bietet ein Porträt im Anhang Einblick in die Vita dieses interessanten und hochtalentierten Pianisten und kurzzeitigen O'Montis-Begleiters, von dem wir immerhin gesichert wissen, dass er schwul war.

Wie reagierte die Presse auf die erwähnten Schallplatten? Pressereaktionen auf Neuveröffentlichungen blieben allgemein meist kurzsilbig. Immerhin schrieb die Wiener Bühne mit Erwähnung des „Moritz"-Titels: „Paul O'Montis, den sich die ‚Odeon' als Schlagersänger engagiert hat, vertritt heute schon eine eigene Gattung, seine Individualität hat sich durchgesetzt, er ist heute eine anerkannte Größe." Und die „Hilde"-Platte wurde tontechnisch gelobt.[44] Dass seine frivolen Ausflüge nicht nur auf Gegenliebe stießen, dokumentiert eine kleine Randbemerkung: In der „Wiener Reichspost" wurde er „als Interpret von Couplets und Barliedern" bezeichnet, der „sich einen gewissen Ruf erworben hat. Bedauerlicherweise sind einzelne Lieder im Paul O'Montis Programm zotenhaft und recht übel."[45] Fragt man sich, welche Stücke damit gemeint sein könnten, fallen unter den Veröffentlichungen bis zum Zeitpunkt der Kritik im Juni 1929 nur „Moritz", „Hilde", vielleicht noch seine „Bar zum Krokodil" und eventuell noch seine Premierenplatte „Du glaubst vielleicht [...]" ein, auf der er seiner Frau androht, wenn sie weiterhin fremdgehe, „dann zwick [!] ich die Mariann", das Stubenmädchen.

Im Rückblick muss zur richtigen historischen Einordnung auch gesagt werden, dass die besprochenen Platten keine großen Verkaufserfolge waren. Was heute als Ausdruck von Progressivität der damaligen republikanischen Berliner Kulturszene gilt, wurde von den zeitgenössischen Plattenkonsumenten eher verschmäht. Doch auch ein außergewöhnlicher Titel, der vielleicht nur von wenigen gekauft wurde, konnte durchaus prägend und nachhaltig sein, wie wir gleich noch sehen werden.

44 Die Bühne, Nr. 230/1929, S. 55; Altonaer Nachrichten/Hamburger Neuste Zeitung vom 28. 1. 1930.

45 Wiener Reichspost vom 13. 6. 1929.

Parodien

Markenzeichen waren seine Schlagerparodien. O'Montis parodierte das Vorbild aller „Flüsterplatten"-Interpreten Jack Smith, spielte erfolgreich und deswegen gleich bei zwei Firmen seine „Wilhelm Tell"-Tonfilmparodie ein und entschnulzte den Schlager „Goodnight, Sweetheart" durch Zeilen wie

Naht sich abends mein verliebter Schritt
Singt jede Nulpe – Tulpe – mit vor deinem Fensterbrettchen
Goodnight Sweetheart, sollst von mir nur träumen
Nur mein Schimmer über allen Bäumen
Sterne schau'n in dein Kämmerlein
Liegst du auch brav im Bettchen allein
Du schläfst selig, sorglos nun süß ein
Und allmählich schlafen mir die Füß' ein [...]

Für „Oh, Miss Hannah" schrieb er eigens einen neuen Text und demonstrierte, wie auch er den Alltagsrassismus seiner Zeit unreflektiert übernahm:

Sieben rabenschwarze Nigger liebten eine schwarze Frau
Sieben rabenschwarze Nigger wurden aus der Miss nicht schlau [...]
(imitiert „typische" Laute)

Der Name des Künstlers war sogar selbst einmal Thema in einer Schallplattenparodie: Der Humorist Ludwig-Manfred Lommel erwähnte ihn in einer seiner fingierten Radiosendungen auf der Platte „Neuestes aus Runxendorf".

Eine Parodie von Paul O'Montis sticht allerdings wie ein Solitär aus seinen Spitzenaufnahmen hervor und gehört zu seinen außergewöhnlichsten Einspielungen. Grundlage bildete der US-amerikanische Hit „Ramona", den auch Smith auf Platte „flüsterte". Aus „Ramona" wurde „Ramona Zündloch". Schon der Einstieg war überraschend, denn nur selten sagte er ein Stück an, als stünde er auf einer Kabarettbühne:

Das Lied, oder wie man zu Deutsch sagt,
der Song von Ramona Zündloch.
Eine Ballade aus dem Großstadtsumpf.
Beginne Knabe!

(summt den Refrain von „Ramona")

Ramona Zündloch war nicht anders als die andern Frau'n
Sie liebte Alfred Braun, das Funkgenie
Sie fand den Richard Tauber süß und musikalisch auch
Und Emil Jannings' Bauch umschwärmte sie
Sie hat bei Charly Chaplin nicht ein einziges Mal gelacht
Doch Amanullah hat se Blumen ans Coupé gebracht

Ramona Zündloch
War fast ein Kind noch
Nur in der Liebe war sie ein verfluchtes Aas – Spaß
Wo sie direkt doch an der Quelle saß

Denn ihre liebe Mutter hat ein Schönheitsinstitut geführt
Und hat dort Herrn massiert – streng rituell
Und eines Tages sah ein Perser ihre Tochter dort
Er nahm sie mit sich fort in sein Bor… – äh – Hotel
Er hat ihr Van de Velde tropfenweise beigebracht
Doch sie war schon vollkommen ehe (hä hä hä) er's gedacht
Doch dieser Perser wurd' stets perverser
Bis eines Tages ihr nicht mehr wurde ganz und gar klar
Ob sie ein Weibchen oder Männchen war

Dann hat sie bei Piscator jugendlich naiv gespielt
Und hat en Punkt erzielt bei Alfred Kerr
Dann blieb ihr weiter nichts mehr übrig als die Heilsarmee
Dort sang sie „Groß, juchhe, ist unser Herr!"
Dann nahm Bert Brecht sie für drei Groschen auf sein Chaiselongue
Und was da übrig blieb von ihr war nichts als dieser Song

Ramohohona Zündloch
Bekam – hei – ein Kind noch
Jetzt sitzt sie an der Kasse im Panoptikum – schrumm
Oh Gott, oh Gott
Wie geht so'n Jungfernleben schnell und schmerzlos um
Ramona, Ramona – lalalahihdi

Die Aufnahme vom 24. September 1930 driftete über eine Schlagerparodie weit hinaus, denn mit dem ursprünglichen „Ramona"-Lied hatte sie kaum noch etwas zu tun, weder textlich noch musikalisch. Entgegen sonstiger Manier entschied sich O'Montis diesmal fast ausschließlich für den Sprechgesang. Er präsentierte einen ironischen Streifzug vornehmlich durch die zeitgenössische, in Deutschland geschätzte Kulturprominenz, deren Namen noch heute mit den „Goldenen Zwanzigern" in Verbindung gebracht werden. Im Blick auf die vielen sexuellen Anspielungen war „Ramona Zündloch" das Gewagteste und Freizügigste, was im Plattenladen der Weimarer Republik – von den Folgejahrzehnten ganz zu schweigen – käuflich zu erwerben war. Angefangen mit der Nennung des niederländischen Gynäkologen Theodor Hendrik van de Velde: Dessen internationaler Aufklärungsbestseller „Die vollkommene Ehe" verkaufte sich auch in Deutschland bestens, wurde von der römisch-katholischen Kirche auf die schwarze Liste gesetzt und galt sogar in Schweden bis in die die 1960er-Jahre als für Jugendliche ungeeignet.[46] Aber „Ramona" war ja, wie jener persische Bordellbetreiber (und die Zuhörerschaft am Grammophon) erfahren sollte, bereits über alles bestens theoretisch wie praktisch informiert und bedurfte nicht einmal jenes umstrittenen literarischen Ratgebers. Dass dieses quasi im Puff sozialisierte Mädchen auch im Mittleren Osten weiterhin dem horizontalen Gewerbe nachging, war auf sich gestellt thematisch nichts Außergewöhnliches und passte zu Bordellliedern, wie sie in der Dreigroschenoper sogar zur großen Kunst aufgestiegen sind. Dass aber selbst die in allen Sexualpraktiken Bewanderte im persischen Bordell an die Grenzen ihres bisherigen Lust-Portfolios geriet, das Publikum gleichzeitig durch das Wort „pervers" (wohl zum ersten Mal überhaupt auf einer deutschsprachigen Platte zu hören) aufs Äußerte stimuliert und aufgefordert wurde, alle Ketten erotischer Fantasien zu sprengen, schließlich die sexuell Überforderte gar am Ende sprichwörtlich nicht mehr wusste, ob sie „Weibchen oder Männchen" war … – so etwas wagte damals auf Schallplatte niemand als O'Montis. Allein das „Zündloch" im Titel des Chansons war derbste Anspielung auf das sexuelle Sprühfeuer und die sexuelle Freilebigkeit der Protagonistin, war Fehdehandschuh an all die selbsterwählten Sittenwächter im Deutschen Reich.

Das Lied wurde ausschließlich von ihm auf Platte vermarktet. Verlegt oder gedruckt wurde es nie.[47] Die Vermutung liegt nahe, dass es speziell für diese Plattenaufnahme geschrieben wurde. Textautor war der bereits mehrfach erwähnte Frank Günther (1899–1944). Günther hatte sich in Berlin zeitlich parallel zu O'Montis vor allem als versierter Kabarett-Conférencier und Autor einen Namen gemacht. Eine große Wiener Tageszeitung soll ihm einmal bescheinigt

46 de.wikipedia.org/wiki/Theodoor_Hendrik_van_de_Velde.

47 In Hofmeisters Musikalisch-literarischer Monatsbericht/Hofmeisters Handbuch der musikalischen Literatur findet sich kein Eintrag.

haben: „In seinen Gedichten schillert ein Funke von Wedekinds Geist.“[48] Günther schrieb Texte für Stars wie Claire Waldoff, Trude Hesterberg, Kate Kühl oder Willi Schaeffers. Ende der 1920er-Jahre galt er als etablierter Nachwuchskünstler und wurde entsprechend mit einem Artikel seines „Entdeckers“ Peter Sachse im „Organ“ promotet.[49] In diesem für Varieté und Kleinkunst so wichtigen Magazin war er auch Mitarbeiter und mit regelmäßigen Beiträgen vertreten. Der umtriebige und bestens vernetzte Künstler arbeitete zudem für Film und Funk und wurde schließlich Leiter der Kabarett-Schallplattenserie bei der Deutschen Grammophon Gesellschaft. Sicherlich wird er den Firmenwechsel O'Montis' von Lindström zur DGG mit eingefädelt haben. Günther und O'Montis arbeiteten in diesen Jahren häufig zusammen, vielleicht waren sie sich auch freundschaftlich verbunden, denn O'Montis hob ihn in seinem kritischen Artikel „Repertoirenot“ ausdrücklich positiv hervor. Neben „Ramona Zündloch“ war er Autor bzw. Koautor sechs weiterer O'Montis-Lieder.[50] Mehrfach standen beide gemeinsam auf der Bühne, Günther begleitete ihn 1929 auf seiner Tournee nach Königsberg und konferierte den zweiten Auftrittsabend, übernahm also eine Rolle, die der darin glänzende O'Montis sicher nicht leichtfertig aus den Händen gab. Frank Günther war es auch, der einen Monat später im Königsberger Rundfunk eine „Chanson-Revue mit Paul O'Montis“ moderierte.

So viel wir über den Autor wissen, so wenig über den Komponisten Erwin Blumenreich. Er wurde am 12. Mai 1899 in Köln geboren, war Akkordeonist, Pianist, leitete Kapellen und komponierte Schlager. Als Jude wurde er 1938 aus der Reichsmusikkammer ausgeschlossen.[51]

Möglicherweise brachte O'Montis „Ramona Zündloch“ auch auf die Bühne.[52] Obwohl die Firma Odeon auf die Platten-Rückseite eine vorzügliche und humorvoll inszenierte Interpretation des Schlagers „Mein Bruder macht im Tonfilm die Geräusche“ platzierte, quasi als Gegenpart zur doch sehr speziellen Ramona-Parodie, wurde auch diese Platte kein sonderlich großer Verkaufserfolg.

48 Quelle unbekannt, zit. nach Das Organ, Nr. 1158 vom 7. 2. 1931.

49 Das Organ, Nr. 1057 vom 23. 2. 1929.

50 „Russisches Wiegenlied“ (Koautor mit O'Montis), „Mein Schatten und ich“, „Das Jägerhütchen“, „Gut Nacht Liebling“ (Koautor mit Fritz Löhner-Beda), „Das blonde Frl. Berger“ (Koautor mit Peter Herz), möglicherweise auch „Faust-Parodie“ (Koautor mit O'Montis und Josef Baar).

51 Blumenreichs Name landete in den NS-Büchern Judentum und Musik (1938) und Lexikon der Juden in der Musik (1940); www.lexm.uni-hamburg.de/object/lexm_lexmperson_00001707.

52 Siehe Kölnische Zeitung – Stadt-Anzeiger vom 2. 12. 1933.

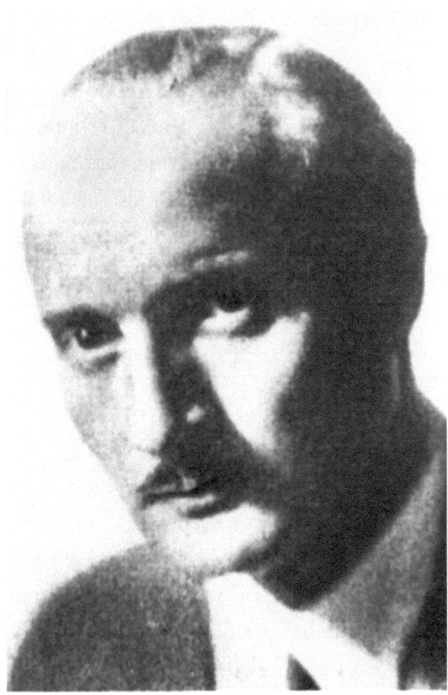

Frank Günther (1899–1944)
Das Organ Nr. 1258–1259
vom 18. Januar 1933
(Jubiläums-Festnummer)

Dennoch blieb O'Montis' Name gerade mit dieser Aufnahme weit über den Tod hinaus verbunden. Sie wirkte nach und blieb im Gedächtnis zumindest derer, die sich professionell mit deutscher Popmusik beschäftigten. In den 1960ern sollte man sich gerade dieser Parodie wieder erinnern.

Schlagerhumoresken

Neben seinen Parodien zeugen eine Reihe von Schlageraufnahmen von O'Montis humoriger Interpretationskunst, die noch heute den musikalischen Esprit und Charme dieses großen Kleinkünstlers aufleben lässt. Zu nennen sind z. B. „Komm' in mein Weekendhäuschen" (1928), „Ich fahr' mit meiner kleinen Limousine" (1930), „Wochenend und Sonnenschein" (1930), was er übrigens am gleichen Tag wie die Comedian Harmonists einspielte, „Fünf Uhr-Tee bei Familie Kraus" (1931). Als Paul Godwin, einer der erfolgreichsten Orchesterleiter der Weimarer Republik und Meister gemächlicher Tanzmusik, im Jahr 1932 eine neue moderne Bigband zusammenstellte und sogar Jazzsolistik einbaute, demonstrierte O'Montis in „Wenn ich mal eine Dummheit mach", dass er sogar ein wenig scatten konnte.

Politisches

Paul O'Montis verstand sich nie als politischer Kabarettist. Dennoch existieren einige Aufnahmen, die man durchaus als politische Stellungnahmen verstehen kann. Als Erste ist seine Aufnahme „Kaddisch“ zu nennen, die am 26. Juni 1928 bei Odeon in Berlin aufgezeichnet wurde und im Oktober auf den Markt kam. Das Lied erzählt vom (ost)jüdischen Dorfschmied Jankel, der zum Krieg eingezogen wird, und vom jüdischen Totengebet Kaddisch, das seine Frau Esther schon bald darauf für ihn anstimmen muss.

Kaddisch

Durchs Dorf geht ein Schrei
Man fragt sich was ist geschehen
Es heißt alle Männer müssen heut' zu den Soldaten geh'n
Jankel, der Schmied, küsst sein Weib
Und sagt: Wenn Gott will, dass ich dort bleib'
Dann wein' nicht die Augen dir blind
Und lerne des Abends unser Kind
Mein Kind muss beten für deine Taten
Bei den Soldaten ist er dabei
Knie mit mir nieder
Wenn Gott will kommt er wieder
Denn groß ist unser Adonai.

Da tritt eines Tags der Rabbi zur Tür herein
Hör zu, Esther, morgen musst du schon zum ersten Kaddisch sein!
Kaddisch – für wen, großer Gott?
Esther sei stark dein Mann ist …
Sie weint nicht, zu groß ist der Schmerz
Sie drückt nur sein Kind an ihr Herz
Mein Kind muss beten […]
Bei den Soldaten war er dabei
Knie mit mir nieder
Denn er kommt nie mehr wieder
Doch groß ist unser Adonai

„Kaddisch. Ein Ghetto-Lied“ erschien im Jahr 1925 im Roehr-Verlag und ein Jahr darauf im gleichen Verlag in einer Bearbeitung für Salonorchester von

Ralph Erwin.[53] Nicht nur bei Paul O'Montis, auch im umfangreichen Repertoire der beiden jüdischen Liedautoren war ein derart ernstes Lied die Ausnahme: Komponist Otto Stransky machte sich durch Ulk-Songs wie „Auf einem Kaktus wächst doch keine Pflaume", „Wenn der Erste kommt, brauch ich Marie", „Herr Lehmann hat die Lu gezwickt" und zahlreiche Tonfilmschlager einen Namen, vertonte aber ebenso politische Kabaretttexte. Auch Kurt Robitscheks Metier war eher die leichte Muse, er war im Kabarett quasi zu Hause, in Wien und später in Berlin, schrieb zahlreiche Chansons und Schlager („Im Prater blüh'n wieder die Bäume") und gehörte zu den Mitbegründern des Kabaretts der Komiker in Berlin.[54] O'Montis kannte die beiden gut aus seiner Zeit am Charlott-Kasino.

Das Lied gehörte schon mindestens ein Jahr zu seinem Bühnenrepertoire bevor es dann auch auf Platte erschien. Er sang es oft und gerne auf der Bühne und erntete Zuspruch bei Publikum und Kritik.[55] Die Vermutung liegt also nahe, dass die Einspielung auf seinen Vorschlag bzw. Wunsch hin geschah, er hatte ja gute Argumente für die Aufnahme. Sie war ihm wichtig, vielleicht sogar eine Herzensangelegenheit. Hätte O'Montis politisch rechts gestanden, wäre das wohl nicht der Fall gewesen. Die Plattenfirma kombinierte die ernste A-Seite mit einer leichten B-Seite, dem Lied „Komm Zigany" aus der populären Operette „Gräfin Mariza" und förderte so den Verkauf.

Zwei Monate später, im Dezember 1928, erschien das Lied erneut, jedoch gekoppelt mit einem weiteren Song mit jüdischer Thematik: „Ghetto". Der österreichische Chanson- und Operettenkomponist Ralph Benatzky – er wird wohl auf ewig mit dem „Weißen Rössl" verbunden bleiben – hatte das Stück bereits 1923 für seine Ehefrau, die Kabarett-Diseuse Josma Selim, geschrieben, mit der er als Pianist oft gemeinsam auftrat und deren Name auch die Notenblatt-Ausgabe krönt („Creiert von Josma Selim").[56] Sie hatte das Lied bereits 1924 auf Schallpatte gesungen und mit neuer Mikrofontechnik im Jahr 1928 noch einmal auf den Markt gebracht.

53 archive.org/details/Musikalisch-literarischerMonatsbericht1925/page/n259; archive.org/details/Musikalisch-literarischerMonatsbericht1926/page/n15. Im August 1927 erschien eine Instrumentalfassung von Georges Boulanger, Violine mit Klavierbegleitung, bei der Berliner Firma VOX, Nr. 06354, Matr. Nr. 1651-AA und auf der Marke Kristall Nr. 05055.

54 Budzinski/Hippen, Lexikon, S. 334.

55 Erste Erwähnung Sommer 1927 in Riga; Stadttheater Königsberg: „[...] Zugaben [...], darunter das immer wieder gern gehörte ergreifende ‚Kaddisch'". „H. W." in: Das Organ, Nr. 1072 vom 8. 6. 1929.

56 Josma Selim (1884–1929) war vom Judentum zum Protestantismus konvertiert.

Ghetto

Weit weit in Polen, am Ufer des Dniester
Dort bin ich zu Haus
Dort hatt' ich mein Weib und mein Töchterle, die Esther,
Die machten meinen Himmel aus
Weil man bei uns hat nicht handeln gekennt
Hab' ich a bissel das Geigen gelernt
Und gab es im Dorf eine Hochzeit
Wurd gleich nach den „Fiedler" gerennt

Ich bin nur ein polnisch' Jiedel,
Mit meine Liedel verdien' ich mir mein Stückerl Brot
Mein Reichtum ist meine Fiedel
Mein ganzes Glück war auf den Wangen meiner Esther bissel Rot

Weit, weit in Polen, am Ufer des Dniester
Ist der Krieg entbrennt
Bei Nacht und bei Nebel bin ich mit meiner Esther
Und mit mein' Weib davon gerennt
Wochen und Wochen über Steine und Feld
Tage und Nächte in der eisigen Kält'
Das konnten die zwei nicht ertragen
Jetzt bin ich allein in der Welt [...]

Paul O'Montis veränderte den Originaltext leicht, versetzte ihn in die Gegenwart und verstärkte so den Eindruck, dass er unmittelbare Ereignisse beschreibt. Auch er sang wie Josma Selim dem Plattenumfang geschuldet nur die Strophen eins und drei,[57] was wiederum mit der Koppelung „Kaddisch" den Höreindruck

57 Die zweite Strophe thematisierte den krassen Unterschied zwischen sogenannten assimilierten Juden, die in der Mittel- und Oberschicht angekommen waren, und weiten Teilen einer verarmten jüdischen Bevölkerung:
Einmal hat man mir auf die Kart' von ein'm Bekannten
Ein Konzert gezeigt
Die Herrn in die Fracks und die Dames in Brillanten
Und Kubelik der hat gegeigt
Wie ich zum Schluss dann herausgegangen bin
Is' mir gekommen erst recht in den Sinn:
Der is zum Geigen geboren
Und was für ein Nebbich ich bin

vermittelt, er beschreibe auf beiden Seiten zwei Schicksale aus dem gleichen Krieg. Denn auch „Ghetto" thematisiert einen Krieg, der eine junge jüdische Familie – diesmal ausdrücklich in Ostgalizien – ins Elend stürzt. Möglicherweise bezogen sich die Liedautoren beider Stücke wirklich auf den gleichen geschichtlichen Hintergrund, den noch nicht lange zurückliegenden Polnisch-Sowjetischen Krieg der Jahre 1919–1921, in dessen Verlauf es zu zahlreichen Pogromen kam.[58] Paul O'Montis sang nicht nur, er spielte den „polnisch Jiedel" und seine ganze Tragik gleich einer Theaterszene aus und arbeitete dramaturgisch mit wechselnden Tempi. Mit diesen beiden Aufnahmen schilderte er nicht nur eindrücklich die Folgen eines Krieges für die Bevölkerung, die Zerstörung von Familien, sang von Flucht und Vertreibung. Im zweiten Lied ist es ausdrücklich eine arme, mittellose polnische Familie jüdischen Glaubens, die vom Leben schon gebeutelt genug nun auch noch ihre Heimat einbüßt, ehe sie das Letzte verliert, was sie hat, indem Kind und Ehefrau an den Widrigkeiten zugrunde gehen und der klagende Witwer allein zurückbleibt.

In den damaligen Zeitgeist Ende der 1920er-Jahre passte diese Empathie für die jüdische Bevölkerung, die von Krieg und Gewalt betroffen war, passte das Widerlegen der rechten Hetze gegen den stets „reichen Juden" so gar nicht. Der Künstler war sich nicht zu schade, auf Bühne wie Platte hier Stellung zu beziehen und Partei zu ergreifen, sein Publikum mit seiner Sicht der Realität zu konfrontieren, nicht plakativ und aufdringlich, sondern mit den Mitteln, die er so vortrefflich beherrschte: dem musikalischen Erzählen von Geschichten. In einer Polizeiakte, auf die wir später zurückkommen, findet sich eine Äußerung, die wir ihm durchaus glauben dürfen: „Gewalttätigkeiten liegen mir nicht". Kriegshetze und Antisemitismus waren mit Paul O'Montis nicht zu machen!

Als große Ausnahme erschien diese Platte auch auf dem englischen Markt bei der britischen Schwesterfirma Parlophone.

Neben den Aufnahmen von O'Montis und Selim existieren weitere zeitgenössische Einspielungen: (Deutschland) Tanz-Orchester „Sascha Elmo" (= Efim Schachmeister): Ghetto, Lied und Shimmy von Ralph Benatzky, Polyphon Record, Berlin (ohne Jahr), Bestell-Nr. 50392, Matr. 100616 (Abbildung in: Jukebox. Jewkbox! Ein jüdisches Jahrhundert auf Schellack und Vinyl. Eine Ausstellung des Jüdischen Museums Hohenems in Zusammenarbeit mit dem Jüdischen Museum München, Hohenems 2014, S. 106); (Schweden) Leopold Fridman: „Ich bin nor …", med kör (Begleitchor und Klavier), Dir. Leo Rosenblüth, Sonora 5992 SS, Stockholm 1942, www.youtube.com/watch?v=ubwuER0PSWc.

58 Gudrun Eussner, Ich gratuliere zum 110. Geburtstag. Ein Denkmal für Paul O'Montis. Paul O'Montis in den Wogen des Stelenfeldes, www.hagalil.com/archiv/2004/03/omontis.htm. Zu Pogromen u. a. www.deutschlandfunk.de/schlussstrich-unter-grausames-morden.871.de.html?dram:article_id=125453.

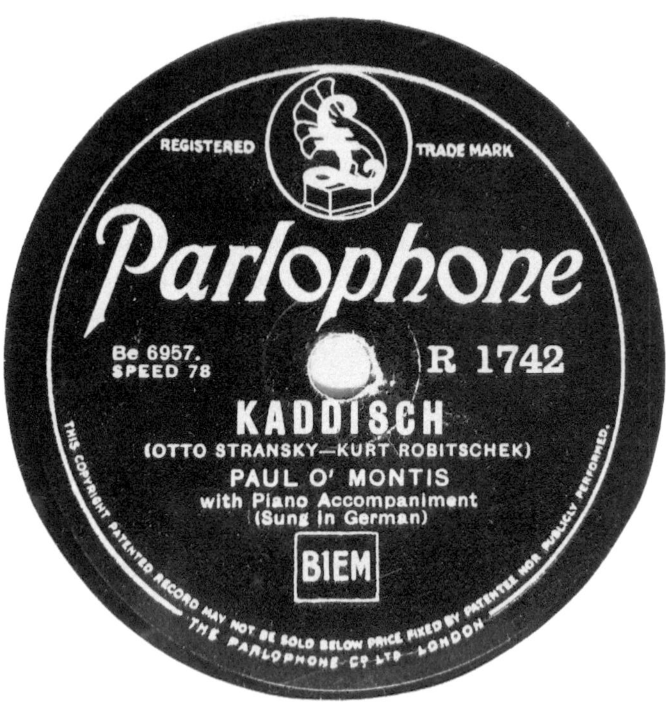

Sammlung Ralf Jörg Raber

Auch eine dritte Aufnahme lässt sich als politische Stellungnahme des Künstlers interpretieren. Denn hinter seiner Aufnahme „Russisches Wiegenlied“ von 1928 steckt mehr als ein melancholisches, sentimentales Schlaflied, zumal der deutsche Text von Irving Berlins „Russian Lullaby“ von O'Montis selbst stammt (Koautor Frank Günther[59]).

Russisches Wiegenlied

Schicksal, fern vom Heimatland
Hast du grausam uns verbannt
Dennoch dank ich dir, eines ließt du mir
Gern würd' ich dafür mein Leben geben

59 Von den fünf zeitgenössischen Plattenversionen steht nur auf der O'Montis-Platte Günther als Koautor. In der Notenausgabe ist allein O'Montis als Autor erwähnt. Allerdings listete Günther selbst das Lied als Zusammenarbeit mit O'Montis in einer Werbeanzeige im Organ, Nr. 1158 vom 7. 2. 1931; Eintrag des Liedes ohne Nennung des Textdichters in (Hoffmanns) Literarisch musikalischer Monatsbericht 1928, S. 255, archive.org/details/Musikalisch-literarischerMonatsbericht1928/page/n253/mode/2up/search/wiegenlied.

Hörst du, was der Abendwind
Uns von der Heimat singt
Schlaf ein, schlaf ein mein Kind
Bis früh die Sonne blinkt
Lachend wird sie scheinen
Brauchst da nicht mehr weinen
Bald blüht in Russland rot der Mohn
Schlaf ein, schlaf ein mein Sohn

Weißt noch nichts von bitterer Not
Nichts von Fahnen blutig rot
Kind schließ' die Augen zu, all mein Trost bist du
Sollst vom Glück das wir versäumen träumen

Hörst du was der Abendwind [...]

Schon Irving Berlins Originaltext, vor allem die Schlusszeilen seines Refrains „Somewhere there may be / A land that's free for you and me / And a Russian lullaby" bieten Spielraum für mehrere Interpretationen. Jürgen Kloss nennt in seinem Blog „Songs & Their History" drei Möglichkeiten: „Auf der einen Seite bezieht sich das Lied auf das zaristische Russland und spiegelt die kollektive Lebensgeschichte der vielen Einwanderer wider, die – wie Berlin selbst – in die USA gekommen waren, um der Unterdrückung zu entgehen und ein ‚freies Land' zu finden. Es könnte auch als Kommentar zum bolschewistischen Russland gedacht gewesen sein. Lawrence Bergreen nennt es einen ‚stillen Protest gegen die Repression in der Sowjetunion'. [...] Das Lied liest sich auch wie eine kritische Bemerkung zum Ende der Einwanderung aus Osteuropa in die USA seit dem National Origins Act (1924). Die Worte ‚Somewhere there may be [...]' gewinnen in diesem Zusammenhang eine besondere Bedeutung, denn es waren wirklich viele Menschen, für die die Tore des ‚freien Landes' geschlossen worden waren."[60] Auch O'Montis' Textübertragung bietet Interpretationsspielraum, scheint aber in eine vierte Richtung zu gehen: Auch er bezieht sich möglicherweise auf das zaristische Russland als Land „von bittrer Not", aus dem er mit seiner Familie, mit

60 Jürgen Kloss, „A Land that's Free ...". – Irving Berlin's „Russian Lullaby", hummingadifferenttune.blogspot.com/2015/05/a-land-thats-free-irving-berlins.html. (Textübersetzung PONS online); als Belegstellen nennt Kloss: Laurence Bergreen, As Thousands Cheer, The Life Of Irving Berlin, New York ^{2}1996, S. 275; Michael Freedland, Irving Berlin, 2. Aufl., New York 1978, S. 97.

seinem Sohn, floh, auswanderte, „verbannt" wurde. Und er träumt von der baldigen Veränderung, von der bolschewistischen Revolution, die dem Land und seiner Familie eine neue Zukunft bringt. Gleich zweimal taucht die Signalfarbe „rot" auf, der Protagonist singt von den „Fahnen blutig rot" und träumt: „Bald blüht in Russland rot der Mohn". Außerdem erinnern die Zeilen von der früh blinkenden Sonne und ihrem lachenden Schein an die Verse des russischen Arbeiterlieds „Brüder, zur Sonne, zur Freiheit / Brüder zum Licht empor / Hell aus dem dunklen Vergangnen / Leuchtet die Zukunft hervor". So verstanden würde Paul O'Montis sich einreihen in die vielen kulturschaffenden Intellektuellen seiner Zeit, die in den 1920er-Jahren die parlamentarische, pluralistische Demokratie von links kritisierten, in einer sozialistischen Gesellschaftsordnung ihr Heil sahen und für die junge Sowjetunion als leuchtendes Vorbild schwärmten. Hatte das Land nicht wenige Jahre zuvor sogar die Strafbarkeit von Homosexualität abgeschafft?

Auch das war gegen den Mainstream seiner Zeit, muss sich aus heutiger Sicht aber den Vorwurf gefallen lassen, auf dem „linken" Auge blind gewesen zu sein, die Menschenrechtsverletzungen in der UdSSR verharmlost und zur Destabilisierung der parlamentarischen Demokratie beigetragen zu haben.

Zwei weitere Schallplattenaufnahmen, die ebenfalls als politische Verortung gedeutet werden könnten, fallen dagegen nicht sonderlich ins Gewicht. Im Juni 1928 sang er auf Platte das Lied von Ernst Neubach und Fred Raymond „Ich lasse nichts auf mein Deutschland kommen", im Oktober des gleichen Jahres „Die deutschen Mädchen sind die schönsten" von Fritz Rotter und Hans May.

Ich lasse nichts auf mein Deutschland kommen

[...] Mag was da will auch gescheh'n
Denn nichts auf der Erde ... ist wie die Heimat so schön
Märkische Fluren, rheinische Lande
Berge und Burgen im leuchtenden Grün
Ich lasse nichts auf mein Deutschland kommen
Weil ich ein Deutscher bin

Die deutschen Mädchen sind die schönsten

[...] Hipp hipp hurra
Denn bei den blonden deutschen Mädchen ist alles da
Es gibt gewiss auch süße Mädels in Paris, in London und in Wien
Jedoch die deutschen sind die schönsten
In ihrem Lachen liegt der Frühling drin.

Beide Stücke gehören in den Reigen der deutschtümelnden, sogenannten patriotischen Schlager, die die Notenverlage und Plattenfirmen auch in ihrem Repertoire hatten, um ein breites Geschmacksangebot abzudecken. Schaut man in die Notenausgaben, so sind beide Lieder immerhin frei von aggressiven nationalistischen Parolen rechter Propaganda, sie preisen das eigene Land ohne andere Nationen zu verachten.[61] Natürlich düngten auch sie den Boden, auf dem der Samen einer kommenden, sogenannten Nationalen Revolution, gedeihen konnte. Und über das Frauenbild des Lieds „Die deutschen Mädchen" – „Ihr Wuchs ist einfach prima [...], er ist stabil, so wie das deutsche Klima, wenn man sie küssen will, hält sie still wie'n Soldat [...] Die deutsche Frau kann treu sein sein! [...] Nur muss ein wahrer Mann dabei sein [...] Dann hält sie still [...]" – kann man heute nur noch den Kopf schütteln. Zur Beurteilung muss man aber auch wissen, dass beide Platten völlig anonym erschienen sind, weder das Orchester noch der Sänger standen namentlich auf dem Plattenetikett, dort heißt es schlicht: „Odeon Tanz-Orchester mit Gesang". Auch brachte er lediglich den Refrain. Wollte sich der Künstler mit besonderen Aufnahmen unter eigenem Namen profilieren, so gehörte auch solche anonyme Tagesware zu seinen Vertragsverpflichtungen, man sollte ihr also im Blick auf die politische Einstellung unseres Künstlers keine allzu große Bedeutung beimessen. Das gilt auch für den Militärkitsch „Zu jedem Unterrock gehört ein bunter Rock", auch wenn auf dem Label diesmal sowohl sein als auch der Name des Orchesters Dajos Béla gedruckt waren:

Zu jedem Unterrock gehört ein bunter Rock

[...] Was wär'n die Mädels ohne die Soldaten
Denn wo ein Unterrock ist auch ein bunter Rock
Zu jedem Sauerkraut gehört ein Schweinebraten
Zu jedem Unterrock gehört ein bunter Rock
Das weiß der Korporal und auch der Feldmarschall

61 In Priebergs Handbuch Deutsche Musiker 1933–1945 ist Ernst Neubach nur mit dem Nico Dostal-Marsch „Ich habe dich lieb, weil du ein deutsches Mädchen bist" ohne weiteren Kommentar verzeichnet (S. 5169). Bei Fred Raymond sind drei Kriegs- bzw. Soldatenschlager aufgeführt, darunter der populäre Durchhaltehit „Es geht alles vorüber, es geht alles vorbei", der allerdings gegen Kriegsende verboten wurde (S. 5833). Fritz Rotter emigrierte 1933 nach Österreich, dann nach England und in die USA. Auch Hans May emigrierte, das Handbuch nennt einen Soldatenmarsch aus dem Jahr 1933 (S. 4813) ohne weiteren Kommentar.

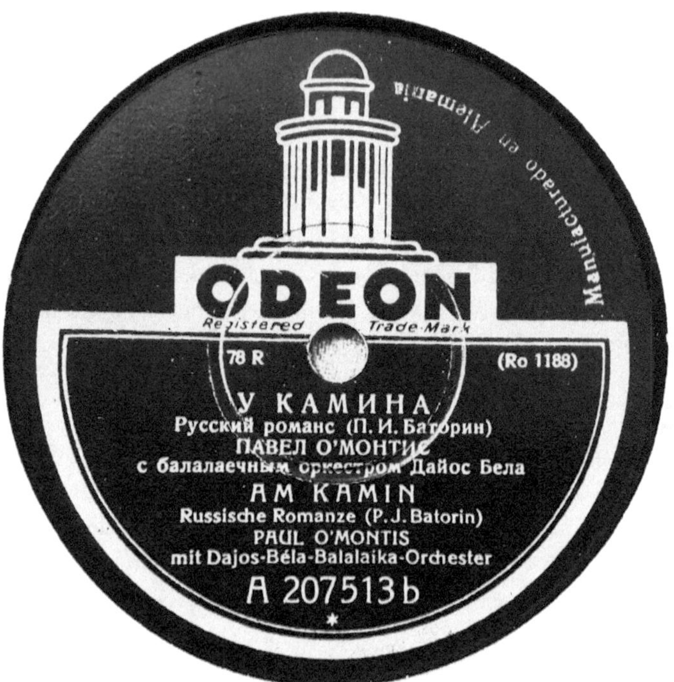

Sammlung Wolfgang Schneidereit

Russische Aufnahmen

Die seltensten Platten des Künstlers sind seine acht Aufnahmen in russischer Sprache. Sie waren für den Export gedacht, wusste man doch, dass der Künstler, der seine Jugend größtenteils in Riga verbrachte, auch in seiner alten Heimat beliebt war. Vor allem die sechs im Dezember 1929 eingespielten Platten mit russischen Romanzen und Volksliedern, einem grusinischen (georgischen) Lied und einem über den populären Donkosaken Stenka Rasin, wurden sehr wahrscheinlich im Blick auf O'Montis' geplante Osteuropa-Tournee aufgenommen, die ihn 1930 nach Lettland und Estland führte. In der Konzertankündigung seiner beiden Auftritte in Riga wurde extra darauf hingewiesen, dass er auch russische Romanzen sänge, natürlich fehlte auch der Hinweis auf seine Plattenfirma nicht.[62] Der Kartenvorverkauf und wahrscheinlich auch die Riga-Auftritte wurden durch das Musikgeschäft von Paul Neldner organisiert, dem bereits erwähnten Großvater Heinz Erhardts, dort wurden auch Schallplatten verkauft. Für die Firma Odeon lag es also nah, im O'Montis-Repertoire auch russische Aufnahmen passend zu den Konzerten anbieten zu können.

62 Rigasche Zeitung vom 22. 2. 1930.

Wissen Sie schon?

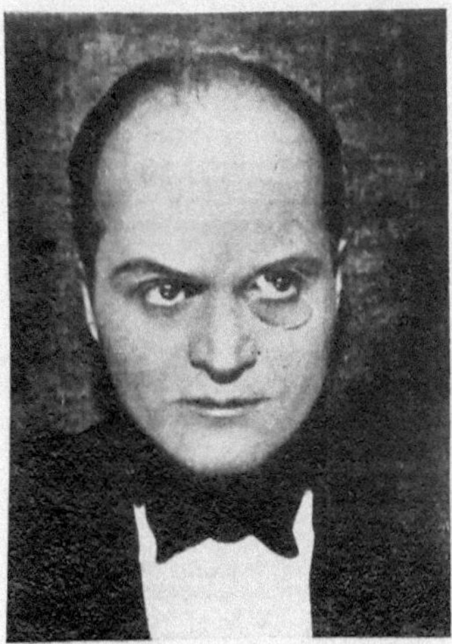

Daß

Paul O'Montis

Deutschlands bester Chansonnier, nur auf

Odeon-Electric

Schallplatten singt ! ! !

Neu erschienen:

0-2735 „Vier Worte möcht' ich Dir jetzt sagen"
0-2699 „Ramona"
0-2656 „Kaddisch"
0-2657 „Komm Zigany"
0-2615 „Komm ins Weekend-Häuschen"
0-2314 „Casanova, ich lieb Dich"
0-2457 „Eine schöne weiße Chrysantheme"
0-2484 „Turandot"
0-2351 „Was hast Du für Gefühle"

Ständig Neuaufnahmen!

Odeon-Electric-Musikplatten

werden bereitwilligst ohne Kaufverbindlichkeit vorgeführt in den offiziellen Verkaufsstellen des Lindström-Konzerns:
Odeon-Musik-Haus G. m. b. H., Berlin W8, Leipziger Straße 110
Parlophon-Haus, Berlin NW7, Friedrichstraße 91
Columbia-Musikhaus, Berlin W15, Kurfürstendamm 29
R. Rühle, Musikhandel G. m. b. H., Berlin S42, Oranienstraße 64
sowie in allen anderen Odeon- u. Parlophon-Musik-Häusern und besseren Fachgeschäften

Carl Lindström A.-G. // Berlin SO36

Das Organ Nr. 1058 vom 2. März 1929

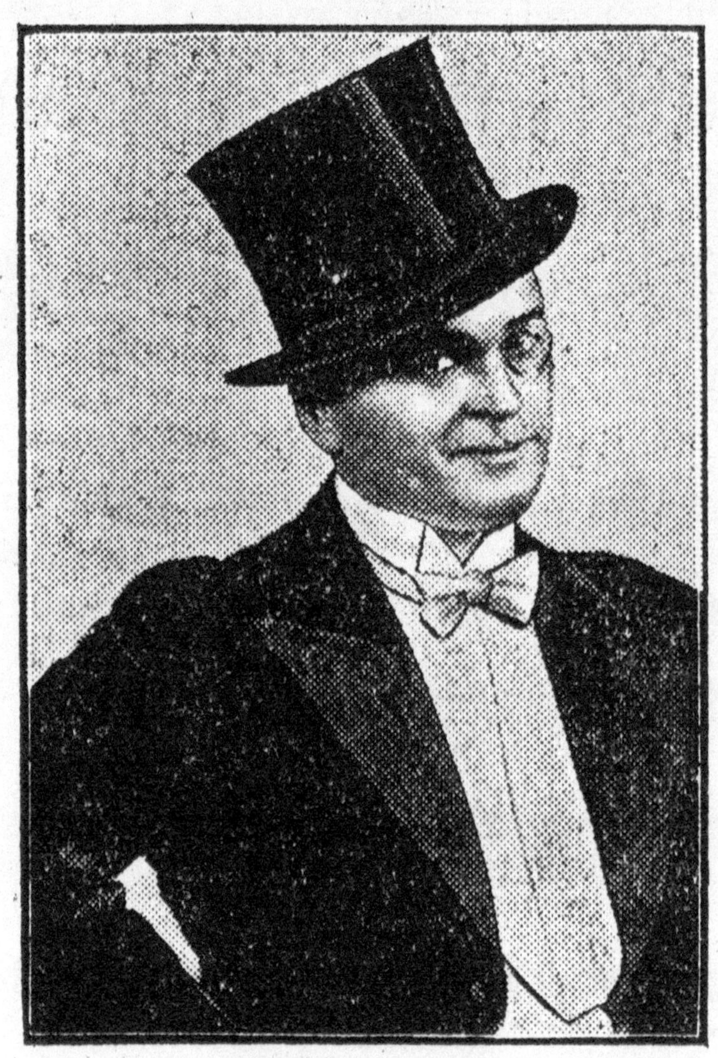

Paul O'Montis
singt im Schwarzhäuptersaal am 5. und 8. März.

Rigasche Rundschau vom 22. Februar 1930

Über Verkaufszahlen gibt es keine Unterlagen mehr, was aber gleichermaßen für den überwiegenden Teil seiner damaligen Kolleginnen und Kollegen gilt. Heute kann allenfalls durch die Häufigkeit bestimmter Platten bei Börsen, Auktionen und durch die Erfahrung langjähriger Sammler vage vermutet werden, wie sich eine bestimmte Scheibe verkaufte, zumal man noch dem Umstand Rechnung tragen muss, dass viele Platten im Krieg gerade in den Großstädten vernichtet wurden. Manche Platten sind für Sammler auch weniger interessant, so dass sie öfter angeboten werden als gesuchte „Raritäten". Zu den Platten, die sich wohl am besten verkauften, gehören Sammlern zufolge gleich seine Erste: „Du glaubst vielleicht [...]" / „Casanova, ich lieb dich" (1928), dann „Sonny Boy" / „Laugh Clown Laugh" (1929), „Es sprach der weise Marabu" (1930, gekoppelt mit einem Titel eines anderen Sängers), die beiden Einspielungen der Wilhelm-Tell-Parodie (1931 und 1932), vielleicht auch „Ramona" / „Kennst du das kleine Haus am Michigan See", „Eine schöne weiße Chysantheme" / „Oh, Miss Hannah", „Kaddisch" / „Komm Zigan" (alle 1928).[63] Seine wohl kommerziell erfolgreichste Platte war ein schlichter Tagesschlager ohne besonderen lyrischen Anspruch und Tiefgang, und das immerhin inmitten der Wirtschaftskrise 1931/32: „Es war einmal ein Musikus". Das hatte Gründe, und die lagen sicher zum einem beim Künstler selbst, der wieder einmal bewies, wie er aus einer banalen Nummer einen echten „O'Montis" kreieren konnte – charmant, mit viel Witz und Augenzwinkern, sogar pfeifend zum Besten geboten.

Doch da gab es auch noch einen kleinen Skandal, der möglicherweise verkaufsfördernd wirkte. Das Lied wurde erstmals im Rahmen eines öffentlichen Schlagerwettbewerbs vorgestellt, der am 16. Oktober vor 2000 Menschen im Berliner Admiralspalast stattfand. Veranstalter war das 8-Uhr Abendblatt, die Leitung hatte Kabarettunternehmer Peter Sachse. Zwanzig Komponisten stellten neue Stücke vor, brachten sich ihre Sänger – darunter auch Paul O'Montis – mit und standen auch am Dirigentenpult. Fürs Publikum gab es Stimmzettel, zusätzlich votierte eine Jury von Generalmusikdirektor Leo Blech über Schlagerstars bis hin zur Chefetage der größten Plattenfirmen. Noch am selben Abend wurden im Dachgarten des „Café Berlin" an der Gedächtniskirche die Gewinner gekrönt: Sieger war Friedrich Schwarz für seinen „Musikus", auf Platz zwei landete Willy Rosen mit „Tanzt du auch so gern wie ich?"[64] Schon sechs Tage später wurden beide Nummern mit O'Montis auf eine Platte gepackt. Bald darauf musste sich

63 Geantwortet hatten die Sammler Andreas Schmauder, Henner Pfau, Dr. Rainer E. Lotz, Michael Ladwig, Thomas Krispens.

64 Alle Informationen laut: Das Organ, Nr. 1247 vom 22. 10. 1932, Neues Wiener Journal vom 23. 10. 1932, Der Ton 6, Nr. 10 vom Dezember 1932.

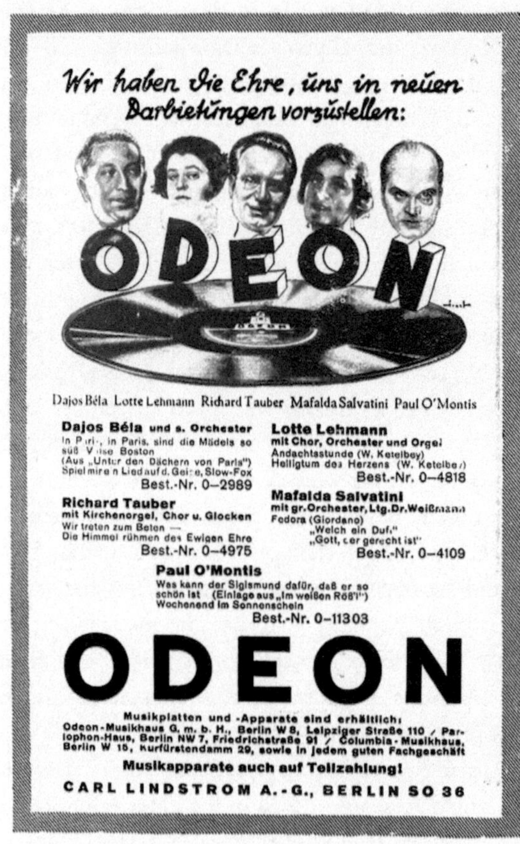

Das Magazin Nr. 75 vom November 1930

Schwarz Plagiatsvorwürfen eines Wiener Autors stellen, die Presse schrieb darüber und sorgte für zusätzliche Publicity.

Von seinen insgesamt sieben Aufnahmejahren (1927–1932, 1937) war das Jahr 1929 für ihn das lukrativste: Rund ein Drittel seiner Einspielung entstanden allein in diesem Jahr. Die Carl Lindström-AG rührte kräftig die Werbetrommel für „Deutschlands beste(n) Chansonnier" und schaltete im März des Jahres im „Organ" eine Großanzeige mit Foto, einer Plattenauswahl und den Verkaufsadressen der Berliner Lindström-Läden. Das war schon sehr außergewöhnlich. Im Dezember erschien eine weitere ganzseitige Anzeige im „Organ" diesmal mit einer Künstlerkarikatur, die O'Montis noch viele Jahre als Pressebild verwendete, einem Hinweis auf stattliche monatliche Verkaufszahlen von 10 000 Exemplaren und Werbung für seine aktuelles Gastspiel im KaDeKo. Im Folgejahr bewarb ihn seine Plattenfirma in einem Atemzug mit den großen Stars des Hauses wie Richard Tauber, Lotte Lehmann oder Dajos Béla.

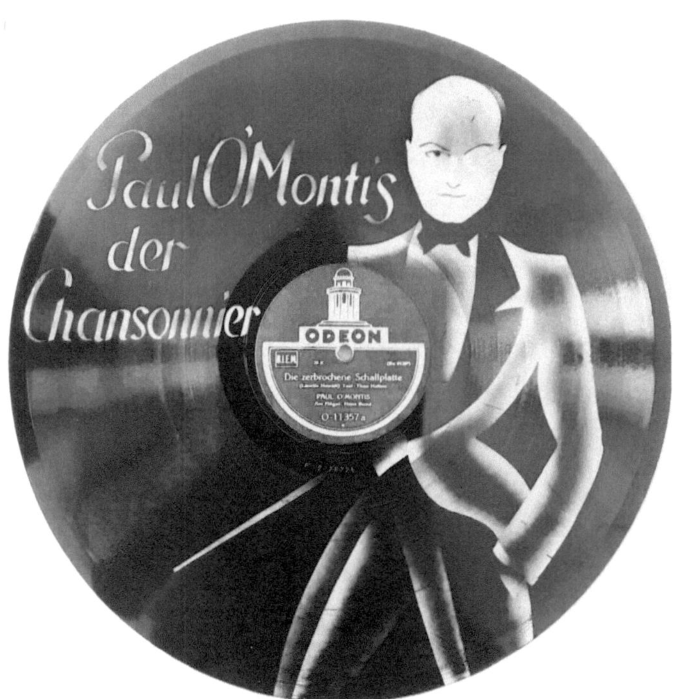

Sammlung Wolfgang Schneidereit

Als besondere Werbeattraktion von Lindström hingen in manchen Plattenläden schwarze Schellackscheiben an der Wand, die nur mit seinem Konterfei weiß besprüht waren – auch diese Ehre war nur den großen Stars des Hauses vorbehalten. Paul O'Montis stand auf dem Höhepunkt seiner Karriere.

Mit seinem Wechsel zur Deutschen Grammophon gab es auch ein neues Pressefoto, das gleich einen Werbezettel im Dezember 1932 zierte, auf dem er als neuer Star des Hauses angepriesen wurde: „Wieder hat sich ‚Grammophon' ‚Die Stimme seines Herrn' eine große ‚Kanone' gesichert: Paul O'Montis, wohl den zurzeit populärsten und beliebtesten Kabarettisten."

Wer sich heute O'Montis-Aufnahmen anhört, sei daran erinnert, dass alle diese Aufnahmen Live-Aufnahmen sind. Es gab noch keine Tonbandtechnik, mit der zuvor ein Playback erstellt wurde, auf das ein Sänger oder eine Sängerin mit mehreren Versuchen draufsingen konnte. Im Aufnahmestudio lief nebenan ein Schneidegerät, das in eine Matrize den im Tonstudio produzierten Klang einritzte. Ging ein Ton oder Einsatz daneben, musste wieder von neuem begonnen werden. Alle mussten also bestens vorbereitet zur Aufnahme erscheinen. Oft wurden mehrere Aufnahmen, sogenannte Takes gemacht, unter denen dann die beste ausgesucht wurde. Große Stars bekamen Testpressungen und durften

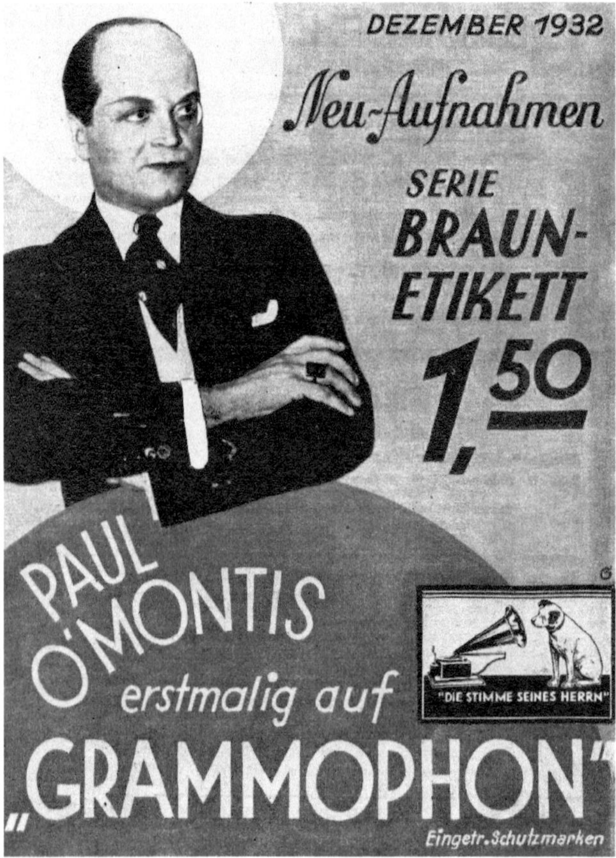

Reklame der Deutschen Grammophon Gesellschaft 1932
Sammlung Ralf Jörg Raber

bei der Auswahl mitbestimmen. Für einen bühnenerprobten Profi wie O'Montis dürfte das alles kein Problem gewesen sein.

Ein Aperçu zum Schluss: Natürlich gehörte auch Paul O'Montis zur großen Festgesellschaft zum fünfundzwanzigjährigen Bestehen der Berliner Carl Lindström A. G. im Januar 1929. Als besonderen Gag parodierte er in der Jubiläumsrevue Startenor Richard Tauber. Schade, dass das nicht auf Tonträger festgehalten wurde.[65]

65 Berliner Börsenzeitung vom 31. 1. 1929.

8 Der Autor

Die Presse in Riga reagierte verschnupft und schrieb unter der plakativen Überschrift „O'Montis' ‚Schauerballade von Riga'": „Paul Oberg, der seinen noch manchem Balten gutbekannten gutbürgerlichen Namen in den prätentiösen Künstlernamen Paul O'Montis verwandelt hat", habe sich „hochtrabend" als „Reiseberichterstatter, Kunstkritiker und Politiker zugleich entpuppt", der sich „reichlich Lorbeeren um die eigene Sängerschläfe" windet, bei dem Ehrungen und kräftiger Alkohol „einen nachhaltigen Rausch erzeugt zu haben [scheinen], unter dessen Einfluss wohl sein Einglas die Balance verloren und sich so in einen recht ulkigen Zerrspiegel verwandelt haben mag"![1] Zuvor hatte sich sein Rigaer Agent zu rechtfertigen versucht: „In der ihm eigenen spaßhaften Art" werfe Paul O'Montis bildlich mit Pflastersteinen, verleumde die lettischen Behörden, sein „‚Witz' [sei] [...] der schlechteste, den er je gemacht hat", seine Behauptungen „gänzlich unwahr", sein „Angriff [...], wenn auch gewiss unbeabsichtigt, ein schwerer taktischer Fehler".[2] Was war geschehen?

Direkt nachdem der Künstler im März 1930 nach über einem Jahrzehnt wieder in seiner alten Heimatstadt Riga aufgetreten war, veröffentlichte er im April 1930 im Organ der Varieté-Welt seine Tourneeerfahrungen in einem langen Reisebericht unter dem Titel „Künstlerreise durch Lettland / Brief von Paul O'Montis". Schon der Einstieg ließ ahnen, dass sich da jemand vorgenommen hatte Klartext zu reden: „Lettland liegt dort, wo die Füchse sich gute Nacht sagen. In Russland. Im Wilden Osten. So ist die allgemeine Ansicht im Reich über dieses Ländchen, das eingezwängt zwischen Bolschewismus und litauischem Größenwahn ein Stückchen Zivilisation und Deutschtum darstellt. Dieses Deutschtum allerdings nur ganz inoffiziell. Die lettischen Machthaber können den Hochmut und die Indolenz der früheren herrschenden Klasse, nämlich der baltischen Deutschen, nicht so schnell vergessen; eher haben sie die Jahrhunderte alte, politische Unterdrückung durch das Zarentum verwunden."[3] Riga, diese „merkwürdige Mischung von russischem Schlendrian und deutscher Kultur", „die Stadt ohne Kabaretts und ohne Asphalt", habe zwar fast eine halbe Million Einwohner,

1 Riga am Sonntag, Nr. 153 vom 20. 7. 1930.

2 M. Schereschewsky, Die Wahrheit über Lettland, in: Das Organ, Nr. 1118 vom 3. 5. 1930.

3 Alle Zitate aus: O'Montis, Künstlerreise.

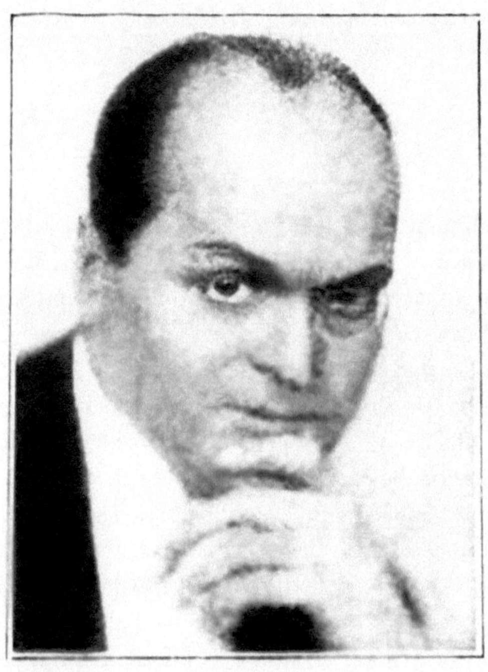

Foto aus dem Artikel „Künstlerreise“, in: Das Organ Nr. 1115 vom 12. April 1930

sei aber dennoch in fast allen Bereichen im Provinziellen stecken geblieben. Vor allem kulturell: „In Deutschland würden an einem solchen Platz fünf Kabaretts, drei Tanzpaläste und zwei Varietés bestehen“, hier aber gäbe es nur Animierlokale und Klamauk. Schuld seien vor allem die lettischen Behörden, deutschfeindlich, überbürokratisch und borniert. Der Intendant der Staatsoper, der oft vor leerem Hause spielen ließ, habe – so wurde es ihm von seinem Agent gesteckt – naserümpfend auf ihn reagiert („Salonhumorist“) und sich über seinen Erfolg („vier völlig ausverkaufte Konzertabende“) mit „Tobsuchtsanfällen“ geärgert. Im Gegensatz zur freundlichen russischen Presse habe die deutsche nur einen alten „verknöchert konservativen Opernkritiker“ geschickt, der zugegebenermaßen noch nie zuvor im Kabarett gewesen sei. Überhaupt das Rigaer Publikum: „Es ist unglaublich, welch naiver Enthusiasmus hier noch möglich ist.“ Die Leute tobten, jubelten und weinten ungehemmt, selbst wenn sie Aufführungen vorgesetzt bekämen, die von ihrer gesamten Inszenierung „für westeuropäischen Geschmack [...] indisputabel“, „seelenloses Panoptikum“ und selbst „an der kleinsten deutschen Provinzbühne undenkbar“ wären. „Und Valeska Gert ist erst gar nicht zum Auftreten gekommen, so bitterböse schrieben die Zeitungen über sie noch vor ihrem Eintreffen. Soviel über Tanz in Riga.“ Dann „ein Ehrenabend, der einem sehr mittelmäßigen Charakterspieler Riesenovationen brachte". Auch städtebaulich sein Riga alles andere als auf der Höhe der Zeit: „Anfangs erwähnte ich, Riga sei auch die Stadt ohne Asphalt. Eine Absonderlichkeit, die dem Fremden zuerst in die Augen springt: Man findet nicht eine einzige asphaltierte Straße, nicht einmal die großen, breiten Boulevards kennen ein anderes Pflaster, als scheußliche ‚Katzenköpfe' oder besten Falles quadratische Steine. Hölzerne Bürgersteige findet man noch auf der Hauptgeschäftsstraße [...]. Und Gott behüte, es regnet in dieser Stadt! Ohne Gummischuhe sieht man die Bevölkerung nicht einmal an sonnigen, trockenen Tagen, so sehr gehören sie zur gewohnten Fußbekleidung." Nur mit Kinos und Cafés könne Riga mithalten. Löblich auch sein Urteil über das Essen: „Man ißt in Riga vorzüglich, überall, und sehr billig, im Verhältnis zu Deutschland." Dann wie im guten politischen Kabarett: „Die Währung wird von englischen Pfunden gestützt, ist seit kurzer Zeit eine der besten in Europa. England weiß schon, was es Lettland als Bollwerk gegen den gefürchteten Bolschewismus schuldig ist." Zum Schluss versöhnliche Worte, die aber wohl auf manche ein wenig vergiftet wirkten: „Es war mir ein Bedürfnis, diese Schilderung niederzulegen. Weil ich irgendwie, ohne dort geboren zu sein, Heimatsgefühle für diese alte, trotz ihrer Rückständigkeit schöne Stadt hege. Weil ich dankbar bin für die Aufnahme, die ich als Künstler dort gefunden habe."

Der Artikel bewies einmal mehr, dass Paul O'Montis ein versierter Autor und streitbarer Zeitgenosse war – nicht auf den Mund gefallen, bereit Diskussionen anzustoßen und ggf. anzuecken. Witz und Humor wurden ihm ja oft bescheinigt, aber er konnte auch bissig sein, seine Zunge wusste er dank der guten Schule langjähriger Kabaretterfahrung mit Ironie zu grundieren und satirisch zu spitzen. Hier kommen wir dem Menschen Paul Wendel ziemlich nahe: Er war jemand, der aus seinem Herzen keine Mördergrube machte, der herausforderte, der sagte und schrieb, was er dachte ungeachtet diplomatischer Gepflogenheiten. Zurückhaltung zählte nicht zu seinen Stärken.

Seine kritischen Anmerkungen werden im Wesentlichen von einem weiteren Reisebericht bestätigt, den ein gewisser Dr. Konrad Döring im Jahr zuvor ebenfalls im „Organ" publiziert hatte. Auch er hatte von Vorbehalten der lettischen Bevölkerung Deutschen gegenüber berichtet und mehrfach die Schwierigkeiten geschildert, die die lettischen Behörden ausländischen Arbeitnehmerinnen und Arbeitnehmern im Blick auf Einreise-, Aufenthalts- und Arbeitserlaubnis machten, hatte zudem die behördliche Einflussnahme auf Kabarettwerbung in der deutsche Presse aufgegriffen. Er beurteilte die Auftrittsmöglichkeiten für Artistik und Kabarett in Riga ebenfalls zurückhaltend, erwähnte, dass es nur wenige bessere Lokale für ein zahlungskräftigeres Publikum gebe, kaum gutes Schankbier, dagegen hohe Weinpreise, und kam zu dem Schluss, „allzu viel Seide" sei

„in Lettland für das Gewerbe nicht zu spinnen".[4] Sachlich war O'Montis also wenig vorzuwerfen. Es war vielmehr sein ironischer, spöttisch-satirischer, herablassend wirkender Tonfall, der empörte. Und wer weiß – vielleicht gab es da „offene Rechnungen", gab es Verletzungen aus der Zeit seiner Rückkehr aus der russischen Internierung, als er „seinen gutbürgerlichen Namen" ablegte sich einen „prätentiösen Künstlernamen" zulegte, wie die Zeitung Riga am Sonntag schrieb, als sie O'Montis' „Organ"-Artikel abdruckte. Da hallte Ablehnung, wenn nicht gar Verachtung nach. War damals sein bereits zitiertes „bizarres Auftreten" von Hohn begleitet, musste er sich als schwuler Künstler einiges gefallen lassen? War das die Pose eines sensiblen Menschen, der es erfolgreich geschafft hatte, der Provinz, die ihn im Innersten verachtete, erfolgreich entflohen zu sein?

Wie auch immer – zumindest war es sehr unsensibel und schlechter Stil, seinen Rigaer Agenten in Bedrängnis zu bringen und Interna zu veröffentlichen, der dieser ihm etwa über den Intendanten der Staatsoper anvertraut hatte. Kein Wunder, dass Herr Schereschewsky, der als Agent auch mit beruflichen Konsequenzen rechnen musste, sich zu einer Gegendarstellung gezwungen sah. Bei aller berechtigten Kritik scheint O'Montis auch vergessen zu haben, dass er es gerade der „Provinzialität" seiner Heimatstadt Riga verdankte, dass er sich schon als Jugendlicher auf öffentlicher Bühne ausprobieren durfte, was ihm in weltgewandteren Städten sicherlich unmöglich gewesen wäre. Auch hatte sich das Rigaer Büro Neldner mit Werbung und Presseankündigungen sehr für ihn ins Zeug gelegt. Letzten Endes tat sich der Künstler mit seinem Artikel selbst keinen Gefallen, versprach er doch bei seinem letzten Konzert vor vollem Haus, „in einem Jahr wiederzukommen".[5] Daraus wurde nichts, O'Montis ist später in Riga nicht mehr aufgetreten.

Nimmt man seine im gleichen Jahr in der Presse veröffentlichten Ausführungen zur „Repertoirenot" im deutschen Kabarett hinzu, also seine bereits dargelegten Vorwürfe gegen die mangelnde Qualität deutscher Kabarettchansons, so konnte also durchaus Anfang der 1930er-Jahre der Eindruck entstehen, O'Montis sei ein arroganter Schnösel. Damals, auf dem Höhepunkt seiner Karriere, kann man ihm ein hohes Maß an Selbstbewusstsein nicht absprechen. Er wusste, was

4 Dr. Konrad Döring, Artistik in Lettland. Originalbrief für das „Organ", in: Das Organ, Nr. 1085 vom 7. 9. 1929. Bereits im Juni war im „Organ" ein sehr positiver Werbebericht der Tänzerin Jenny Gradowa erschienen mit dem Tenor: „Geht nach Riga – Eine deutschfreundliche Stadt – Leben halb so teuer wie in Deutschland [...] – Engagements mit Anschlussmöglichkeit"; Jenny Gradowa, Zu wenig entdecktes Arbeitsfeld: Riga. Ungenützte Brotstätten für den deutschen Artisten im Ausland, in: Das Organ, Nr. 1071 vom 1. 6. 1929.

5 Rigasche Rundschau vom 17. 3. 1930.

er konnte, und zeigte dies auch. Dass man ihn wirklich zuweilen für einen arroganten Burschen hielt, klang in einem Auftrittsbericht aus Köln zwischen den Zeilen deutlich heraus: „Seit Jean Moreaus [populärer Chansonsänger der Kaiserzeit in Berlin] Zeiten sind die Sänger von echter Brettlkultur seltener geworden, wenige sind es, die dem Lied, oder wie man hier fachlich zu sagen pflegt, dem Chanson letzten Glanz und letzte Geschliffenheit zu verleihen vermögen. Paul O'Montis kann es. Das weiß er aber auch und ‚verkauft seine Nummer' mit einem leisen Anflug von Seht her, ich bins. Das braucht einen aber nicht zu verstimmen, denn die meisten Leute merken auch so nach den ersten paar Takten, dass da ein Könner oben steht. Ein Meister der piano hingehauchten Pointe. Manchmal sind diese Pointen auch gepfeffert, aber die Kavalierbewegung, mit der sie gebracht werden, entwaffnet selbst die würdigsten Schwiegermütter."[6]

Auch während seiner erfolgreichen Sängerkarriere blieb Paul O'Montis seiner alten literarischen Leidenschaft treu und verfasste Bühnenwerke. So entstand im Jahr 1930 unter seiner Mitwirkung wieder eine Operette, „Der Dritte im Bunde". Die Vorlage lieferte ein Lustspiel der auch im Operettenfach versierten französischen Dramatiker Robert de Flers und Gaston Arman de Caillavet, das Libretto verfasste O'Montis gemeinsam mit dem österreichischen Textdichter Hans (Johann) Pflanzer, die Musik stammte vom Schlagerkomponisten Frank Stafford. Die Uraufführung fand am 29. Mai 1930 in Leipzig im Neuen Operettentheater des Centraltheaters statt, die musikalische Leitung hatte Gustav Ries, Inszenierung und Einstudierung der Tänze lagen in Händen von Willy Godlewski. Die proletarische Leipziger Volkszeitung konnte nicht verhehlen, dass sie das Ganze ziemlich belanglos fand, und würzte ihre Rezension mit einem kräftigen Schuss Ironie:

> „Der Dritte im Bunde – das ist der oft zitierte Hausfreund. Aber diesmal passiert wirklich nichts, denn im entscheidenden Augenblick fehlt dem Trottel der Mut, ja er leimt sogar im dritten Akt (auf die traditionelle Operettenart: Psychologie und Logik sind Erfindungen des Teufels) die Ehe, die durch des Mannes Seitensprünge mit der gschamigen Puffi vom Kakadu sehr ramponiert ist. Wobei Puffi ihrerseits den früheren Liebhaber betrügt. Die Autoren Paul O'Montis und Hans Pflanzer nennen dieses [...] Stück ‚Lustspiel mit Musik', vielleicht aus Pietät, denn sie haben es nach einem französischen Schwank geschrieben. Aber an ein Lustspiel stellen wir höhere Anforderungen. Dies hier ist eine Operette mit den bekannten, sonst nirgends möglichen Typen und mit der üblichen Situationskomik, die sich

6 Das Organ, Nr. 1224 vom 14. 5. 1932.

beim Publikum immer wieder bewährt, so alt sie auch sein mag. Nett ist der Schluss des ersten Aktes: Der Hausfreund muss den Hund der Gatten hüten, die, jedes für sich, auf Abenteuer ausgegangen ist. Frank Staffords Musik wirkt sympathisch, weil sie sich so anspruchslos gibt, wie sie ist, und nicht krampfig Moderne vorzutäuschen sucht. Manches kannst du gleich mitsingen, so vertraut klingt es. Am besten gelingen dem Komponisten die lebhaften Schlager, da helfen Tempo und Rhythmus über abgenutzte Melodiewendungen hinweg. Viele Nummern mussten wiederholt werden, davon eine mehrmals. Das ist vor allem der Aufführung zu danken, die von Willy Godlewski szenisch und von Gustav Ries wieder mit viel Temperament und Umsicht musikalisch betreut wurde. Über Franz Köchel, den Hausfreund, wurde viel und herzlich gelacht, und da auch die übrigen, voran Lizzi Ratzler, Fritzi Kuschel, Hans Polscher, ihr Bestes taten, konnten die Autoren mit dem Erfolg zufrieden sein."[7]

Die Operette blieb bis mindestens 8. Juni im Programm, möglicherweise wurde sie später wieder aufgeführt. Die sieben Schlager erschienen noch im gleichen Jahr beim Leipziger Musikverlag City, den wahrscheinlichen Hauptschlager „Dir schenk ich mein Herz" veröffentlichte Hans Pflanzer im gleichen Jahr beim gleichen Verlag noch einmal mit einer anderen und einfacher zu singenden Textfassung.[8]

Ein Operettenlied besticht durch einen ganz amüsanten Text und zieht die damals populäre Schriftstellerin Hedwig Courths-Mahler durch den Kakao:

Wenn die Courth's-Mahler'sche davon 'ne Ahnung hätt'

Im Roman an dieser Stelle kracht gewöhnlich ein Schuß
Weil man doch auf alle Fälle Knalleffekte haben muß
Doch im Leben wird 'ne Träne nur im Auge zerdrückt
Gern hätt' ich den Stoff der Szene der Courths-Mahler eingeschickt

Im Roman ringt man die Hände ganz verzweifelt
Vor Schmerz geht ein Liebesglück zu Ende bricht gewöhnlich noch das Herz
Doch im Leben geht beim Scheiden nicht's besond'res entzwei
Ja, meist sagen sich die Beiden Gott sei Dank jetzt bist du frei

7 Leipziger Volkzeitung vom 31. 5. 1930 (Autor gezeichnet „H. P.").
8 Beide im Bestand der Staatsbibliothek zu Berlin, S6650427 und S6650428.

Wenn die Courths-Mahlersche davon 'ne Ahnung hätt'
Hätt' die Courths-Mahlersche gleich 'nen Roman komplett
Und weil die Alte doch die Leser kennt
Gäb's ganz bestimmt ein gemütliches schönes Happyend [...]

Dass – wie einer Vorabanzeige im „Organ" angekündigt – O'Montis sogar eine Hauptrolle in der Operette spielte, war allerdings eine Ente.[9] Laut jener Anzeige gab es von unserem Künstler noch weitere literarische Werke, „originelle Sketsche", die durch jenen bereits genannten Otto B. Lange in Berlin vertrieben wurden.

Weiteres war geplant, aus seinem Presseporträt ist zu erfahren, er habe Ende 1933 „zwei Bühnenspiele in Druck gegeben, eine Operette und eine historische Reportage aus der russischen Geschichte ‚Prinzessin Casanova', die in den nächsten Monaten uraufgeführt werden".[10]

Du sollte es jedoch nicht mehr kommen.

9 Das Organ Nr. 1109 vom 1. 3. 1930.
10 Westdeutscher Beobachter vom 23. 12. 1933.

9 Die Jahre 1933–1935: Verhaftung, Verurteilung und Gefängnis

Nach der Machtübertragung an die Nationalsozialisten zeichneten sich in der Karriere von Paul O'Montis erst einmal keine großen Veränderungen ab. Trotz anhaltender Wirtschaftskrise waren seine „Auftragsbücher" für das Jahr 1933 gut gefüllt mit teils mehrfachen Gastspielen in Stuttgart, München, Stettin, Danzig, Hamburg, Berlin und Köln. Eine plakative Anzeige des Künstlers direkt auf der Titelseite des „Organs" für freie Buchungsmöglichkeiten im August und September verriet allerdings, dass es für ihn enger wurde. In den beiden Monaten seien ihm Auslandsverträge verloren gegangen, Näheres ist darüber nicht bekannt. Zwar konnte er sich solche kostspieligen Großanzeigen noch leisten, doch musste er sich mit den wirtschaftlichen Umständen arrangieren, und trotz „nationaler Revolution" ging das Leben wie gewohnt weiter.

Unter Schwulen machte sich zunächst keine Panik breit, „die meisten Homosexuellen scheinen die nationalsozialistische Machtübernahme [...] keineswegs als eine Zäsur wahrzunehmen, die negative Auswirkungen auf ihr weiteres Leben haben könnte".[1] Und so mancher verband möglicherweise seine Hoffnungen mit dem sichtbarsten homosexuellen Nazi, dem Chef der SA Ernst Röhm. Zwar setzte „nach der Ernennung Adolf Hitlers zum Reichskanzler [...] nicht die systematische Verfolgung Homosexueller ein, die vielleicht mancher in Anbetracht wiederholt vernommener homophober Hasstiraden der Nationalsozialisten erwartet hätte".[2] Doch einem wachen Geist wie O'Montis dürften so manche Veränderungen nicht entgangen sein: Noch vor wenigen Jahren war im „Organ" auch über das bekannte Berliner Travestie-Lokal „Eldorado" geschrieben worden, über dessen Umzug von der Martin Luther-Straße in die Motzstraße, die neue Innenausstattung samt der „vielen Damen maskulinen Geschlechts". Auftretende Künstlerinnen und Künstler wurden namentlich vorgestellt. Das „Eldorado" schaltete in dem Magazin sogar Anzeigen, suchte „Damen-Imitatoren" oder warb mit seinem „Weltruf!": „Warum muss jeder Fremde in Berlin dieses Lokal besucht haben? Weil ... na und überhaupt und deshalb."[3] Nun berichtete

1 Alexander Zinn, „Aus dem Volkskörper entfernt?" Homosexuelle Männer im Nationalsozialismus, Frankfurt a. M./New York 2018, S. 258.

2 Ebenda, S. 250.

3 Das Organ, Nr. 1135 vom 30.8.1930, Nr. 1190 vom 19.9.31, Nr. 1205 vom 2.1.1932, Nr. 1258–1259 „Jubiläumsnummer. 25 Jahre Verband" vom 18.1.1933.

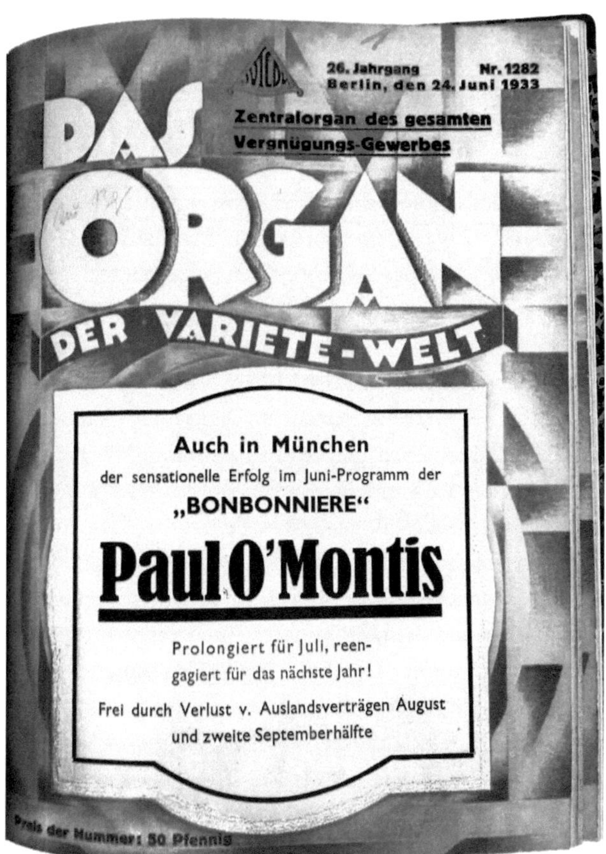
26. Jahrgang Nr. 1282
Berlin, den 24. Juni 1933

Zentralorgan des gesamten Vergnügungs-Gewerbes

DAS ORGAN DER VARIETE-WELT

Auch in München
der sensationelle Erfolg im Juni-Programm der
„BONBONNIERE"

Paul O'Montis

Prolongiert für Juli, reengagiert für das nächste Jahr!

Frei durch Verlust v. Auslandsverträgen August und zweite Septemberhälfte

Preis der Nummer: 50 Pfennig

Das Organ Nr. 1282 vom 24. 6. 1933

auch das „Organ" über Maßnahmen gegen schwule Kneipen in Berlin und einen geplanten neuen „Sittlichkeitserlaß". Bereits im März wurden in der Berliner Presse zahlreiche „unsittliche Lokale" namentlich aufgezählt und teilweise sogar abgebildet, deren Schließung der neue nationalsozialistische Berliner Polizeipräsident angeordnet hatte. Bei weiteren Gaststätten wurde die Polizeistunde auf 22 Uhr herabgesetzt, was letztlich deren finanziellen Ruin bedeutete.[4]

Freilich wusste auch O'Montis, der in der Stadt seine Schwulen-Stammlokale gehabt haben dürfte, dass solche Maßnahmen keine Spezialität der Nazis waren. Denn bereits im Vorjahr hatte der im Zuge des sogenannten Preußenschlages (der Entmachtung des preußischen Parlaments durch die Reichsregierung) frisch ausgewechselte neue Berliner Polizeipräsident „eine umfassende Kampagne

4 Berliner Tageblatt vom 4. 3. 1933; Das Organ, Nr. 1269 vom 25. 3. 1933 und Nr. 1272 vom 13. 4. 1933.

gegen Berlins lasterhaftes Nachtleben“ angekündigt und im Oktober 1932 verboten, „dass Männer in Frauenkleidern auftraten […] und dass männliche Besucher der Nachtlokale miteinander tanzten“. Das bedeutete schon damals das Aus für Berlins bekanntestes Travestielokal, eben jenes Eldorado.[5]

Auch kam sein gerade erst frisch unterzeichneter Plattenvertrag mit der Deutschen Grammophon nicht so richtig in Schwung. Seine letzten Aufnahmen vom Dezember 1932 waren im Februar und März auf zwei Platten erschienen, aber die Firma wollte scheinbar keine weiteren Schallplatten von ihm auf den Markt bringen. (Geplant war noch, die bühnenerprobte „Faust-Parodie“ aufzuzeichnen.) War das allein der Wirtschaftskrise geschuldet und dem weiter einbrechenden Plattenmarkt? Oder vielleicht doch auch den Veränderungen bei seinem neuen Arbeitgeber? In einer Firmenchronik der Deutschen Grammophon heißt es: „Auf das ‚jüdischversippte‘ Unternehmen in Berlin und Hannover hatten SA und Gestapo ein besonderes Augenmerk, sowohl im Hinblick auf die ‚arische Abstammung‘ leitender Mitarbeiter als auch das Repertoire. Zeitweise standen SA-Posten vor den Toren des Unternehmens, um Passanten auf dessen ‚jüdischen‘ Charakter aufmerksam zu machen.“ So verließen die beiden in der Geschäftsleitung tätigen Fritz Schönheimer und Bruno Borchardt einen Tag vor dem zum 1. April angekündigten Boykott jüdischer Geschäfte die „DGG“ und Deutschland und emigrierten nach Frankreich bzw. in die Schweiz. In der Firma wurden NS-Versammlungen durchgeführt, Parteigenossen wurden eingestellt und machten Druck. „Einige taten sich als besonders heftige Nazianhänger unliebsam hervor. An einer ‚Säuberung‘ des Sortiments im Sinne des NS-Ideologie führte kein Weg vorbei.“[6] War das der Grund, warum ihm keine neuen Aufnahmesitzungen mehr angeboten wurden? Passte er nicht mehr in die „neue Zeit“? Waren sein Stil, seine feinhumorigen Kleinkunstperlen nicht mehr „en vogue“? Noch wusste er nicht, dass es auch ihm so ergehen sollte wie seiner berühmten Kollegin Claire Waldoff, die bei seiner alten Firma Lindström im April 33 ihre letzte Aufnahme machte und „auslief“.

Auf der Bühne aber war er weiterhin beliebt und gefragt. In Deutschland hatte Paul O’Montis seinen letzten großen Auftritt in Köln, wo er in der Zeit

5 Zit. nach Wolfgang Theiß/Andreas Sternweiler, Alltag im Kaiserreich und in der Weimarer Republik, in: Eldorado. Homosexuelle Frauen und Männer in Berlin 1850–1950. Geschichte, Alltag und Kultur, 2. Aufl., Berlin 1992, S. 72 f.; zit. nach Das Organ, Nr. 1272 vom 13. 4. 1933. Schließung des Eldorado im Oktober 1932, rosawinkel.kulturring.berlin/?biografie=heinz-grewe.

6 Alle Zitate Dieter Tasch, Die „Grammophon“ in Hannover – 100 Jahre Schallplattengeschichte, in: 100 Jahre Schallplatte. Von Hannover in die Welt, Hamburg 1987, S. 65. Zu Schönheimer und Borchardt: www.lexm.uni-hamburg.de/object/lexm_lexmperson_00001092?wcmsID=0003.

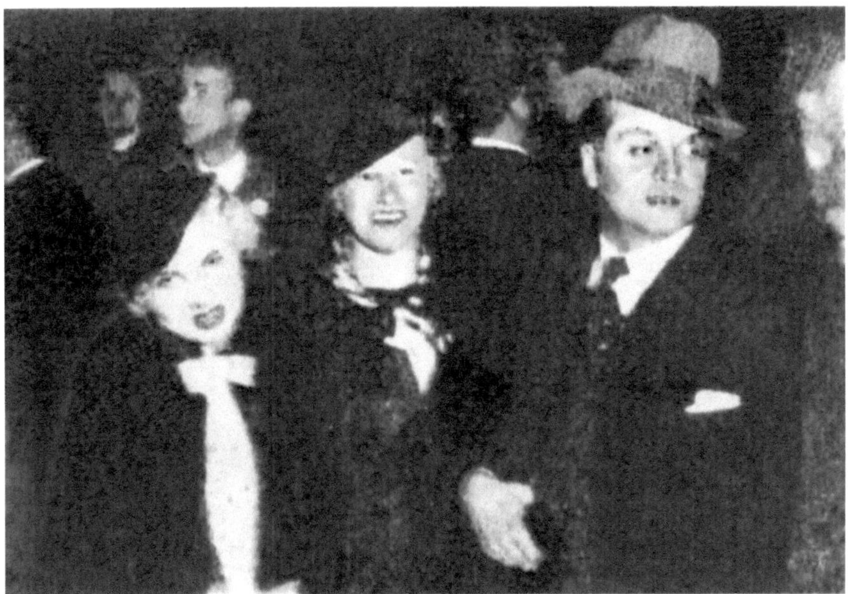

Kölner Tageblatt vom 8. Dezember 1933, O'Montis gastiert im Kaiserhof

vom 1. bis 15. Dezember 1933 im Rahmen eines groß angekündigten Kabarett-Festspiels im Kaiserhof engagiert war. Das Kölner Publikum mochte ihn, nach eigener Aussage gastierte er zum inzwischen fünfzehnten Mal in der Domstadt, selbst die Nazi-Presse pries ihn als „Kölns derzeit beliebtesten Conférencier". Im Vorfeld sprach – wie bekannt – O'Montis mit dem Kölner NSDAP-Parteiorgan „Westdeutscher Beobachter" und gestattete einen breiten Einblick in sein Leben; das Blatt druckte seine Vita ohne irgendeinen diffamierenden Hinweis.

Nun war er also wieder zu Gast am Rhein. Das zurückliegende erfolgreiche November-Gastspiel noch vor Augen, begnügte sich das Kölner Tageblatt damit, „die Worte des Ansagers [„Conférencier" war nun bereits eingedeutscht] zu verwenden, die da lauten: ‚Er [Paul O'Montis] faßt mit seiner Kunst ans Herz. Man lacht über ihn und braucht sich hinterher nicht zu schämen, gelacht zu haben'. Mit diesen treffenden Worten hat man eigentlich alles gesagt, was über diesen Meister seines Faches zu sagen ist, müßte man nicht vermerken, daß er in diesem Programm besonders stark in den Vordergrund tritt und daß es wieder einmal Beifallsstürme gab, die zu stillen selbst ein O'Montis nicht mehr in der Lage war. Wir sind jedenfalls überzeugt, daß er die ganze Nacht plaudern könnte, und keiner wäre gelangweilt, und das sagt genug."[7]

7 Kölner Tageblatt vom 4. 12. 1933.

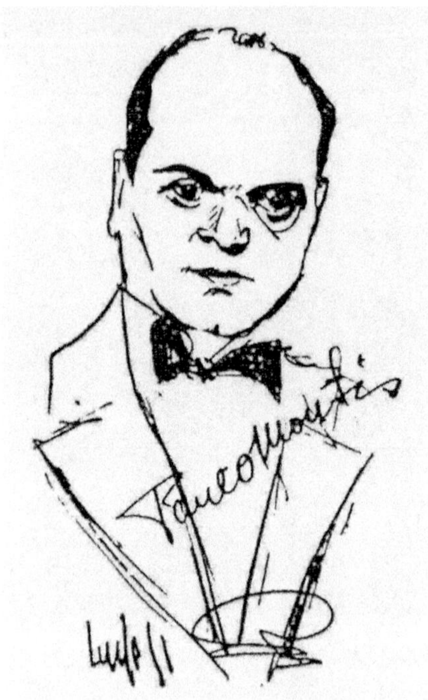

Karikatur von „LUDES“, in: Westdeutscher Beobachter vom 4. November 1933
Müller, Willkommen, S. 358

Beenden konnte der Sänger sein Gastspiel allerdings nicht mehr. Zwei Tage vor Ablauf der Spielzeit wurde er am 13. Dezember 1933 von der Kölner Kriminalpolizei auf der Grundlage des § 175 festgenommen und auf Haftbefehl des Untersuchungsrichters in das Kölner Gefängnis „Klingelpütz“ gebracht. So berichtete es das „Amtliche Organ der NSDAP“ Westdeutscher Beobachter und fährt in herablassendem Ton fort:

> „Das in ihn gesetzte Vertrauen, sich in jeder Beziehung als ein einwandfreier Vortragskünstler im neuen Reiche zu betätigen, hat er schmählich mißbraucht. Er machte sich in niederträchtiger Art hier an zwei Jugendliche heran und veranlaßte sie zur Duldung widernatürlicher Unzucht. Einer dieser Jugendlichen, ein Schüler im Alter von etwa 15 Jahren, entstammt einer sehr guten Kölner Familie und ist erst durch die Einwirkung des Festgenommenen in die unangenehme Lage gebracht worden, in der er sich nun als Zeuge äußern muß. Ein zweiter Jugendlicher, der nur um ein Jahr älter ist, entstammt einem anderen Kreise und muß wohl schon als etwas verlottert betrachtet werden. Die übereinstimmenden Aussagen dieser beiden Jungen lassen jedoch keinen Zweifel aufkommen, daß der Kabarettist ein hemmungsloser Mensch ist, der nicht danach fragt, was hinterher mit

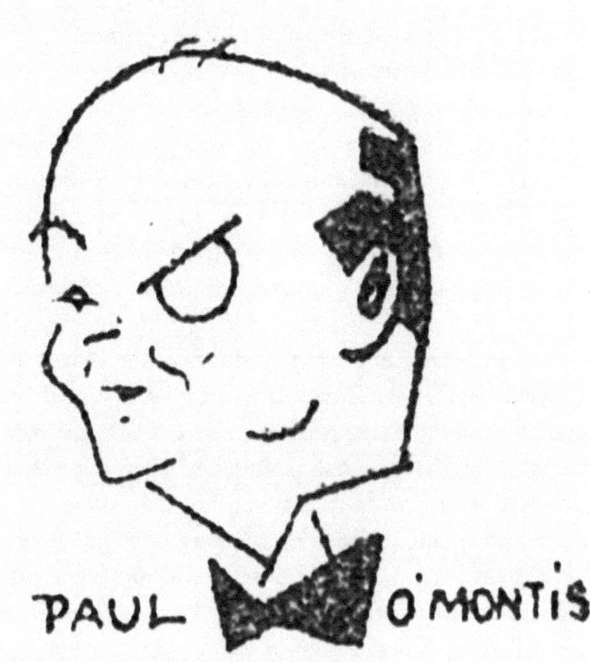

Festspiele im Kaiserhof, Karikatur von „KEY", in: Kölnische Zeitung – Stadt Anzeiger vom 2. Dezember 1933

seinen willfährigen Opfern geschieht. So hat es der jetzt Entlarvte mit raffiniertem Geschick verstanden, diese beiden Jungen in die Hände anderer Gleichgesinnter weiterzugeben, die sich ebenfalls wegen des Verbrechens auf Grund des Paragraphen 175 des Strafgesetzbuches zu verantworten haben. Der Kabarettist Wendel wird sich also auch wegen Kuppelei zu verantworten haben. Er hat die Dreistigkeit zu behaupten, daß diese beiden Jugendlichen sich an ihn herangedrängt hätten und er angenommen habe, es sei doch nichts mehr an ihnen zu verderben. Eine Hausdurchsuchung [...] brachte eine Unmenge belastendes Material zum Vorschein, z. B. viele hundert Briefe, da er mit Jugendlichen im ganzen Reich einen regen Liebesbriefwechsel unterhielt. Auch zahlreiche Bilder Jugendlicher mit Widmungen ergaben weiteres Material." Festgenommen und der Beihilfe bezichtigt wurde auch O'Montis' Privatsekretär Lange, der „als Parasit von den großen Einnahmen des Vortragskünstlers" gezehrt und versucht habe „was ihm besonders schwer zu stehen kommt, [...] mit allen Mitteln Zeugenbeeinflussung auszuüben, um seinen Brotgeber nach jeder Richtung hin zu schützen".[8]

8 Westdeutscher Beobachter vom 23. 12. 1933.

Über die weiteren Hintergründe seiner Verhaftung bzw. die Vorfälle, wie es dazu kam, ist nichts mehr bekannt. Die entsprechende Polizeiakte gibt es nicht mehr und ist höchstwahrscheinlich wie fast alle Akten der Kölner Kripo durch Kriegseinwirkung verloren gegangen.[9]

O'Montis wird sich bei seinem Gastspiel in Köln privat nicht anders verhalten haben als bei anderen Gastspielen in anderen Städten zuvor, er wird Schwulen-Lokale, Treffpunkte und Adressen aufgesucht und sexuelle Kontakte genutzt haben. Er wohnte mit großer Wahrscheinlichkeit privat; unter seiner letzten Kölner Wohnadresse, Gertrudenstraße 35a, finden sich im Kölner Adressbuch von 1932 weder ein Hotel noch eine Pension, nur Privatadressen und Gewerbe.

War es reiner Zufall, dass O'Montis ausgerechnet im Jahr der nationalsozialistischen Machtübernahme zum ersten Mal wegen Homosexualität polizeilich belangt wurde? Oder wurde ihm hier bewusst ein Bein gestellt, um die neuen Machtverhältnisse zu dokumentieren? Der schamlose Ton der Entrüstung, der anprangert, was auch braunen Journalisten längst bekannt war, die moralische Entrüstung, bei der mitschwingt, hier müsse ein Zeichen für die neue Zeit gesetzt werden, nähren diesen Verdacht. Vielleicht wurde er aber auch aus anderen Motiven heraus denunziert. Dass es eine gezielte Gestapo-Aktion war, kann allerdings ausgeschlossen werden. Zwar schwelte im Hintergrund bereits der Machtkonflikt zwischen SS und SA, sammelte Himmler bereits belastendes Material für den späteren sogenannten Röhm-Putsch. „Eine Verfolgung des gewöhnlichen Homosexuellen gehört dagegen noch nicht zur Agenda der Gestapo. Dieses Feld überlässt man den regulären Polizei- und Justizbehörden, die dabei noch keine Aktivitäten zeigen, die über die Verfolgungspraxis der Weimarer Jahre hinausgingen."[10]

Oder lag es möglicherweise auch an der politischen Gesinnung des Paul Wendel? Resümiert man die wenigen Hinweise auf seine politische Einstellung, also seine positiven Äußerungen zu Tucholsky und Mehring oder seine Textübertragung von „Russian Lullaby", so stand er sicherlich nicht rechts. Die Polizeiakte über die Festnahme aufgrund des § 175 ist verschollen, aber eine andere vierzehnseitige Akte der Kölner Polizei ist erhalten geblieben und wird heute im nordrhein-westfälischen Landesarchiv in Duisburg verwahrt. Hier geht die Beschuldigung in eine ganz andere Richtung: Die Akte beginnt mit einem „Auszug aus den Verhandlungen zu K.Ko. 92008 O. gegen Paul Wendel wegen widernatürlicher Unzucht" und der Feststellung, dass der Künstler in den Vernehmungen der beiden Jugendlichen beschuldigt wird, „Äußerungen getan zu

9 Sie trug das Aktenzeichen der Staatsanwaltschaft Köln 6KM 17/34.

10 Zinn, Volkskörper, S. 258.

haben, durch die Mitglieder der Reichsregierung und die nationalen Verbände beschimpft und verächtlich gemacht werden".[11]

Was genau vorgefallen war, lässt sich nur ungefähr rekonstruieren. Paul O'Montis wurde am 13. Dezember verhaftet, wohl noch am gleichen Tag wurden die beiden jugendlichen Zeugen verhört. In deren Vernehmung müssen Dinge zur Sprache gekommen sein, die O'Montis über die sexuellen Kontakte hinaus schwer belasteten: Er habe sich über die politische Entwicklung abfällig geäußert und außerdem die Reichsminister Ernst Röhm und Rudolf Heß als schwul bezeichnet. Der vernehmende Polizeibeamte im 14. Kriminalkommissariat sah sich jedenfalls sofort veranlasst, gegen O'Montis ein weiteres Verfahren einzuleiten.

So wurden die beiden Jugendlichen ein weiteres Mal vernommen. Der siebzehnjährige Schlosserlehrling Max Schmidt aus Bonn gab am 15. Dezember zu Protokoll, er übergebe der Behörde einen an ihn gerichteten Brief von O'Montis, aus dem hervorgehe, der Künstler habe ihn an das Artistenpaar Krock & Garga vermittelt. Dort habe er erfahren, dass der Künstler dem Ehepaar „in München auch schon einmal einen hübschen jungen Mann zugeführt habe, der dann in geschlechtliche Beziehung zu der Ehefrau [...] gebracht wurde". Auch er, Schmidt, hatte im Beisein des Mannes Sex mit der Frau und war beim Sex des Paares anwesend. Zudem übergab Max Schmidt der Polizei eine weitere Kontakt-Adresse in Berlin, die er aber nicht von O'Montis bekommen und auch nicht wahrgenommen habe.

Dann schilderte er der Polizei die „Auseinandersetzungen, die ich mit O'Montis auf politischem Gebiet hatte". Letzterer habe ihm, und der folgende Passus ist in der Akte rot markiert, „u. a. nahe gelegt, aus der Marine-Hitlerjugend auszutreten, da sich, wie er aus Nachrichten aus dem Ausland wisse, die ganze Sache doch nicht mehr lange halten könne. Er sagte ferner, dass man uns durch den fortgesetzten Dienst nur in Atem halten wollte, damit wir nicht zur Besinnung kämen. Ich habe mich wegen dieser Bemerkungen mit O'Montis scharf auseinandergesetzt. Auch in Briefen hat er mir ähnliche Bemerkungen gemacht." Der Künstler habe vielleicht „noch einen oder den anderen meiner Briefe [...], in denen ich ihm Vorhaltungen wegen seiner abfälligen Äußerungen über die nationalsozialistischen Organisationen machte. In einem der erwähnten Briefe hatte O'Montis geschrieben, dass er, als er gegen Mitte dieses Jahres in München war, von seinem Fenster aus Zeuge eines Zusammenstoßes von Nationalsozialisten mit einem Kommunisten war. Er [O'Montis] habe gesehen, wie etwa 10 Nationalsozialisten über einen Kommunisten hergefallen seien. Wenn er eine ‚Knarre' gehabt hätte, dann wäre ein Unglück geschehen. Er schimpfte

11 Landesarchiv NRW – Abteilung Rheinland – Gerichte Rep. 112 Nr. 4620.

in diesem Brief weiter über die Nationalsozialisten." Aktuell habe ihm O'Montis „erzählt, dass in Hamburg die ganzen Kaufleute gegen die Nationalsozialisten wären". Auch sonst habe er sich „in seine[n] Gesprächen immer gegen die Nationalsozialisten und die nationale Bewegung geäußert. Er hat auch gesagt, dass sich die Regierung höchstens noch bis Frühjahr nächsten Jahres halten könne." Das waren schwere Vorwürfe.

Am gleichen Tag erklärte der fünfzehnjährige Kölner Lehrling Karl Heinz Bergk in seiner zweiten Vernehmung: „Von Äußerungen des Paul Wendel [...] über die Nationalsozialisten ist mir nichts bekannt. Wohl hatte er mir eines Tages gesagt, daß in leitenden Stellen der Regierung auch homosexuell Veranlagte wären; es wäre auch richtiger, die Homosexuellen ebenso gewähren zu lassen, wie die normal Veranlagten." Und nun wieder rot markiert: „Als Personen, die innerhalb der Regierung gleichfalls homosexuell veranlagt wären, nannte er mir namentlich die Pg. Heß und Röhm."

Bleibt noch zu ergänzen, dass in den erwähnten, bei O'Montis sichergestellten Briefen nach Aussage der Polizeiakte kein „weiteres Belastungsmaterial in politischer Beziehung festgestellt werden" konnte.

Nach Weihnachten wurde O'Montis ein weiteres Mal vernommen und stritt alle Vorwürfe ab. Mit Datum 27. Dezember 1933 brachte er zu Protokoll:

> „Ich bin national eingestellt. Zu linksgerichteten Parteien habe ich nie Beziehungen unterhalten. Die zur Last gelegten Beschuldigungen sind mir bekanntgegeben. Ich bestreite, sie in der Weise angewandt zu haben, wie sie in den Aussagen der beiden mich belastenden Zeugen angegeben worden sind. Mit dem Bergk habe ich überhaupt nicht über die Nationalsozialisten gesprochen, weder über die Partei noch über die bestehende Regierung. Richtig ist, dass wir auf den Reichsminister Röhm zu sprechen kamen. Schmidt erzählte mir, dass ein Gruppenführer der HJ wegen seiner homosexuellen Veranlagung aus der derselben entlassen worden sei." Richtig sei auch, dass er in diesem Zusammenhang mit Karl Heinz Bergk über Röhms Homosexualität gesprochen habe, wie seinerzeit ja in der Presse berichtet wurde – eine Anspielung auf die sogenannte Röhm-Affäre 1931. Von Heß sei allerdings nie die Rede gewesen. Mit Schmidt habe er nie persönlich über die Nationalsozialisten oder die Regierung gesprochen, „wohl aber habe ich ihm während und vor dem nationalen Umsturz aus dem Ausland geschrieben. Ich hatte hier nur Gelegenheit, ausländische und marxistische Zeitungen zu lesen, die über Deutschland berichteten. Nationale Zeitungen waren nicht zu haben, und [ich] wusste [...] selbst auch nicht, wie es in Deutschland aussah." Aus diesen Motiven heraus habe er Schmidt damals geraten, sich den Schritt,

in die Marine-Hitlerjugend einzutreten, noch einmal zu überlegen, „da sich nach den damals erscheinenden Blättern die Regierung kaum bis Februar halten werde. In abfälliger und gehässiger Weise habe ich mich nie über die Partei und die Regierung geäußert. Richtig ist auch, daß ich in München Zeuge war, daß etwa 10 Nationalsozialisten einen Kommunisten verfolgten und ihn schlugen. Dies habe ich dem Schmidt auch brieflich mitgeteilt. Ich kann mich jedoch nicht entsinnen von einer ‚Knarre' und einem ‚Unglück' gesprochen zu haben. Gewalttätigkeiten liegen mir nicht.
Ich habe das neue Deutschland erst im Juni d. J. kennengelernt und mich davon überzeugt, daß die ausländischen Meldungen nur Lüge und Entstellungen waren. Hieraufhin unterließ ich auch jede Beeinflussung des Sch.[midt], im Gegenteil, ich verhalf ihm zu der Marineuniform.
Wohl stand ich, beruflich schon, unter dem Einfluß von Juden und Marxisten, die mir die Zukunft meines Berufes in den schwärzesten Farben schilderten. Aus diesem Grunde und durch Lügenmeldungen der ausländischen und marxistischen Presse kam es zu der Einstellung, die mir jetzt vorgehalten wird. Ich betone nochmals, daß, als ich mich von dem Gegenteil überzeugen konnte, ich mich auch für das neue Deutschland voll und ganz eingesetzt habe."

Handschriftlich wurde an dieser Stelle nachträglich ein Passus eingefügt, den O'Montis wahrscheinlich beim Verlesen des Protokolls noch ergänzt haben wollte: „und durch einen Antrag des Kampfbunds für deutsche Kunst zum Zutritt in demselben bestätigt werden dürfte". Dann weiter: Auch Bergk habe er Stiefel und Mütze für dessen HJ-Uniform besorgt. „Ich erwähne dies, um zu zeigen, dass meine Befürchtungen, die ich vorher hatte, längst verschwunden waren und ich den Eintritt des Schmidt und Bergk in den Marinesturm und die HJ befürwortete."

Aus dieser Akte erfahren wir auch O'Montis' letzte Kölner Wohnadresse; seltsamerweise gab er bei seinen Eltern die falschen Namen „Theodor W." (also vermutlich seinen ersten Stiefvater) und „Martha, geb. Messmer" (also den Geburtsnamen seiner Patentante) an. Das Protokoll mit seiner Abzeichnung ist bisher das einzig verbliebene Dokument mit handschriftlichem Zivilnamen.

Wohl noch am gleichen Tag wurde Max Schmidt wieder vorgeladen und blieb bei seinen Angaben: „Sie entsprechen in allen Teilen der Wahrheit. [...] Er hat mir zum Teil geschrieben, zum anderen Teil jedoch dies alles mündlich erzählt. Dies war noch im November d. J. Er war gegen die Regierung eingestellt und gebrauchte Äußerungen, die ich in meiner Vernehmung niedergelegt habe. Richtig ist, dass er zu meiner Uniform, die insgesamt 29,00 RM kostete,

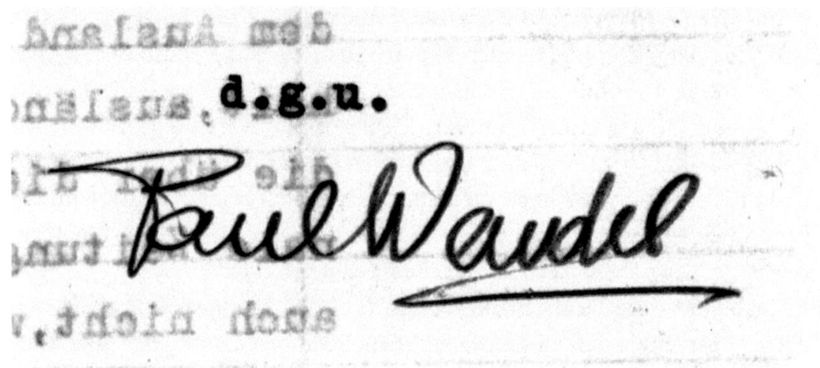

Paul O'Montis' Unterschrift in seiner Polizeiakte | *Landesarchiv Nordrhein-Westfalen, Landesarchiv NRW – Abteilung Rheinland – Gerichte Rep. 112 Nr. 4620*

19,00 RM dazu gab. Er war stets gegen meinen Eintritt in die Hitlerjugend." Am Tag darauf wurde auch Bergk wieder vorgeladen und bestätigte ebenfalls seine Aussage: „Wendel hat die Äußerung, dass Röhm und auch Hess homosexuell seien, mir gegenüber gebraucht."

Am Folgetag, dem 29. Dezember, fasste der Kriminalassistent Thomas, der alle zitierten Vernehmungen führte und abzeichnete, die Faktenlage aus seiner Sicht noch einmal schriftlich zusammen und kam zu dem Schluss: „Da Wendel an und für sich nicht leugnet, die von den Zeugen behaupteten Äußerungen getan zu haben, sie aber nicht als so gemeint hinstellt, wie sie aufgefasst wurden und werden müssen, dürfte an der Glaubwürdigkeit der beiden jugendlichen Zeugen wohl kaum zu zweifeln sein." Damit nahm er einseitig Partei und unterschlug, dass O'Montis jede abfällige antinazistische Bemerkung leugnete und sich – so immerhin ein Teil der offiziellen Anschuldigung – zu Rudolf Heß als Mitglied der Reichsregierung nie geäußert haben wollte.

Die Akte wurde vom Kölner Polizeipräsident Lingens gegengezeichnet, dem Oberstaatsanwalt übersandt und ist dort am 3. Januar 1934 eingegangen.

Bereits am 16. Januar 1934 erteilte der Oberstaatsanwalt die Verfügung auf Einstellung des Verfahrens mit folgender Begründung: „Die noch jugendlichen Zeugen haben in nahen unlauteren Beziehungen zu dem Beschuldigten gestanden. Ihre Angaben sind daher nicht unbedenklich und reichen jedenfalls nicht aus, den Beschuldigten anderer Tatsachen zu überführen als solchen, die er selbst zugibt. Nach seinem eigenen Geständnis hat sich der Beschuldigte einer Beleidigung des Herrn Reichsministers Röhm schuldig gemacht. Es ist aber nicht zu erwarten, dass von dem Beleidigten deshalb Strafantrag gestellt wird. Gemäß der R.V. vom 18. 10. 1932 – I 4484 Ziff. 2a – wird daher von einer besonderen Berichterstattung über die Einholung eines Strafantrags Abstand genommen." Und zum Schluss: „Belehrung und Verwarnung ist nicht erforderlich, da der Beschuldigte in einer anderen Strafsache, die hier gegen ihn anhängig ist, eine sehr hohe Strafe zu erwarten hat und voraussichtlich sogar in Sicherungsverwahrung kommt."

Zum ganzen Verfahren lässt sich so viel sagen:[12] Beleidigung staatlicher Personen war eigentlich Gestaposache. In den ersten Jahren kam es aber auch zu Fehlzuordnungen und Fehlentscheidungen im Hinblick auf die jeweilige Zuständigkeit. Die Kölner Kripo behandelte hier also eine Sache, für die sie eigentlich nicht zuständig war, was aber zunächst weder als positiv noch als negativ zu bewerten ist. Aus heutiger Sicht lässt sich nicht sicher einschätzen, was geschehen wäre, wenn O'Montis' Akte damals wirklich bei der Gestapo gelandet und verhandelt worden wäre. Nach historischer Erfahrung war die Gestapo völlig unberechenbar, sie konnte im gleichen Verfahren milde sowie rücksichtslos hart sein. Zumindest kann man sagen, dass bei Kripo und Staatsanwaltschaft zumindest in den ersten Jahren der nationalsozialistischen Herrschaft ein Fall sachlicher und nach rechtsstaatlichen Normen behandelt wurde.

Was die beiden Jungs angeht, liegt die Vermutung nahe, dass zumindest Max Schmidt neben seiner Lehre noch Geld mit Sex verdiente. In einer weiteren Strafakte aus dem Jahr 1936 – er war wegen Beleidigung der „Hitlerjugend" angeklagt[13] – steht, er sei „einer der gefährlichsten homosexuellen Strichjungen Kölns", „wegen seiner sexuellen Umtriebe" aus der „Marine-HJ. Köln" ausgeschlossen worden und „der Lustknabe des bekannten homosexuellen Kabarettisten Paul

12 Die historische Einordnung verdanke ich einem ausführlichen Gespräch mit dem verstorbenen Kölner Historiker Dr. Jürgen Müller, wissenschaftlicher Mitarbeiter und Kurator im Kölner NS-Dokumentationszentrum und langjähriger Mitarbeiter im Kölner Centrum für schwule Geschichte.

13 Strafakte Max Schmidt, Landesarchiv NRW – Abteilung Rheinland – Gerichte, Rep. 112, Nr. 16173. Max Schmidt wurde im November 1936 in Köln wegen Beleidigung des fünfundzwanzigjährigen Wilhelm Erdle, Rechtsreferent der HJ-Köln, angezeigt und angeklagt. Da Erdle gleichzeitig stellvertretender Leiter der Rechtsabteilung des Gebietes Mittelrhein-11 und Scharführer war, wurde laut Akte die Personenbeleidigung als Beleidigung der gesamten HJ gewertet. Erdle war am Fall O'Montis sehr interessiert, er hatte als Referendar an der Verhandlung gegen O'Montis im Frühjahr 1934 teilgenommen. Nach der Verhandlung zitierte er laut Aussage von Schmidt den jungen Zeugen in seine Wohnung, damit Schmidt ihm den Vorfall nochmal genau darstellte, auch um herauszubekommen, ob auch Bergk schwul sei. Schmidt will dazu aber keine Aussagen gemacht haben. Max Schmidt verließ die Schule nach der Obersekunda, begann eine Schlosserlehre und besuchte parallel eine Abendschule, um Techniker zu werden. In seiner Strafakte steht als Beruf „Zeichner". Max Schmidt wurde im Januar 1937 zu einer Geldstrafe von 100 RM ersatzweise 20 Tagen Gefängnis verurteilt. Die Geldstrafe stotterte er ab.

Wendel genannt O'Montis gewesen". Nach dem Fall O'Montis war er in zwei weitere Strafverfahren wegen § 175 involviert. Auch K. H. Bergk, „der zweite Lustknabe des Paul O'Montis", sei aus der Hitlerjugend ausgestoßen worden und befand sich damals „in Fürsorge in der Arbeitsanstalt in Brauweiler".[14] Schmidt und Bergk blieben also über die Begegnung mit O'Montis hinaus enge Freunde. Natürlich pflegten auch damals Stricher sexuelle Kontakte zu beiden Geschlechtern, aber wir wissen dahingehend zu wenig über die 1920er-Jahre. Männliche Prostitution war 1933 noch nicht strafbar, erst mit der Verschärfung des § 175 im Jahr 1935 wurden männliche Prostitution und homosexuelle Handlungen mit Minderjährigen strafbar. Nach damals geltendem Recht hatten also Max Schmidt und Karl-Heinz Bergk keine Verurteilung zu befürchten, weil beide unter 21 waren – O'Montis dagegen schon, allerdings musste man ihm Analverkehr nachweisen. Dass Ernst Röhm schwul war, steht außer Frage. Bei Rudolf Heß gestaltet sich die Sache schwieriger. Im Jahr 1934 publizierten in Prag sowohl die SPD-Exilzeitung Neuer Vorwärts als auch die Neue Weltbühne Gerüchte über Heß' angebliche Homosexualität. Auch der Historiker Bernd-Ulrich Hergemöller, Autor bzw. Herausgeber des erstmals 1999 erschienenen Lexikons „Mann für Mann" mit biografischen Beiträgen zu „‚mannmännlicher Liebe' und Sexualität" im deutschen Sprachraum, versucht Heß' homoerotische Neigungen durch verschiedene enge Männerfreundschaften zu belegen.[15] Ein Beweis für Heß' Homosexualität wurde bisher noch nicht erbracht.

Die Bemerkung des Oberstaatsanwalts, dem Künstler drohe „voraussichtlich sogar […] Sicherungsverwahrung", deutet darauf hin, dass O'Montis bereits in der Vergangenheit straffällig geworden sein muss, dass er also möglicherweise nicht zum ersten Mal aufgrund des § 175 angeklagt und belangt wurde. Die Sicherungsverwahrung wurde von den Nazis im Zusammenhang mit dem „Gesetz gegen gefährliche Gewohnheitsverbrecher und über Maßregeln der Sicherung und Besserung" am 24. November 1933 beschlossen und galt ab 1. Januar 1934. Sie war für Mehrfachtäter mit zwei rechtskräftigen Verurteilungen bestimmt, galt unbefristet und sollte nach drei Jahren überprüft werden. Auch Homosexuelle waren von ihr betroffen. Über einen zurückliegenden Gesetzeskonflikt unseres Künstlers, geschweige denn eine Verurteilung, ist allerdings nichts bekannt. Dies findet sich in der Akte selbst bestätigt mit dem Vermerk, Vorstrafen lägen keine vor. Es bleibt also etwas rätselhaft, wie der Oberstaatsanwalt zu seiner Einschätzung kam.

14 Alle Zitate aus Landesarchiv NRW – Abteilung Rheinland – Gerichte, Rep. 112, Nr. 16173.

15 Ulrich Hergemöller (Hrsg.), Mann für Mann. Ein biographisches Lexikon, Hamburg 1998, S. 350–352.

Aus den Vorwürfen der Jugendlichen und aus O'Montis' eigenen Aussagen lässt sich mit aller Vorsicht vielleicht folgendes Bild des Künstlers mutmaßen: ein politisch nicht sonderlich engagierter, aber von seiner Grundhaltung her liberaler und weltoffener Künstler, der wie viele seiner Zeitgenossen den § 175 am liebsten gestrichen sieht; der einem Jugendlichen von einer HJ-Mitgliedschaft abrät (was er sogar vor der Polizei zugab), mit der guten Begründung, hier in eine absolute Manipulationsmühle zu geraten, der dem Jugendlichen aber beim Kauf jener Uniform trotzdem finanziell unter die Arme greift, um ihn sich als Sex-Partner warmzuhalten; dem trotz seiner pazifistischen Grundüberzeugung nach Beobachtung der ungleichen Schlägerei in München ein aggressiver Kommentar rausrutscht; der sich abfällig über die Nazis und deren Organisationen äußert und nebenbei süffisant anmerkt, dass es auch dort viele Schwule gebe, der (was er ebenfalls vor der Polizei eingesteht) nach der Machtübertragung an die Nazis nicht von einer längeren Amtszeit der Hitler-Regierung überzeugt ist, sich gerade deshalb mit den neuen Machtverhältnissen arrangiert und einem nationalsozialistischen Presseorgan sagt, was es hören will, der sich anpasst, weil er weiter arbeiten will.

Viele waren damals von einer kurzen Haltbarkeitsdauer des Hitlerkabinetts überzeugt, seit 1930 hielt sich keine (Präsidial-)Regierung länger als acht Monate im Amt. Dass er zur Selbstverteidigung reichlich rechtes Jargon benutzt („beruflich [...] unter dem Einfluss von Juden und Marxisten [...], Lügenmeldungen der ausländischen und marxistischen Presse") gehörte zur Strategie. Dazu passt, dass er die Kölner Polizei beschwindelte mit seiner Behauptung, er habe „das neue Deutschland erst im Juni d. J. kennengelernt". Auch wenn nicht alle seine Auftritte im Jahr 1933 lückenlos belegt sind, so reichen die bekannten Daten aus, um klarzustellen: O'Montis gastierte in der ersten Jahreshälfte fast ausschließlich in Deutschland. Er wusste also genau, was los war. Er war zwar nicht künstlerisch-politisch aktiv, aber naiv war er nicht. Mit seiner konstruierten Argumentation versuchte er sich rauszureden, das war etwas riskant, weil leicht zu überprüfen. Auch dem NS-Organ Westdeutscher Beobachter scheint er sich etwas anzubiedern, vorausgesetzt er hat die folgenden abgedruckten Zeilen überhaupt in irgendeiner Form vor den Journalisten geäußert: „Für arische Künstler ist es heute schwer, sich im Ausland Gehör zu verschaffen. Die Umstellung ist für viele deshalb so außerordentlich schwierig, da die meisten Kabarettkünstler mit ihrem Vortragsstoff auf Politik eingestellt waren. Ich selber habe mich stets aus der Politik herausgehalten und brauche mich daher gar nicht umzustellen." Stutzig macht auch sein mutmaßlicher Antrag auf Eintritt in den Kampfbund für deutsche Kultur, der ihm bei der Vernehmung so wichtig war, dass das bereits getippte Protokoll ergänzt werden musste. Der Kampfbund war eine antimodernistische Kulturorganisation Alfred Rosenbergs, die von 1928 bis 1934 bestand, ihren Schwerpunkt in Bayern hatte (und nicht in Berlin) und die kulturpolitisch konträr stand zu beinah allem, was O'Montis auf Bühne wie Platte verkörperte. Gerade er repräsentierte idealtypisch jene bei den Nazis verhasste kurze Weimarer Blüte mit ihrer sexuellen Freizügigkeit, ihrem Aufbrechen traditioneller Rollenbilder, ihrer liberalen und pluralistischen Weltanschauung. Archivhinweise auf diesen mutmaßlichen Antrag gibt es keine. Er gehörte weder der SA, noch der SS an,[16] ein diesbezüglicher Stempel bei der Aufnahme seiner Personalien blieb in der Polizeiakte unausgefüllt. Paul O'Montis versuchte also mit allen Mitteln, seinen Kopf aus der Schlinge zu ziehen.

Dass das Verfahren wegen „Beleidigung der Reichsregierung u. Verächtlichmachung der nationalen Verbände" bereits nach einem Monat eingestellt wurde zeigt, dass die damalige Justiz der Sache keine allzu hohe Bedeutung beimaß und O'Montis allein aus diesem Vorfall wohl auch in näherer Zukunft weiter nichts passiert wäre. Die Vorwürfe blieben jedoch aktenkundig.[17] In dieser Sache hatte der Künstler also Glück im Unglück. Hätte sich ein solcher Fall später ereignet, wäre das Verfahren wohl nicht mehr eingestellt worden.

Im Hauptverfahren jedoch war ihm keine Fortune beschieden, Paul Wendel kam vor Gericht. Am 22. März 1934 fand die Verhandlung und Verurteilung vor der Fünften Großen Strafkammer unter Ausschluss der Öffentlichkeit statt. Aus der Verhandlung wissen wir nur, dass auch sein damaliger Pianist Theodor Jakob Schmidt alias Teddy Sinclair aus dem Verdacht heraus vernommen wurde, O'Montis habe sich auch ihm sexuell genähert, was Schmidt allerdings verneinte.[18] Am kommenden Tag meldete der Westdeutsche Beobachter gleich auf seiner ersten Seite, Paul O'Montis sei „wegen Vergehens gegen den § 175 in zwei Fällen zu 1 Jahr 9 Monaten Gefängnis und 3 Jahre[n] Ehrverlust verurteilt" worden. Sein Sekretär „erhielt wegen Begünstigung 1 Monat Gefängnis". Der Staatsanwaltschaftsrat Dr. Brinkmann habe sogar vier Jahre Gefängnis und fünf Jahre Ehrverlust beantragt, im Falle seines Sekretärs drei Monate Gefängnis.[19] Die Strafe war ungewöhnlich hoch, nach altem § 175 fielen die Verurteilungen zumindest vor 1933 im Vergleich zu später relativ milde aus, blieben Geldstrafen

16 Neben SA und SS ist im Stempel auch ein „St.-Regiment" genannt, dem er ebenso wenig angehörte. Worum es sich dabei handelt, konnte nicht geklärt werden.

17 Aufgrund gesetzlicher Aufbewahrungsfristen sollte die Akte laut Vermerk bis zum Jahr 1940 weggelegt werden.

18 Gerichtsakte Theodor Jakob Schmidt, Staatsarchiv Hamburg, Staatsanwaltschaft Landgericht – Strafsachen – Archivguteinheit 0739/41; Dokumente vom 18. 11. und 31. 12. 1940 und 8. 1. 1941.

19 Westdeutscher Beobachter vom 23. 3. 1934; ähnlich Rigasche Rundschau vom 26. 3. 1934.

oder waren Freiheitsstrafen unter drei Monaten. Auf eine Gefängnisstrafe von mehr als einem Jahr kamen lediglich 2,8 Prozent der Verurteilten. Erst nach der Paragrafenreform 1935 sollte sich das drastisch ändern.[20] Wahrscheinlich spielte es eine Rolle, dass die beiden Sexpartner Paul Wendels minderjährig waren, er also als „Jugendverführer" galt, was im später erweiterten § 175a nun ausdrücklich als Straftat galt. Auch wenn in der Presse von Kuppelei nur im Rahmen seiner Verhaftung und nicht seiner Verurteilung die Rede war, spielte dieser Vorwurf beim Strafmaß möglicherweise auch eine Rolle.

Paul Wendel saß seine Haftstrafe im Kölner Gefängnis „Klingelpütz" ab. Haftunterlagen gibt es keine mehr, über seine Haftbedingungen wissen wir nichts, auch nicht darüber, ob er im Gefängnis etwa im Rahmen von Feierlichkeiten aufgetreten ist. Es lässt sich nur erahnen, welchen Demütigungen er im Gefängnis als „Hundertfünfundsiebziger" ausgesetzt war, als Paria im Knast-Kastensystem. Möglicherweise hatte Paul Wendel in jener Zeit in Köln eine Wohnung angemietet, in den Kölner Adressbüchern der Jahre 1935 und 1936 steht ein „Paul Wendel", ohne Gewerbe wohnhaft in der Ägidiusstraße 69 im 2. Stock.[21] Wollte er eine Art „Geschäftsadresse" unterhalten? Das wäre dann seit Jahren der erste feste Wohnsitz, den er aber – wenn überhaupt – nur kurz nach seiner Entlassung in Anspruch genommen haben dürfte. Zumindest in Österreich wurden auch während der Haft seine Platten im Radio gespielt.[22]

Damit endete die Karriere des Künstlers Paul O'Montis in Deutschland.

20 Zinn, Volkskörper, S. 303 f.

21 Adressbuch 1935, Bd. 2: Straßenverzeichnis (in Bd. 1, Personenverzeichnis, kein Eintrag), Adressbuch 1936, Bd. 1: Personenverzeichnis: Paul Wendel o(hne) G(ewerbe) Sülz (Kölner Stadtteil) Ägidiusstraße 69 II (2. Stock).

22 Radio Wien vom 5. 10. 1934.

10 Emigration in die Schweiz

Am 21. September 1935 hatte Paul Wendel seine Strafe verbüßt.[1] Wie sollte es nun weitergehen? An eine Fortführung seiner Karriere in Deutschland war nicht zu denken, die Nationalsozialisten waren wider Erwarten immer noch an der Macht, und die relative Ruhe der ersten Regierungsmonate war nur die Ruhe vor dem Sturm. Denn während seiner Haft hatte sich die Situation für Schwule in Deutschland radikal geändert. Wendepunk war der sogenannte Röhm-Putsch. Zwar war die groß angelegte Mordaktion am 30. Juni 1934 in erster Linie ein Machtkampf zwischen SS und SA, aber mit dem Sieg Himmlers und der Ermordung Röhms samt weiterer homosexueller Nazis hatte sich die schwulenverachtende Linie in der Partei durchgesetzt. Über die Mordaktion wurde in allen Zeitungen berichtet, auch O'Montis wird als Gefangener davon erfahren haben. Sie war der „Wendepunkt im Umgang mit dem Thema Homosexualität".[2] Der Stimmungsumschwung unter Schwulen hatte seine Berechtigung, denn nun folgte die erste systematische Verfolgungswelle. „Hunderte, wenn nicht gar tausende homosexuelle Männer (wurden)[…] im Herbst und Winter 1934/35 verhaftet und in vielen Fällen über Wochen und Monate hinweg in Konzentrationslagern inhaftiert."[3] Im Gegensatz zu den Aktionen gegen die SA-Führung stand darüber zwar nichts in den deutschen Zeitungen, nur die deutsche Exilpresse und Schweizer Zeitungen berichteten darüber. Aber die Panik, die sich unter Schwulen nun breitmachte – die Basler Zeitung schrieb gar von einer „‚Massenflucht' homosexueller Männer aus den großen Städten entweder auf das Land, vielfach aber auch ins Ausland"[4] – wird sich auch dem Gefangenen, der sicherlich auch Besuch empfangen durfte, mitgeteilt haben. Wohl auch, dass kurz vor seiner Entlassung auch noch das deutsche Strafrecht gegen männliche Homosexuelle geändert, der berüchtigte § 175 verschärft wurde und nun jeglicher Willkür und homophober Interpretationslust Einlass gewährte. Sollte er dennoch in Nazideutschland bleiben wie andere populäre schwule Künstler, etwa der Textdichter Bruno Balz, die Schauspieler

1 Schreiben des Schweizerischen Generalkonsulats Köln an die Schweizerische Bundesanwaltschaft vom 5. 2. 1936; Bundesanwaltschaft Bern C. 16-00018 P Wendel, Paul, 94 alias O'Montis, Schweizerisches Bundesarchiv E4320B#1990/266#80*.

2 Zinn, Volkskörper, S. 264.

3 Ebenda, S. 271.

4 Zit. ebenda, S. 276.

Hubert von Meyerinck und Hans Brausewetter, der Kabarettist „Lieschen" Wilhelm Bendow, oder gar eine Ehe eingehen wie später Gustav Gründgens?

Für ihn schien Flucht der einzige Ausweg. Doch wohin sollte er gehen? Er sprach zwar mehrere Sprachen, hatte auch ein russisches Repertoire, aber reichte das, um zurück nach Lettland zu gehen? Die privilegierten Zeiten für Deutsche waren schon lange dahin, sein Artikel über Riga war dem einen oder der anderen sicher noch in schlechter Erinnerung, auch die Rigasche Rundschau hatte im März 1934 über seine Verurteilung berichtet.[5] Er sondierte sicherlich wie die meisten bedrohten Künstlerinnen und Künstler: Sein Metier war die deutsche Sprache, welche Möglichkeiten blieben da: Österreich, die Schweiz, vielleicht noch die Niederlande oder auch die Tschechoslowakei? Sein Entschluss fasste zunächst die Schweiz ins Auge, denn bereits im Oktober stellte er im Kanton Zürich einen Antrag, im Café Nebelspalter auftreten zu dürfen. Ende Januar 1936 schrieb eine Schweizer Zeitung anlässlich eines weiteren Engagements über ihn und zitierte dabei einen Kommentar der Neuen Zürcher Zeitung „über sein erstes Gastspiel im ‚Künstler-Café Nebelspalter' in Zürich".[6] Wann genau allerdings er dort aufgetreten ist, erfahren wir nicht – vermutlich Ende 1935.[7]

Vorher wird an einen Auftritt wohl nicht zu denken gewesen sein. Wollte er wieder professionell arbeiten, musste die Stimme neu trainiert, ein neues Repertoire einstudiert werden. Allein die „alten Kamellen" zu bringen, war ein Risiko, vielmehr mussten gleich die ersten Auftritte so erfolgreich sein, dass er mit Verlängerung und Anschluss-Engagements rechnen konnte. Sein „bürgerlicher" Ruf war stark angeschlagen, nun galt es erst recht, den Star O'Montis zu verteidigen. Er wird also fleißig trainiert und neue Stücke einstudiert haben. Ob er sich noch irgendwo in der Region um Köln in kleineren Auftritten austestete, ist nicht bekannt. Aus den Kölner Zeitungen war sein Name verschwunden. Ob und wie lange er noch in der Stadt lebte, ist ebenfalls nicht bekannt, aber er blieb die nächsten Jahre in Köln gemeldet, hier hatte er während seines mehrwöchigen Engagements seinen Reisepass am 1. Dezember 1932 verlängern oder neu ausstellen lassen, nun galt er erst einmal bis 1. Dezember1937.[8]

5 Rigasche Rundschau vom 26. 3. 1934.

6 Engadin Express & Alpine Post – Illustriertes Familienblatt vom 30. 1. 1936.

7 Das Schreiben des Polizeikorps des Kantons Zürich vom 12. 2. 1936 (Schweizerisches Bundesarchiv E4320B#1990/266#80*) irrt also, wenn hier vermerkt ist: „Anfang Oktober 1935 suchte er um eine Bewilligung zum Auftreten im Café Nebelspalter. Er erhielt diese Bewilligung, scheint sie aber nicht benützt zu haben." Auch hier die nachfolgenden Reisepassdaten.

8 Der vorherige Reisepass war in Berlin am 30. 11. 1927 ausgestellt worden und galt bis 30. 11. 1932.

Die Kleinkunst der Schweiz bot dem Künstler eine günstige Ausgangslage. Im Gegensatz zu den großen schweizerischen Theatern, die von 1933 an unter enormen Druck aus Deutschland gerieten, wenn sie Emigrierte spielen ließen oder den Nazis nicht genehme Stücke aufführten,[9] standen die Kleinkunst- und Kabarettbühnen nicht so sehr im Visier des Nachbarn. Abgesehen von der ihm eigenen Interpretationskunst der leisen und feinsinnigen Art, die in Nazideutschland fürs Erste keine Zukunft mehr hatte, war von O'Montis ohnehin „Antifaschistisches" nicht zu erwarten, was Behörden oder einheimische Veranstalter, die mit den deutschen Nachbarn auskommen wollten, hätte abschrecken können. Auch die Politik der „Verschweizerung" – die seit den 1920er-Jahren zunehmende Abschottung des einheimischen Theaterlebens vor deutschem Einfluss – zielte vor allem auf die sogenannte Hochkultur, die mehr im Licht der Öffentlichkeit stand denn die äußerst diverse kleine Kunst. Ob er sich auch darüber Gedanken machte, wie die Schweiz zu Homosexualität stand? Hier gab es zumindest einen kleinen Lichtblick:[10] Seit Anfang der 1930er-Jahre bewegte die Schweiz eine parlamentarische Diskussion um ein neues Strafgesetzbuch, in deren Folge schließlich die Straffreiheit von Homosexualität ab Volljährigkeit, also ab dem 20. Lebensjahr, beschlossen und in einer Volksabstimmung am 3. Juli 1937 angenommen wurde (in Kraft trat dies allerdings erst am 1. Juli 1942). Als O'Montis in die Schweiz kam, galten zwar noch die kantonalen Strafgesetze, die – grob gesagt – in der Westschweiz milder waren als in der Deutschschweiz. Aber in vielen restriktiven Kantonen wurden sie mit Blick auf die erwartete Gesetzesänderung nicht mehr in allen Fällen so hart angewendet. Die öffentliche Meinung über Homosexualität dürfte allerdings nicht viel anders gewesen sein, als sie Bundespräsident Heinrich Häberlin 1931 auf den Punkt brachte: „Haben Sie schon jemand gesehen in der Schweiz offen auftreten und sagen, ich bin homosexuell? Sie werden mir keinen einzigen Menschen nennen können." Dass sich diese Stimmung nur sehr langsam änderte, sollte der Künstler noch schmerzlich am eigenen Leib erfahren.

Paul O'Montis spielte also in der Schweiz. Die Neue Zürcher Zeitung war von seinem Auftreten im Nebelspalter entzückt: „Seine Stärke ist das Ueberbrettel, sind die Aktualitäten, der gefühlvollen, pikanten und gepfefferten Dinge. Eine nuancenreiche Mimik unterstreicht die Pointen, und aus dem Nichts ein paar hingeworfene Gesten zaubert der Künstler eine imaginäre und doch so lebendige

9 Werner Mittenzwei, Exiltheater in der Schweiz, in: Trapp/Mittenzwei/Rischbieter/Schneider, Handbuch des deutschsprachigen Exiltheaters 1933–1945, S. 273–275.

10 Alle nachfolgenden Informationen zur damaligen Situation der Homosexuellen in der Schweiz verdanke ich Dr. Rolf Thalmann, Vorstandsmitglied beim Schwulenarchiv Schweiz.

Kulissenwelt. Er hat zahllose Register zur Verfügung, er hat den Witz, die Delikatesse und den Charme zugleich, die es braucht, um dem kleinen Lied großen Sinn, Glanz und Tiefe zu verleihen."[11] Da war er wieder, der Vortragskünstler, der es schaffte, ein einfaches Lied zu einem Chanson zu veredeln. Er schien wieder ganz der Alte zu sein – und blieb erst einmal in der Schweiz. Möglicherweise trat er in der ersten Januarhälfte 1936 in Basel auf. Zwar gibt es aus Basel weder Zeitungsannoncen noch eine Meldebestätigung, aber als er sich am 20. Januar aus Anlass eines neuen Engagements wieder in Zürich anmeldete, erklärte er bei der Polizeibehörde, er käme aus Basel. In Zürich versuchte er, an seine Auftritte in den Jahren 1927 und 1929 anzuknüpfen. Das Haus war dasselbe, nur war es nicht das Kabarett Mascotte, in dem er einst aufgetreten war, sondern die Corso-Bar im gleichnamigen Corso-Haus. Die Bar pries ihn in ihren Werbeanzeigen an, als wäre in der Zwischenzeit nichts geschehen: „Er ist da, der beliebte Chansonnier Paul O'Montis", der „Meisterchansonnier".[12] Bereits am 7. Januar hatte ihm die Züricher Fremdenpolizei den Auftritt bewilligt, er gastierte bis Ende des Monats und trat zweimal am Tag in einer Nachmittags- und einer Abendvorstellung auf.

Danach ging's nach St. Moritz, und es hatte wirklich den Anschein, dass er nahtlos an seine Zeit vor der Haft anschließen konnte. Denn wieder eilte ihm sein guter Ruf voraus, noch während seines Züricher Gastspiels kündete ihn in der Presse nur ein einziger großer Schriftzug quer über die Seite an: „Paul O'Montis kommt nach St. Moritz". Es brauchte keine weiteren Lettern, um zu erklären, wer da kommt. Und zwei Tage später: „Ganz St. Moritz wartet auf Paul O'Montis, den unbestrittenen Chansonnier mit internationalem Ruf!" – und das war ja noch nicht einmal übertrieben. Am Tag vor seinem ersten Auftritt im Hotel „Rosatsch"[13] wurde „der glänzende Vortragskünstler" mit einem Artikel in der Presse beworben: „Was uns bis anhin vorenthalten blieb, will uns nun Herr Gieré in seinem bestbekannten ‚Rosatsch'-Restaurant vermitteln: ein Komiker-Kabarett mit dem berühmten Vortragskünstler Paul O'Montis aus Berlin. Zweifelsohne wird es dem Chansonnier par excellence durch seinen bezwingenden Charme der humoristischen Entfaltung, durch die Feinheit und Nuancen seiner Kunst, durch seine stets überraschenden Schlager auch in St. Moritz recht bald gelingen die Sympathie weiter Kreise zu sichern, die Herzen seiner Zuhörer zu erobern. Sein Auftreten hat bereits in vielen größeren Städten des

11 Neue Zürcher Zeitung, ohne Datum, zit. nach Engadin Express & Alpine Post – Illustriertes Familienblatt vom 30. 1. 1936.

12 Neue Zürcher Zeitung vom 16. und 21. 1. 1936.

13 Das Hotel befand sich an der Via Maistra 14 in St. Moritz Dorf. Das Hotel existiert heute nicht mehr; das Gebäude wurde umgebaut, heute befindet sich darin eine Bank.

Kontinents restlose Beachtung und entsprechend schmeichelhafte Rezensionen erfahren [...]“[14] – und zitierte dann wie bereits erwähnt die „Neue Zürcher Zeitung“ zu seinem Auftritt im Nebelspalter. Die Eröffnung fand vor ausverkauftem Haus statt.[15] Dass er hier erstmals vor international gemischtem Publikum spielte, war für den Künstler kein Problem. „Paul O'Montis gives a short recital [...] The monocle he wears adds to the effect of his changing facial expressions; his gestures and tones of voice convey meaning even to those not well versed in the German language, and for those who can understand his clever play of words this entertainment, which will be continued daily until February 15th, is real treat. Paul O'Montis recently had a great success in Berne and Zurich, and his reception at St. Moritz has been excellent.“[16]

So hätte es ruhig weitergehen können. Aber seine Vergangenheit sputete sich gerade, ihn einzuholen, im Hintergrund lief bereits eine rege Korrespondenz. Denn der Schweizer Generalkonsul in Köln, Leopold Schöller, hatte aus der heimischen Presse erfahren, dass der Künstler in der Eidgenossenschaft tourte – und fühlte sich moralisch berufen, einzuschreiten. Der Diplomat holte Erkundigungen ein und diktierte am 5. Februar 1936 in einem Schreiben an den Schweizer Bundesanwalt in Bern, er erinnere sich, „dass O'Montis seinerzeit mit den Gerichten in Köln zu tun gehabt hatte, wusste aber nicht mehr, aus welchem Grund. Durch die Liebenswürdigkeit des mir befreundeten Oberstaatsanwaltes[17]

14 Alle Zitate: Engadin Express & Alpine Post – Illustriertes Familienblatt vom 23., 25. und 30. 1. 1936.

15 Engadiner Post vom 4. 2. 1936.

16 Engadiner Post vom 7. 2. 1936. Möglicherweise wurde sein Auftritt in Basel mit Bern verwechselt.

17 Oberstaatsanwalt in Köln war Dr. Melle Seebens. Seebens ging 1937 nach Berlin und war bis Kriegsende Generalstaatsanwalt beim Landgericht Berlin, dort auch zuständig für das Sondergericht Berlin. „Die Sondergerichtsverordnung vom März 1933 (zielte) von vornherein auf die Aushebelung von Rechtsstaatsgrundsätzen und beabsichtigte die Installierung von Sondergerichten als Instrumente zur Verfolgung der Opposition“ (S. 86). Fokussierten die Sondergerichte in den ersten Jahren der Nazidiktatur vor allem die Verfolgung politischer Delikte, verlagerte sich ihr Schwerpunkt im Krieg auf die „Ahndung allgemeiner ‚kriegsbedingter' Kriminalität“ (S. 92), z. B. sogenannte Rundfunkverbrechen. „Mit der Verhängung von über 1000 Todesurteilen weist das Sondergericht Berlin eine überaus blutige Sanktionspraxis auf: In den Jahren 1941 bis 1945 wurde gegen jeden achten Angeklagten die Todesstrafe verhängt, in den Kriegsjahren 1943 und 1944 erging sogar gegen jeden sechsten Beschuldigten ein Todesurteil“; Michael Hensle, „Rundfunkverbrechen“ vor nationalsozialistischen Sondergerichten. Eine vergleichende Untersuchung der Urteilspraxis in der Reichshauptstadt Berlin und der südbadischen Provinz, Dissertation Technische Universität Berlin 2001, depositonce.tu-berlin.de/bitstream/11303/1505/1/Dokument_14.pdf.

konnte ich heute erfahren, dass O'Montis [...] wegen verschiedenen schweren Fällen, in welchen er sich als Homosexueller betätigt hat, zu 1 Jahr und 9 Monate Gefängnis verurteilt wurde. Wendel alias O'Montis trat stets an junge Schüler unter 18 Jahren heran, mit denen er ein Gespräch anfing und sie zu einer Autotour einlud, nach welcher er sie dann mit nach Hause nahm. In Anbetracht der gemeingefährlichen Gesinnung dieses Mannes wurden ihm auch durch Urteil vom 22. März 1934 die bürgerlichen Ehrenrechte auf drei Jahren aberkannt. [...] Nach einer langen Unterredung mit dem Oberstaatsanwalt kam ich zu der Überzeugung, dass es sich im vorliegenden Fall um einen ganz gefährlichen Menschen handelt, der sicherlich seine krankhaften Neigungen durch die lange Gefängnisstrafe nicht verloren hat. Ich möchte Ihnen deshalb anheimstellen, Wendel alias O'Montis beobachten zu lassen, falls er noch in der Schweiz auftritt. Ich frage mich außerdem, ob einem solchen Menschen, der die moralische Vernichtung vieler junger Existenzen auf dem Gewissen hat, die Niederlassungs- bzw. die Arbeitsbewilligung in der Schweiz erteilt werden soll."[18]

Aus jenem Schreiben erfahren wir auch, dass der Künstler „ein sehr bekannter Conférencier [ist], der nur auf allerbesten Bühnen auftritt" und im Kölner Kaiserhof zuletzt „eine monatliche Gage von Mk. 2500 bezog". Nach Erhalt leitete die Schweizerische Bundesanwaltschaft am 11. Februar das Schreiben Schöllers an das Polizeikommando des Kantons Zürich weiter mit der Bitte, „diesen Conférencier beobachten zu lassen". Die Züricher Polizei wurde sofort aktiv. Wachtmeister Dienerv erstellte ein Dossier über ihn, in dem seine Aufenthaltsmeldungen in der Schweiz im Zeitraum von 1929 bis 1936, also genaue Zeiten und Orte, zusammengestellt wurden. Aus diesem Schreiben stammt auch die Information, er sei „deutscher Staatbürger – früher von Charlottenburg, Preußen"; wieder tauchen die fehlerhaften Angaben zu seinen Eltern auf, sie kamen wahrscheinlich aus den Kölner Strafakten. Die Zusammenstellung ist nicht ganz vollständig, denn sein Auftritt in Zürich 1927 fehlt, auch die Angabe, er sei reformiert, war falsch. Schon am 13. Februar wurde das Dossier an die Schweizerische Bundesanwaltschaft weitergeleitet. Da sich der Künstler im Kanton Graubünden aufhielt, gingen zwei Tage später Durchschläge des Briefes vom Kölner Konsulat- sowie des Züricher Polizei-Rapports an das Justiz- und Polizeidepartement des Kantons Graubünden in Chur „mit dem Ersuchen, die nötigen Maßnahmen veranlassen zu wollen". Am 27. Februar informierte das Graubündener Justiz- und Polizeidepartment die Berner Bundesanwaltschaft darüber, dass der

18 Schreiben des Schweizerischen Generalkonsuls in Köln an die Schweizerische Bundesanwaltschaft Bern vom 5. 2. 1936, Schweizerisches Bundesarchiv E4320B#1990/266#80*. Alle weiteren Schreiben aus dieser Akte.

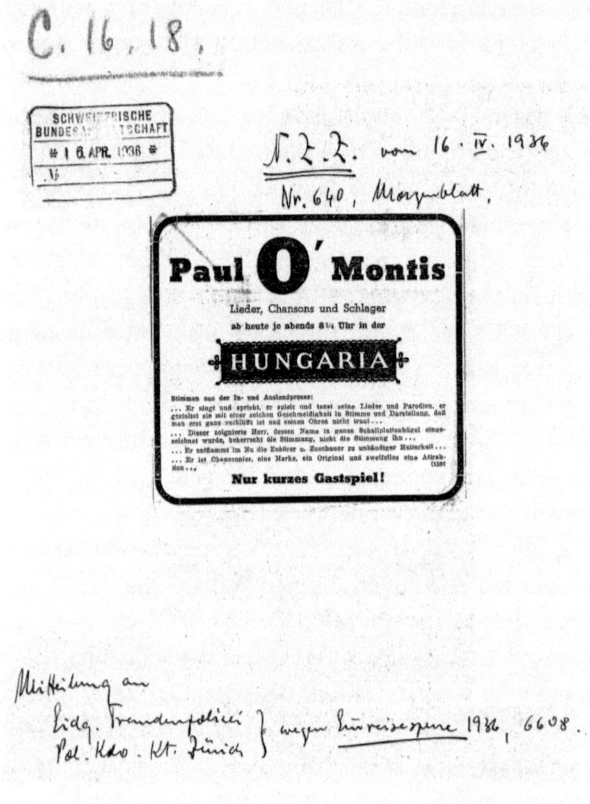

Neue Zürcher Zeitung vom 16. April 1936
Schweizerisches Bundesarchiv

Künstler zwar mittlerweile wieder aus St. Moritz (nach Wien) abgereist sei, seine Aufenthaltsbewilligung aber noch bis zum 31. März d. J. gelte. Die Berner Bundesanwaltschaft konnte also davon ausgehen, dass O'Montis ggf. wieder in die Schweiz einreisen werden wird, um weitere Engagements wahrzunehmen. Um das zu verhindern, musste jetzt bundesweit gehandelt werden. Am 4. März informierte sie die Eidgenössische Fremdenpolizei in Bern, versorgte sie mit allen Unterlagen und beauftragte sie, „die kantonalen Behörden von dessen Veranlagung verständigen zu wollen". Am 27. März verhängte schließlich die Eidgenössische Fremdenpolizei über O'Montis eine unbefristete „Einreisesperre mit Gültigkeit auch für das Gebiet des Fürstentums Liechtenstein" mit der lakonischen Begründung „unerwünschter Ausländer" und verfügte die Ausschreibung dieser Sperre „unter beiden Namen (Wendel und O'Montis)". Rechtsgrundlage war Artikel 13 Absatz 2 des „Bundesgesetzes über Aufenthalt und Niederlassung der Ausländer vom 26. März 1931", in dem sich noch heute der Passus findet:

„Die eidgenössische Behörde kann einem Ausländer, dessen Einreise oder Wiedereinreise zu bestimmten Zwecken unerwünscht ist, eine Einreisebeschränkung auferlegen“.[19] Der Künstler hatte rechtlich die Möglichkeit, innerhalb von dreißig Tagen zu widersprechen.

Trotz offizieller Sperre war O'Montis im April wieder in Zürich engagiert und trat laut einer Werbeannonce ab dem 16. April im Hungaria auf.[20] Das entging natürlich auch den Behörden nicht, die Zeitungsannonce des Hungaria landete noch am gleichen Tag in den Akten der Schweizerischen Bundesanwaltschaft, die Eidgenössische Fremdenpolizei des Kantons Zürich wurde informiert. Scheinbar griff die Polizei nicht sofort ein, denn noch am 22. April findet sich in der Presse eine Auftrittsanzeige.[21] Irgendwann also in diesen Tagen wird der Künstler über seine Einreisesperre und die rechtlichen Modalitäten informiert und des Landes verwiesen worden sein. Ob er Einspruch erhob, ist nicht verzeichnet.

Damit war O'Montis das Schweizer Exil verschlossen.

19 Bundesgesetz über Aufenthalt und Niederlassung der Ausländer (ANAG) vom 26. 3. 1931 (Stand vom 30. 11. 2004); www.admin.ch/opc/de/classified-compilation/19310017/20050 1010000/142. 20.pdf [6. 2. 2020].

20 Neue Zürcher Zeitung vom 16. 4. 1936.

21 Neue Zürcher Zeitung vom 22. 4. 1936.

11 Emigration nach Österreich

Ob O'Montis überhaupt in der Schweiz für sich eine längerfristige Perspektive sah, wird sich wohl kaum mehr klären lassen. Wahrscheinlich ist, dass er plante, es längerfristig mit Österreich zu versuchen. Denn bereits im Anschluss an sein Gastspiel im schweizerischen St. Moritz meldete er sich vom 19. Februar zunächst bis Ende des Jahres 1936 in Wien an, blieb aber dort im 4. Stadtbezirk schließlich mit einigen Unterbrechungen bis zum 3. Januar 1938 gemeldet.

Als O'Montis nach Österreich kam, gab es auch hier keinen demokratischen Rechtsstaat mehr, sondern einen sogenannten Ständestaat mit autoritärer Staatsführung. Das Land war gebeutelt von hoher Arbeitslosigkeit und einem gerade zwei Jahre zurückliegenden Beinahe-Bürgerkrieg. Nationalsozialisten war zwar jedwede politische Betätigung verboten, Sozialdemokraten und Kommunisten jedoch ebenso. Alle Texte waren der Zensur unterworfen. Die „Anschluss"-Drohung Nazideutschlands schwebte wie ein Damoklesschwert über dem Land. O'Montis nahm das wie viele andere in Kauf: „Wenn es trotzdem eine Vielzahl berühmter und weniger berühmter Emigranten in die traditionsreiche, wenngleich krisengeschüttelte Theaterstadt Wien zog, so taten sie diesen Schritt unter Negierung oder Fehleinschätzung der politischen Warnsignale, in der Hoffnung auf eine von Sprachbarrieren unbeeinträchtigte Berufsausübung."[1] Natürlich war auch in Österreich Homosexualität strafbar, der § 129 StG war fast wortgleich dem deutschen § 175 vor der Reform, galt hier aber auch für Frauen.[2]

Kaum in der Stadt angekommen, verkündigte die Presse bereits für den 29. Februar im Sender Radio Wien zur besten Sendezeit am Samstagabend „ein

1 Hilde Haider-Pregler, Exilland Österreich, in: Trapp/Mittenzwei/Rischbieter/Schneider, Handbuch des deutschsprachigen Exiltheaters 1933–1945, S. 97–156, hier S. 98. Zur Zensur: Regina Thumser, „Ernst ist das Leben, heiter die Kunst." – Kabarett im Österreich der Zwischenkriegszeit, in: Zeitgeschichte 27 (2000) 6, S. 386–396, hier S. 393, anno.onb.ac.at/cgi-content/anno-plus?aid=ztg&datum=2000&page=420&size=36&qid=JQR5Z7R82IUUSV11GLVW4MNMSNRLB1.

2 Der Strafrahmen bewegte sich zwischen sechs Monaten bis zu fünf Jahren schwerer Kerker; Stefan Dobias, Homosexualität im österreichischen Recht. Historischer Überblick, in: Wolfgang Förster/Tobias G. Natter/Ines Rieder (Hrsg.), Der andere Blick. Lesbischschwules Leben in Österreich, Wien 2001, S. 173.

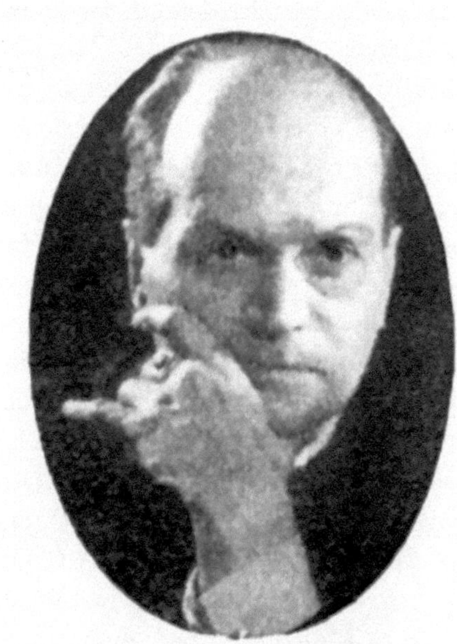

SIMPL-Programm März 1936
Theatermuseum Wien, Programmarchiv

kurzes Interview mit dem bekannten Schallplattensänger O'Montis, der sich zurzeit in Wien aufhält".[3] Der Künstler war also vorbereitet und wusste, seinen neuen Auslandsaufenthalt PR-mäßig gut zu organisieren. Von dem Interview existiert zwar keine Aufnahme, aber sicherlich wird er im Radio sein aktuelles Gastspiel in der Stadt beworben haben. Von den drei namhaften Wiener Kabaretts Simplicissimus, Der Liebe Augustin und Literatur am Naschmarkt kam für ihn eigentlich nur das Revuetheater Simpl infrage, das als reines Unterhaltungskabarett galt und weniger politisch ambitioniert war. Dort war er bereits 1929 aufgetreten und nun vom 25. Februar bis wahrscheinlich Mitte März wieder engagiert. In der „Lachrevue in 24 Bildern" mit dem Titel „Karte genügt, komme sofort", spielte er sich selbst und erschien im elften Bild standesgemäß als „ein hoher Gast". Wieder wurde sein Name in einer Zeitungsanzeige besonders hervorgehoben als „der weltberühmte Schallplattensänger",[4] im Programmheft des Simpl galt er gar als „der deutsche Chevalier" in Anspielung auf seinen berühmten französischen Kollegen Maurice Chevalier. In diesem Heft ist auch das letzte von ihm erhaltene Bild als 41-Jähriger abgedruckt, eine nach wie vor elegante

3 Salzburger Chronik für Stadt und Land vom 29. 2. 1936.

4 Neues Wiener Journal vom 25. 2. 1936.

Erscheinung, aber auch deutlich gereift und in einer ernsten, nachdenklich wirkenden Pose.[5]

Im Anschluss gastierte er für die zweite Märzhälfte in der Wiener Kaiserbar. Wiederum wurde sein Auftritt besonders beworben: Die Bar annoncierte mehrmals, sogar auf einer ersten Seite mit seiner Künstlerkarikatur aus dem Jahr 1928 als Hingucker und lancierte ansprechende Zeilen in die Presse: „Ein bezwingender Zauber geht von dem Manne aus. [...] Wer hat nicht schon eine seiner großartigen Grammophonplatten gehört. Es gibt heute nur ganz wenige Chansonniers, deren Vortragskunst der seinen auch nur halbwegs gleichkommt."[6] „Er ist ein Künstler von ganz besonderer Eigenart. Paul O'Montis' Vortrag ist geistreich, voll sprühenden Esprits, seine Stimme hat ihm den Weltruf verschafft. Das Anhören seiner Schallplatten ist ein Genuss, ihn persönlich vortragen zu hören, ist ein großes Erlebnis."[7] Und weil er erst am Abend spielte, konnte er z. B. am Nachmittag des 19. März noch einen Auftritt beim „Fünfuhrtee des ‚Neuen Wiener Journals'" im Festsaal des Militärkasinos wahrnehmen und trat mit anderen Künstlerinnen und Künstlern als musikalisches Begleitprogramm einer Modeschau auf – nun, als Exilant durfte er nicht wählerisch sein. Nur einen Monat später ereilte ihn in der Schweiz dann sein Auftrittsverbot.

Gastspiele in den Niederlanden

Wie viele nach Österreich emigrierte Künstlerinnen und Künstler nutzte auch Paul O'Montis Wien als Ausgangspunkt für Gastspiele ins Ausland. So trat er im Juni 1936 im „Kurhaus-Cabaret" im niederländischen Seebad Scheveningen auf.[8] Zwar versuchte der damalige Leiter des Kurhaus-Cabaretts, der Kabarettist und Revueartist Louis Davids, seinem Haus mit Engagements der Exilanten Werner Fink, Dora Gerson und der Berliner Kabarettgruppe Ping Pong etwas politischen Drive zu geben, doch die Reaktionen waren nicht gerade ermutigend.[9] Ein O'Montis passte da schon besser. Es verwundert, dass der Chansonnier nicht schon früher durch die Niederlande getourt war, denn „das überwiegend

5 Programmheft „Karte genügt, komme sofort! Franz Engel Fritz Wiesenthal" mit Datum 10. 3. 1936, Bestand Theatermuseum Wien.

6 Der Morgen. Wiener Montagsblatt vom 16. 3. 1936.

7 Neues Wiener Journal vom 15. 3. 1936.

8 Nieuwsblad van het Norden vom 7. 7. 1936.

9 Albach/ Klöters, Exiltheater in den Niederlanden, S. 223.

bürgerliche Publikum wollte ein hochkultiviertes, künstlerisches, unpolitisches und humorvolles Kabarett".[10] Sein Repertoire und Stil waren also wie geschaffen für das „elegante Cabaret" des herrschenden Publikumsgeschmacks. Warum er anscheinend nie in Erwägung zog, die Niederlande als Exil zu wählen, kann nur vermutet werden, allein an der Sprache kann es nicht gelegen haben: „Im niederländischen Kulturleben spielte die deutsche Sprache und Kultur eine besondere Rolle. Der gebildete Holländer lernte Deutsch in der Schule, las deutsche Bücher, kannte und liebte deutsche Musik, sah viele deutsche Filme und besuchte Gastspiele von deutschen Opern, Operetten und Theatern."[11] O'Montis war auch in den Niederlanden durch seine Schallplatten bekannt. Außerdem war Amsterdam „neben Paris und Prag [...] zwischen 1933 und 1939 das wichtigste Zentrum der deutschsprachigen Emigration".[12] Aber es waren vor allem jüdische Deutsche, die sich länger in den Niederlanden aufhielten, wo sie nur selten auf Antisemitismus stießen. O'Montis war kein Jude, diesen Aspekt hatte er also nicht im Blick. Außerdem war schon seine frühere Tourneeplanung mehr auf Osteuropa als auf den Westen ausgerichtet; im westeuropäischen Ausland ist er offenbar nie auf Tournee gegangen.

In Scheveningen traf Paul O'Montis auf einen niederländischen Schauspieler und Sänger mit Namen Frans Dresselhuis (1908–2000). Der hatte sich den Künstlernamen Harry Dressel (auch Dresselhuys) zugelegt und spielte gerade an „De Koninklijke Schowburg" in Den Haag Theater.[13] Tagsüber flanierte Harry auf dem Strand-Boulevard in Scheveningen, wo er dem Tourneegast zum ersten Mal begegnete. In seinen Memoiren schreibt er: „Diejenigen, die ihn zum ersten Mal sahen, entdeckten in ihm keineswegs einen schönen Mann. Paul hatte schon als Vierzigjähriger einen wie eine Billardkugel kahlen, glänzenden Kopf und trug ein Monokel, genau wie der damals weltberühmte Tenor Richard Tauber bei seinen Auftritten. Aber als O'Montis anfing zu sprechen und zu singen, wusste er durch seinen großen Charme den Saal immer innerhalb von Minuten zu gewinnen."[14] O'Montis, immer ein Auge für junge und attraktive Männer, lotete seine Chancen aus, und die standen nicht schlecht, Harry genoss Beziehungen zu Frauen und Männern. Dressel weiter:

10 Ebenda, S. 221.

11 Ebenda, S. 220.

12 Ebenda, S. 219.

13 Der französische Autor und spätere Literaturnobelpreisträger Patrick Modiano verarbeitete 1977 in seinem Buch Livret de famille (Familienstammbuch) seine Kindheitserinnerungen an Harry Dressel, der die Eltern des Autors kannte.

14 Frans H. Dresselhuis, Harry zingt op klompen, Winschoten 1983, S. 45.

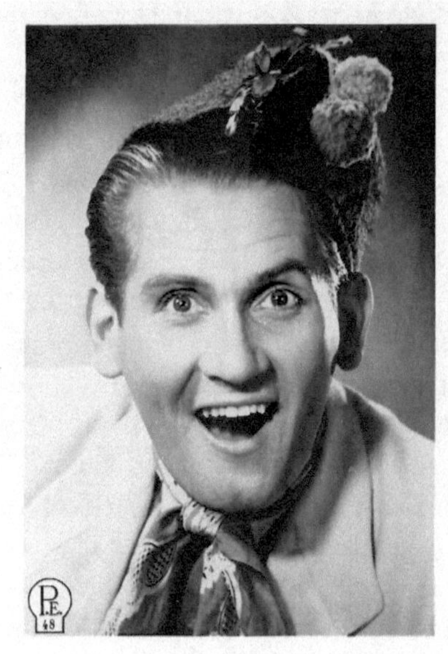

Autogramm-Postkarte von Harry Dressel
Sammlung Ralf Jörg Raber

„Ich saß in der Sonne auf einer Terrasse auf dem Boulevard in Scheveningen, als Paul O'Montis sich neben mich setzte. Als er hörte, dass ich Künstler war und zehn Jahre in Deutschland gearbeitet hatte, war der Kontakt hergestellt. Nach den Aufführungen an diesem Abend aßen wir eine Reistafel, und dabei schlug er mir (ich war damals 26 Jahre alt) vor ihn auf der kommenden Tournee in Österreich zu begleiten. Die Truppe bestand ferner aus einer Wiener Vortragskünstlerin und einem Pianisten; ich würde die Conférence machen und mit den beiden anderen in einer Sketsch-Aufführung auftreten. Weil ich genug hatte von der ‚Kautschuk'-Tournee [gemeint war das Theaterstück, in dem er mitwirkte] und mich stattdessen ein Besuch der Seebäder am Wörthersee, Graz, Linz, Bad Gastein, Bad Ischl und dann im Herbst Wien anlächelten, zeichnete ich den Vertrag. Am 15. Juli nahmen wir den Zug nach Basel, wo wir übernachteten. Dort erklärte Paul seine Liebe zu mir, aber davon stand nichts in dem Vertrag. Außerdem konnte ich es mir nicht vorstellen, mit ihm, so charmant er auch war, in einem Bett zu liegen, einfach weil er nicht mein Typ war. Deshalb hat es während der dreiwöchigen Tournee zwischen uns beiden von Anfang an nicht geklappt, abgesehen von dem Sketsch, in dem wir beide mit Else Rambauseck spielten."[15]

15 Dresselhuis, S. 46, Übersetzung Piet Boomsma.

Dass der junge Schauspieler vom berühmten deutschen Kollegen für eine Tournee nach Österreich verpflichtet wurde, war sogar eine Meldung in der niederländischen Presse wert.[16] Vorher allerdings nahm O'Montis noch ein mehrtägiges Gastspiel in Groningen im Kabarett Wintergarten des Hotels Frigge wahr, wo vor allem seine „Faust-Parodie" wieder das Publikum entzückte.[17]

Seine Österreich-Tournee mit dem kleinen Ensemble bestehend aus Harry Dressel/Dresselhuis, der Wiener Vortragskünstlerin Else Rambausek sowie dem Pianisten Hans Erich Apostel führte ihn am 29. Juli in die Steiermark ins Kurtheater von Bad Aussee, zwei Tage später in den Städtischen Volkgarten nach Linz, laut Dresselhuis auch nach Graz, Bad Gastein, Bad Ischl und schließlich nach Wien. In der Presse fand die Tournee wenig Widerhall, aus Bad Aussee erfahren wir lediglich, dass O'Montis wieder seine Ewignummer „Kuno, der Weiberfeind" zum Besten gab und man nur vor „einem kleinen, doch dankbaren Zuhörerkreis" spielte.[18]

Über weitere Auftritte des Künstlers in Österreich in der zweiten Jahreshälfte 1936 liegen kaum Informationen vor. Zumindest Sylvester stand ganz im Glanz der alten Zeiten, in der Revue „Wien steht Kopf!" im städtischen „Volkstheater" tummelte er sich wieder in der Kulturprominenz der leichten Muse von Lizzi Waldmüller, Oskar Karlweis, Hermann Leopoldi, Fritz Grünbaum bis hin zum Schriftsteller Max Brod. Doch ausgiebig gefeiert hatte er da sicherlich nicht, denn die Koffer standen bereits gepackt für das nächste Engagement am Neujahrstag im entfernten tschechischen Brünn. Vielleicht kam ihm da sein Kommentar im Organ der Varietéwelt fast fünf Jahre zuvor wieder in den Sinn. Der Direktor des Berliner Europa-Pavillons hatte damals angeregt, die Premieren neuer Programme vom Neujahrstag auf den Silvesterabend zu verlegen, die Artisten könnten dann mitfeiern und müssten nicht in der Nacht zum nächsten Engagement reisen. Außerdem versprach er sich in der Zeit der großen Wirtschaftskrise dadurch auch höhere Besuchszahlen. O'Montis stand diesem Vorschlag ablehnend gegenüber, die Darbietungen gingen im Silvestertrubel eh schon unter und würden oft auf ein Minimum reduziert: „Wir Künstler von Brettl und Varieté haben uns alle Sentiments längst abgewöhnt und würden es vielleicht nur störend empfinden, müßten wir plötzlich, in dieser Zeit des Mißvergnügens, das neue Jahr mit Trubel und Halloh begrüßen, anstatt im Schlafwagen der Eisenbahn vernünftigerweise hinüberzuschlummern."[19]

16 Nieuwsblad van het Norden vom 7. 7. 1936.

17 Nieuwsblad van het Norden vom 4. 7. 1936.

18 Steirische Alpenpost vom 7. 8. 1936.

19 Das Organ, Nr. 1207/08 vom 20. 1. 32

Gastspiele in der Tschechoslowakei

Schon bevor Paul O'Montis im Jahr 1938 endgültig in die Tschechoslowakei emigrierte, war er dort wiederholt aufgetreten. Vor allem in Brünn, wo sich rund ein Fünftel der Bevölkerung, etwa 50 000 Bürgerinnen und Bürger, zur deutschen Nationalität bekannte, von der Zahl her immerhin eine mittlere Kleinstadt. Hier befand sich auch die zweitgrößte deutsche Theaterbühne des Landes.[20] Auch für deutschsprachiges Kabarett war gesorgt, etwa im Pavillon am Krautmarkt. Der Brünner Tagesbote strich den Künstler bei seinem Auftritt in der zweiten Oktoberhälfte des Jahres 1936 vor allem als glänzenden Conférencier heraus: „Die unwiderstehliche Nonchalance, mit der Paul O'Montis so etwas wie Methode in seine Art legt, gar, wenn er tiefernst beginnt und plötzlich so nebenbei bemerkt ‚es kommt noch, weswegen Sie gekommen sind …', auch wie er durch seine halbausgesprochenen Worte oder mit seinen abgerundeten Gesten auf dies und das hinweist, das alles ist echtes Kabarett. Nicht zuletzt auch sein amerikanischer Tonfilm [wahrscheinlich seine Tonfilmparodie der „Meuterei auf der Bounty"], bei dem er ‚keine Mühen, aber alle Kosten' gescheut hat. Kurz, Paul O'Montis zeigt, daß er nicht nur Schlagerlieder verfassen und konferieren, sondern auch fabelhaft vorzutragen und einen ganzen Abend lang allein zu unterhalten versteht. Rings um ihn sieht man nichts als lachende Gesichter, denen man alle Stufen heiteren Wohlgefallens ablesen kann, vom behaglichen Schmunzeln über eine feingeschliffene Pointe bis zum unbändigen Gelächter über eine originelle Groteske. Er weiß sehr wohl, daß dem Leben jetzt nur mit Humor am besten beizukommen ist und dadurch erzielt er seine stärksten Erfolge."[21] O'Montis kam so gut an, dass sein Auftritt in die ersten Novembertage verlängert wurde, das Pavillon platzierte geschickt Eyecatcher in der Presse, um die „Prolongierung" kundzutun. Auch bei weiteren Auftritten geizte das Kabarett nicht mit Anzeigen, ab dem 1. Januar 1937 lud es für mehrere Tage zum „5-Uhr Thè bei Paul O'Montis"; auch dieses Gastspiel wurde um einige Tage verlängert. Der Künstler nahm die Gelegenheit beim Schopf, auch bei einer Kabarettfeier im Mensasaal der Brünner Universität „anlässlich der Genesung des Meisterconférenciers Erwin Engel" mitzuwirken.[22]

Im Mai scheint es allerdings im Pavillon zu Unstimmigkeiten gekommen zu sein, „Vertragsbruch begeht PAUL O'MONTIS", stand in einer erneut gut

20 de.wikipedia.org/wiki/Br%C3%BCnn; Hansjörg Schneider, Exiltheater in der Tschechoslowakei, in: Trapp/Mittenzwei/Rischbieter/Schneider, Handbuch des deutschsprachigen Exiltheaters 1933–1945, Bd. 1: Verfolgung und Exil deutschsprachiger Theaterkünstler, München 1999, S. 157-192, hier S. 175.

21 Tagesbote vom 13. 10. 1936.

22 Tagesbote vom 13. 1. 1937.

platzierten Werbeanzeige zu lesen;[23] der Künstler hatte wohl sein Gastspiel vorzeitig zum 8. Mai beendet, möglicherweise wegen eines direkt darauffolgenden Engagements im Kurort Marienbad, wo er auch im August noch einmal auftrat. Ganz so tragisch kann das Zerwürfnis mit dem Brünner Veranstalter aber nicht gewesen sein, denn im April 1938 stand er dort wieder „mit völlig neuem Repertoire" auf der Brettl-Bühne.[24] Über Brünn und Marienbad hinaus war er sogar in Prag zu hören, im November 1937 im Rahmen einer großen Bühnenschau des „Urania-Kinos".[25]

Letzte Schallplatte

Die Verbindung zu Österreich riss unterdessen nicht ab: Hier kannte man unseren Künstler vor allem von seinen Schallplatten, Odeon hatte viele seiner Aufnahmen auch hier auf den Markt gebracht, wenn auch in anderer Titelkopplung als in Deutschland. Folglich wurde er in der österreichischen Presse bei seinen Gastspielen vor allem als Schallplatten- und Radiostar angepriesen. Auch aktuell liefen im Rundfunk seine Platten, etwa in der Sendung „Tutti-frutti. Zehn Minuten für jedermann (Schallplatten)."[26] Doch seit vier Jahren waren keine neuen Aufnahmen mehr erschienen. Es lag also nahe, sich wieder um einen Schallplattenvertrag zu kümmern. Möglicherweise nutzte er alte Kontakte zu seiner ehemaligen Firma Lindström, die mittlerweile zum großen britischen EMI-Konzern gehörte, denn dessen österreichischer Columbia-Ableger gab ihm die Möglichkeit, noch einmal eine Schallplatte aufzunehmen.

Am 19. April 1937[27] stand Paul O'Montis nach fast viereinhalb Jahren wieder in einem Tonstudio und nahm – wie noch immer üblich live – zwei Titel auf. Am Klavier begleitete ihn der bereits erwähnte österreichische Pianist und Orchesterleiter Heinz Sandauer. Der erste Titel war das Schlagerchanson „Danke schön, es war bezaubernd", Musik: Ernst Sennhofer, Text: Raimund Danberg.[28]

23 Tagesbote vom 8. 5. 1937.

24 Tagesbote vom 16. 4. 1938.

25 Für Brünn, Marienbad: Meldeunterlagen der Stadt Wien; für Prag: grammophon-platten.de/page.php?471.

26 U. a. Allgemeiner Tiroler Anzeiger vom 17. 9. 1937 (Ankündigung für den 25. 9.).

27 Schneidereit, Discographie, S. 966.

28 Der genaue Nachweis der Autorenschaft gestaltet sich schwierig: Die Nennung folgt dem in der Leipziger Nationalbibliothek archivierten Notenblatt. Auch auf der zeitgenössischen Orchesteraufnahme mit Sandauer und der Sängerin Gloria Astor auf „Electrola" stehen diese Namen, das „Österreichische Musikerlexikon online" vom Verlag der öster-

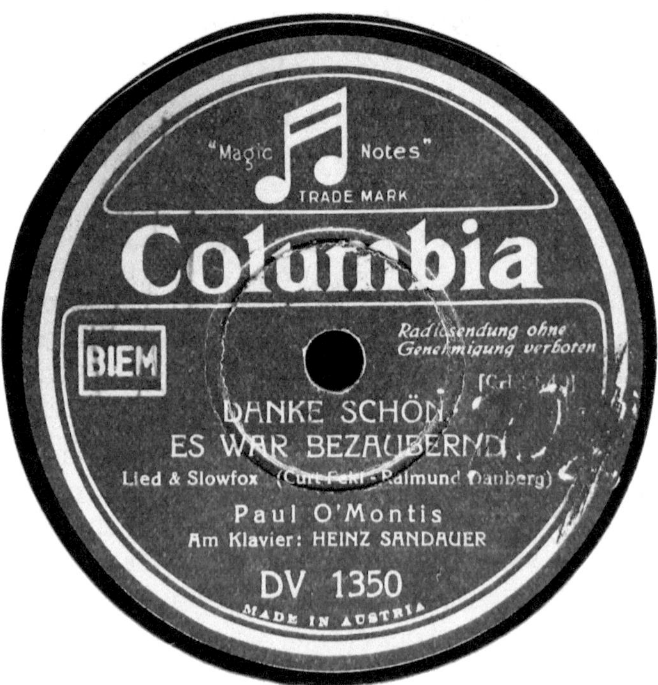

Sammlung Ralf Jörg Raber

Pianist Sandauer gestaltete das musikalische Arrangement modern, mit Tempowechsel und Swing-Elementen, stilistisch ähnlich hatte er bereits eigene Aufnahmen bei Columbia veröffentlicht. Im Stil blieb sich unser Sänger treu und verlieh dem Lied mit Wechsel von Gesang, Sprechgesang und geflüsterten Partien wieder seine ganz persönliche Note. Das melancholische Abschiedslied nach einer kurzen Bekanntschaft, nach einer flüchtigen Affäre oder einem One-Night-Stand, mit dem Versprechen, sich ganz sicher wieder zu melden, gehört zu seinen schönsten Aufnahmen, nicht zuletzt wegen des beswingten Arrangements

reichischen Akademie der Wissenschaft nennt ebenfalls Sennhofer als Komponisten. Auf der O'Montis-Platte wird allerdings als Komponist Curt Fekl genannt. Die GEMA nennt als Komponisten zusätzlich zu Sennhofer Egon Goldberg, als Textdichter dagegen nur Fritz (de) Jahn. Der Komponist Goldberg steht auch auf einer Notenausgabe im Zusammenhang mit Peter Alexander, dort „Dannberg" mit doppelt „n". Aber auch der Textautor Friedrich Alex Jacobson alias Fred Jay steht zur Diskussion (de.wikipedia.org/wiki/Fred_Jay bzw. www.youtube.com/watch?v=88pAtZm_0b8). Möglicherweise handelt es sich in diesem Fall aber um eine Verwechslung mit Sennhofers Pseudonym „Fred Jakobsen". „Raimund Danberg" war eines von vielen Pseudonymen des polnisch-österreichischen jüdischen Komponisten und Autors Symson Weinberg, der vor allem als „Jimmy Berg" in Erscheinung trat, aber auch Schlager fürs Kabarett schrieb.

Sandauers, der des Sängers Melancholie musikalisch geschickt aufzufangen verstand. Möglicherweise wusste die Musikproduktion schon im April, dass das Lied im gleichen Jahr in einem Film Verwendung finden würde, aber der deutsch-tschechische Streifen „Adresse unbekannt“ kam erst mit einem Jahr Verspätung im August 1938 in Österreich in die Kinos, da hatte der Künstler dem Land bereits den Rücken gekehrt.

Wer nach so etwas wie einem Vermächtnis, einer letzten musikalischen Hinterlassenschaft O'Montis sucht, muss die Platte allerdings umdrehen und sich der zweiten Seite zuwenden, der Matrizennummer zufolge seine allerletzte Musikaufnahme. Denn hier wurde ihm ein letztes Mal gestattet, einen eigenen Text zu veröffentlichen, „Die Hände der Mutter“, mit der Musik von Egon Goldberg.

Die Hände der Mutter

Denkst du zurück an die Tage der Kindheit
Die noch von keinem Leid getrübt
Denkst du die Stunden die längst schon entschwunden
An jene Hände die einst du geliebt

Hände die zärtlich dich streicheln
Hände so gütig und fein
Können wenn auch hundert andre schmeicheln
Hände der Mutter nur sein
Was du an ihnen besessen
Was sie dir gaben an Glück
Wirst du im Leben wohl nie vergessen
Und kehrt auch nie mehr zurück
Sie waren nicht die schönsten
Waren oft hart und rauh
Doch sie gehörten der besten
Allerschönsten Frau
Hände die zärtlich dich streicheln
Hände so gütig und fein
Können wenn auch hundert andere schmeicheln
Hände der Mutter nur sein.

Mit Mutter-Liedern war immer zu punkten, bereits 1929 ließ ihn seine Plattenfirma den Mutter-Schlager „Es gibt eine Frau, die dich niemals vergisst“ aufnehmen, auch ein Star wie Richard Tauber ließ sich das Rührstück nicht entgehen.

Auch Claire Waldoff besang „Mutterns Hände", Text: Kurt Tucholsky. Vielleicht verbarg sich aber hinter der O'Montis-Aufnahme mehr als nur kommerzielles Kalkül der Plattenfirma: Irgendwann in jenen Jahren zwischen Dezember 1933 und Juni 1939 muss Pauls eigene Mutter Martha Oberg-Weiss geborene Meyer, verwitwete Wendel, gestorben sein, das exakte Todesjahr ließ sich nicht feststellen. Möglicherweise hat der Text, wie sich spekulieren lässt, auch einen biografischen Bezug und erinnert an seine eigene Mutter.

Bunt verteilt über das Jahr 1937 trat O'Montis auch immer wieder in Wien auf. In der ersten Märzhälfte stand er mit bekannten Kolleginnen und Kollegen wie Hilde Krahl und Oskar Karlweis auf der Bühne der Wiener Scala und spielte die Rolle des Renatus in dem musikalischen Lustspiel „Verzeih, dass ich dich liebe", eine Inszenierung des Kabarettisten Karl Farkas.[29] Im Wintergarten-Café de Paris konnte man ihn („der Welt bester Chansonnier") im November und Dezember immerhin fast zwei Monate am Stück mit angekündigtem neuem Programm erleben. Noch einmal durfte er die Pressemitteilung des Veranstalters genießen, die anderen Varieté- und Kabarettstars seien „rund um Paul O'Montis [...] verpflichtet" worden.[30] Silvester geriet gar zum Stresstag, denn der Sänger trat bei zwei parallel stattfindenden Silvesterbällen auf, dem „Silvesterrummel im Lustspieltheater", einem der größten Kinos der Stadt mit rund 1000 Plätzen, und in der gleichzeitig stattfindenden „Nacht des Lachens" im damaligen Operettenhaus, dem Wiener Stadttheater.[31] Das musste sich die Droschke schon etwas sputen, denn vom Prater-Kino bis in die Josefsstadt waren es doch einige Kilometer.

Nicht immer konnte er mit einer guten Gage rechnen, aber auch auf Benefizveranstaltungen mit berühmten Kolleginnen und Kollegen war es wichtig, Gesicht zu zeigen, so am 21. Februar im Rahmen einer Veranstaltung für die Witwe des im Jahr zuvor Verstorbenen Wiener Humoristen Fritz Wiesenthal im Großen Saal des Musikvereins, oder am 4. Dezember bei einer „Festakademie zugunsten des Hansi-Riese-Denkmalsfonds" im Großen Konzerthaussaal. Unter Namen wie Christl Giampetro, Karl Farkas, Fritz Grünbaum, Oskar Karlweis, Hermann Leopoldi, Paul Morgan, Otto Wallburg, Hans Moser, Lizzy Waldmüller, Ralph Benatzky und und und durfte auch ein Paul O'Montis nicht fehlen.

Resümiert man die einzelnen, über viele Monate in der österreichischen Hauptstadt verteilten Auftritte, darunter wohl nur ein einziges Engagement im bekannten und noch heute existierenden Simplicissimus, kann man mit der

29 Der Wiener Tag vom 4. und 21. 2. 1937.

30 Der Morgen. Wiener Morgenblatt vom 1. 11. 1937.

31 Lustspieltheater: Der Wiener Tag vom 30. 12. 1937, Stadttheater: Der Wiener Tag vom 23. 12. 1937.

Historikerin Hilde Haider-Pregler leicht zu dem Schluss gelangen, der Künstler habe wie viele andere in Wien nicht Fuß fassen können.[32] Doch O'Montis verhielt sich hier in Wien nicht viel anders als zuvor in Berlin, wo er ebenfalls keinen festen Wohnsitz hatte und ständig auf Achse war. Er versuchte, auch hier dem engen Konzept eines Kabarett-Auftritts mit wenigen eigenen Nummern (und wohl auch entsprechender Gage) zu entfliehen und suchte Orte wie etwa Brünn, Marienbad oder Zagreb, wo er ein eigenes Konzert gestalten konnte. In Wien war er wie einst in Berlin eine Kabarettnummer unter vielen im „Überangebot" der Emigrierten. Wäre der sogenannte Anschluss nicht gekommen, wäre es möglicherweise noch ein paar Jahre so weitergegangen.

Gastspiel in Polen

Am 3. Januar 1938 meldete sich O'Montis in Wien ab und reiste zu einem Gastspiel in die polnische Stadt Lodz. Dort gastierte er rund einen Monat vom 6. Januar bis zum 4. Februar im Kabarett Tabarin. Das Kabarett legte sich ins Zeug und schaltete im Durchschnitt jeden zweiten Tag in der deutschsprachigen Lodzer Freie Presse Anzeigen und kündigte ihn als „de[n] weltberühmte[n] Liedsänger" an.

Die Auftrittssituation für Emigrierte in Polen war schwierig. Im Zuge des deutsch-polnischen Nichtangriffspakts und Presseabkommens von 1934 konnten „praktisch [...] in Polen nur die von Berlin genehmigten ‚reichsdeutschen Künstler' auftreten" – mit Ausnahme österreichischer Künstlerinnen und Künstler, „auch wenn sie früher aus NS-Deutschland geflohen oder ausgewiesen worden waren".[33] Demzufolge müsste O'Montis noch für den Januar 1938 eine Auftrittsgenehmigung aus Berlin erhalten haben, ohne die er – folgen wir dem Chronisten – nicht im „Tabarin" hätte auftreten können. Und weitergedacht: Gab es eine solche Genehmigung ohne Mitgliedschaft in der sogenannten Reichsmusikkammer? Im deutschen Bundesarchiv zumindest findet sich kein Hinweis über eine Mitgliedschaft in der (übergeordneten) „Reichskulturkammer".[34]

32 Haider-Pregler, Exilland Österreich, S. 106.

33 Bogusław Drewniak, Exiltheater in Polen, in: Trapp/Mittenzwei/Rischbieter/Schneider, Handbuch des deutschsprachigen Exiltheaters 1933–1945, Bd. 1: Verfolgung und Exil deutschsprachiger Theaterkünstler, München 1999, S. 245-250, hier S. 246.

34 Schreiben des Bundesarchivs vom August 2017: „Zu der angefragten Person, Paul Wendel alias Paul O'Montis, konnten keine Unterlagen ermittelt werden, im Besonderen nicht im Bestand BArch R 9361-V Personenbezogene Unterlagen der Reichskulturkammer (RKK), in der Verurteilten-Kartei, Verfolgten-Kartei, Gestapo-Kartei und R 3018 Nationalsozialistische Justiz und R 3017 Oberreichsanwalt beim Volksgerichtshof."

Tabarin
Im Programm: Paul O'Montis der weltberühmte Liedsänger
Ballett Tanagra
Heute „Lustiger Donnerstag“
Täglich Fünfuhrtee mit vollem Programm.

Freie Presse (Lodz) vom 6. Januar 1938

Wie es nach Lodz weiterging, liegt noch völlig im Dunkeln, erst in der zweiten Aprilhälfte ist – wie bereits erwähnt – ein Auftritt im tschechischen Brünn dokumentiert. Möglicherweise stand schon damals sein Entschluss fest, nicht mehr nach Österreich zurückzukehren, jedenfalls erfolgte nach dem Aufenthalt in Lodz keine erneute Anmeldung mehr in Wien. Spätestens nach der vollständigen politischen Eroberung Österreichs im März 1938 wird dem Künstler klar gewesen sein, dass an eine Rückkehr nicht mehr zu denken war. „An fast allen Bühnen wurden die Direktoren unverzüglich ausgewechselt [...] Die Kleinkunstbühnen wurden sofort nach dem Einmarsch der deutschen Truppen liquidiert“, zum Teil mit brutaler Gewalt.[35] Der gut vernetzte O'Montis wird davon erfahren haben. Auch aus persönlichen Gründen war Österreich nun noch gefährlicher geworden: Zwar war er nach seiner Emigration hier nicht mehr wegen Homosexualität mit dem Gesetz in Konflikt geraten,[36] aber für ihn als vorbestraften Homosexuellen gestaltete sich die neue Lage als viel zu gefährlich. Er musste damit rechnen, dass der im Deutschen Reich verschärfte § 175 bald auch für Österreich gelten würde, vielleicht hatte er auch davon erfahren, dass Ende 1937 im Reich die sogenannte Vorbeugehaft eingeführt worden war, auf deren Grundlage „Berufs- und Gewohnheitsverbrecher“ – oder wenn jemand „durch sein asoziales Verhalten die Allgemeinheit gefährdet“ – in ein KZ gesperrt werden konnte.[37]

Damit war Paul O'Montis auch das zweite deutschsprachige Land Europas als längerfristiger Zufluchtsort verschlossen.

35 Haider-Pregler, Exilland Österreich, S. 152 f.

36 Schreiben der Stadt Wien vom 16. 3. 2018: „Paul Wendel ist in den Häftlings- und Namensverzeichnissen des Landgerichts für Strafsachen I und II für die Jahre 1924, 1929 und 1936 bis 1938 nicht verzeichnet“; ebenso wenig liegen ihn betreffende Unterlagen im Staatsarchiv Lodz vor (Schreiben vom 16. 1. 2017).

37 Zinn, Volkskörper, S. 311.

12 Emigration nach Jugoslawien

Dass sich Paul O'Montis 1938 um eine Aufenthaltserlaubnis in Jugoslawien – konkret der kroatischen Stadt Zagreb – bemühte, zeigt, wie verzweifelt seine Lage war, nachdem er Österreich verlassen hatte. Denn die Auftrittsmöglichkeiten für deutschsprachige Künstlerinnen und Künstler dürften in dem Königreich an der Adria begrenzt gewesen sein. Zwar waren etwa eine halbe Million Menschen der deutschen Sprache mächtig, aber die meisten lebten in Slawonien und in der Vojvodina, arbeiteten in der Landwirtschaft und dürften sich wenig für städtisches Kabarett interessiert haben.[1] In Zagreb aber stieß O'Montis auf ein gebildetes, ebenfalls Deutsch sprechendes, kroatisches Bürgertum; anders als die Hauptstadt Belgrad gehörte die Stadt bis 1918 zu Österreich-Ungarn. Außerdem lebten hier mittlerweile viele jüdische Emigrierte. Zwar war aus einer mit liberaldemokratischen und nach rechtsstaatlichen Prinzipen verfassten parlamentarischen Monarchie, dem „Königsreich der Serben, Kroaten und Slowenen", längst die Königsdiktatur Jugoslawien entstanden. Sie setzte auf „konservative Werte und patriarchalische Struktur".[2] Dennoch tummelte sich gerade in Großstädten wie Zagreb mittlerweile ein modernes Nachtleben, es genoss den liberalen Zeitgeist der „Roaring Twenties" auf allen Gebieten und in vollen Zügen, vergleichbar dem anderer europäischer Zentren. „Das städtische Kulturleben war kosmopolitisch, mit starken Neigungen nach Frankreich, England und Deutschland. [...] Auf den Bühnen der jugoslawischen Metropolen traten häufig deutsche und österreichische Musiker, Dirigenten, Theaterregisseure auf, man zeigte europäische Kunstausstellungen, übersetzte und verkaufte ausländische Belletristik. [...] Breitere Schichten (kamen) in den Städten in Berührung mit der modernen angelsächsischen Massenkultur." Die Regierung näherte das Land dem Deutschen Reich an, Nazideutschland war wichtigster Handelspartner.[3]

O'Montis hatte bereits im Vorjahr gute Erfahrungen in Zagreb gemacht und profitierte von seiner Mehrsprachigkeit. Wieder kam sein geplantes kurzes Gastspiel im September 1937 in die Verlängerung und dehnte sich nun auf zwei

1 Die Informationen zu Zagreb und Jugoslawien verdanke ich der Korrespondenz mit Prof. Dr. Marie-Janine Calic.

2 Marie-Janine Calic, Geschichte Jugoslawiens im 20. Jahrhundert, München 2010, S. 118.

3 Ebenda, S. 110 f., 132.

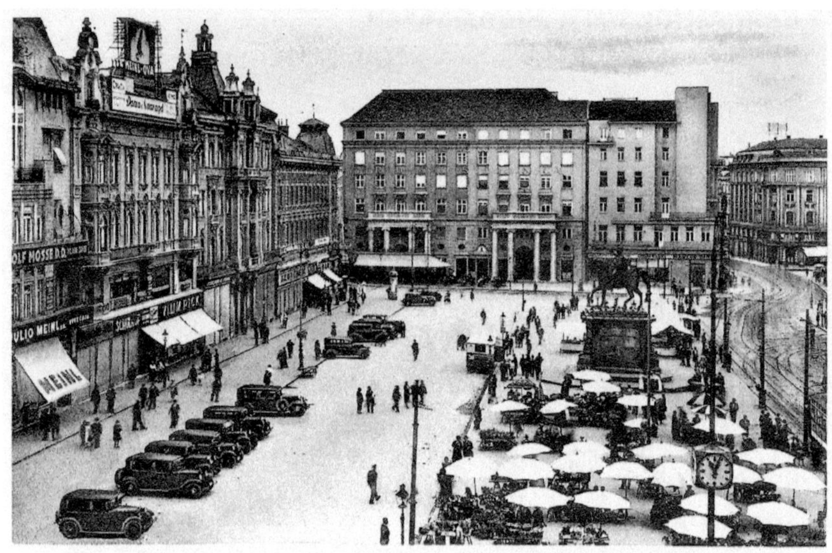

Postkarte des Jelačićev-Platzes in Zagreb, vierte Markise von links: PIK-Bar
Sammlung Ralf Jörg Raber

Monate: Ab 30. September trat er in der PIK-Bar auf, einem Vergnügungsetablissement direkt am zentralen Jelačićev-Platz der Stadt gelegen. Bereits seit August köderte das Kabarett sein Publikum in der deutschsprachigen Presse, im Morgenblatt, in dem es zunächst nur seinen Namen inserierte, dann den Namen mit Hinweis auf einen ersten Auftritt und zwei kryptischen Fragezeichen, dann den Zusatz „der russische Chevalier".[4] Am 5. September folgte dann eine ausführliche Konzertkritik:

> „Nach längerer Pause weisen die Programme des Zagreber Vergnügungslebens wieder einen interessanten Namen auf, der im gesamten Auslande guten Klang hat. Paul O'Montis [...] war in den Jahren nach dem Kriege in den größten Zentren Europas, in Paris, Berlin, Prag, Wien u.s.w. die Attraktion der großen Varietees. Sein Name wurde auf den Plakaten in halbmetergroßen Lettern gedruckt und die Gage, die er für seine Gastspiele erhält, sprengt auch heute noch die ansonsten üblichen Ausmaße in den internationalen Artistenverträgen. Direktor Ferry Šandorić ist es gelungen, ein kurzes Gastspiel des gefeierten Chansonneurs für die ‚PIK'-Bar abzuschließen. Unter bedeutenden materiellen Opfern! [...] Der durchschlagende

4 Morgenblatt vom 20./ 22./ 29. 8. 1937.

> Erfolg steht nicht hinter jenem in den anderen Hauptstädten zurück. Paul O'Montis kam aus Marienbad, wo er den Sommer verbrachte, zum ersten Mal nach Jugoslawien. Tagsüber kann man ihn – braungebrannt von der südlichen Sonne – am Savestrand sehen. Abends tritt er mit dem schneidig ins Auge geklemmten Monokel, dem weißen Smoking mit seidenschimmerndem Revers und einem eigenartigen sarkastischen Lächeln vor das Publikum. Seine Chansons sind Glanzstücke der alten und neuen Kabarettkunst, vorgetragen mit einer prächtigen, anziehenden Stimme und garniert durch unnachahmliche Gesten und Bewegungen. Im Gegensatz zu anderen Chansonniers ist Paul O'Montis der ideale ‚Vortragende'. Niemals derb und doch beißend gewürzt, humorvoll und dennoch niemals banal seine Chansons, – das hat ihn vor allem berühmt gemacht. Die Schallplatten mit seiner Stimme laufen in zwei Weltteilen. Er ist ebenso sehr Russe als Deutscher, weil er in beiden Ländern aufgewachsen ist. Er singt deswegen auch russisch und deutsch, nach Belieben, wie es das Publikum will, und ist ansonsten ein amüsanter Plauderer und Conférencier. Kavalier vom Scheitel bis zur Sohle! Wie er selbst sagt, ‚beliebt bei älteren Damen und jüngeren Herren…' – Derzeit bringt er ein abwechslungsreiches Repertoire, bestehend aus Chansons und einschmeichelnden Liedern, denen er seine angenehme Stimme leiht. Die Saaltüren bleiben während seiner Vorträge geschlossen, was manche Gäste nicht verstehen wollen, was aber wohl selbstverständlich ist. In Zagreb ist man eben eine wirklich berühmte Kabarett-Attraktion schon lange nicht mehr gewohnt […]."[5]

Der Artikel liefert trotz einiger Übertreibungen (ein Pariser Auftritt ist bisher nicht nachgewiesen) noch einmal wichtige Informationen über den Künstler: Auch im Exil konnte er noch überdurchschnittliche Gagen fordern und auch bekommen – und das Privileg eines Servierverbots während seines Auftritts durchsetzen, das für den Veranstalter immer auch mit Umsatzeinbußen verbunden war. Die interessanteste Information verrät jedoch das kleine Zitat des Künstlers, das er wohl während seiner Konzerte auf der Bühne oder bei Pressekontakten als Bonmot zum Besten gab: Er sei „beliebt bei älteren Damen und jüngeren Herren". Mittlerweile erlaubte sich der Künstler also offen mit seiner Homosexualität vor Publikum und Presse zu kokettieren. Doch gerade diese mühsam errungene Freiheit sollte ihm auch hier wieder zum Verhängnis werden.

5 Morgenblatt vom 5. 9. 1937.

Seite 2 – Nr. 234 „Morgenblatt“ Samstag, 2. Oktober 1937

Ab 1. Oktober 1937 nur noch 10 Tage

PAUL O'MONTIS

mit vollkommen neuem Programm

FAINA SUPONITZKAJA **ARIANE & CESAR**

nebst dem übrigem OKTOBER-ATTRAKTIONSPROGRAMM in der

PIK-BAR

Morgenblatt (Zagreb) vom 2. Oktober 1937

Das Gastspiel war so erfolgreich, dass die PIK-Bar sein Engagement zunächst in den Oktober verlängerte. Das Kabarett schaltete eine Riesenzeige, der Künstler träte „mit vollkommen neuem Programm“ und „nur noch 10 Tage“ auf,[6] doch eine weitere Verlängerung hielt O'Montis schließlich bis Anfang November in der Bar. Im Programm, so war auch aus der Presse zu erfahren, brachte er u. a. den 1936er-Schlager „Ein Schiff fährt nach Shanghai“.[7]

Es dürfte dieser Erfolg gewesen sein, der den Künstler – vor dem Hintergrund einer ungewissen Zukunft im in seiner Unabhängigkeit bedrohten Österreich – ermutigte, schon damals seine Fühler nach Jugoslawien auszustrecken. Paul Wendel machte sich offenbar keine Illusionen über den weiteren Verlauf der politischen Entwicklung in Wien und der daraus folgenden Bedrohung, er ahnte wohl, wie schnell sich alles für ihn ändern konnte. Zunächst blickte er auf seinen Reisepass, im Dezember 1937 stand die Verlängerung an. Er wollte aber anscheinend nicht bis zum Jahresende damit warten, sondern nutzte seinen Aufenthalt in Zagreb und ließ den Pass beim dortigen deutschen Konsulat bereits am 22. Oktober verlängern. Der galt nun wieder für fünf Jahre bis zum 21. Oktober 1942. Damit war zumindest *ein* heikler Behördenschritt für die kommende Zeit erledigt.[8] Dann bemühte er sich um ein weiteres Engagement

6 Morgenblatt vom 2. 10. 1937.

7 Morgenblatt vom 24. 10. 1937.

8 National Archives, Police Headquarters Prague II. – General Register, the period 1941–1950, record signature R 2047/2, cart. 9624, Josef Roška, born on May 19th 1920; undatiertes Polizei-Dokument vom September 1938. Einem weiter unten zitierten Schreiben der Zagreber Polizeibehörde zufolge soll er sich im Dezember mit seinem alten, in Köln ausgestellten Reisepass mit der Nr. 12 600 ausgewiesen und erst im Jahr darauf am 26. 10. 1938 vom deutschen Konsulat in Zagreb einen neuen Pass mit der Nr. 254/37 erhalten haben. Diese Nummer ist identisch mit der Reisepassnummer im tschechischen Polizei-Dokument. Der Autor folgt dem tschechischen Dokument, da den tschechischen Behörden der aktuelle Reisepass Paul Wendels vorlag, den sie vorübergehend einzogen. Basis der Polizeiverwaltung Zagreb waren behördliche Eintragungen, die eventuell fehlerhaft waren.

in der PIK-Bar und bekam für Mai 1938 erneut die Gelegenheit, dort auftreten zu können. Wieder war nur ein kurzes Gastspiel angekündigt, das dann doch den ganzen Monat Mai dauerte. Wieder gerieten seine Auftritte zu einem großen Erfolg mit Nachhall in der Presse: „Er hat diesmal auch seinen eigenen Pianisten mitgebracht, der ihn am Flügel begleitet. Paul O'Montis, vom Publikum stets freudig begrüßt, wartet wieder mit neuen, geistreichen Chansons auf, die in seiner feinen Interpretation zu wahren Perlen der modernen Kabarettkunst werden. Er bringt die Strophen mit einer geschulten, nuancenreichen Stimme, und was noch ausschlaggebender ist: Er zaubert eine Stimmung in das Gesungene, der sich niemand zu entziehen vermag. Paul O'Montis entwickelt dabei sogar tänzerische Grazie, springt wie eine Feder und unterstreicht seine Parodien durch eine köstliche Mimik. Die Tonfilmparodien ‚Meuterei auf der Bounty' oder ‚Heinrich der VIII.' entbehren überdies nicht einer reichlich gepfefferten Würze. Die Zuhörer unterhalten sich glänzend. Und das ist schließlich die Hauptsache."[9] Vielleicht brauchte es gerade diese Bestätigung für den Entschluss, sich länger in Zagreb niederzulassen. Hatte er im Jahr zuvor in der Hauptstadt Belgrad lediglich um eine Arbeitserlaubnis ersucht, so beantragte er nun eine Aufenthaltserlaubnis,[10] wann genau ist allerdings unklar, auch wo er sich nach seinem Zagreber Engagement von Juni 1938 an aufhielt. Wahrscheinlich hatte er das Land bereits wieder verlassen. Nun aber schlugen die jugoslawischen Behörden zu und verbauten ihm eine weitere Zukunft im Land. Am 19. Juli verschickte der Leiter der Zagreber Polizei an die Staatsschutzabteilung der Königlichen Banschaft[11] Save folgendes Schreiben:

> „WENDEL, PAUL, Künstler (Künstlername: ‚MONTIS'), geboren am 3. IV. 1894 in Budapest, römisch-katholisch, russischer Jude, deutscher Staatsbürger, hat sich im Dezember 1937 in Zagreb aufgehalten und sich mit dem deutschen Pass Nr. 12 600, ausgestellt in Köln, ausgewiesen. Danach hat

9 Morgenblatt vom 8. 5. 1938.

10 Schreiben des Kroatischen Staatsarchivs vom 27. 1. 2017 an den Autor. Genannt und ausgewertet wurden Register der Zagreber Polizeidirektion (Redarstveno ravnateljstvo u Zagrebu) von 1937 und 1938. Die Eintragung zu Paul Wendel im Jahr 1937 findet sich unter der Nummern 29226 und im alphabetischen Index unter „Wendel, Paul", Kroatisches Staatsarchiv HR-HDA-202.RRZ 1937 (20001–30000). Zu 1938: Kroatisches Staatsarchiv HR-HDA-202.RRZ, 1938 (10001–20000) und (20001–30000), hier Eintragungen unter den Nummern 19652 und 22539.

11 Banschaften waren Verwaltungsgebiete ähnlich französischer Departements, die nach der Außerkraftsetzung der Verfassung im Jahr 1929 eingerichtet wurden, Cacic, Geschichte Jugoslawiens, S. 117.

er sich im Jahre 1938 ebenfalls in Zagreb aufgehalten, wo er am 26. 10. 1938 vom Deutschen Konsulat in Zagreb einen neuen Pass mit der Nr. 254/37 erhalten hat.

Während seines Aufenthalts in Zagreb hat er als Künstler in der ‚Pik-Bar' gearbeitet, als bemerkt wurde, dass viele problematische Typen, die als Homosexuelle bekannt sind, sich häufig in der genannten Bar aufhalten, und zwar nur wegen dieses Künstlers, von dem man sagt, dass er homosexuell sei, und der seinerzeit in Deutschland viele Affären gehabt hat, weshalb ihm in vielen Städten die Arbeit durch die lokalen Behörden untersagt wurde. Bei der späteren Überprüfung ist man zu der Erkenntnis gekommen, dass die obigen Ausführungen der Wahrheit entsprechen und dass er sogar intime Beziehungen mit seinem Pianisten, mit dem er aufgetreten ist (FRANC HAŠL, Pianist, österreichischer Jude, im Besitz eines österreichischen Passes), hat, jedoch konnte nichts Konkretes festgestellt werden, da wir die betreffenden Angaben später erhalten haben, d. h. unmittelbar vor deren Ankunft in Zagreb. Im Übrigen ist derselbe WENDEL das typische Beispiel eines Homosexuellen, was man auf den ersten Blick sieht, und sein Verhalten deutet auf etwas Entartetes hin. Der Genannte hat sich in Crikvenica abgemeldet, und nach unseren Erkenntnissen ist er danach ins Ausland abgereist. In Anbetracht dessen ist diese Behörde der Ansicht, dass ein entsprechender Antrag beim Innenministerium gestellt werden soll, dass demselben WENDEL nicht mehr die Einreise in unser Staatsgebiet gestattet werden soll (für HAŠL ist kein Antrag erforderlich, weil der Genannte als österreichischer Jude keinen deutschen Pass mehr bekommen wird, so dass er keine Möglichkeit haben wird hierherzukommen). – Mit der Bitte um weitere Zuständigkeit."[12]

Das Schreiben strotzte vor Homophobie, war nicht frei von Antisemitismus und enthielt zudem einige Fehler: Paul Wendel war evangelisch, nicht römisch-katholisch, auch kein russischer Jude; ebenso wenig war der hier gemeinte österreichische Pianist Franz Hasl Jude, sondern römisch-katholisch. Es ist allerdings nicht ganz auszuschließen, dass Paul Wendel in seinem Antrag eine falsche Konfession angab, um in dem katholisch geprägten Kroatien bessere Chancen auf eine Aufenthaltsgenehmigung zu haben. Aber auch die Daten zu seiner Passverlängerung sind mit großer Wahrscheinlichkeit fehlerhaft.

12 Kroatisches Staatsarchiv HR-HDA-145.SB ODZ, Pov.II 25699/1938 (HR-HDA-145. Savska banovina. Odjeljak Upravnog odjeljenja za državnu zaštitu (Abteilung Staatsschutz im Innenministerium), Übersetzung eurotext.

Aufschlussreicher fallen dagegen die polizeilichen Einschätzungen zum Thema Homosexualität aus. Nehmen wir das Schreiben einmal beim Wort, so scheint unser Künstler mittlerweile so etwas wie ein modernes Vorbild schwulen Lebens, ein „Role model", eine schwule Identität stiftende Bühnenfigur geworden zu sein. Dass er schwul war, ließ sich nach seiner Gefängnisstrafe ja nicht mehr leugnen, aber er scheint mittlerweile auch auf der Bühne so offen damit umgegangen zu sein, dass er gezielt homosexuelles Publikum anzog, Emigranten wie Inländer. Es besuchte seine Konzerte, um einen offen schwulen Künstler zu erleben und dadurch Anerkennung und Stärkung zu erfahren. Durch seine Konzerte und eindeutigen Koketterien – „beliebt bei [...] jüngeren Herren" – unterstützte der Künstler sein schwules Publikum menschlich, moralisch, und festigte dessen Identität. Mit den allabendlichen öffentlichen Konzerten bot er vielleicht für eine Stunde, einen ganzen Abend homosexuellen Männern wie Frauen Raum und Gelegenheit, so zu sein wie ein jeder und eine jede sich fühlte und sehnte zu leben. Als Emigrant importierte O'Montis eine liberale Sexualmoral auf die kroatische Bühne, für die seine deutsche Wahlheimat einmal als Vorreiterin galt, die dort aber gerade Stück für Stück liquidiert wurde. Die amtliche Bemerkung, er sei „das typische Beispiel eines Homosexuellen, was man auf den ersten Blick sieht, und sein Verhalten deutet auf etwas Entartetes hin", hieß ja nichts anderes, als dass er sich auf der Bühne „offen schwul" gab, dass er „rumtuckte", also mit „schwulen" Klischees spielte und alberte. Vielleicht flirtete er mit seinem schwulen Pianisten, mit dem er möglicherweise damals wirklich partnerschaftlich verbunden war, auf der Bühne herum, warf man sich Küsschen zu. Betonte nicht auch die Zeitung seine „tänzerische Grazie", und dass er „springt wie eine Feder"? Paul O'Montis scheint gegen Ende seiner Karriere dort angekommen zu sein, wovon schwule Künstler (und lesbische Künstlerinnen) selbst Jahrzehnte später in der BRD und DDR infolge der Nachwirkungen des nationalsozialistischen Traumas nur träumen konnten. Welch eine Tragik, dass der Künstler seine gewonnene innere Freiheit nur noch so kurze Zeit genießen konnte – und welch eine Tragik, dass er sie nicht über die Nazizeit hinaustragen konnte in ein neues Nachkriegs-Europa.

Denn nun ging alles sehr schnell: Am 20. Juli lag der „Antrag zwecks Entziehung des Aufenthaltsrechts" bei dem zuständigen Sachbearbeiter der königlichen Banschaft vor, der sie zwei Tage später ans Belgrader Innenministerium, Abteilung Staatsschutz, weiterleitete. Wenige Tage darauf erließ der Abteilungsleiter der Abteilung Staatschutz 1 im Belgrader Innenministerium dann folgende entscheidende Anordnung: „Die Königliche Banschaft wird gebeten, alle zuständigen Grenzbehörden zu informieren, dass Wendel, Paul, Künstler (Künstlername ‚Montis'), deutscher Staatsbürger, bei dem festgestellt wurde, dass er homosexuell ist, und der seinerzeit in Deutschland viele Affären gehabt hat, nicht in unser Land einreisen darf, falls er einreisen möchte."[13] Am 5. August wiederum wies die Banschaft in einem Schreiben die Polizeiverwaltung Zagrebs, die Leitung der Stadtpolizei sowie alle Leiter der Grenzpolizei an: „Der Genannte ist zu registrieren, und im Falle seines Auffindens ist er sofort festzunehmen und auszuweisen."[14]

Welche Motive über Homophobie hinaus zu dem Einreiseverbot geführt haben mögen, darüber kann nur spekuliert werden. Das Land befand sich damals in einer katastrophalen Wirtschaftskrise, die Einkommen waren im Vergleich zu Ende der 1920er-Jahre um mehr als 70 Prozent geschrumpft, „die große Mehrheit der Bevölkerung fristete ihre Existenz in unbeschreiblicher Armut und unter schauderhaftesten hygienischen Umständen".[15] Der kulturelle wie soziale Graben zwischen Stadt und Land waren enorm, auf dem Land herrschten zum Teil noch archaische Sozial- bzw. Familienstrukturen. In den Stadtzentren blühten Leben und Kultur, an deren Rändern vegetierten Menschen in Slums. „Trotz wachsender innergesellschaftlicher und transnationaler Verflechtungen betrachtete die Masse der Menschen den westlichen Lebensstil nur als abstrakte Größe."[16] Paul O'Montis stand stellvertretend für ein Lebensgefühl und einen Lebensstil, der vom größten Teil der Bevölkerung verachtet wurde. Ein offen schwuler Künstler, Ausländer, und auch noch mit hohen Gagenforderungen – unter „bedeutenden materiellen Opfern" engagiert, wie die Presse ausdrücklich betonte – all das mag möglicherweise mit dazu geführt haben, Hass und Verachtung auf ihn zu fokussieren und entsprechende behördliche Maßnahmen zu ergreifen.

Was für Paul Wendel mit lebensentscheidend war: Ein weiteres europäisches Land verweigerte ihm Schutz.

13 Kroatisches Staatsarchiv HR-HDA-145.SB ODZ, Pov. II 27546/1938; Übersetzung eurotext.

14 Ebenda. Im Register der Zagreber Polizeidirektion von 1938 findet sich unter der Nr. 19652 die Registrierung des Polizeischreibens vom 19. 7. als „Anordnung für ein Ausreiseverbot"; und unter der Nr. 22539 schließlich mit Datum 5. 8. der Vermerk „Wendel, Paul, Einreiseverbot"; Kroatisches Staatsarchiv HR-HDA-202.RRZ, 1938 (10001–20000) und (20001–30000).

15 Calic, Geschichte Jugoslawiens, S. 101.

16 Ebenda, S. 112.

13 Emigration in die Tschechoslowakei

Wie es nach Beendigung seines Gastspiels in Zagreb genau weiterging, ist unklar. In einem tschechischen Polizeibericht[1] heißt es, er sei bereits am 1. Juni 1938 aus Ungarn kommend in die Tschechoslowakei eingereist. Die Presseanzeigen in Zagreb sprechen allerdings dafür, dass er noch bis zum 1. Juni in Zagreb aufgetreten ist. Als er sich schließlich am 1. September 1938 in Prag ordnungsgemäß anmeldete, wurde im amtlichen Melderegister notiert, er sei aus Marienbad gekommen. Für einen Flüchtling wie Paul Wendel bot das Land gute Voraussetzungen: „Die Tschechoslowakei gehörte für die Verfolgten und Bedrohten zu den bevorzugten Asylländern. [...] Dieser Nachbarstaat (war) am schnellsten zu erreichen war, ein Visumzwang [...] bestand (nicht). [...] In der ČSR existierte eine starke deutsche Minderheit von 3,2 Millionen (22 Prozent der Gesamtbevölkerung), es erschienen deutschsprachige Zeitungen und Bücher, es gab deutsche Schulen, Theater, Verlage, Kinos und andere kulturelle Einrichtungen. Die Flüchtlinge sahen sich also keineswegs von einer ihnen vertrauten Umgebung abgeschnitten."[2] Offiziell wurden sie begrüßt, doch die Flüchtlingspolitik „schwankte je nach der außen- und innenpolitischen Situation zwischen Großzügigkeit, Duldung und Restriktion".[3] Homosexualität war nach § 129 Strafgesetz verboten, aber das war der Künstler ja gewohnt. Paul O'Montis hatte auch hier in den Vorjahren bereits Kontakte knüpfen können und kam nicht unvorbereitet in die Hauptstadt des Landes: In der Tasche trug

1 Alle weiteren Informationen zu Paul Wendels Zeit in Prag basieren auf Akten der Polizeidirektion Prag im Prager Nationalarchiv. Zu Paul Wendel: National Archives, Police Headquarters Prague II. – Civil Register, the period 1931-1940, record signature V 1866/28, cart. 11 922, Paul Wendel, born 3. 4. 1894 (Polizeiakte: digitale Kopien mit der Anfangs-Signatur NAD 1420_1; Melderegister: digitale Kopie mit der Anfangs-Signatur NAD 1420_5). Zu Josef Roška: National Archives, Police Headquarters Prague II. – General Register, the period 1941–1950, record signature R 2047/2, cart. 9624, Josef Roška, born on May 19th 1920 (Polizeiakte: digitale Kopie mit der Signatur NA-f-PŘ II-Josef Roška); und National Archives, Police Headquarters Prague II. – Civil Register, residence card of Josef Roška, born on May 19th 1920 (Melderegister: digitale Kopie mit der Signatur NA-f-PŘ-EO-Josef Roška); alle Akten und Zitate Übersetzung Eliska Cervenkova. Das Polizeidokument aus der Akte Roška undatiert.

2 Schneider, Exiltheater in der Tschechoslowakei, S. 157.

3 Ebenda, S. 160.

er bereits die Zusage des Kaffeehauses Luxor am Wenzelsplatz für ein Engagement in der zweiten Septemberhälfte. Das zentrale Kaffeehaus war in Prag eine gute Adresse und zudem beliebter Treffpunkt von Emigrierten, er durfte also mit einem gewogenen und dankbaren Publikum rechnen. Allerdings musste das Prager Landesamt den Auftritt erst genehmigen: Seit 1928 gab es ein Gesetz zum Schutz des heimischen Arbeitsmarktes, das die Beschäftigung von Ausländern stark reglementierte. Das bekam auch O'Montis zu spüren, denn der Antrag des Luxor vom 12. September wurde abgelehnt mit der Begründung, der Zustand des heimischen Arbeitsmarktes erlaube das Engagement nicht. Auch gäbe es keinen ausnahmsweisen Grund, O'Montis zu beschäftigen, weil auf dem heimischen Markt keine Arbeitskräfte zu bekommen wären; auch sonstige besonderen persönlichen oder familiären Umstände könnten nicht geltend gemacht werden.[4] Das Luxor wurde ausdrücklich gewarnt, dass bei Zuwiderhandlung rechtliche Schritte gegen den Arbeitgeber eingeleitet werden würden. Diese Ablehnung sollte nicht seine letzte sein.

Paul Wendel wohnte ganz in der Nähe des Wenzelsplatzes in der Smečky 29 im 2. Stock bei einer Frau Kovacěvičova, wahrscheinlich zur Untermiete. Doch schon zwei Monate später, am 27. Oktober 1938, meldete sich Paul Wendel in Prag wieder ab ohne weitere Angaben eines Zielortes. Nach nur wenigen Wochen war ihm die Stadt an der Moldau „zu heiß" geworden – was war geschehen?

Kaum angekommen, lernte er am 11. September im Automat Koruna am Wenzelsplatz, dem ersten Selbstbedienungs- bzw. Schnellrestaurant Prags, einen jungen Burschen mit Namen Josef Roška[5] kennen. Der Achtzehnjährige, ein mittelgroßer junger Mann mit blauen Augen, brauem Haar, jedoch mit schlechten Zähnen, lebte als Gestrandeter in der Stadt, war kein unbeschriebenes Blatt und konnte bereits auf ein kleines Jugendstrafregister zurückblicken. Irgendwie schien er kein Bein auf den Boden zu bekommen. Josef wuchs als uneheliches Kind auf, was in seiner Polizei-Akte extra erwähnt wird. Zwar war er am 19. Mai 1920 in Prag geboren worden, er lebte aber als Jugendlicher in Jilemnice im Riesengebirge. Mit Fünfzehn riss er von zu Hause aus, nahm die von seiner Mutter und seinem Stiefvater für ihn angelegten Sparbücher mit, wurde von den beiden wegen Diebstahls angezeigt und saß – er war dann bereits sechszehn – zehn Tage im Gefängnis. Bei Haftantritt Ende Juli 1938 war der Junge gerade erst kurze Zeit auf freiem Fuß, denn nur zehn Tage vorher hatte er wegen eines weiteren

4 National Archives, Police Headquarters Prague II., Paul Wendel, NAD1420_1_Ka11922, str1-2.

5 Alle folgenden Informationen zu Roška stammen aus den beiden genannten Akten zu Josef Roška im Prager Nationalarchiv.

Gelddiebstahls eine viertägige Haftstrafe abgesessen. Nur wenige Tage, nachdem er Paul Wendel in Prag kennengelernt hatte, musste sich Josef Roška wieder wegen kleinkrimineller Diebstähle vor der Prager Polizei verantworten. Bei der Vernehmung kam er auch auf seine Begegnung mit Paul Wendel zu sprechen – warum, erschließt sich aus dem Polizeibericht nicht. Er gab an, den Künstler am 11. September in besagtem Schnellrestaurant kennengelernt zu haben, er sei mit ihm in Kaffeehäuser und Kinos gegangen, und Paul Wendel habe alles für ihn bezahlt. Etwa am dritten Tag habe ihn Wendel zu sich eingeladen und angefangen, ihn zu küssen: Er habe ihm versichert, er würde ihm immer helfen, wenn er was bräuchte, falls er bereit wäre „mit ihm Beischlaf zu halten". Weil er in einer finanziellen Notlage gewesen sei, war er damit einverstanden. Dreimal sei er dann bei Paul Wendel in der Wohnung gewesen, und die beiden hätten „perversen Geschlechtsverkehr" gehabt. In diesem Zusammenhang erwähnte Josef Roška, dem Künstler einen Wecker mit Lederetui geklaut und gegen einen Betrag bei einem Bekannten deponiert zu haben. Wendel habe ihm das Doppelte des Betrages zur Auslösung und Rückgabe der Uhr gegeben, er habe das Geld angenommen, sei aber nicht mehr zu ihm zurückgekehrt.

Auch Paul Wendel wurde vernommen. Das genaue Datum steht nicht in den Akten, muss aber etwa zwischen dem 15. und dem 20. September gelegen sein.[6] Natürlich leugnete er die Tat. Roška und Wendel wurden bei der Vernehmung miteinander konfrontiert, der Junge blieb bei seinen Vorwürfen. Um einer möglichen Flucht Paul Wendels vorzubeugen, beschlagnahmte die Polizei seinen Reisepass – in diesem Zusammenhang wurden die genauen Daten festgehalten: Ausstellung in Zagreb am 22. Oktober 1937, Gültigkeit bis zum 21. Oktober 1942. Im Gegensatz zu Roška ließ die Polizei den Künstler anschließend bis zur Eröffnung des Strafverfahrens wieder auf freien Fuß. Wie es mit Josef Roška weiterging, steht nicht mehr in den Akten. Es wurde ein Strafverfahren wegen Diebstahls und besagtem Sexualdelikt gegen ihn eröffnet. Ende des Monats war er auf freiem Fuß und wurde in der Eisenbahn beim Schwarzfahren erwischt.[7]

Das weitere Vorgehen gegen O'Montis gestaltete sich wie folgt: Am 21. September wurde einem Bericht der Polizeidirektion Prag zufolge das Strafverfahren beim Kreisstrafgericht nach Strafgesetzbuch § 129b eröffnet. Das Gericht

6 Der 15. 9. 1938 ergibt sich rechnerisch aus Roškas Aussagen. Für den 20. 9. 1938 findet sich in Wendels Akte die handschriftliche Notiz, er sei in den Akten Josef Roškas nach § 129 b angezeigt worden.

7 Roška überlebte die deutsche Besatzung und stellte einen Antrag auf Amnestie in Bezug auf seine Verurteilung vom 23. 6. 1938 zu zehntägiger Haft (das Verurteilungs-Datum 23. 6. 1938 lässt sich in den Dokumenten von 1938 allerdings nicht verifizieren); er wurde am 18. 12. 1945 begnadigt.

beantragte bei der Prager Staatanwaltschaft, Informationen über Paul Wendel einzuholen. Bereits am 29. September lag der Leumunds-Bericht vor, Pauls Eltern waren darin wieder korrekt aufgeführt, der Vater sei verstorben, der Wohnort der Mutter unbekannt, als Verortung des Künstlers tauchte wieder Berlin (und nicht Köln oder Zagreb) auf. Der Bericht hielt ferner fest, der Künstler habe kein Eigentum, sei „nach hiesigen Akten [...] nicht bestraft", er sei jedoch „für das Verbrechen nach § 129" bekannt geworden, d. h. der Staatsanwaltschaft lagen damals nur die jüngsten Vorwürfe vor, über Pauls Vorstrafe im Deutschen Reich waren die tschechischen Behörden zu jener Zeit nicht informiert.

Alarmiert durch sein Verhör und die Gegenüberstellung bei der Polizei mit Josef Roška, der auf seinen Anschuldigungen beharrte, konnte Paul Wendel erahnen, was auf ihn zukommt. Holte er sich juristischen Beistand, und informierte er sich ausreichend über Chancen und Gefahren? Das ist anzunehmen, denn die Sache sollte noch eine überraschende Wendung erfahren. Jedenfalls ließ er über einen Monat verstreichen, bis er seine Siebensachen packte und sich, ohne Angabe eines Zielortes – aber ordnungsgemäß – aus Prag abmeldete. Vielleicht brauchte er die Abmeldebestätigung, um an einem anderen Ort eine Auftrittskonzession zu bekommen, weit konnte er ohnehin nicht reisen, denn sein Pass lag ja bei der Prager Polizei. Vielleicht wollte er sich auch im Blick auf den anstehenden Prozess keiner Ordnungswidrigkeit schuldig machen.

Wovon lebte der Künstler in jenen Tagen, gab es noch Konten, Ersparnisse, auf die er zurückgreifen konnte? Und wenn ja, war an das Geld leicht ranzukommen? Oder erging es ihm wie manch anderen emigrierten Kunstschaffenden in Prag, die vom Zeitungsaustragen, Hundebetreuen oder von Statisterie lebten?[8] Hinzu kam die höchst angespannte politische Großwetterlage, all seine privaten Komplikationen, die Vorladung und polizeiliche Vernehmung fielen in die letzten Tage der sogenannten Sudentenkrise, als ein deutscher Angriff auf die Tschechoslowakei in der Luft lag, Hitler offen mit Krieg drohte. Das Land machte militärisch mobil, Frankreich teilmobil, Deutschland zog nach. Die Kriegsgefahr wendete das sogenannte Münchner Abkommen, mit dem die europäischen Großmächte Frankreich, Großbritannien und Italien die Tschechoslowakei zwangen, den Großteil der von Deutschen bewohnten Gebiete an Nazideutschland abzutreten. Als „Geschichte des Verrats der europäischen Demokratie an der tschechoslowakischen Republik" bezeichnete dies im Dezember des gleichen Jahres in New York der tschechoslowakische Staatsbürger Thomas Mann.[9] Als Hitler das sogenannte Sudetenland besetzte (als erster Akt seiner Zerstörung des

8 Schneider, Exiltheater in der Tschechoslowakei, S. 183.

9 Zit. nach Schneider, Exiltheater in der Tschechoslowakei, S. 190.

Nachbarlands Tschechoslowakei), hatte Paul Wendel die Hauptstadt gerade verlassen. Wo konnte er sicher sein, von welchem Publikum noch leben? „Von den ehemals 3,2 Millionen Deutschen verblieben in der Rest-Republik noch 400 000, davon rund 42 000 in Prag und 52 000 in Brünn."[10] Außerhalb dieser beiden Städte gab es also für ihn keine berufliche Zukunft, sein früherer Auftrittsort Marienbad lag nun in Nazideutschland, das Land verlassen konnte er nicht. Wie sich die Zustände im verbliebenen Staatstorso veränderten, beschrieb später der Schriftsteller Max Brod, mit dem O'Montis einst in Wien auf der Bühne gestanden hatte: „Das geistige Klima der sogenannten ‚zweiten' tschechischen Republik, die mit dem Pakt von München begann, schien uns, die wir an Freiheit gewohnt waren, unerträglich – es kamen jetzt die reaktionärsten tschechischen Schichten zur Herrschaft, und der Freisinn, der in der ersten Republik (wenn auch nicht durchwegs, wenn auch manchmal nur oberflächlich) den Staat gelenkt hatte, rauchte rasch aus"[11] – kein gutes Omen für einen vorbestraften schwulen Emigranten.

Es dauerte bis Jahresende, dass die Anklage fertiggestellt war. Am 10. Dezember stellte das Prager Strafgericht einen Antrag auf Ausstellung eines Haftbefehls und rief mit einer genauen Personenbeschreibung zur Fahndung auf, Straftat: „Unzucht gegen die Natur". Aus ihr erfahren wir, dass Paul „mittelgroß" war mit dunkelblonden Haaren und braunen Augen, bei „besonderes Zeichen" war vermerkt: „Er trägt ein Monokel im linken Auge." Folglich trug er das ungewöhnliche Augenglas nicht zu Zierde oder aus der Vielgestaltigkeit bühnenwirksamer Charakterisierungsmomente, er trug es auch im Alltag, war wirklich darauf angewiesen aus der „Hintertür der Tatsache eines schlechten Auges",[12] wie der Berliner Kabarett-Theaterleiter und Monokel-Träger Gustav Heppner einst im „Organ der Varieté-Welt" ironisch bemerkte. Da Paul Wendel nicht aufzufinden war, erhob das Gericht den „Verdacht, dass er sich ins Ausland abgesetzt hatte".[13]

Nun allerdings erfuhr die Sache eine kuriose Wendung: Statt abzutauchen, verhandelte der Künstler wieder mit dem Prager Kaffeehaus Luxor über weitere Auftrittsmöglichkeiten und bekam dessen Zusage für die Zeit vom 26. Januar bis zum 28. Februar 1939. Wieder stellte das Kaffeehaus einen Antrag auf Arbeitsgenehmigung „für den reichsdeutschen Staatsangehörigen Paul Wendel" beim Prager Landesamt (mit Datum 19. 1.), und wieder erfolgte prompt die

10 Ebenda, S. 190.

11 Zit. ebenda.

12 Das Organ, Nr. 1103/04 vom 25. 1. 1930.

13 National Archives, Police Headquarters Prague II., Paul Wendel, NAD1420_1_Ka11922, str 7.

behördliche Absage mit der bereits bekannten Begründung. Auch ein erneuter Antrag des Luxor wenige Tage darauf (24. 1.) für den gesamten Februar wurde abgelehnt.[14] Warum ging Paul Wendel nach Prag zurück und machte durch die Luxor-Anträge seine Rückkehr auch noch den Behörden publik? Er musste doch damit rechnen, sofort verhaftet und verurteilt zu werden. War er naiv, war die Not so groß, oder stand dahinter möglicherweise eine Strategie?

Erst einmal kam, was kommen musste: Am 23. Januar, also einen Tag bevor das Luxor seinen zweiten Antrag stellte, lag der Haftbefehl vor,[15] am gleichen Tag kam Paul Wendel ins Polizeigefängnis.[16] Am Tag darauf verurteilte ihn das Prager Kreisstrafgericht nach Strafgesetz § 129,1b „Verbrechen der widernatürlichen Unzucht", zu drei Monaten schwerem Gefängnis und „Verlust seiner politischen Rechte", Tatmotiv: „Er hatte Unzucht mit einer Person des gleichen Geschlechts."[17] Der eine Tag seiner Untersuchungshaft wurde ihm auf die Strafe angerechnet, und wieder erfahren wir, dass er „ohne festen Wohnsitz" sei, auch im Prager Melderegister war er zu jener Zeit nicht mit einer Wohnadresse angemeldet. Da er aus der Polizeihaft heraus verurteilt wurde, müssen wir davon ausgehen, dass er auch mit sofortiger Wirkung seine Haft antreten musste. Lange war er allerdings nicht im Gefängnis, sondern nach rund zwei Wochen bereits wieder auf freiem Fuß. Was war geschehen? Einem Bericht des Prager Kreisstrafgerichts zufolge, datiert auf den 8. Februar 1939, wurde ihm die „ganze Strafe [...] erlassen" auf der Grundlage des „Beschlusses des Präsidenten der Republik vom 7. 10. 38", einer „allgemeinen Amnestie".[18] Bei diesem Präsidentenerlass handelte es sich genau genommen um eine Amnestie der Regierung, weil es zu dieser Zeit keinen Präsidenten mehr gab. Edvard Beneš war nach dem Münchner Abkommen vom 30. September 1938 zurückgetreten und nach London ins Exil geflüchtet. Die Vollmachten des Präsidenten gingen auf die Regierung über, bis es Ende November mit Emil Hácha einen neuen Präsidenten gab. Die Amnestie war Bestandteil des besagten Abkommens, durch das die Tschechoslowakei u. a. verpflichtet wurde, sudetendeutsche Häftlinge, die Freiheitsstrafen wegen politischer Betätigung absaßen, in die Freiheit zu entlassen.[19] Kurioserweise profitierte Paul Wendel damit von einer Straffreiheits-Regelung, die die Nazis keineswegs für eine Straftat wie die seine durchgesetzt hatten. In diesem Zusammenhang

14 Ebenda, str 9-12.

15 Ebenda, str 20.

16 Laut Ebenda, str 13.

17 Ebenda, str 13-14.

18 Ebenda, str 17-18.

19 Die Informationen zum Amnestiegesetz verdanke ich dem in Prag lebenden Historiker Dr. Andreas Wiedemann.

scheinen seine verzögerte Abmeldung aus Prag Ende Oktober und sein erneutes Auftauchen im Januar in einem neuen Licht. Möglicherweise wusste er also schon früh von dieser Amnestie, wurde er – ggf. durch juristischen Beistand – nach dem 7. Oktober über deren praktischen Nutzen für ihn aufgeklärt. Wahrscheinlich brauchte es einige Tage, deren Spielraum rechtlich auszuloten, und vielleicht plante er bereits damals gemeinsam mit einem Anwalt das weitere Vorgehen, lotete die nächsten juristischen Schritte aus und bereitete einen Amnestieantrag vor, um die erwartete Haftstrafe so kurz wie möglich zu halten. Zweierlei spricht für diese Vermutung: In seiner Prager Polizeiakte befindet sich ein kleines Formular mit der Überschrift „Berufung", versehen mit seinem Namen und datiert auf den 19. Dezember 1938.[20] Zwar war darauf handschriftlich und mit einem auf den 23. Januar 1939 datierten Stempel des Kreisstrafgerichts vermerkt, Paul Wendel befinde sich „in hiesiger Untersuchungshaft", die „Berufung" erfolgte aber bereits im Dezember. Das Dokument deutet also darauf hin, dass er sich schon vor seiner Verurteilung auf die Amnestie juristisch vorbereitete.

Weiter spricht für diese Vermutung, dass das Kaffeehaus Luxor parallel zu seiner Verhaftung sich weiterhin um eine Auftrittsgenehmigung bei den Behörden bemühte. Der Veranstalter legte nämlich nach dem ersten Ablehnungsbescheid vom 20. Januar rechtzeitig Widerspruch beim Ministerium für Soziales und Gesundheit ein und bekam im Februar die beantragte Arbeitserlaubnis unter der Auflage, 50 Kronen zu zahlen. Sie galt allerdings erst vom 18. Februar bis Monatsende, weil dem Widerspruch erst am 18. 2. stattgegeben wurde.[21] Auch wenn sich der genaue Ablauf nicht mehr zeitlich exakt rekonstruieren lässt, liegt die Vermutung nahe, dass auch das Luxor nur mit einer kurzen Haftzeit des Künstlers rechnete und für die Zeit nach seiner Entlassung vorsorgte.

Paul Wendel war also frei und durfte sogar als Paul O'Montis endlich wieder auftreten. Seine Glückssträhne hielt an, denn er muss – wen wundert's – bei seinem Prager Publikum wieder einmal sehr gut angekommen sein. Schon nach wenigen Tagen auf seiner geliebten Bühne stellte das Luxor beim Landesamt einen Folgeantrag auf Arbeitserlaubnis, diesmal für den gesamten März, und bekam auch gleich mit Datum 24. 2. eine Genehmigung „unter der Voraussetzung, dass er keinen Platz auf Kosten der lokalen Arbeitskräfte einnehmen wird".[22] Paul Wendel suchte sich wieder eine neue Bleibe, fand sie bei einem

20 National Archives, Police Headquarters Prague II., Paul Wendel, NAD1420_1_Ka11922, str 13. Handschriftlicher Eintrag mit Stempel Kreisstrafgericht vom 23. 1. 1939: „Paul Wendel befindet sich in hiesiger Untersuchungshaft für Tz XI 380/39".

21 Ebenda, str 15.

22 Ebenda, str 16.

Herrn Pleckaty unter der Adresse Fügnerplatz 6 und meldete sich am 21. März 1939 wieder ordnungsgemäß in der Stadt an.

Doch zu diesem Zeitpunkt hatte das Land, das ihm Aufnahme und Arbeit gewährt hatte, bereits aufgehört zu existieren. Truppen der Wehrmacht waren am 15. März einmarschiert, unter Verletzung des Münchner Abkommens. Über Nacht lebte Paul Wendel also wieder im Staat Hitlers, aus dem er vier Jahre zuvor geflohen war. Da er sich nur sechs Tage nach dem deutschen Einmarsch in Prag anmeldete, ist davon auszugehen, dass er plante, länger in Prag zu bleiben. Oder wollte er, um behördlichen Maßnahmen vorzubeugen, nur seinen noch ungeklärten Status in Ordnung bringen?

Die Konsequenzen bekam er schon kurz darauf zu spüren, und es wird ihn wohl in Angst und Schrecken versetzt haben, als er nach einem erneuten Fahndungsaufruf (in dem er kurioserweise nach Zagreb statt Berlin verortet wurde) wieder in Gewahrsam genommen und am 27. März der Polizei vorgeführt wurde. Man hatte wohl beim Durchforsten der Polizeiakten seinen Haftbefehl vom 23. Januar gefunden und wollte der Sache nachgehen. Doch er behielt einen klaren Kopf und erinnerte an den Erlass seiner Strafe vom 8. Februar – mit Erfolg. Handschriftlich wurde im Fahndungsaufruf ergänzt: „Wendel Paul war am 27. 3. 1939 vorgeführt, infolge einer Telefonanfrage beim Kreisgericht in Prag Abt. 14 wurde festgestellt, dass der Haftbefehl vom 23. 1. 39 unter dem AZ [Aktenzeichen] TK XI 380/39 aufgehoben und das Strafverfahren eingestellt wurde."[23] Er war damit noch einmal davongekommen!

23 Ebenda, str 20.

14 Erneute Verhaftung und Tod im Konzentrationslager Sachsenhausen

Über das letzte Jahr im Leben von Paul Wendel, das tragischste, gibt es in Dokumenten nur wenige Anhaltspunkte. Es steht noch nicht einmal genau fest, warum der Sänger überhaupt abermals verhaftet und schließlich in das Konzentrationslager Sachsenhausen verschleppt wurde.

Den Hinweisen zufolge war Paul Wendel noch bis zum 22. Juni unter der Adresse am Fügnerplatz gemeldet. Die Abmeldung verrät keinen Zielort.[1] Nur fünf Tage später, am 27. Juni 1939, wurde er um 12:30 Uhr in Prag verhaftet und möglicherweise direkt ins Gefängnis Pankrác gebracht, das größte Gefängnis der Prager Kreisstrafgerichte. Noch am selben Tag wurde er der Kriminalpolizei übergeben, die einen dokumentierten Bericht auf Deutsch und Tschechisch anlegte.[2] Darin wird wieder Zagreb als Ort der Zuständigkeit genannt, wahrscheinlich aufgrund seines dort ausgestellten Reisepasses, mal ist er evangelisch, mal katholisch, in der tschechischen Version ist seine Mutter bereits verstorben; es steht da, er habe gesunde Zähne, keine Tätowierung, als Sprachen werden Deutsch, Serbisch und Ungarisch genannt, bei seiner Verhaftung trug er einen leichten Anzug und gelbe Schuhe. Ein letztes Mal kommen wir dem Menschen Paul Wendel ganz nah: Auf dem tschechischen Dokument befinden sich zwei seiner Fingerabdrücke!

Den Grund seiner Verhaftung bleiben beide Dokumente allerdings schuldig. Wenn wir davon ausgehen, dass „homosexuelle Männer […] in aller Regel aufgrund einer vorangegangenen Verurteilung nach §§ 175 oder 175a in Konzentrationslager eingewiesen" wurden,[3] dürfte er in Prag wahrscheinlich erneut wegen Homosexualität angeklagt und verurteilt worden sein. Was aber genau geschah, darüber lässt sich nur spekulieren: Rüttelten die Behörden an seiner Amnestie und rollten den Fall Josef Roška wieder auf? Er war ja rechtmäßig verurteilt, hatte seine Strafe aber nicht abgesessen, zudem ging es wieder um einen minderjährigen Partner. Für die Deutschen im sogenannten Protektorat Böhmen und

1 National Archives, Police Headquarters Prague II., Paul Wendel, NAD1420_5, str 1.

2 Ebenda, str 23–26. Im deutschsprachigen Dokument steht wörtlich: „Übergeben aus dem Gefängnis Pankrác für Kripo", im tschechischen: „aufgrund eines amtlichen Befehls der ‚Kripo' von Pankraz gebracht"; in beiden: „Er wurde in das Gefängnis aufgenommen am 27. 6. 1939 um 12:30".

3 Zinn, Volkskörper, S. 314.

20

Dne 27.6. 1939 o 12.30 hod. v Praze ul.

ZADRŽEN (A) BYL (A)

pro místní rozkaz „Kripo“ převeden z Pankrace

jméno Wendel Paul roz.

nar. dne 3./4. 1894 v Budapešti okr.

křtěn v okr.

domovská obec Zagreb – Jugoslavie okr.

stav svobodný národnost německá náboženství evangel.

povolání artist bytem Praha II Purkyňovo nám. č. 6.

školní vzdělání maturant voj. služba 0

Rodiče: otec Bedřich Wendl †	manžel-ka —
povolání otce obchodník	děti —
matka Marta roz. Mayer-ová †	U osob mladistvých (do 18 let):
byt rodičů	Jméno poručnika
sourozenci 0	jeho byt
	poručenský soud

Zadržení provedl

okr. pol. kom., odd. prohlédnut v přítomnosti

Vlastní věci:	Doličné věci:

Osobní doklady (datum, číslo, místo a úřad vyhotovení):

Spoluúčast s

Převzat ve věznici odd. bezpeč. dne 27.6.39. o hod. 12.30

prohlédnut Matějka umístěn v cele č. 14.

Číslo vězně:	Otisky prstů:	Zatčení nařídil:
7324		Bader K. v. g.

Bericht der Kriminalpolizei Prag

Nationalarchiv Prag

Mähren galten nun die gleichen Gesetze wie im Deutschen Reich, in seinem Fall also der wenige Jahre zuvor verschärfte § 175. Dort wurde im neu eingeführten § 175a ausdrücklich „die Verführung" einer Person unter einundzwanzig Jahren durch einen Erwachsenen „mit Zuchthaus bis zu zehn Jahren, bei mildernden Umständen mit Gefängnis nicht unter drei Monaten [...] bestraft".[4] Möglicherweise wurde Paul Wendel also wegen seiner sexuellen Kontakte mit Josef Roška erneut angeklagt und verurteilt. Die Strafe dürfte wesentlich härter ausgefallen sein als die ursprünglichen drei Monate im Januar. Dafür würde sprechen, dass in einem undatierten handschriftlichen Dokument, das kurz vor seiner Verhaftung verfasst worden sein muss, noch einmal ausdrücklich auf seine Verurteilung in Prag am 24. Januar („Verbrechen der widernatürlichen Unzucht") und die Amnestie hingewiesen wurde.[5]

Vielleicht wurde auch die Gestapo aktiv. Den wenigen erhaltenen Informationen aus dem KZ zufolge wurde er wegen § 175 in „Schutzhaft" genommen,[6] eine Maßnahme, auf die später noch eingegangen wird und die in der Regel durch die Gestapo verhängt wurde. Unter diesen Umständen wurde er möglicherweise gar kein weiteres Mal verurteilt und blieb die kommenden Monate in der Stadt in Schutzhaft. In den Prager Polizeikaten findet sich allerdings kein Hinweis auf die Gestapo.

Vielleicht wurde er aber auch wegen eines weiteren nicht dokumentierten Sex-Kontakts verhaftet. Paul Wendel wird sich nach der folgenschweren Begegnung mit Roška, vor allem aber nach der deutschen Besetzung der Stadt sicherlich noch vorsichtiger verhalten haben als zuvor, aber enthaltsam gelebt hat er wohl nicht. Dafür würde sprechen, dass in dem bereits erwähnten handschriftlichen Bericht ein Vermerk durch Unterstreichung besonders hervorgehoben wurde, er habe sich „abgemeldet, wohin unbekannt, und weiterhin ist er nicht gemeldet". Das könnte ein Hinweis darauf sein, dass er wegen irgendeines Vorfalls wieder mit seiner Verhaftung hatte rechnen müssen und daraufhin die Stadt so schnell wie möglich verlassen hatte, bevor die Polizei zuschlug. Aber wieso wäre er dann noch das Risiko eingegangen, sich bei einer Behörde ordnungsgemäß abzumelden?

4 Zit. ebenda, S. 282.

5 National Archives, Police Headquarters Prague II., Paul Wendel, NAD1420_1_Ka11922, str 19. Dort: „Zuletzt wohnt er in Prag 10, in Fügnerplatz Nr. 6 [...] und am 22. 6. 39 abgemeldet, wohin unbekannt, und weiterhin ist er nicht gemeldet."

6 Auskunft der Gedenkstätte und Museum Sachsenhausen zu Paul Wedel vom 26. 10. 2015; Quelle für Schutzhaft: Russisches Staatliches Militärarchiv, Moskau 1367/1/196, Bl. 177, Signatur im Archiv Sachsenhausen D 1 A/1196, Bl. 177; und FSB-Archiv, Moskau N–19092/Tom 96, Bl. 204, Signatur im Archiv Sachsenhausen JSU 1/96, Bl. 204.

Möglicherweise gibt es für diese Abmeldung noch einen anderen Grund, der im Rückblick die nachfolgenden Geschehnisse in noch tragischerem Licht erscheinen lässt. Auch der Journalist Paul Marcus, der nach dem Krieg in seinem Buch über das Berliner Kulturleben der 1920er-Jahre O'Montis mit seiner Bühnennummer „Montevideo" erwähnt, hatte Nazideutschland längst verlassen und lebte mittlerweile in London. Der umtriebige PEM, wie er sich nannte, hielt auch im Exil seine journalistische Spürnase beständig in den Wind und dokumentierte alle Neuigkeiten über ins Exil gegangene Künstlerinnen und Künstler in seinen maschinegetippten „PEM's Privat-Berichten", die in Eigenproduktion hektografiert die Runde machten. In seinem Bericht Nr. 165 vom 28. Juni 1939 schrieb er u. a.: „Christl Giampetro und Paul O'Montis treten in Kürze im Pariser Kabarett ‚Vienne à Paris' auf."[7] Daraus könnte sich folgendes Bild ergeben: Paul O'Montis hatte ein festes Engagement für Paris in der Tasche und wandte sich – nicht ahnend, dass seine erneute Verhaftung bereits beschlossene Sache war – am 22. Juni an die zuständige Prager Behörde und meldete sich dort ordnungsgemäß ab. Er regelte noch letzte Dinge, verabschiedete sich vielleicht von dem einen oder der anderen, seinen gültigen Reisepass besaß er ja auch wieder und freute sich auf Paris. Denn dort erwartete ihn nach all der anstrengenden und bedrohlichen Zeit der letzten Monate endlich wieder sicheres Terrain. Unglücklicherweise verließ er aber die Stadt wohl nicht sofort und wurde daher kurz vor seiner Abreise verhaftet.

Die letzten Informationen aus Prag deuten darauf hin, dass er die folgenden Tage weiter im Polizeigefängnis verbrachte. Denn in einem deutschsprachigen Dokument vom 6. Juli 1939, also über eine Woche nach seiner Festsetzung, findet sich die Anordnung des Kriminalpolizeilichen Verbindungsstabs Prag bzw. des Kriminalkommissariats an das Polizeigefängnis: „Der Schauspieler Paul Wendel [...] ist aus der Haft zu entlassen und dem Krim. Ober Ass. Bader zwecks Überführung zum Gerichtsgefängnis Pankraz zu übergeben."[8] Das geschah noch am gleichen Tag um 15:45 Uhr.[9] Wie es mit Paul Wendel nun weiterging, ist nicht bekannt. Möglicherweise verbrachte er die folgenden elf Monate in diesem Prager Gefängnis, bevor er dann Ende Mai 1940 in das Konzentrationslager Sachsenhausen verschleppt wurde.

Als Paul Wendel am 30. Mai 1940 im KZ Sachsenhausen, direkt an der Stadtgrenze zum brandenburgischen Oranienburg gelegen, registriert wurde, waren

7 Pem's Privat-Berichte, Nr. 165:42 vom 28. 6. 1939, Deutsche Nationalbibliothek idn=1040 915604.

8 National Archives, Police Headquarters Prague II., Paul Wendel, NAD1420_1_Ka11922, str 22.

9 Ebenda, str 26.

sein Tod und der seiner schwulen Mitgefangenen bereits so gut wie beschlossene Sache. In den ersten drei Jahren des KZ, also in der Zeit von Herbst 1936 bis Herbst 1939, waren schwule Häftlinge noch nicht von anderen Mitgefangenen isoliert, sondern unter allen verteilt. Sie mussten zwar die gleichen Grausamkeiten wie alle erleiden, ein Teil von ihnen wurde aber auch noch entlassen. In den letzten beiden Kriegsjahren wiederum ging die Sterblichkeit im Lager zurück, um die Arbeitskraft der Häftlinge für die Kriegswirtschaft ausbeuten zu können. In der Zeit dazwischen allerdings fielen fast alle schwulen Häftlinge der Mordlust der SS zum Opfer. Entlassungen waren nur noch äußerst selten: Wer nicht in ein anderes Lager verbracht wurde, hatte kaum Chancen, die folgenden Wochen und Monate zu überstehen. Von den vermutlich über siebenhundert schwulen Häftlingen im Zeitraum von November 1939 bis Juni 1943 wurden allein im Zeitraum April 1940 bis April 1943 sechshundert ermordet, die wenigen Überlebenden beschrieben diese Zeit als „Hölle auf Erden".[10]

Paul Wendel bekam die Häftlingsnummer 25131,[11] wurde sofort[12] in Lager-Block 35 in Isolierung und in die Strafkompanie (SK) gesteckt, die in diesem Block ihren Standort hatte.[13] Er musste sich die Häftlingsnummer und den Rosa Winkel auf seine Gefängniskluft nähen, der ihn gut sichtbar als schwulen Häftling brandmarkte und somit in der Lagerhierarchie ganz nach unten warf. Die Isolierung war ein durch Stacheldraht abgegrenzter Innenbereich, umfasste zur Haftzeit unseres Künstlers die Blöcke 10, 11 und 12 auf dem ersten und die jeweils dahinterliegenden Blöcke 34 bis 36 auf dem zweiten Ring der im Halbkreis um einen „Appellplatz" aufgereihten Baracken. „Außer zur Arbeit konnten Häftlinge, die in der Isolierung untergebracht waren, diese nicht verlassen. Durchweg hatten die Häftlinge der Isolierung die schwerste Arbeit zu leisten. Die Isolierung und in besonderem Maße die Strafkompanie waren in ersten Linie zur Vernichtung von Häftlingen bestimmt."[14]

Im Mai/Juni 1940, also zu der Zeit, als Paul Wendel ins KZ kam, gab es aber keine Arbeit in der Strafkompanie. Mit großer Wahrscheinlichkeit musste der

10 Andreas Sternweiler, Chronologischer Versuch zur Situation der Homosexuellen im KZ-Sachsenhausen, in: Joachim Müller/Andreas Sternweiler, Homosexuelle Männer im KZ Sachsenhausen, hrsg. v. Schwulen Museum Berlin, Berlin 2000, S. 29–57, hier S. 29–45.

11 Auskunft zu einem ehemaligen Häftling des KZ Sachsenhausen Oranienburg vom 26. 10. 2015, Gedenkstätte und Museum Sachsenhausen.

12 Joachim Müller, „Wohl dem, der hier eine Nummer ist." Die Isolierung der Homosexuellen, in: Müller/Sternweiler, Homosexuelle Männer, S. 89–108, hier S. 90.

13 Ebenda, S. 95.

14 Aus einem Urteil des Landgerichts Köln von 1965 zum Verfahren gegen den ehemaligen Blockführer in der Isolierung Otto Kaiser u. a. SS-Männer, zit. nach ebenda, S. 90 f.

Künstler also, kaum dass er angekommen war, erdulden, was ein überlebender Mithäftling später so schilderte: „Zur damaligen Zeit gab es in der SK keine Arbeit. Dafür ganztägige Kniebeugen, bei Regen Mützen ab, zeitweilig Stehen mit ‚Sachsengruß' (Hände im Nacken verschränkt), bei warmem Wetter zeitweise Einsperren von ca. 75 Mann in einen Abort, so dass jeder gerade stehen aber nicht gehen konnte, gelegentlich ‚Rollen' über den Appellplatz, d. h. ganze Abteilung hinlegen und Körper im gleichen Tempo wie Vordermann bis zum anderen Ende (100 m) des geschotterten Platzes rollen, oder Bärentanz zum Umsinken. Ausfall einzelner oder mehrerer Mahlzeiten als Strafaktion für ganze Baracken, abends Sachen reinigen und schlafen gehen. Selten etwas freie Zeit zur Besinnung. [...] Bei jedem Zusammentreffen mit SS-Leuten, Kapos oder Blockältesten konnte man gewärtig sein, Schläge zu erhalten. [...] Es war an der Tagesordnung bzw. musste einen kalt lassen, beim Aufstehen an einem Bettpfosten des Oberbettes einen Erhängten anzustoßen, oder auf dem Abort Erhängten zu begegnen, oder einen Verstorbenen im Nebenbett zu haben."[15] Auch Paul Wendel wird man bald so auffinden, aufgehängt an irgendeinem Pfosten oder einer Halterung.

Unter den Häftlingen isoliert wurden vor allem diejenigen Politischen, die aus Sicht der SS „rückfällig" geworden waren, von denen man also Sabotage oder andere Widerstandsformen erwartete, dann die Zeugen Jehovas, die Wehrdienst und Staatstreue verweigerten, und eben die Homosexuellen, denen die Ausbreitung der „Seuche Homosexualität" unterstellt[16] bzw. deren homosexuelles Verhalten in Gänze als staatsfeindlich bewertet wurde.[17] So war es aus nationalsozialistischer Sicht nur folgerichtig, Paul Wendel in einem Konzentrationslager in „Schutzhaft" zu nehmen.[18] Die „Verordnung zum Schutz von Volk und Staat" vom 28. Februar 1933, auf der die sogenannte Schutzhaft als nationalsozialistisches Herrschaftsinstrument beruhte, gehörte zu den ersten Aushebelungen des demokratischen Rechtstaates nach der Machtübertragung. Politische Gegner konnten nun ohne richterliche Kontrolle und Verurteilung verhaftet und auf unbestimmte Zeit festgehalten werden. Die Haft war meistens nur Durchgangsstation und führte häufig zur Einweisung in ein Konzentrationslager.[19] Aus den Archivalien der Gedenkstätte Sachsenhausen geht allerdings nicht hervor, ob Paul Wendel bereits in Prag in „Schutzhaft" genommen wurde oder nach einer in Prag verbüßten oder teilverbüßten Haft.

15 Rolf Krappe, Einiges von meinen Eindrücken, in: Capri, Heft 24, S. 40, zit. nach ebenda, S. 95 f.

16 Ebenda, S. 90.

17 Zinn, Volkskörper, S. 289 und 341 f.

18 Auskunft Gedenkstätte vom 26. 10. 2015.

19 www.bundesarchiv.de/zwangsarbeit/haftstaetten/index.php?tab=22.

Wie viele Schwule zur Haftzeit Paul Wendels in den sechs Baracken der Isolierung ihrem düsteren Schicksal entgegensahen, ist nicht bekannt. Überlebende, die kurz vor oder nach Paul Wendel dort waren, schilderten ihren damaligen Alltag später so: „Schlafen durften wir nur im Nachthemd und mit den Händen außerhalb der Decke, denn ‚Ihr schwulen Arschlöcher sollt euch nicht selbst begeilen können'. [...] Auch durften wir mit Häftlingen aus anderen Blocks und mit einer anderen Winkelfarbe kein Wort reden, damit wir sie, wie man uns belehrte, nicht zu homosexuellen Handlungen verführen konnten."[20] Manche Häftlinge zogen den nackten Erdboden unter den Betten einem Schlafplatz im Bett vor. „Aus den normalen Betten wurden sie nämlich die ganze Nacht rausgeholt und in den Tagesraum nach nebenan gebracht. Vernehmungen hieß das. Schläge und Schreie haben wir die ganze Nacht gehört. Es war grauenhaft. Und jeder zitterte und wusste nicht, ob er den nächsten Tag übersteht."[21] War man jung und nach gängigen Vorstellungen attraktiv, bot sich zumindest die Chance, durch kleine sexuelle Gefälligkeiten Zugang zu überlebenswichtigen Ressourcen zu erhalten,[22] doch Paul Wendel war beides nicht.

Die täglichen Schikanen und Gräueltaten hatten auch zum Ziel, die Inhaftierten restlos zu entsolidarisieren, ein jeder sollte nur noch auf sich und sein blankes Überleben fixiert werden. Dabei es ging auch anders, und der Gefangene Paul Wendel alias O'Montis soll einiges dazu beigetragen haben: „[A]uch in dieser Zeit des Mordens gab es einen Zusammenhalt unter den Homosexuellen. Kulturelle Aktivitäten werden gerade für ihren Block 14 für Herbst 1939 bis Frühjahr 1940 in besonders starkem Maße überliefert. Das abendliche kulturelle Leben gerade hier war im ganzen Lager bekannt und wurde auch von anderen Häftlingen aus dem Hauptlager besucht. [...] Albert Christel berichtet von Gitarrespiel, Singen und Vorträgen zu unterschiedlichen wissenschaftlichen Themen und kleinen Kabarett-Aufführungen. Auch vorher und nachher wurde in den Blöcken der Homosexuellen gesungen und musiziert, so auch von Paul O'Montis im Juni und Juli 1940, bis er am 17. Juli 1940 ermordet wurde."[23] In einer umfänglichen Studie über Musik im KZ Sachsenhausen von 2009 kommt der Künstler dagegen nicht vor.[24] Ob er in den wenigen Haftwochen wirklich

20 Heinz Heger, zit. nach Müller Isolierung der Homosexuellen, S. 92.

21 Heinz Dörmer, zit. nach Müller, Isolierung der Homosexuellen, S. 94.

22 Zinn, Volkskörper, S. 318.

23 Sternweiler, Chronologischer Versuch, S. 46.

24 Juliane Brauer, Musik im KZ Sachsenhausen, Berlin 2009. Auch in Brauers Datenbank, die sie sich bei ihren Recherchen anlegte, taucht sein Name nicht auf. Auf Anfrage schrieb sie: „Basierend auf meinen Kenntnissen über die Geschichte des Lagers und die Lebensbedingungen dort, würde ich auch sagen, dass es höchst unwahrscheinlich ist (jedoch war

noch künstlerisch in Erscheinung trat, lässt sich derzeit nicht abschließend klären.

Der Tod Paul Wendels ist verhältnismäßig gut dokumentiert. Die in seiner Oranienburger Sterbeurkunde eingetragene Todesursache „Freitod durch Erhängen"[25] verschleiert allerdings die eigentlichen Geschehnisse auf zynische Weise. Denn aus freien Stücken schied Paul Wendel sicher nicht aus dem Leben: Er wurde Opfer einer gezielten Mordaktion. Dass Häftlinge auf diese Weise ermordet oder in den Tod getrieben wurden, war kein Einzelfall und schon damals vor Gericht bekannt. Um die gleiche Zeit fand in Berlin eine Verhandlung gegen SS-Angehörige statt, in deren Verlauf der Staatsanwalt Zeugenaussagen von Sachsenhausen-Häftlingen dokumentierte: Es „sollen wiederholt Häftlinge von den Blockführern (SS-Oberscharführern) erhängt oder auf andere Weise in den Tod getrieben worden sein", Häftlinge bekamen den Befehl „sich bis zum anderen Morgen zu erhängen".[26] Ein Überlebender schilderte später, wie man sich das genau vorzustellen hatte: Der Blockführer ließ sich mehrfach „bei einem Erscheinen in der Strafkompanie [...] die Blockbücher geben. [...] Er nahm dann einen Rotstift zur Hand und zeichnete hinter die Namen von Häftlingen, welche ihm unsympathisch waren, ein Kreuz und schrieb das Datum des jeweiligen Tages dahinter. Sah der Blockälteste nach einem solchen Besuch in das SK-Buch ein, so bedeutete ein solcher Vermerk für ihn, daß der angemerkte Häftling noch am gleichen Tag zu sterben hatte. Was pflichtgemäß erledigt wurde."[27] Geschickt wie perfide ließen die SS-Männer Morde durch Blockälteste, Mitgefangene also, ausführen.

Über die genaueren Umstände des Todes von Paul Wendel informiert eine eidesstattliche Erklärung des ehemaligen politischen Häftlings Robert Brink,

nichts unmöglich in diesen Bedingungen [...]), dass er in so kurzer Zeit es geschafft haben soll, musikalisch aktiv zu sein. Dafür hätte er erstens die Quarantäne verlassen müssen (die ging in der Regel mehrere Wochen), danach mit den anderen Häftlingen Kontakt bekommen müssen, die es geschafft haben, Musik und Gesang zu organisieren (de facto waren das eher die politischen deutschen Häftlinge, die tschechischen Studenten oder die jüdischen Gefangenen, die beiden letzteren Gruppen waren in eigenen, getrennten Blöcken untergebracht). Natürlich kann er auch ganz für sich durch solche Aktivitäten in der Quarantäne in Erscheinung getreten sein." (E-Mail vom 21. 8. 2019). Im Hinblick auf die Quarantäne ist zu ergänzen, dass Paul Wendel – wie alle Isolierungs-Häftlinge – bereits automatisch vom Rest der Gefangenen abgeschirmt war und in der Isolierung nicht noch einmal unter Quarantäne gestellt wurde.

25 Stadtarchiv Oranienburg, Repositur 14 Standesamt Oranienburg, Sterberegister 1940 Oranienburg, Reg.-Nr. 3312/1940

26 Zit. nach Sternweiler, Chronologischer Versuch, S. 40.

27 Zit. nach Müller, Isolierung der Homosexuellen, S. 102.

C¹

Nr. 3312

Oranienburg, den 18. Juli 1940

Der Artist Paul Wendel

evangelisch,

wohnhaft in Prag, Fügnerplatz 6

ist am 17. Juli 1940 gegen um 2 Uhr Minuten

in Oranienburg im Lager Sachsenhausen verstorben.

Der Verstorbene war geboren am 3. April 1894

in Budapest

(Standesamt Nr.)

Vater: unbekannt

Mutter: unbekannt

Der Verstorbene war — nicht — verheiratet.

Eingetragen auf ~~mündliche~~ — schriftliche — Anzeige des Lagerkommandanten des Lagers Sachsenhausen in Oranienburg.

~~D Anzeigende~~

~~Vorgelesen, genehmigt und unterschrieben~~

Die Übereinstimmung mit dem Erstbuch wird beglaubigt.

Oranienburg, den 18.7.1940

Der Standesbeamte
In Vertretung:
Kempfer

Der Standesbeamte
In Vertretung: Kempfer

Todesursache: Freitod durch Erhängen.

Eheschließung de Verstorbenen am in

(Standesamt Nr.).

Sterbebucheintrag Paul Wendel alias Paul O'Montis, 17. Juli 1940
Stadtarchiv Oranienburg

selbst Blockältester und Lagerältester der Isolierung von Ende 1938 bis September 1940: „Im Block 35 befanden sich die Homosexuellen. [...] Der Blockälteste [...] mordete dauernd Leute in seinem Block. Weder die Lagerleitung noch die SS in der Isolierung boten diesem Treiben Einhalt. Mir als Lagerältesten der Isolierung war es von dem Leiter der Isolierung, Bugdalle, wie auch von den SS-Leuten Knittler und Ficker wiederholt streng untersagt worden, mich um diese Angelegenheiten zu kümmern. Eines Sonntagnachmittags kam der bekannte Vortragskünstler, genannt Paul Remontes [O'Montis], zu mir und bat um meinen Schutz, da ihm von Seiten des Blockältesten Ruppel angedroht worden war, er würde in der kommenden Nacht erledigt werden. Ich besprach die Sache mit meinem Vertrauten und Stubenältesten Paul Bornemann. Bis in die Nacht haben wir beide heimlich zusammengesessen und beratschlagt, wie dem Burschen sein mörderisches Handwerk gelegt werden könne. Das Ergebnis war Folgendes: Unter eigener Lebensgefahr ging ich am nächsten Tage, durch den in der Nacht tatsächlich erfolgten Mord an Paul Remontes erbittert und ermutigt zu Bugdalle hin." Bugdalle konnte schließlich davon überzeugt werden, dass Ruppels Morde seine Position gefährdeten, und Ruppel wurde abgelöst.[28] Laut Sterbeurkunde geschah der Mord am 17. Juli 1940 gegen 2:00 Uhr.

Wendels Name findet sich auch in einem Bericht des ehemaligen politischen Häftlings Emil Büge. Zwar listet er ihn in einem Kapitel mit der Überschrift „Selbstmörder", merkte aber ergänzend dazu an: „Bei einigen Selbstmorden, die in der SK vorgekommen sind, ist die Annahme wohl begründet, dass es sich nicht um solche handelt, sondern dass die Leute auf Befehl von Ficker und dem vielleicht noch schlimmeren Bugdalle gehenkt wurden."[29]

Am Morgen des 17. Juli wurde der Ermordete dem „SS-Standortarzt Sachsenhausen als Amtsarzt im K.L.Sh" bzw. in dessen Vertretung dem „Hauptscharführer" Dr. Roschmann zur Leichenschau gebracht, der in seinem Bericht jegliche Mittäterschaft und damit weitere Ermittlungen von vorneherein ausschloss: „Am 17. 7. 40 um 9.00 Uhr habe ich die Leiche eines Erhängten amtsärztlich besichtigt. Zahlreiche blaurote Totenflecke an den abhängenden Partien und ausgedehnte Totenstarre waren festzustellen. Die Leiche wies eine 2–3 cm breite und 0,5 cm tiefe Strangulationsfurche auf. Der Tod ist durch Erhängen eingetreten. Zeichen eines gewaltsamen Eingriffs anderer Personen sind nicht festzustellen. Sektion wurde angeordnet. Die Leiche wurde mir als die des Pol. 25131 Wendel, Paul, geb. 3. 4. 94 zu Budapest, bezeichnet. Mit der vorgeschriebenen

28 Zit. ebenda, S. 103. In der Tagesnennung irrt der Zeitzeuge, der 17. Juli 1940 war ein Mittwoch.

29 Zit. ebenda.

dienstlichen Versicherung."[30] Der ärztliche Brief wurde an die Staatsanwaltschaft beim Landgericht Berlin geschickt, die in ihrer Antwort an die Lagerkommandantur zu strafrechtlichen Maßnahmen keinen Anlass sah.[31] Gleich am nächsten Tag, dem 18. Juli, wurde in Oranienburg die Sterbeurkunde ausgestellt. Am 22. Juli wurde Paul Wendel alias Paul O'Montis im KZ-Sachsenhausen eingeäschert und am 18. Dezember schließlich im Urnen-Sammelgrab des Friedhofs Berlin-Altglienicke, Abteilung U2-Nr. 246, beigesetzt.[32] Dieses Sammelgrab existiert noch heute und wird als Gedenkstätte für 1360 KZ-Opfer gepflegt.

Alle drei genannten SS-Männer wurden nach dem Krieg zur Verantwortung gezogen: Richard Bugdalle (1907–1982), Blockführer in der Isolierung und „Brutalla" genannt, weil er als besonders grausamer Folterer galt, lebte zunächst unauffällig in München. Erst 1957 wurde er festgenommen und drei Jahre später zu lebenslanger Haft verurteilt. Als er 1978 aufgrund seines Gesundheitszustands vorzeitig entlassen wurde, kam es zu Protesten ehemaliger Häftlinge.[33] Fritz Ficker (1919–1948), ebenfalls Blockführer in der Isolierung, wurde 1947 von einem sowjetischen Militärgericht zu lebenslanger Haft und Zwangsarbeit verurteilt, weil er an der Ermordung sowjetischer Kriegsgefangener im KZ beteiligt gewesen war. Im Straflager Workuta am Polarmeer starb er unter ungeklärten Umständen.[34] Im gleichen Prozess wurde auch der Blockführer Martin Knittler (1916–1958) zu lebenslanger Zwangsarbeit verurteilt. Im Jahr 1956 kehrte er infolge eines Abkommens der Adenauer- mit der sowjetischen Regierung über die Freilassung deutscher Kriegsgefangener (und Kriegsverbrecher) als „Nichtamnestierter" aus Workuta in die BRD zurück. 1957 kam er in Untersuchungshaft und nahm sich vor seiner Verurteilung in seiner Gefängniszelle das Leben.[35]

Paul Wendels direkter Mörder, der KZ-Häftling Hans Ruppel (1918–1940), starb wahrscheinlich unter den gleichen grausamen Bedingungen bzw. Voraussetzungen wie sein Opfer: Auch in seiner Oranienburger Sterbeurkunde steht mit Datum 24. Dezember 1940: „Freitod durch Erhängen".[36]

30 Landesarchiv Berlin, Akte A Rep. 358-02, Nr. 5509.

31 Ebenda.

32 Information des Internationalen Suchdienstes/International Tracing Service (ITS) in Bad Arolsen vom 5. 1. 2016; Schreiben der Friedhofsverwaltung Friedhof Altglienicke vom 25. 5. 2020.

33 Moritz Petri, Richard Bugdalle, in: Günter Morsch (Hrsg.), Die Konzentrationslager-SS 1936–1945: Exzess- und Direkttäter im KZ Sachsenhausen, Berlin 2016, S. 207–209.

34 Astrid Ley, Fritz Ficker, in: Morsch (Hrsg.), Konzentrationslager-SS, S. 223–225.

35 Volker Strähle, Martin Knittler, in: Morsch (Hrsg.), Konzentrationslager-SS, S. 243–245.

36 Auskunft der Gedenkstätte und Museum Sachsenhausen vom 18. 3. 2020.

15 Verehrt, verfolgt – und vergessen?

„UNVERGÄNGLICH UNVERGESSEN" – auf goldenem Hintergrund und unübersehbar über ein Viertel der Plattencover gesetzt, prangten diese vielversprechenden Lettern auf einer neuen Schallplattenserie, die die Kölner Electrola-GmbH ab Mitte der 1950er-Jahre auf den Markt brachte. Unter gleicher Firmenadresse operierte auch O'Montis alter Lindström-Konzern, beide gehörten ja längst zur britischen EMI-Group und kooperierten. All die großen Schellackplattenstars der Kriegs- und Vorkriegszeit sollten quer durch die musikalischen Genres in technisch verbesserten Überspielungen auf der neuen Vinyl-Schallplatte wieder zugänglich gemacht werden, über zweihundert Platten kamen bis in die Mitte der 1960er-Jahre heraus. Alle drehten sich nun wieder auf den Tellern der modernen Plattenwechsler der Wirtschaftswunderzeit, von Hans Albers, den Comedian Harmonists über Zarah Leander, Fritzi Massary, Hans Moser, Claire Waldoff, Joseph Schmidt bis zu Richard Tauber. Fast alle, denn einer fehlte: Paul O'Montis. Vergangen war sein einstiger Erfolg auf Bühne und Platte, vergessen war seine große Produktivität bei Lindström. Lag es daran, dass er schwul war? Das allein war es wohl nicht: Auch der schwule Kabarettist Wilhelm Bendow war mit einer Platte in dieser Retro-Reihe vertreten, auch er war im Konzentrationslager, was auf dem Cover sogar erwähnt wurde, allerdings nicht wegen Homosexualität. Dass O'Montis aber genau aus diesem Grund in Haft saß, war wohl der Makel, der ihm auch noch in einer Bundesrepublik Deutschland anhaftete, die den von den Nazis verschärften § 175 ohne Skrupel ins Strafgesetzbuch übernahm.

Gänzlich vergangen und vergessen war O'Montis nach dem Krieg jedoch nicht: Um 1962 produzierte Electrola in Zusammenarbeit mit der Illustrierten „Kristall – die außergewöhnliche Zeitschrift" die Langspielplatte „Die goldenen Zwanziger Jahre – Das Dokument einer erregenden Zeit".[1] Confériert und kommentiert von keinem Geringeren als Friedrich Hollaender, präsentierte die LP eine Zeitreise durch die Weimarer Kulturblüte, zahlreiche Schellackplatten damaliger Stars wurden angespielt, zeitgenössische Politiker wie Hindenburg

1 „Die goldenen Zwanziger Jahre. Das Dokument einer erregenden Zeit", nach der Kristall-Dokumentar-Serie, Friedrich Hollaender führt sie durch dieses Jahrzehnt, Electrola EXTRA-Produktion E 83348 WC LP 765.

oder Göring kamen zu Wort, und auch O'Montis war darauf zu hören mit einer kleinen Sequenz seiner Aufnahme „Mein Bruder macht im Tonfilm die Geräusche". Weniger gut geriet die Gestaltung der Schallplattenhülle: In einem beiliegenden doppelseitigen Faltblatt in LP-Größe wurden alle fünfzig Personen, die auf der Scheibe zu Wort kamen, mit einem Foto und einem kleinen Text vorgestellt. Ein Foto von Paul O'Montis fehlte. An seiner Stelle befindet sich das Abbild eines anonymen Mannes mit dicker Zigarre, der sein Gesicht hinter einem Bündel Dollarnoten versteckt.

Diesen Unsinn steigerte der biografische, sprachlich boulevardeske Bilduntertext: „Paul O'Montis. Er hielt die Kleinkunst für die große Kunst. Dennoch scheute er sich, abendfüllend aufzutreten. Er tingelte nur für Kabarett und Schallplatte. Nie für den Film. Vor dem Glasauge der Kamera riss er die Hände vor's Gesicht. Oder versteckte sich hinter einem Fächer aus Geldscheinen. Er war reklamescheu. Auch deshalb wurde er berühmt. Das war seine Masche. Eine weitere Masche: Die Schnulze durch Parodie zu entschnulzen. Das gelang ihm bei ‚Ramona'. Und auch beim Loblied auf den Bruder, der ‚im Tonfilm die Geräusche macht'. 1933 verließ er das Land der Schnulzen und emigrierte nach Wien. Nie wieder hörte oder sah man etwas von ihm. Reklame?" Dahinter verbirgt sich mehr als Ignoranz: Wer diese Zeilen schrieb, muss O'Montis ziemlich gut in Erinnerung behalten haben, er oder sie wusste um seine Filmabstinenz, um seine Parodien, kannte seine herausragende, aber doch kommerziell erfolglose „Ramona"-Parodie. O'Montis scheute weder Reklame noch den abendfüllenden Auftritt. Auch dürfte der oder die Verantwortliche um seine Verurteilung gewusst haben, denn sie stand in den Zeitungen und war kein Geheimnis. Verfügte das Archiv der Kölner Lindström wirklich über kein Foto des Künstlers mehr?

Im alten Haus-Magazin „Der Ton" waren sie zur Genüge abgedruckt. Ganz gezielt wird hier das Bild eines Sonderlings gezeichnet, der 1933 das Land – aus ungenannten Gründen – verließ und dann angeblich komplett von der Bildfläche verschwand. Letzteres auch noch als „Reklame" zu deuten, ist auf peinliche Weise verfehlt. Zynischer ging es wirklich nicht mehr! Verantwortlich für Bild und Text der Langspielplattenhülle war – so steht es auf jenem Beiblatt – die Illustrierte „Kristall", ein Unterhaltungsblatt des Springer-Konzerns, Autoren werden keine genannt. Dass ein ermordeter schwuler KZ-Häftling wieder in der Anonymität zu versinken drohte, damit hatte man bei Springer und Kristall keine Probleme. Auch nicht damit, dass der Chefredakteur bei Kristall ein ehemaliger SS-Hauptsturmführer im Reichssicherheitshauptamt war und ein prominenter Hausjournalist des Blattes Pressechef des NS-Außenministeriums – honni soit qui mal y pense.

Auch auf einer ähnlichen LP, der 1966 in Österreich bei Preiser-Records erschienenen Audio-Collage „31. Dezember 1932. Nachtausgabe" des Autors Marcel Faust, war O'Montis zu hören.[2] Die Einspielung „Du bist in letzter Zeit so schrecklich blond geworden" wurde eindrucksvoll mit „Heil Hitler"-Rufen unterlegt, um die Atmosphäre einer untergehenden Weimarer Republik zu dokumentieren.

Den skurrilsten Beitrag über O'Montis sendete 1973 der Norddeutsche Rundfunk in seinem Feature „Chronik der Rutschbahn. Von Jean Gilbert bis Doris Day".[3] Gemeint war eine Straße im Hamburger Grindelviertel, damals wie heute ein Zentrum jüdischen Lebens in der Hansestadt, die „Rutschbahn". Der Autor des Beitrags, Bernd Wilhelm Wessling, präsentierte zahlreiche Persönlichkeiten, die nach seiner Darstellung allesamt mit jener „Rutschbahn" und dem jüdischen Viertel in Verbindung standen. Darunter auch Paul O'Montis: „Jaronier Katzenellenbogen" soll er eigentlich geheißen haben, Sohn eines Schneiders, der sich in der Schlüterstraße, ebenfalls im Grindelviertel gelegen, niedergelassen hatte. Der Sendebeitrag war eine Mischung aus Lüge, Halbwahrheiten und Fakten, die ein ahnungsloses Publikum an der Nase herumführt. Ein Ausschnitt im O-Ton:

„Einige Lexika vermerken, Paul O'Montis sei in Königsberg geboren worden und habe eigentlich Oberg geheißen, das stimmt nicht. Aber Jean Gilbert [ein bekannter Komponist und Dirigent aus Hamburg], sein Jugendfreund, musste es ja wissen, er hat in seinen Erinnerungen die Geschichte des tollen Paul, der nie einen festen Wohnsitz hatte, beschrieben. Paul Jaronier war ein sonderbarer Mensch, Bohemien und Hypochonder, Aufschneider, Snob, ein eleganter Schönling mit Monokel im Auge und eben: ein hinreißender Vortragkünstler, ein Publikumsliebling, der an den großen Varietébühnen ein Riesenvermögen verdiente, das ihm durch die Finger zerrann wie nichts. Er war immer auf Achse, von Tingeltangel zu Tingeltangel, von Varieté zu Kabarett, von Radiostation zu Radiostation. Gilbert schreibt: ‚Paul O'Montis war *das* kabarettistische Genie, das ich kannte. Im Handumdrehen konnte er eine Situation meistern, ein Gespräch mit ihm war stets ein satirisches Unterfangen.'"

Wessling publizierte auch zahlreiche Biografien und wurde später mit Fälschungsvorwürfen konfrontiert: Er soll nicht nur die Quellen seiner Zitate, sondern auch die Zitate selbst erfunden haben.[4] Das galt auch für unseren Fall,

2 Marcel Faust, 31. Dezember 1932. Nachtausgabe, Preiser Records P 1932/PR 3049.

3 Chronik der Rutschbahn. Von Jean Gilbert bis Doris Day; Autor: Bernd W. Wessling, Redakteur: Hansi Eggeling, Sprecher: Wolf Nagel, Aufnahme vom 13. 11. 1973; Produktion: Norddeutscher Rundfunk, Bestand F 826501.

4 de.wikipedia.org/wiki/Berndt_W._Wessling.

denn bedauerlicherweise hat Max Winterfeld alias Jean Gilbert nie eine Biografie verfasst, aus der die zitierten Zeilen zu O'Montis hätten stammen können.[5] Auch der in der Sendung gespielte O'Montis-Titel „Eine schöne weiße Chrysantheme", anmoderiert als „Lied, das er sich selbst geschrieben hat", stammte nicht vom Künstler. Laut Wessling war „seine Ramona-Aufnahme" die erfolgreichste Platte – welche der beiden Versionen er meinte, offenbarte er nicht. Interessant bleiben allerdings die Fakten, die Wessling irgendwoher recherchiert haben muss, denn er selbst war Jahrgang 1935 und hatte O'Montis nie erlebt: dessen Ruhelosigkeit, hohes Einkommen, und dass er ohne festen Wohnsitz lebte. Ob am „Bohemien" und „Hypochonder" auch etwas dran war?

Um 1976 erschien die erste und einzige O'Montis-LP und präsentierte einen kleinen Ausschnitt seines Œuvres. Dahinter stand allerdings keine der führenden Plattenfirmen, sondern das kleine Münchner Independent-Label Discophilia von Bernhard Rühe. Insgesamt vierzehn Titel waren zu hören, alle mit Angabe der Original Bestell- und Matrizennummer der ursprünglichen Schellackausgaben.[6] Im Begleittext stand zwar fälschlicherweise, der Künstler stamme aus Hannover und sei 1933 emigriert, aber immerhin auch: „O'Montis [...] wurde von den Nazis ermordet." Der Grund wurde allerdings verschwiegen. Discophilia füllte damit zum Teil eine nach wie vor bestehende Lücke auf dem Plattenmarkt. Denn als die EMI-Electrola in den 1970er-Jahren erneut eine umfassende Serie mit historischen Aufnahmen veröffentlichte, diesmal unter dem Motto „Der goldene Trichter", war ihr einstiger Star O'Montis wieder nicht vertreten.

Es sollte noch einmal rund zwanzig Jahre dauern, bis eine weitere Zusammenstellung von alten O'Montis-Scheiben auf CD erschien. Auch diesmal gebührte das Verdienst einem Plattensammler, dem Hamburger Norbert Noritz, der am Weidenstieg den kleinen Plattenladen „Musik Antik" führte und unter gleichem Titel CDs herausgab, so auch 1997: Paul O'Montis: „Ich bin verrückt nach Hilde!"[7]

In der deutschen Kabarettliteratur sah es nicht viel besser aus, angefangen mit der BRD: In Klaus Budzinskis 1961 erschienener Kabarettchronik „Die Muse mit der scharfen Zunge. Vom Cabaret zum Kabarett" sucht man O'Montis vergebens

5 Ausführliche biografische Informationen zu Jean Gilbert siehe „Lexikon verfolgter Musiker und Musikerinnen der NS-Zeit", Universität Hamburg, www.lexm.uni-hamburg.de/object/lexm_lexmperson_00002805?wcmsID=0003&XSL.lexmlayout.SESSION=lexmperson_all.

6 Paul O'Montis, Discophilia- Schallplatten-Produktions- und Vertriebs-GmbH München, DIS-210. Das Exemplar im Besitz des Autors stammt vom Februar 1976.

7 Paul O'Montis, Ich bin verrückt nach Hilde! Chansons – Couplets – Schlager. MUSANT 002, 1997.

(in seiner erweiterten Neuauflage „Pfeffer ins Getriebe [...]“ hat er das dann 1982 nachgeholt). Sein Kollege Heinz Greul erwähnte ihn in seiner Kulturgeschichte des Kabaretts aus dem Jahr 1967, „Bretter, die die Zeit bedeuten“, immerhin an zwei Stellen. Der bereits erwähnte Dietrich Schulz-Koehn führte den Künstler in seinem 1969 erschienen Buch „Vive la chanson“ im lexikalischen Teil (Das Chanson außerhalb Frankreichs) auf, nannte drei Titel, blieb biografisch aber äußerst wortkarg: „Unterhaltungskünstler der zwanziger Jahre bis 1933“.[8] Auch Berthold Leimbach, dem das Verdienst zukommt, in seinem gewaltigen Werk „Tondokumente der Kleinkunst und ihre Interpreten“ im Jahr 1991 unzählige Künstler-Biografien wieder zutage gebracht zu haben, und der auch O'Montis' KZ-Schicksal benennt, verschwieg dessen Homosexualität.[9]

In Kabarett-Chroniken der DDR fehlt O'Montis dagegen fast gänzlich, weder Rudolf Hösch (Kabarett von gestern, 1967), noch Walter Rösler (Kabarettgeschichte, 1977, und Das Chanson im deutschen Kabarett 1901–1933, 1980) erwähnen ihn, lediglich Helga Bemmann nennt seinen Namen im Zusammenhang des KaDeKo (Berliner Musenkinder. Memoiren, 1987).

Es sollte bis Anfang der 1990er-Jahre dauern, bis in der Literatur zum ersten Mal eine Verbindung von Homosexualität und KZ-Haft hergestellt wurde, von Ulrich Liebe im lexikalischen Teil seines 1992 erschienenen Buches „Verehrt, verfolgt, vergessen. Schauspieler als Naziopfer“.[10] Die erste Biografie von O'Montis erschien im Jahr 1995 im Fanzine für Schellackplatten-Sammler „FOX auf 78“ vom Autor des vorliegenden Buches, im Jahr 2000 ein weiterer biografischer Artikel im Sammelband „Homosexuelle Männer im KZ Sachsenhausen“.[11]

In Musikkanälen sind mittlerweile viele seiner Aufnahmen abrufbar, bei Wikipedia gibt es einen Eintrag. Deutlicher Ausdruck dessen, dass man sich heute wieder an diesen großen Künstler erinnert, ist sein Konterfei als Opfer der NS-Zeit im Rock'n'pop Museum im nordrhein-westfälischen Gronau.

Eine Initiative Egmont Fassbinders, des langjährigen Verlagsleiters des ersten nachkriegsdeutschen schwulen Buchverlags „Rosa Winkel“, gemeinsam mit

8 Schulz-Koehn, Vive la Chanson, S. 176.

9 Berthold Leimbach, Tondokumente der Kleinkunst und ihre Interpreten 1898–1945, Göttingen 1991.

10 Ulrich Liebe, Verehrt, verfolgt, vergessen. Schauspieler als Naziopfer, Weinheim/Berlin 1992, S. 239.

11 Ralf Jörg Raber, Vergöttert und verjagt: „Was hast du für Gefühle, Moritz?“ Der Sänger Paul O'Montis (1894–1940), in: FOX auf 78. Ein Magazin – rund um die gute alte Tanzmusik, Heft 14. Hrsg. v. Klaus Krüger, Dietramszell 1995, S. 19–23; ders., „... elegant gekleidet und graziös in seinen Bewegungen“. Der Sänger Paul O'Montis, in: Müller/Sternweiler, Homosexuelle Männer, S. 207–210.

dem Autor, einen Stolperstein für Paul O'Montis verlegen zu lassen, scheiterte bisher daran, dass keine Wohnadresse des Künstlers ausfindig zu machen war.

*

Paul O'Montis war kein Star der ersten Reihe, der sich an sein Publikum ranwarf, war kein „Volkssänger", der es einer breiten Zuhörerschaft leicht machte, sich mit ihm und seiner Kunst zu identifizieren. Paul O'Montis war stets ein Meister der leisen, der feinen Töne, der Nuancen. Am stärksten wirkte er auf Platte wie Bühne, wenn er allein mit einem Pianisten ganz auf sich gestellt war. Er selbst fühlte sich bereits als etwas aus der Zeit gefallen, als er einmal „seine Darbietungen [...] als die letzten spärlichen Überreste der eigentlichen Kabarettkunst" bezeichnete; er wolle die „individuelle Kabarettkunst durch sich wirken [...] lassen",[12] d. h. ohne aufwendiges Drumherum wie Kulissen und Komparsen. Sicherlich gehörte auch das zur Selbstinszenierung – wie wir wissen, war auch er ein Showman. Doch steckte darin auch ein wahrhaftiger Kern: So sah er sich selbst. Diese Art der Unterhaltungskunst – der Vortrag mit Gesang und Klavier – gehörte Ende der 1920er- und Anfang der 1930er-Jahre noch zum popmusikalischen Mainstream. Aber er geriet langsam zum Auslaufmodell, Jazz und die mit ihm verbundene Entwicklung zur Bigband setzten neue musikalische Akzente, Tonfilmschlager waren in der Regel zum Mitsingen und weniger zum Zuhören. Einer richtigen O'Montis-Platte aber musste man lauschen, sie erforderte Aufmerksamkeit und war zum Einstimmen, geschweige denn zum Tanzen selten geeignet. Außerdem war diese feinsinnige wie feinhumorige Art des Musizierens politisch nicht mehr opportun, sie passte nicht zum nationalsozialistischen Menschen- und Gesellschaftsbild, schon gar nicht zur allgemeinen Wehrertüchtigung. „Das Meistersextett", die in Nazideutschland verbliebenen Nachfolger der „Comedian Harmonists", oder ein Kleinkünstler wie Peter Igelhoff durften nach den ersten Kriegsjahren nicht mehr auftreten. Eine ganze Kunstszene lag am Boden: „Die Kabarettkunst hatte in Deutschland zu Beginn der dreißiger Jahre einen Ruhm und eine Popularität erreicht wie nie zuvor. [...] Kein anderes Genre wurde von den Nationalsozialisten so liquidiert wie das Kabarett."[13]

O'Montis' Vortragsweise erfreute sich zumindest nach dem Zweiten Weltkrieg bis in die 1970er-Jahre wieder einer größeren Beliebtheit, vor allem im

12 Indirektes Zitat aus einer KaDeKo-Kritik, Berliner Börsenzeitung vom 5. 8. 1930.

13 Werner Mittenzwei, Verfolgung und Vertreibung deutscher Bühnenkünstler durch den Nationalsozialismus, in: Trapp/Mittenzwei/Rischbieter/Schneider, Handbuch des deutschsprachigen Exiltheaters 1933–1945, Bd. 1: Verfolgung und Exil deutschsprachiger Theaterkünstler, München 1999, S. 7–65, hier S. 49.

Umfeld des neuen deutschsprachigen Kabaretts. Auch die Liedermacher-Szene der 1960er- bis 1980er-Jahre bediente sich noch der kleinen Form, in den 1980er- und 1990er-Jahren stachen Ausnahmen wie die größte männliche Nachkriegsdiseuse, Georgette Dee, mit ihrem Pianisten Terry Truck oder der Chansonnier Tim Fischer aus dem Elektropop-Mainstream hervor und belebten für ein paar Jahre das Genre der schlichten Vortrags-Kleinkunst mit neuen Kreationen, neuer Musik und neuen Texten. Dem Sänger Max Raabe gelingt es noch heute, unaufgeregt und solistisch mit seinem Pianisten Christoph Israel große Konzerthäuser zu füllen, aber vornehmlich mit dem alten Lieder-Repertoire der Weimarer Kulturblüte. Auch ein Entertainer wie Robert Kreis lässt in seinen Programmen die alte Cabaret-/Kabarettzeit wiederaufleben. Aus der deutschen Popmusik ist Paul O'Montis' Vortragstil, ist dieses ganze Kleinkunst-Genre heute verschwunden, selbst die deutsche Sprache gehört nicht mehr zum popmusikalischen Mainstream in den deutschsprachigen Regionen Europas. Auch dies ist sicherlich ein Grund, warum ein Künstler wie O'Montis heute kaum eine breite Renaissance wird erfahren dürfen.

Aber das bleibt: Er zählt zu den wichtigsten und produktivsten Schallplattenkabarettisten der ersten deutschen Republik. Er war Pop-Avantgarde, gehörte zu den Ersten, denen es dank Mikrofon gelang, mit ihrer Stimme ein farbenfrohes musikalisches Ausdrucksspektrum in die deutschsprachige Popmusik zu bringen und den popmusikalischen Liedvortrag zu modernisieren. Er gehört zu den Ersten, die das Tabu Homosexualität, sexuelle Diversität und Genderthematik in deutschsprachiger kommerzieller Popmusik thematisierten. Er fand als schwuler Künstler eine innere wie äußere Freiheit, die „ansteckend", ermutigend war, die Homosexuelle in seine Konzerte zog, um in einer gesetzlich wie gesellschaftlich repressiven Atmosphäre der Diskriminierung und Verfolgung für kurze Zeit das genaue Gegenteil zu erfahren: Anerkennung und Stärkung. Dass er sich diese Freiheit nahm, kostete ihn schließlich das Leben.

All das gilt es wachzuhalten.

Anhang

Auftrittstabelle

(nach bisherigem Forschungsstand)

1918

Zeit	Stadt	Ort	Quelle
1918 (nicht gesichert)	Königs- berg	???	Westdeutscher Beobachter v. 17. 11. 1933 (O'Montis-Zeitungs-porträt)
11./15. Mai	Riga	Casino-Theater	Rigasche Zeitung v. 11. und 15. 5. 1918 („intime Lieder")
(ab) 1. Juni „all-abendlich"	Riga	Casino-Theater	Rigasche Zeitung v. 1. 6. 1918
(ab) 10. Juni	Riga	Casino-Theater Großer Theatersaal	Rigasche Zeitung v. 10. 6. 1918 („Lieder des Ueberberttl")
(ab) 19. Juni	Riga	Casino-Theater	Rigasche Zeitung v. 19. 6. 1918
(ab) 28. Juni	Riga	Casino-Theater	Rigasche Zeitung v. 28. 6. und 4. 7. 1918 (u. a. Serenissimus & Kindermann)
(ab) 9. Juli	Riga	Casino-Theater	Rigasche Zeitung v. 9. 7. 1918
(ab) 17. Juli bis mind. 25. Juli	Riga	Casino-Theater	Rigasche Zeitung v. 17./18./25. 7. 1918
29. Juli–8. August	Riga	Kino-Varieté „Marine"	Rigasche Zeitung v. 26./30. 7. 1918 Latviešu Avīze [Zeitung der Letten] v. 5. 8. 1918

10. + 11. August	Riga	Casino-Theater „Tango Preiskonkurrenz“	Rigasche Zeitung v. 10. 8. 1918
13.–15. August + 19.–22. August	Riga	Varieté „Marine“	Rigasche Zeitung v. 13. und 19. 8. 1918
24. August	Riga	Saal der Kleinen Gilde „Bunter Künstlerabend“	Rigasche Zeitung v. 23. 8. 1918
26.–29. August	Riga	Varieté „Marine“	Rigasche Zeitung v. 26. 8. 1918 „Paul O'Montis-Benefiz am 29. 8.“
2.–5. September	Riga	Varieté „Marine“	Rigasche Zeitung v. 2. 9. 1918
4. September – 7. September?	Riga	Casino-Theater	Rigasche Zeitung v. 4./5./6. 9. 1918

1921

Zeit	Stadt	Ort	Quelle
November (mind. 3.–12.)	Essen	Fürstenhof-Cabaret	u. a. Essener Allgemeine Zeitung v. 3. 11. 1921 (als „Paul Montis“)

1922

Zeit	Stadt	Ort	Quelle
1.–30. Juni	Bremen	Astoria-Theater	Das Organ Nr. 707 v. 10. 6. 1922 u. Nr. 708 v. 17. 6. 1922

1923

Zeit	Stadt	Ort	Quelle
November Dezember	Königsberg	Kabarett Fledermaus	Internationaler Artisten Almanach 1924

1924

Zeit	Stadt	Ort	Quelle
Januar	Memel	Viktoria-Kabarett	Internationaler Artisten Almanach 1924
April	Köln	Kaiserhof	Internationaler Artisten Almanach 1924
Mai	Berlin	Café Zielka	Berliner Tageblatt v. 10. 5. 1924 Internationaler Artisten Almanach 1924
Juni	Berlin	Charlott	Internationaler Artisten Almanach 1924
Juli	Lübeck	Opera	Internationaler Artisten Almanach 1924
1.–31. August	Königs-berg	Maxims Künstlerspiele	Das Organ Nr. 820 v. 9. 8. 1924 und Nr. 822 v. 23. 8. 24 Internationaler Artisten Almanach 1924
1.–15. September	Berlin	Charlott-Kasino	Berliner Börsenzeitung v. 25. 9. 1924 Das Organ Nr. 824 v. 6. 9. 1924 Internationaler Artisten Almanach 1925
7. Oktober–1. November	Wien	Pavillon	Neues 8 Uhr Blatt (Wien) v. 13. 10. 1924
1.–15. Dezember	Berlin	Charlott-Casino	Das Organ Nr. 837 v. 6. 12. 1924 Internationaler Artisten Almanach 1925

1925

Zeit	Stadt	Ort	Quelle
1.–15. Januar	Berlin	Charlott-Kasino	Das Organ Nr. 842 v. 10. 1. 1925
Zweite April-hälfte	Frank-furt a. M.	Cabaret „Schumann-Wintergarten“	Das Organ Nr. 856 v. 18. 4. 1925
16.–31. Mai	Hanno-ver	Corso-Cabaret	Das Organ Nr. 860 v. 16. 5. 1925 Internationaler Artisten Almanach 1925
1.–15. Juli	Berlin	Meran Künstlerspiele	Das Organ Nr. 868 v. 11. 7. 1925 und Nr. 870 v. 25. 7. 1925 Internationaler Artisten Almanach 1925
Oktober	Berlin	Charlott	Berliner Tageblatt v. 10. 10. 1925
November	Berlin	Charlott	Berliner Tageblatt v. 11. 11. 1925
1.–15. Dezember	Danzig	Künstlerspiele im Danziger Hof	Das Organ Nr. 890 v. 12. 12. 1925

1926

Zeit	Stadt	Ort	Quelle
Februar	Berlin	Renaissance-Theater	Neue Berliner Zeitung v. 20. 2. 1926 (Hollaender-Revue „Laterna Magica“)
1.–15. März	Berlin-Schöne-berg	Meran Künstlerspiele	Programmheft
März	Berlin	Charlott-Casino	Berliner Tageblatt v. 8. und 18. 3. 1926 (Max Herrmann-Neiße)

Juni	Berlin	Funkhaus am Kaiserdamm	Berliner Volkszeitung + Berliner Tageblatt v. 22. 6. 1926
Juni	Berlin	Charlott-Kasino	Berliner Tageblatt v. 15. 6. 1926 (Max Herrmann-Neiße)
September	Berlin	Charlott-Kasino	Berliner Tageblatt v. 13. 9. 26 (Max Herrmann-Neiße)
November	Berlin	Charlott-Kasino	Berliner Tageblatt v. 26. 11. 26 (Max Herrmann-Neiße)
Dezember	Berlin	Charlott-Kasino	Berliner Tageblatt v. 15. 12. 26 (Max Herrmann-Neiße)

1927

Zeit	Stadt	Ort	Quelle
1.–15. Februar	Zürich	(Cabaret-)Mascotte	Neue Zürcher Zeitung v. 3. 2. 1927
(Juli – September)	Königsberg	Münz-Palast	Das Organ Nr. 983 v. 24. 9. 1927
17. September (evtl. zusätzl. 25. September)	Königsberg	Stadttheater	Das Organ Nr. 983 v. 24. 9. 1927 Rigasche Rundschau v. 23. 9. 1927 (im August auch in Königsberg im Radio)
1.– (mind.) 15. November	Berlin	Charlott-Casino	Berliner Tageblatt v. 22. 11. 1927 (Max Herrmann-Neiße) Das Organ Nr. 990 v. 12. 11. 1927
1. Dezember	Berlin	Beba Palast Atrium (Kino)	Berliner Tageblatt v. 1. und 7. 12. 27
Dezember	Berlin	Charlott-Kasino	Berliner Tageblatt v. 15. 12. 1927 (Max Herrmann-Neiße)

1928

Zeit	Stadt	Ort	Quelle
1.–31. Januar	Dresden	Centraltheater Künstlerspiele	Das Organ Nr. 998 v. 7. 1. 1928 und Nr. 1000 v. 21. 1. 1928
März	Hanno-ver	Corso-Kabarett	Autographisches Blatt
April	Berlin	Florida	Berliner Tageblatt v. 24. 4. 1928 (Max Herrmann-Neiße)
1.–15. Mai	Köln	Kaiserhof-Palast	Das Organ Nr. 1016 v. 12. 5. 1928
16.–30. Juni	Berlin	Alt-Bayern	Das Organ Nr. 1023 v. 30. 6. 1928
1.–15. Juli	Berlin	Boulevard-Theater	Das Organ Nr. 1025 v. 14. 7. 1928; Berliner Volkszeitung v. 12. 7. 1928; Berliner Tageblatt v. 15. und 22. 7. 28; Berliner Tageblatt v. 11. 7. 1928 (Max Herrmann-Neiße) Vossische Zeitung v. 8. 7. 1928
ab Ende Juli?	Berlin Steglitz	Kino Titania Palast Bühnenprogramm zum Film „Liebes-karneval“	grammophon-platten.de/ page.php?471
(23.) Dezember	Ham-burg	Libelle	Hamburger Nachrichten v. 23. 12. 1928
31. Dezember	Berlin	Kabarett der Komiker Silvesterfeier	Berliner Tageblatt v. 31. 12. 1928

1929

Zeit	Stadt	Ort	Quelle
(1.–31. ?) Januar	Berlin	Kabarett der Komiker	Vossische Zeitung v. 6. 1. 1929 Berliner Volkszeitung v. 6. 1. 1929 Berliner Börsenzeitung v. 5. 1. 1929
31. Januar	Berlin	Kaiserhof (Revue zu 25. Firmenjubiläum der Carl Lindström AG)	Berliner Börsenzeitung v. 31. 1. 1929
bis 15. Februar (verlängert bis ca. 26. Februar)	Zürich	Cabaret Mascotte	Neue Zürcher Zeitung v. 14./16./28. 2. 1929 Das Organ Nr. 1057 v. 23. 2. 1929
14. März	Wien	Simplizissimus	Neues Wiener Journal v. 14. 3. 1929
1.–15. April	Dresden	Kaffee-Kabarett Altmark	Das Organ Nr. 1064 v. 13. 4. 1929
(26. Mai +) 2. Juni	Königsberg in Preußen	Stadttheater	Das Organ Nr. 1072 v. 8. 6. 1929
Zweite Juli-Hälfte (?)	Ostseebad Cranz	Strand-Diele Barberina	Das Organ Nr. 1078 v. 20. 7. 1929
August	Neukuhren	Neukuhrener Strandhalle	Rigasche Rundschau v. 13. 8. 1929 (dort zitiert: Königsberger Hartungsche Zeitung, ohne Datum)
September	Köln	Kaiserhof-Palast	Das Organ Nr. 1085 v. 7. 7. 1929
2. Dezember	Berlin	Kabarett der Komiker (Festvorstellung 5 Jahre Kabarett der Komiker)	Das Organ Nr. 1097 v. 30. 11. 1929
wahrscheinlich 1.–15. Dezember	Berlin	Kabarett der Komiker (am 12. 12. 29 Sondervorstellung für Leser der Berliner Volkszeitung)	Berliner Volkszeitung v. 7. + 11. 12. 1929 Das Organ Nr. 1098 v. 1. 12. 1929

1930

Zeit	Stadt	Ort	Quelle
Januar	Berlin	Charlott-Kasino	Zeitschrift „Skizzen“, hrsg. v. ELECTROLA, Januarheft 1930 (Max Herrmann-Neiße)
5. + ? + 8. März (insgesamt 4 Auftritte)	Riga	Schwarzhäupter-saal	Rigasche Rundschau v. 7. + 22. 2. 1930 Sevodnja vecerom v. 6. 3. 1930
6. März	Mitau	Saal des Gewerbe-vereins	Rigasche Rundschau v. 22. 2. 1930 Mitauer Nachrichten v. 5. + 11. 3. 1930
9. März	Libau	Hotel Petersburg	Rigasche Rundschau v. 22. 2. 1930 Libauer Zeitung v. 11. 3. 1930
16. März	Riga	Gewerbevereins-saal	Rigasche Rundschau v. 11. 3. 1930 Sevodnja v. 11. 3. 1930 Sevodnja vecerom v. 17. 3. 1930
(25.? +) 26.–28. Juni	Tallinn	Dancing-Palace Gloria	Päevaleht v. 16. + 19. + 28. 6. 1930
Juli (drei Tage)	Tallinn	Grand Marina (KINO)	Waba Maa v. 3. 7. 1930
August	Berlin	Kabarett der Komiker	Das Organ Nr. 1133 v. 16. 8. 1930 Berliner Börsenzeitung v. 5. 8. 1930
Oktober	Berlin	Faun	Das Organ Nr. 1141 v. 11. 10. 1930
Dezember	Frank-furt	Bier-Varieté Groß-Frankfurt	Das Organ Nr. 1159 v. 14. 2. 1931

Weitere Auftritte: „Kino-Gastspiele in Breslau, Königsberg i. Pr., Hamburg, Reval etc.“ (Das Organ 1159 v. 14. 2. 1931)

1931

Zeit	Stadt	Ort	Quelle
Januar	Dresden	Barberina	Das Organ Nr. 1155 v. 17. 1. 1931
16.–28. Februar	Dortmund	Olympia	Das Organ Nr. 1159 v. 14. 2. 1931
5. + 6. März	Tallinn	Konzertsaal Estonia Theater	Kaja v. 27. 2. + 5./7. 3. 1931 Waba Maa v. 28. 2. 1931
9. März	Tartu (dt. Dorpat)	Theater Vanemuine	Postimees v. 7. + 8. 3. 1931
März?	Kaunas (dt. Kauen)		Kaja v. 7. 3. 31
März?	Memel		Kaja v. 7. 3. 31
März?	Königsberg		Kaja v. 7. 3. 31
Mai	Köln	Kabarett „Simpl“	Kölnische Zeitung – Stadt Anzeiger v. 19. 5. 1931
(16.–31. ?) Oktober	Stettin	Trocadero	Das Organ Nr. 1195 v. 24. 10. 1931
(16.–30. ?) November	Leipzig	Eden-Arkadia	Das Organ Nr. 1199 v. 21. 11. 1931
Dezember	Dresden	Barberina/Regina/ Rialto Palais	Das Organ Nr. 1202 v. 12. 12. 1931

1932

Zeit	Stadt	Ort	Quelle
(1.–31. ?) Januar	Berlin	Kabarett der Komiker	Vossische Zeitung v. 9. 1. 1932 Das Organ Nr. 1207/08 v. 20. 1. 1932
(1.–15.) Mai	Köln	Kaiserhof	Das Organ Nr. 1224 v. 14. 5. 1932
20. Oktober	Berlin	Schlager-wettbewerb Dachgarten Café Berlin	Neues Wiener Journal v. 23. 10. 1932
Oktober	Berlin	Scala	Das Organ Nr. 1245 v. 8. 10. 1932 Die Welt am abend (ohne Datum)
30. Oktober	Berlin	Wintergarten Matinee der Prominenten	Die Welt am abend v. 1. 11. 1932
Anfang November	Hamburg	Kino UFA-Palast Bühnenprogramm zum Film „Kiki“	Programmhinweis 2. 11. 32 auf grammophon-platten.de/page.php?471
(15.–30.?) November bis 15. Dezember	Köln	Kaiserhof	Das Organ Nr. 1252 v. 26. 11. 1932 und Nr. 1254 v. 10. 12. 1932 („zum 3. Mal in diesem Jahr“, es fehlt also ein Köln-Auftritt in der Tabelle)

1933

Zeit	Stadt	Ort	Quelle
1.–15. Januar	Stuttgart	Excelsior-Pavillon	Das Organ Nr. 1258 v. 7. 1. 1933
16. bis Ende Febr.	München	Hofgartenspiele Annast	Das Organ Nr. 1264 v. 18. 2. 1933
1.–15. März	Stettin	Trocadero	Das Organ Nr. 1267 v. 11. 3. 1933
1.–15. April	Danzig	Scala	Das Organ Nr. 1271 v. 8. 4. 1933
(15.–30.?) Juni	München	Bonbonniere	Das Organ Nr. 1282 v. 24. 6. 1933
1.–15. Juli	München	Bonbonniere	Das Organ Nr. 1282 v. 24. 6. 1933; Nr. 1283 v. 1. 7. 1933; Nr. 1284 v. 8. 7. 1933
September	Hamburg	Kino UFA-Palast Film-Beiprogramm	Hamburger Nachrichten v. 19. + 23. 3. 1933 Hamburgischer Correspondent und neue hamburgische Börsen-Halle v. 18. 9. 1933
1.–31. Oktober	Berlin	Scala („Festspiele“)	Programmhefte
Anfang November (1.–15. November?)	Köln	Kaiserhof	Kölner Lokal Anzeiger v. 3. 11. 1933 Westdeutscher Beobachter v. 17. 11. 1933
1.–12./13. Dezember (geplant bis 15. 12.; Verhaftung am 13. 12.)	Köln	Kaiserhof („Festspiele“)	Westdeutscher Beobachter v. 28. 11. 33 (soll laut Westdeutscher Beobachter v. 17. 11. 1933 sein insgesamt 15. Auftritt in Köln sein)

1935

Zeit	Stadt	Ort	Quelle
vermutlich Dezember	Zürich	Café Nebelspalter	Schreiben des Polizeikorps des Kantons Zürich v. 18. 3. 36 Engadin Express & Alpine Post – Illustriertes Familienblatt v. 30. 1. 1936 (zitiert wird die Neue Zürcher Zeitung)

1936

Zeit	Stadt	Ort	Quelle
bis 19./20. Januar?	Basel		Polizeischreiben Zürich v. 12. 2. 1936
16. Januar (bis Monatsende?)	Zürich	Corso-Bar	Neue Zürcher Zeitung v. 16./17./21. 1. 1936
1.–15. Februar	St. Moritz	Hotel Rosatsch	Engadin Express & Alpine Post – Illustriertes Familienblatt v. 23./25./28. 1. + 1. 2. 1936
25. Februar bis März	Wien	Simplicissimus	Wiener Salonblatt v. 7. 3. 1936 Wiener Journal v. 25. 2. 1936 Illustriertes Familienblatt Heft 2/1936 Programmheft
14. od. 15. bis mind. 23. März	Wien	Kaiser-Bar	Neues Wiener Journal v. 13./15./16./23. 3. 1936
19. März	Wien	Neues Wiener Journal	Neues Wiener Journal v. 13./14./15./17. 3. 1936
16. bis mind. 22. April	Zürich	Hungaria	Neue Zürcher Zeitung v. 16. 4. 1936 Neue Zürcher Zeitung v. 22. 4. 1936

Juni	(Seebad) Scheveningen	Kurhaus Cabaret	Nieuwsblad van het Norden v. 7. 7. 1936
3.–9. Juli	Groningen (NL)	Wintergarten Hotel Frigge	Nieuwsblad van het Norden v. 4./7./8./9. 7. 1936
29. Juli	Bad Aussee (Steiermark)	Kurtheater	Steirische Alpenpost v. 7. 8. 1936
31. Juli	Linz	Städtischer Volkgarten	Tages Post (Linz) v. 30. 7. 1936
	Graz		Biographie Frans (Harry) Dresselhuis
	Bad Gastein		Biographie Frans (Harry) Dresselhuis
	Bad Ischl		Biographie Frans (Harry) Dresselhuis
August	Wien		Nieuwsblad van het Norden v. 7. 7. 1936
(mind.) 13. Oktober bis 6. November	Brünn	Pavillon	Brünner Tagesbote v. 13. 10. + 4. 11. 1936
31. Dezember	Wien	Deutsches Volkstheater „Wien steht Kopf“	Der Tag v. 25. + 30. 12. 1936 Kleine Volks-Zeitung v. 20. 12. 1936

1937

Zeit	Stadt	Ort	Quelle
1. + 3. + 6. +10. + 11. Januar	Brünn	Pavillon	Brünner Tagesbote v. 29. + 30. 12. 36 + v. 11. 1. 1937
13. 1.	Brünn	Mensasaal „Mensa-Kabarett“	Brünner Tagesbote v. 11. + 13. 1. 37
21. Februar	Wien	Gr. Saal Musikverein	Neue Freie Presse v. 16. + 19. 2. 1937

erste Märzhälfte	Wien	Scala	Der Tag 4. + 21. 2. 1937
bis 8. Mai	Brünn	Pavillon	Brünner Tagesbote v. 8. 5. 1937
Mitte Mai 1937	Marien-bad	???	Meldeunterlagen
(August 37)	Marien-bad	???	Morgenblatt (Zagreb) v. 5. 9. 1937
(30. August) 1. September – 2. November	Zagreb	PIK-Bar	Morgenblatt (Zagreb) v. 1. 9.–2. 11. 1937
November	Prag	Urania Kino	grammophon-platten.de/page.php?471
1.–30. November und erste Dezemberhälfte	Wien	Wintergarten Café de Paris	Wiener Morgenblatt v. 1. + 8. 11. 1937 Der Morgen v. 29. 11. 1937 Der Tag v. 5. + 22. 12. 1937
4. Dezember	Wien	Großer Konzerthaussaal	Der Tag v. 25. 11. 1937
31. Dezember	Wien	Lustspiel-theater + Stadttheater	Der Wiener Tag v. 23. + 30. 12. 1937 Kleine Volks-Zeitung v. 30. 12. 1937

1938

Zeit	Stadt	Ort	Quelle
6. Januar bis 4. Februar	Lodz	Tabarin	Freie Presse (Lodz) v. 6./7./9./12./15./18./20./21./23./25./27./29./31. 1. und 1./2./4. 2. 1938
ab 16. – mind. 21. April	Brünn	Pavillon	Brünner Tagesbote v. 16./17./21. 4. 1938
1. Mai bis 1. Juni	Zagreb	PIK-Bar	Anzeigen im Morgenblatt (Zagreb)
August?	Marien-bad		Akte O'Montis

Paul O'Montis: Ein bewegtes Leben (Zeitungsporträt von 1933)

Ein bewegtes Leben

Paul O'Montis erzählt seine Schicksale

Unserem Wth-Mitarbeiter gab Paul O'Montis eine kurze Darstellung seines reichbewegten Lebens, der wir die folgenden interessanten Einzelheiten entnehmen:

Ich bin bereits zum 15. Male in Köln. Ich werde ja in der ganzen Welt herumgeworfen, muß aber feststellen, daß das Kölner Publikum immer am besten mitgeht.

Geboren in Budapest als Sohn deutscher Eltern, kam ich durch die zweite Ehe meiner Mutter mit sieben Jahren nach Riga. Hier wurde ich Student und studierte Architektur, aber es zeigte sich eine in den Augen meiner Eltern bedrohliche Neigung für die Bühne. Auf einem Laientheater, auf dem ich in einem von mir verfaßten Stücke eine Hauptrolle spielte und auch die Regie führte, erntete ich die ersten Lorbeeren. Ich wurde jetzt zum Entsetzen meines Vaters Volontär beim Stadttheater. Der Krieg unterbrach meine Tätigkeit. Ich wurde, obwohl ich einen russischen Stiefvater hatte, sofort nach Sibirien verschickt. Hier, in den Dörfern der russischen Steppe, ganz auf uns allein angewiesen, entwickelte sich unter den Gefangenen eine Geselligkeit, deren treibende Kräfte einige Künstler, Schauspieler und Artisten waren, die der Krieg überrascht hatte. In diesem Kreise sang ich zum ersten Male Kabarettlieder. Ich sang nach alten Noten, die man zufällig bei einem mitgefangenem Pianisten fand und hatte einen durchschlagenden Erfolg. Jetzt stand es fest, ich mußte zum Kabarett. In der Weihnachtsnacht 1917 gelang mir die Flucht. Im Chaos der russischen Revolution konnte ich mich fast unbeanstandet in Petersburg aufhalten, wo ich zum ersten Male als Artist auftrat, und zwar auf der Bühne eines Kino-Varietés, ohne daß jemand ahnte, daß ich deutscher Kriegsgefangener sei. Mitte 1918 gelingt es mir, nach Deutschland durchzukommen; da ich keine Papiere hatte, wurde ich in Königsberg in ein Armierungsbataillon gesteckt. Während ich nun am Tage in diesem Bataillon Dienst tat, trat ich abends als Paul O'Montis in einem Kabarett der Stadt auf. Das kann natürlich nicht lange verborgen werden, nach drei Wochen wird diese Frechheit entdeckt, ich wanderte drei Tage ins Loch. Nach der Revolution komme ich nach Berlin, hier sah mich Direktor Gruß aus München und engagierte mich für seine Bonbonnière. Und nun ging es immer rascher aufwärts, bald kam das Ausland, und heute werde ich durch ganz Europa geworfen. Für arische Künstler ist es heute sehr schwer sich im Ausland Gehör zu verschaffen. Die Umstellung ist für viele deshalb so außerordentlich schwierig, da die meisten Kabarettkünstler mit ihrem Vortragsstoff auf Politik

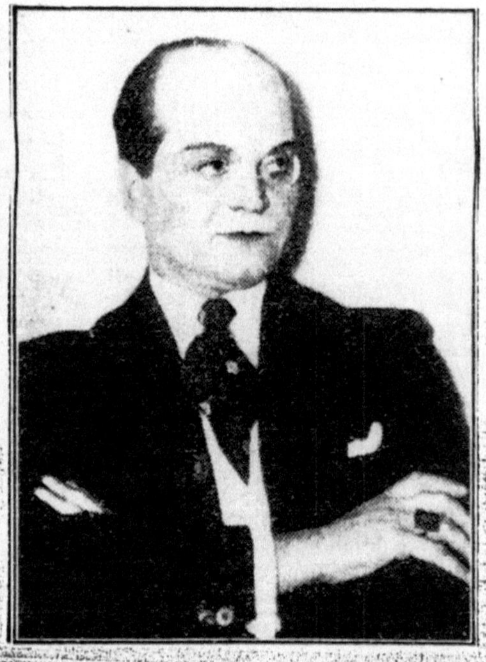

eingestellt waren. Ich selber habe mich stets aus der Politik herausgehalten und brauche mich daher gar nicht umzustellen. Ich habe jetzt zwei Bühnenspiele in Druck gegeben, eine Operette und eine historische Reportage aus der russischen Geschichte „Prinzessin Tarakanova", die in den nächsten Monaten uraufgeführt werden.

Westdeutscher Beobachter vom 17. November 1933

Paul O'Montis: Künstlerreise durch Lettland

Riga, im März 1930

Lettland liegt dort, wo die Füchse sich gute Nacht sagen. In Russland. Im Wilden Osten. So ist die allgemeine Ansicht im Reich über dieses Ländchen, das eingezwängt zwischen Bolschewismus und litauischem Größenwahn ein Stückchen Zivilisation und Deutschtum darstellt. Dieses Deutschtum allerdings nur ganz inoffiziell. Die lettischen Machthaber können den Hochmut und die Indolenz der früheren herrschenden Klasse, nämlich der baltischen Deutschen, nicht so schnell vergessen; eher haben sie die Jahrhunderte alte, politische Unterdrückung durch das Zarenturm verwunden. Wenn man als Fremder nach Riga kommt, merkt man das sofort. Schon am Bahnhof, wenn man sich an die Gepäckträger oder Taxischofföre wendet. (Es gibt sogar ausgezeichnete, moderne Taxi in Riga!) – Spricht man deutsch, wird man kurz und unfreundlich belhandelt, was sich aber gleich in Liebenswürdigkeit verwandelt, wenn ein russisches Wort fällt. Soviel nur über unsere Beliebtheit im Ausland.

Ich hänge an dieser Stadt, die auch in ihrem äußeren Bild eine merkwürdige Mischung von russischem Schlendrian und deutscher Kultur zeigt, seit meiner Jugend, die ich hier verlebte. Und weil ich hier 1918 meine ersten Lorbeeren als Kabarettist erntete. Als nun die Aufforderung eines Rigaer Konzertbüros an mich erging, in meiner „Heimatstadt" einige Gastspiele zu absolvieren, griff ich freudig zu. Man hielt mich unter Freunden und Kollegen für verrückt. „Wo die Füchse sich gute Nacht sagen usw.", siehe oben. Ich unternahm das Wagnis dennoch. Habe es keine Minute bereut. Im Gegenteil, sowie es wieder möglich ist, kehre ich nach Riga zurück. Nun ist dies die Stadt ohne Kabaretts und ohne Asphalt. Hat aber 450 000 Einwohner, fast eine halbe Million. In Deutschland würden an einem solchen Platz fünf Kabaretts, drei Tanzpaläste und zwei Variétés bestehen, oder auch nicht bestehen können, bei den heutigen Verhältnissen. In Riga gibt es ein „mondänes" Tanzlokal „Alhambra", vor dem jede Vortragsnummer gewarnt wird; für Tanzdarbietungen gut, was anderes wird auch kaum verlangt werden. Animierlokal, für deutsche Begriffe drittrangig. Dann existiert noch die „Foxtrott-Diele", auch tief im Keller unten, wie Alhambra, Betrieb ab Mitternacht, ebenfalls nur auf Tanz und Klamauk eingestellt. Man kennt hier seit Jahrzehnten keinen Vortragskünstler, keinen Conférencier. Wahrscheinlich wegen oben geschilderter Antipathie der lettischen Behörden gegen die deutsche Sprache. Dagegen begegnet man überall russischen Humoristen, Romanzensängerinnen und Kapellen.

Die lettischen Behörden sind überhaupt ein Kapitel für sich, soweit sie für das Kunstleben in Betracht kommen. Jeder fremde, besonders deutsche Künstler bedarf einer besonderen Auftrittserlaubnis des Kultusministeriums (!), sei es nun Schaljapin oder ein Klaviervirtuose oder ein „flüsternder Chansonnier". Mein Impresario, ein überaus reger, gewiegter Russe namens Scherechewsky, erzählte mir die kuriosesten Dinge über seine Erlebnisse mit dem Ministerium. Bezeichnenderweise gehört zu den maßgebendsten Persönlichkeiten darin der Intendant der Staatsoper, und nur was diesem genehm ist, darf dem Rigaer Publikum vorgesetzt werden. Und die besten Attraktionen sichert die Staatsoper sich dann selbst, in einer Woche zählte ich drei Konzertabende, die dort stattfanden, davon zwei Klavierabende von Claudio Arrau vor leeren Häusern.

Der Zufall wollte es, dass ich in der gleichen Woche vier völlig ausverkaufte Konzertabende in dortigen Sälen gab. Ich habe mir dadurch Hass und Missgunst des Herrn Intendanten zugezogen. Er soll Tobsuchtsanfälle bekommen haben, als er schon Tage vor meinen Konzerten von dem Andrang des Publikums hörte. Er hatte die Erlaubnis zu meinen Gastspielen mit einem geringschätzigen Achselzucken gegeben: Paul O'Montis? Wer ist das? Nebbich – ein Salonhumorist! ... So nannte mich dann nämlich die vom Intendanten beeinflusste lettische Kritik. Ein guter Salonhumorist, musste sie allerdings zugeben. Ich tue dieser Dinge nur Erwähnung, weil ich an Hand meines Beispieles die hiesigen Zustände charakterisieren möchte. Unerwartet freundlich und verständnisvoll war die Aufmerksamkeit, die mir die russische Presse entgegenbrachte, mit Interviews, glänzenden Kritiken und Festessen, mir zu Ehren im russischen Künstlerklub. Dagegen befleißigte sich, wiederum bezeichnend, die deutsche „Rigasche Rundschau" einer Zurückhaltung, die nur durch die prinzipielle Opposition gegen die anderen Zeitungen erklärlich ist, vielleicht auch durch die „Fehlbesetzung" in der Persönlichkeit des Kritikers: In völliger Unkenntnis über die Art eines Chansonniers, sandte man nämlich einen fünfundsechzigjährigen verknöchert konservativen Opernkritiker zu meinen Abenden.

Er hatte, wie er dem Impresario zugab, nie zuvor ein Kabarett besucht.

Ohne mich nun selbst herausstreichen zu wollen – man kommt ja so leicht in diesen Verdacht! –, möchte ich über das Rigaer Publikum ein paar Worte sagen. Es ist unglaublich, welch naiver Enthusiasmus hier noch möglich ist. Ich wohnte dem Ehrenabend eines beliebten „Helden" bei, des Schauspielers Jurowski. Man gab „Lord Byron kommt aus der Mode" von Max Brod. Der

Zuschauerraum gesteckt voll, vorwiegend Jugend, fast nur weibliche. Beim Auftritt des Helden in der Rolle Byrons bricht ein Applaus und Jubel los, der mich betäubt. Minutenlanges Schreien: Jurowski, Jurowski!! … Dann stürzt ein Blumenregen vom Balkon herab auf die Bühne. (Die Darsteller traten während des folgenden Spiels buchstäblich auf einen Blumenteppich.) Und plötzlich, wie auf Kommando, Mäuschenstille. Oben auf der Galerie setzt ein Knabenchor ein, singt einen speziell auf den Benefizianten gedichteten Hymnus voll rührender Begeisterung. Neben mir die Leute wischen sich die Tränen aus den Augen, ich selbst werde angesteckt von dieser beispiellosen Hingabe eines Publikums zur Kunst. Jurowski ist so überwältigt, dass er während der ganzen ersten Szene mit den Tränen kämpfen muss.

Das habe ich nicht nur bei den Russen beobachtet. Ich sah mir in der Staatsoper, dem früheren deutschen Stadttheater, einem monumentalen Bau, eine Ballettvorstellung an. „Schwanensee" von Tschaikowski. Eine musikalisch und choreographisch recht verstaubte Angelegenheit. Und die Ballettmeisterin, natürlich vom ehemaligen Kaiserlichen Ballett in Moskau (wie viele solche Damen gibt es eigentlich seit Beendigung des Krieges?), hat die ganze Sache der alten, veralteten Tradition gemäß inszeniert. Fleischfarbene Trikots, Tüllröckchen, unmöglich kitschige Dekorationen, für westeuropäischen Geschmack das Ganze indisputabel. Ein seelenloses Panoptikum, allerdings erstaunlich in der Präzision der Einstudierung und Masse des Tanzensembles. Es gehören ihm etwa hundert (!) Elevinnen und 15 Tänzer an, darunter aber kein einziges hervorragendes Talent, offenbar durch die kalte, hoftheatermäßige Routine und Schulung unterdrückt.

Das Publikum aber tobte vor Begeisterung. Ich machte mich sehr unbeliebt durch eine Äußerung, dass so etwas an der kleinsten deutschen Provinzbühne undenkbar wäre. Höhnend hielt man mir vor, dass deutsche Tänzer vom Range eines Iril Gadeskov, der Wigman und andere in Riga glatt „abgestunken" seien. Und Valeska Gert ist erst gar nicht zum Auftreten gekommen, so bitterböse schrieben die Zeitungen über sie noch vor ihrem Eintreffen. Soviel über Tanz in Riga.

Die Deutschen hatten unter der lettischen Regierung ihr erstes Theater in einer Turnhalle. Neuerdings finden die Vorstellungen in einem Vereinssaal statt, sehr saubere, sehr beachtliche Vorstellungen, mit einem durchaus zeitgemäßen Repertoire: „Kaiser von Amerika", „Geld auf der Straße", „Frau Vidal hat einen Geliebten", und als großen Kassenmagnet der unvermeidliche „Hexer"-Wallace. Auch hier ein Ehrenabend, der einem sehr mittelmäßigen Charakterspieler Riesenovationen brachte. Übrigens fand einer meiner Abende in diesem Theater statt, vor einem Publikum, wie es Riga nur bei Gastspielen von Klöpfer, Wegner oder Moissi gesehen hat. Das Interesse für die Kleinkunst scheint also hier durchaus vorhanden, es fehlt nur die Möglichkeit, ein ständiges Kabarett ins Leben zu rufen, es scheitert wohl vor allem an der Unduldsamkeit der lettischen Behörden.

Anfangs erwähnte ich, Riga sei auch die Stadt ohne Asphalt. Eine Absonderlichkeit, die dem Fremden zuerst in die Augen springt: Man findet nicht eine einzige asphaltierte Straße, nicht einmal die großen, breiten Boulevards kennen ein anderes Pflaster, als scheußliche „Katzenköpfe" oder besten Falles quadratische Steine. Hölzerne Bürgersteige findet man noch auf der Hauptgeschäftsstraße, der Alexanderstraße, und in der „City" mit ihren winkligen, engen Gassen bricht man sich, an bessere Pflasterung gewöhnt, buchstäblich die Absätze von den Stiefeln. Und Gott behüte, es regnet in dieser Stadt! Ohne Gummischuhe sieht man die Bevölkerung nicht einmal an sonnigen, trockenen Tagen, so sehr gehören sie zur gewohnten Fußbekleidung. Ganze Reihen einstöckiger Holzhäuser säumen die wichtigsten Straßen, stehen noch dort, wo ich sie als kleiner Junge gesehen, also schon vor 25 Jahren. Nirgends Neubauten, bis auf einige erstaunlich moderne und schöne Kinos: das „Splendid" zum Beispiel ist ein Rokokoschlösschen, das an Prunk mit dem Gloria-Palast in Berlin Schritt hält. Überall laufen Tonfilme auf miserabler (amerikanischer) Apparatur. Am „Potsdamer Platz" von Riga, wie er hier stolz genannt wird, Ecke Alexander-Boulevard (jetzt Freiheits-Boulevard!) und Kalkstraße ist ein Café de l'Opèra entstanden, das mit jedem großen deutschen Café konkurrieren kann: damit ist aber auch schon die Auswahl an solchen, dem Fremden besonders wichtigen Etablissements erschöpft.

Man isst in Riga vorzüglich, überall, und sehr billig, im Verhältnis zu Deutschland. Die russische Küche mit ihrer alten, bewährten Tradition herrscht natürlich vor, man isst sich in den ersten Tagen Bauchbeschwerden an bei all den köstlichen „Sakusken", Blinis, Pasteten und Piroggen. Dagegen gehört Wein und gar Sekt zum größten Luxus, infolge der hohen Besteuerung: 20 bis 40 Lat für eine Flasche Rheinwein, 50 bis 80 Lat (!) für deutschen Sekt ist der gewöhnliche Preis. Ein Lat gleich 80 Reichspfennige. Die Währung wird von englischen Pfunden gestützt, ist seit kurzer Zeit eine der besten in Europa. England weiß schon, was es Lettland als Bollwerk gegen den gefürchteten Bolschewismus schuldig ist.

Es war mir ein Bedürfnis, diese Schilderung niederzulegen. Weil ich irgendwie ohne dort geboren zu sein, Heimatgefühle für diese alte, trotz ihrer Rückständigkeit schöne Stadt hege. Weil ich dankbar bin für die Aufnahme, die ich als Künstler dort gefunden habe.

Aus: Das Organ Nr. 1115 vom 12. April 1930

Paul O'Montis: Prolog zu „Totensonntag"

Ein dramatischer Epilog von Paul O'Montis

Prolog des Epiloges

Der Tod.

Eschreckt nicht! …
Ich bin der Tod.
Ich bin ein Fremdling euch, ein ungebetner Gast,
und trotzdem euer bester Freund, der ewig treu
der ganzen Menschheit bleibt.
Wenn alles auch verlässt,
wenn die Verzweiflung, Angst und Not
euch plagt – es bleibt euch immer noch der Tod.
Ihr ruft mich oft, doch nur ein einz'ges Mal
bin ich zu Gast bei euch, und nehm als Preis
für meinen Trost dann euer Leben,
gleichviel, ob's euch gelegen kommt oder nicht.
Denn schaut, ich bin nichts mehr, als nur
ein Werkzeug in des Schicksals Hand,
das eure Zukunft tief in schwarzer Finsternis
umklammert hält.
Das einzige, dess ihr gewiss sein könnt,
bin ich – der Tod!
Ich komm auf allen euren Wegen,
ob schlechten oder guten, euch entgegen
des Tags, des Nachts, und harre der Minute,
da ihr euch blind mir anvertraut.
Ich kann gar mild und freundlich sein,
wenn als Erlöser von mancher Daseinsqual ich komme,
doch hart und furchtbar, wenn ich Freveltaten sühne
und mit dem ganzen Schrecken meiner Nacht
der irdischen Gerechtigkeit wohl diene!

Doch tiefstes, grässlichstes Entsetzen
folgt meinem Schritt, wenn menschliches Vermessen
mich mit Gewalt und Tücke zwingt,
ein Lebenslicht jäh zu verlöschen …
Ich streife stündlich bald an diesem,
bald an jenem Licht vorbei, das hier
noch leuchtend brennt, dort spärlich flackert
im Sturm des Schicksals. Keines wird vergessen.
Und eitel dünkt's mir, wenn so manches Flämmchen
vor meiner Knochenhand sich wohlgeborgen meint
und lustig tänzelt durch des Lebens Alltag,
und stürmt dahin, und sich vermisst,
mich zu bestechen durch ein sorgloses Gebaren.
Halt ein! … Ein jeder deiner Schritte,
mit denen du vor mir zu fliehen glaubst,
bringt dich mir näher. Darum bleibe
und sei gewärtig meines Winks.
Was ihr auf Erden baut sind Kartenhäuser
und was ihr trachtet, ist ein blasser Traum,
denn euer ganzes Leben ist nichts weiter,
als nur ein Märchen, traurig oder heiter,
das ein Narr dem andern erzählt.
Ich aber bin des Märchens Ende,
das immer gleich sich bleibt. Und wäre alles
sonst erlogen, ich bleib ewig wahr.
    Mich leugnet niemand fort:
    Ich bin der Gott, zu dem ihr betet,
    vor dem allein ihr bangt und bebt,
    und nur, was ich auf dieser Welt getötet,
    das währet ewiglich – und lebt …

Porträt: Der Pianist Teddy Sinclair (1909–1969)

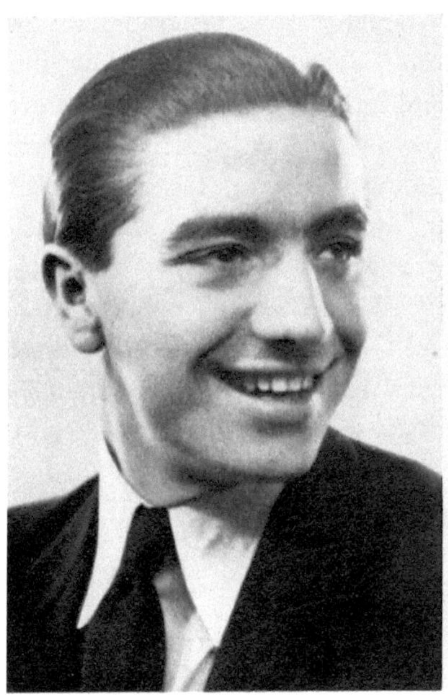

Teddy Sinclair

Der Alleinunterhalter am Flügel mit internationalem Repertoire

Künstler des Reichs-Rundfunks 1938/39. Handbuch für Funk-Theater-Film und Kleinkunst

Am 8. Januar 1941 sah sich der Pianist Theodor Jakob Schmidt, bekannt unter seinem Künstlernamen Ted/Teddy Sinclair, in einer öffentlichen Verhandlung vor der 7. Strafkammer des Hamburger Landesgerichts einem schweren Vorwurf ausgesetzt.[1] Gleich nach einer „Konzertreise bei Wehrmachtsformationen" war er am 18. November 1940 verhaftet und ins Untersuchungsgefängnis Hamburg-Stadt gebracht worden. In anschließenden Vernehmungen wurde er mit den Aussagen eines 18-Jährigen konfrontiert, in Schmidts Wohnung sei es zu gleichgeschlechtlichen Handlungen gekommen.

Schmidt, geboren am 11. Dezember 1909 in Mayen bei Koblenz und aufgewachsen in Frankfurt am Main, studierte Klavier und arbeitete unter seinem

1 Alle Informationen und Zitate stammen, sofern nicht anders angeben, aus der Strafakte Theodor Jakob Schmidt, Staatsarchiv Hamburg, Staatsanwaltschat Landgericht – Strafsachen – Archivguteinheit 0739/41.

Künstlerpseudonym Ted bzw. Teddy Sinclair seit 1932 als selbstständiger Pianist, Akkordeonist, Conférencier, auch als Artist in Varietés. Noch im selben Jahr engagierte ihn das Hamburger Luxushotel „Vierjahreszeiten" an der Binnenalster, dort blieb er mit Unterbrechungen die ganzen Jahre verpflichtet und leitete zum Zeitpunkt seiner Verhaftung eine 3-Mann-Kapelle. Der Musiker Schmidt/Sinclair genoss in Hamburg einen guten Ruf, er wirkte auch bei musikalischen Lustspielen im „Thalia-Theater" mit („Frischer Wind aus Kanada" 1934, „Terzett zu Viert" 1935), spielte in der Bar des „Faun" und nahm zu Beginn des Krieges – nun eingedeutscht als Teddy Sinkler – auch an einem Konzert des „Kriegswinterhilfswerks für das Deutsche Rote Kreuz" im Alsterpavillon teil, einem beliebten Treffpunkt Hamburger Swingfans.[2] Auch er war schon früh dem Jazz verfallen, bereits im März 1933 druckte das niederländische Jazz-Magazin „De Jazz Wereld" ein Foto des begabten jungen Mannes.[3] Als versierter Swing-Pianist besorgte er sich immer die neusten US-amerikanischen Tanzplatten, um musikalisch auf dem neusten Stand zu sein. Im Verlauf der Verhöre wurde ihm zum Vorwurf gemacht, dass sein „Plattenbestand sich restlos aus fremdländischen Texten zusammensetzt". Er rechtfertigte sich, dass Noten dieser Stücke seit Jahren nicht mehr zu erhalten seien und diese Scheiben „wegen des jüdischen Ursprungs nicht mehr gespielt" würden. Sie seien reines „Lehrmaterial", „zumal man jetzt in Deutschland bemüht ist, einen neuen Stil zu suchen".

Kein Wunder also, dass sich der „Jahreszeiten-Keller" zu einem beliebten Treffpunkt der Hamburger Swing-Jugend entwickelte. Im Herbst 1940 wurden fünf junge Männer im Alter zwischen 17 und 25 und ein 33-Jähriger verhaftet und angeblich „der widern. Unzucht überführt. Vielfach besuchten diese den ‚Vierjahreszeitenkeller', in welchem Teddy Sinclair als Kapellmeister fungiert. Sinclair war mit all diesen Personen befreundet und traf auch außerhalb des gent. Lokals mit diesen zusammen. Es handelt sich hier um einen ganzen Klub Homosexueller, in denen sich auch Sinclair ständig bewegte [...]. Aus all diesen Umständen ergibt sich der Verdacht, dass Schmidt [...] mit diesen Personen widern. Unzucht betrieben hat." Schmidt lernte die Jungs 1940 bei einem Sommer-Engagement in der „Al Sibarita Bar" in Timmendorf kennen, gemeinsam hörten sie seine neusten US-amerikanischen Scheiben, nach Barschluss ging es nachts gemeinsam in die Ostsee, „es wurde nackend gebaden" ist in den Akten eigens vermerkt. Zurück in Hamburg soll Schmidt dann einen der Jugendlichen nach Feierabend zu sich nach Hause eingeladen und verführt haben. Doch das Gericht

2 Hamburger Anzeiger vom 4. 6. 1934 und vom 1. 12. 1938, Hamburger Nachrichten vom 18. 3. 1935 und vom 30. 9. 1938.

3 De Jazz Wereld vom März 1933, S. 14.

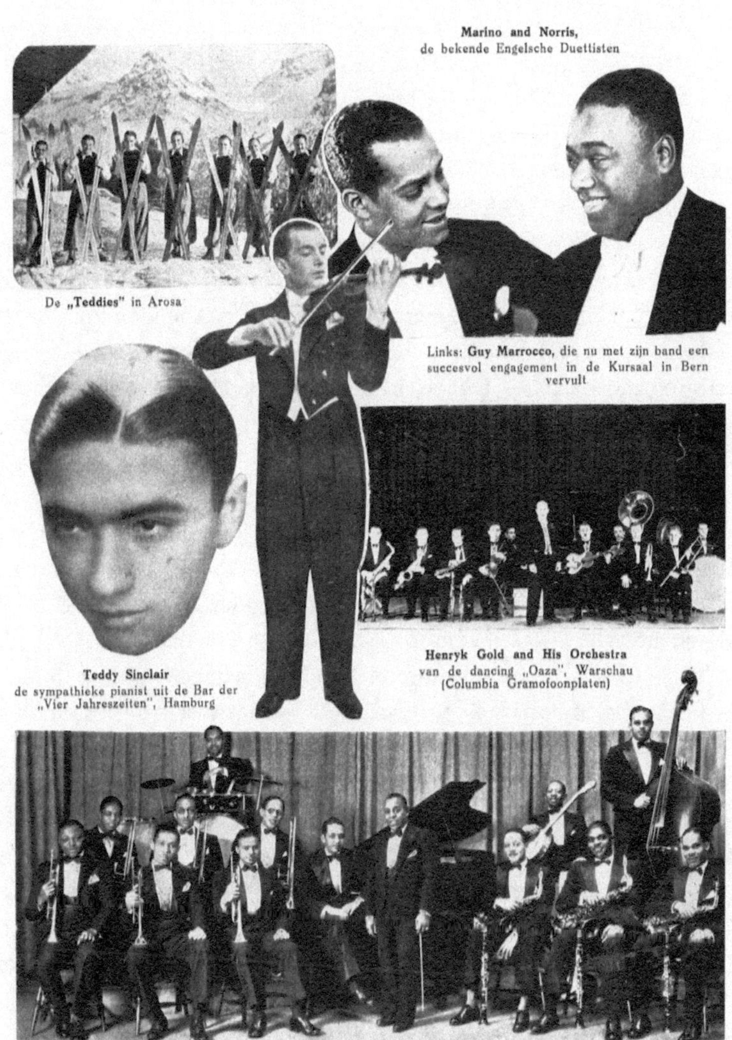

Marino and Norris,
de bekende Engelsche Duettisten

De „**Teddies**" in Arosa

Links: **Guy Marrocco,** die nu met zijn band een succesvol engagement in de Kursaal in Bern vervult

Teddy Sinclair
de sympathieke pianist uit de Bar der „Vier Jahreszeiten", Hamburg

Henryk Gold and His Orchestra
van de dancing „Oaza", Warschau
(Columbia Gramofoonplaten)

Op veler verzoek publiceeren wij hierbij nog eens de nieuwste foto van **Donald Redman's** unieke band.
(Brunswick gramofoonplaten.)

14

De Jazz Wereld vom März 1933

konnte ihm nichts nachweisen und sprach ihn frei. Seine damalige Freundin, die mit in Timmendorf war, entlastete ihn, aber er hatte auch zwei prominente Fürsprecher: den Direktor des „Thalia-Theaters“ Paul Mundorf und seinen Chef, den Betreiber des Hotels „Vierjahreszeiten“ „SS-Obersturmführer“ Fritz Haerlin, der sich in einem Brief an Schmidts Rechtsanwalt für ihn aussprach, auch weil er um den Verlust seines Zugpferdes fürchtete („Es ist für mich außerordentlich schwierig, einen einigermaßen passenden Ersatz als Bar-Musiker zu bekommen“).

Wann und wo Paul O'Montis den jungen und attraktiven Pianisten (Größe 1,72, braune Augen, blondes Haar) kennenlernte, ist unklar. Mindestens seit September 1932 arbeiteten die beiden zusammen und pendelten zwischen Hamburg und Berlin: In Hamburg traten sie an mehreren Abenden im UFA-Palast beim Film-Vorprogramm auf, Sinclair wurde als O'Montis-Begleiter sogar in der Werbung genannt;[4] bei „Odeon“ in Berlin spielten sie am 21. September ihre erste gemeinsame Aufnahme ein, den „Gesang vom verlorenen Sohn“ aus dem Nick/Kästner-Radiohörspiel „Leben in dieser Zeit“, die Aufnahme blieb allerdings unveröffentlicht. Im Oktober '32 folgte ein gemeinsames Engagement in der Berliner „Scala“.[5] Daneben arbeite Sinclair im „Vierjahreszeiten“. Ob beide Künstler wirklich eine partnerschaftliche Liebe verband, bleibt, sofern nicht doch noch private Dokumente auftauchen, ungeklärt. Es muss schon einen Grund gehabt haben, dass Schmidt – das lukrative Angebot des Nobelhotels gerade in der Tasche – seine Hamburger Verpflichtungen ständig unterbrach, um bei O'Montis dauerhaft einzusteigen („Ich gehörte seinem Ensemble an“[6]). Sein Status als Begleitpianist eines renommierten Künstlers steigerte natürlich auch seinen „Marktwert“. Über ein Jahr arbeiteten beide zusammen, und wäre O'Montis im Dezember 1933 nicht verhaftet und anschließend verurteilt worden, hätte die Zusammenarbeit wohl fortgedauert.

Nach seinem Freispruch arbeitete Theodor Jakob Schmidt weiter in Hamburg, dokumentiert ist ein Auftritt im „Thalia-Theater“ im Schwank „Frischer Wind“.[7] Dann verliert sich zunächst seine Spur. Von 1959 bis zu seinem Tod am 8. Januar 1969 lebte er wieder in seiner alten Heimatstadt Frankfurt in der Straße seines Elternhauses. In der lebendigen Frankfurter Jazzszene trat er nicht in Erscheinung. Zum Zeitpunkt seines Todes war er unverheiratet.

4 Hamburger Nachrichten vom 15. 9. 1932.

5 Das Organ Nr. 1245 vom 8. 10. 1932.

6 Seine Aussage im Polizeiprotokoll vom 18. 11. 1940 ist etwas rätselhaft, da ein „Ensemble“ in der Regel aus mehreren Musiker/innen besteht, O'Montis aber m. W. nur mit Begleitpianist auftrat. Gab es also noch weitere Mitarbeiter, bzw. zählte Schmidt den Sekretär, mutmaßlich Otto B. Lange, zum Ensemble mit dazu?

7 Hamburger Anzeiger vom 14. 8. 1941.

Porträt: Der Pianist Franz Hans Hasl (1910–2004)

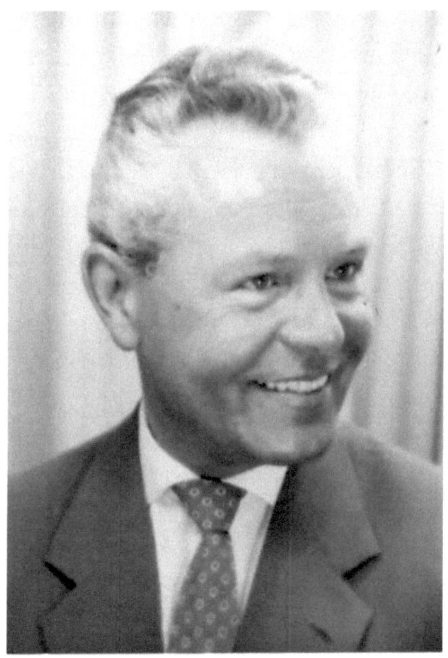

Franz Hasl 1959
Institut für Stadtgeschichte Frankfurt am Main

Schon im zarten Kindesalter stand sein Name hochgelobt im Wiener Feuilleton. Es waren allerdings nicht seine behänden Finger, sondern sein Knabensopran, der die Kritik entzückte. Im Vorfeld der Veranstaltung „Das Kind in der Kunst" am 13. März 1923 – immerhin im großen Saal des renommierten Wiener Konzerthauses – hob das „Neue Wiener Tagesblatt" unter den auftretenden Kinder eines besonders hervor: Das Abendkonzert „erfährt noch eine sensationelle Bereicherung durch einen kleinen Opernsänger, Franz Hasl. Der Junge ist wirklich ein Phänomen, der, trotzdem er erst 12 Jahre zählt, in Künstlerkreisen schon viel Bewunderung erweckte durch seine Sopran-(Koloratur-)Stimme."[1] Seinen Eltern Franz Josef Hasl – er handelte u. a. mit optischen Artikeln – und seiner Frau Maria dürfte also bereits früh geschwant haben, dass ihr Sohn einmal eine künstlerische Laufbahn einschlagen würde. War der kleine Franz ein Wunderkind? Zumindest wechselte er nach einem sehr guten Volksschulabschluss im Jahr 1920 nicht nur

1 Neues Wiener Tageblatt (Tages-Ausgabe) vom 8. 3. 1923.

auf ein humanistisches Gymnasium, sondern durfte bereits ein Jahr später, also mit elf Jahren, eine Ausbildung an der Wiener Hochschule für Musik beginnen, die er parallel zu seiner Gymnasialzeit absolvierte. Die Pennälerbank allerdings drückte er nur ungern, sein Abiturzeugnis aus dem Jahr 1928 trug nur ein mageres „genügend". Doch in der Musikakademie schien er sein Metier gefunden zu haben: Als er die Hochschule nach ebenfalls acht Jahren 1929 wieder verließ, zierte sein „Zeugnis d. künstl. Reife" die Note „sehr gut".[2] Es war allerdings nicht seine Stimme, in der er sich schließlich hatte ausbilden lassen, seine pianistische Begabung war mittlerweile ganz in den Vordergrund gerückt.

Bei der Schlussaufführung der Musikakademie im Juni 1929 durfte er sein Können öffentlich unter Beweis stellen; die Presse assistierte ihm, dass „Franz Hasl (Kl. Schiffmann)" „zu schönen Hoffnungen berechtigt".[3] Nun war er ausgebildeter Pianist und Kapellmeister und versuchte, finanziell auf eigenen Füßen zu stehen. Obwohl noch minderjährig, war er bei den Eltern bereits ausgezogen und wechselte in den darauffolgenden neun Jahren von Mai 1929 bis Oktober 1938 in Wien im Durchschnitt jährlich seine Bleibe. Sein unstetes Künstlerleben führte ihn in dieser Zeit über Österreich hinaus nach Frankreich, Ungarn und in die Tschechoslowakei. Dass er auch in Kroatien on tour war, mit Paul O'Montis nämlich im Mai 1938, fehlt allerdings in seinem späteren Lebenslauf. Wann und wo sich beide Künstler kennenlernten und ein Programm einstudierten, lässt sich schwer rekonstruieren; O'Montis war ab Anfang Januar nicht mehr in Wien gemeldet und trat zunächst im polnischen Lodz auf, während Hasl laut Meldeunterlagen noch bis Oktober 1938 in der Stadt blieb. Möglicherweise begleitete er O'Montis schon bei dessen Gastspiel im tschechischen Brünn im April '38, dann verblieben Februar/März für gemeinsame Proben. Verbürgt ist ihr gemeinsames Auftreten in der Zagreber „Pik-Bar" vom 1. Mai bis 1. Juni 1938[4] durch jene bereits zitierten Zeilen eines Zagreber Polizeiberichtes, O'Montis habe „intime Beziehungen mit seinem Pianisten, mit dem er aufgetreten ist (FRANC HAŠL, Pianist, österreichischer Jude, im Besitz eines österreichischen Passes) [...], jedoch konnte nichts Konkretes festgestellt werden". Auszuschließen war das zumindest nicht, denn auch Franz Hasl war schwul. Mehr wissen aber auch wir nicht über beider Beziehung.

Auch Franz Hans Hasl kehrte seiner Heimat endgültig den Rücken, als er sich Anfang Oktober 1938 nach Ungarn abmeldete, und kehrte nur noch gelegentlich

2 Institut für Stadtgeschichte Frankfurt am Main, Personalakte der Stadt Frankfurt am Main, Hasl, Franz-Hans, Nr. 257.040.

3 Illustrierte Kronen Zeitung vom 26. 6. 1929.

4 Er hat sich allerdings für diese Zeit (und auch für keine andere) im Zeitraum Oktober 1936 bis Oktober 1938 in Wien abgemeldet.

für wenige Tage nach Wien zurück (möglicherweise zum Besuch seiner Eltern). Warum er emigrierte, lässt sich nur erahnen, vorbestraft war er nicht.[5] Die nächsten drei Jahre arbeitete er als freier Konzertpianist in Italien, hauptsächlich in Rom. Anders als bei O'Montis schadete ihm der diffamierende Zagreber Polizeibericht nicht, denn als er sich im November 1940 aus gesundheitlichen Gründen für einige Monate nach Dubrovnik begab, bescheinigte ihm die städtische Polizei, sein politisches Benehmen sei bisher gut gewesen, Auffälliges nicht beobachtet worden.[6] Am Rande bemerkt: Der Katholik Hasl war bestens vernetzt und nutzte seine guten Beziehungen zum ehemaligen ungarischen Bischof von Steinamanger (Szombathely), Graf Janos Mikes, als eine Aufenthaltsverlängerung in Dubrovnik anstand. Infolgedessen setzte sich der kroatische Erzbischof persönlich beim Chef des Zagreber Kabinetts für Hasl ein – erfolgreich.[7] Dann ging er nach Frankreich und arbeitete von Dezember 1941 bis Herbst 1944 als Kapellmeister und Leiter einer Meisterklasse für Klavier im lothringischen Metz – und dürfte es wohl genossen haben, trotz deutscher Besatzung zum ersten Mal keinem bedrohlichen Anti-Homosexuellen-Paragrafen ausgeliefert zu sein.

Von 1947 bis Ende 1951 dolmetschte er für die amerikanische Militärregierung in Augsburg, Hasl sprach und schrieb fließend Englisch, Französisch und Italienisch. Anschließend wirkte er als Solorepetitor an den Städtischen Bühnen Freiburg, bevor er sich 1959 für fast drei Jahrzehnte in Frankfurt a. M. niederließ und an der städtischen Oper bis zu seiner Pensionierung 1981 als Studienleiter, in Einzelfällen auch als Bühnenbegleiter arbeitete. Hasl galt als exzellenter Pianist, der während eines Liederabends auf spontanen Wunsch eines Sängers oder einer Sängerin aus dem Stegreif heraus die Tonart wechseln konnte, eine Koryphäe, überall einsetzbar, kompetent und hoch anerkannt. Sogar in der Mailänder Scala war er als Begleiter aufgetreten. Als Kapellmeister oder im Orchester wirkte er dagegen nicht. Privat galt er eher als zurückgezogen, ein gepflegter Herr mit feinem weißem Haar, klein von Statur, witzig und eloquent, mit einer riesigen Plattensammlung. Mit seinem Partner lebte er im Frankfurter Stadtteil Sachsenhausen[8] und zog nach dessen Tod ins Seniorenstift Rosenhof nach Kronberg im Tausnus, wo er Heiligabend 2004 im Alter von 94 Jahren starb.

5 Laut Magistrat der Stadt Wien liegt bis zu seiner letzten Abmeldung im Juni 1942 keine Akte zu einem möglichen Strafverfahren vor.

6 Personalsammlung zu Franz Hasl, Kroatisches Staatsarchiv HR-HDA-890, dozvola boravka br. 49915, Franz Hasl.

7 Ebenda.

8 Alle Frankfurt-Informationen aus einem Telefonat vom 9. 10. 2018 mit dem Bassbariton Franz Mayer, der von 1977–1981 mit Hasl an der Frankfurter Oper arbeitete.

Ein herzliches Dankeschön …

… allen, die mit großen wie kleinen Informationen, Hinweisen bzw. Materialien zum Gelingen dieses Buches beigetragen haben. Sollte ein Name fehlen, bitte ich um Nachsicht.

Besonders gilt mein Dank dem Historiker, Baltisten und Heinz-Erhardt-Spezialisten Maik Habermann, der mich über Jahre akribisch mit Informationen und historischem Material aus Riga versorgt hat und ohne den alle Passagen zu O'Montis & Riga so nicht möglich gewesen wären.

Ebenso danke ich der Magnus-Hirschfeld-Stiftung in Berlin, die das Buchprojekt mit einem Druckkostenzuschuss großzügig gefördert hat.

Mein weiterer Dank gilt:

Harald Banter, Andreas Brunner (Wien), Prof. Dr. Marie-Janine Calic, Eliska Cervenkova (Übersetzung), Prof. Zoltán Csepregi (Lutherisch Theologische Universität Budapest), Dr. Mark Hatlie, Detlef Henning, Christiane Hofer (Gesellschaft für Historische Tonträger, Wien), Ermin Jansen Huang (Übersetzung), Diana Klein/Slava & Mladen Jozic (Übersetzung), Albert Knoll, Albert und Krisztina Busa, Thomas Krispens, Dr. Klaus Krüger, Dr. Rainer E. Lotz, Anikó Lukács (Stadtarchiv Budapest), Bernd Meyer-Rähnitz, Dr. Jürgen Müller (†), Prof. Dr. Erwin Oberländer, Reinhard Otto (Barmbeker Schallarchiv – Das Musikmuseum), Henner Pfau, Tobias Reichelt, Andreas Schmauder, Wolfgang Schneidereit, Uwe Steinle, Stefan Streif, Dr. Rolf Thalmann (Schweiz), Matthias Thiel (Deutsches Kabarett Archiv Mainz), Josef Westner, Dr. Andreas Wiedemann (Prag), Dr. Johan L.C. Zonneveld (Förderverein Erich Kästner Museum Dresden)

… und meinem Partner Dirk Stutz für zahlreiche Gespräche und seine große Geduld.

Literatur- und Quellenverzeichnis

Literatur

Albach, Ben/Jacques Klöters, Exiltheater in den Niederlanden, in: Frithjof Trapp/Werner Mittenzwei/Henning Rischbieter/Hansjörg Schneider (Hrsg.), Handbuch des deutschsprachigen Exiltheaters 1933–1945, Bd. 1: Verfolgung und Exil deutschsprachiger Theaterkünstler, München 1999, S. 219–234.

Bach, Hans, Die Sabbatkönigin. Ein abenteuerlicher Roman... nach dem gleichnamigen Film von Paul O'Montis, Film Romane hrsg. v. Alfred Rosenthal, Bioscop-Buch, Berlin, 1920.

– Die Totenmaske. Ein Kriminalroman ... nach dem gleichnamigen Kriminalfilm von Paul O'Montis, Film-Romane hrsg. v. Alfred Rosenthal, Bioskop-Buch, Berlin, ohne Jahr.

Bonwitt, Werner, Ernst das Leben ..., in: Heinz Ludwig (Hrsg.), 40 Jahre Wintergarten. Festschrift zur Wiedereröffnung nach erfolgtem Neubau August 1928, Berlin 1928.

Brauer, Juliane, Musik im KZ Sachsenhausen (Schriftenreihe der Stiftung Brandenburgische Gedenkstätten, Bd. 25), Berlin 2009.

Budzinski, Klaus, Die Muse mit der scharfen Zunge. Vom Cabaret zum Kabarett, München 1961.

– Pfeffer ins Getriebe. So ist und wurde das Kabarett, München 1982.

– /Reinhard Hippen, Metzler Kabarett Lexikon, Stuttgart 1996.

Calic, Marie-Janine, Geschichte Jugoslawiens im 20. Jahrhundert, München 2010.

Czada, Peter/Günter Große, Comedian Harmonists. Ein Vokalensemble erobert die Welt (Reihe Deutsche Vergangenheit, Bd. 102), Berlin 1993.

Dobias, Dtefan, Homosexualität im österreichischen Recht. Historischer Überblick, in: Wolfgang Förster/Tobias G. Natter/Ines Rieder (Hrsg.), Der andere Blick. Lesbischwules Leben in Österreich, Wien 2001.

Döring, Dr. Konrad, Artistik in Lettland. Originalbrief für das „Organ", in: Das Organ Nr. 1085 vom 7. 9. 1929.

Dresselhuis, Frans H., Harry zingt op klompen, Winschoten, 1983.

Drewniak, Boguslaw, Exiltheater in Polen, in: Frithjof Trapp/Werner Mittenzwei/ Henning Rischbieter/Hansjörg Schneider (Hrsg.), Handbuch des deutschsprachigen Exiltheaters 1933–1945, Bd. 1: Verfolgung und Exil deutschsprachiger Theaterkünstler, München 1999, S. 245–250.

Eussner, Gudrun: Ich gratuliere zum 110. Geburtstag. Ein Denkmal für Paul O'Montis. Paul O'Montis in den Wogen des Stelenfeldes, www.hagalil.com/archiv/2004/03/omontis.htm.

Förster, Evelin, Die Frau im Dunkeln. Autorinnen und Komponistinnen des Kabaretts und der Unterhaltung von 1901 bis 1935. Eine Kulturgeschichte, Berlin 2013.

– Fox Macabre (Teil 1). Unterhaltungskunst im Berliner Revolutionswinter 1918/1919, in: FOX auf 78. Ein Magazin – rund um die gute alte Tanzmusik, Heft 31, Hrsg. Klaus Krüger, Dietramszell 2019/20, S. 16–27.

Fülbert, Andreas, Riga. Kleine Geschichte der Stadt, Köln/Weimar/Wien 2014.

Gilbert, René, Hans Erich Apostel, stadtlexikon.karlsruhe.de/index.php/De:Lexikon:bio-0306.

Gradowa, Jenny, Zu wenig entdecktes Arbeitsfeld: Riga. Ungenützte Brotstätten für den deutschen Artisten im Ausland, in: Das Organ Nr. 1071 vom 1. 6. 1929.

Greul, Heinz, Bretter, die die Zeit bedeuten. Die Kulturgeschichte des Kabaretts, Köln/Berlin 1967.

Haffner, Herbert, „His Master's Voice". Die Geschichte der Schallplatte, Berlin 2011.

Haider-Pregler, Hilde, Exilland Österreich, in: Frithjof Trapp/Werner Mittenzwei/Henning Rischbieter/Hansjörg Schneider (Hrsg.), Handbuch des deutschsprachigen Exiltheaters 1933–1945, Bd. 1: Verfolgung und Exil deutschsprachiger Theaterkünstler, München 1999, S. 97–156.

Heller, Leo, Wie ich Kabarettist wurde …, in: Das Organ Nr. 860 vom 16. 5. 1925.

Henke, Matthias, Die großen Chansonniers und Liedermacher. Wichtige Interpreten, bedeutende Liedersänger, Hermes Handlexikon, Düsseldorf 1987.

Hensle, Michael, „Rundfunkverbrechen" vor nationalsozialistischen Sondergerichten. Eine vergleichende Untersuchung der Urteilspraxis in der Reichshauptstadt Berlin und der südbadischen Provinz, Dissertation Berlin 2001, depositonce.tu-berlin.de/bitstream/11303/1505/1/Dokument_14.pdf.

Hergemöller, Ulrich (Hrsg.), Mann für Mann. Ein biographisches Lexikon, Hamburg 1998, S. 350–352.

Herrmann-Neiße, Max, Gesammelte Werke Bd. 9, Kabarett. Schriften zum Kabarett und zur bildenden Kunst, hrsg. von Klaus Völker, Frankfurt a. M. 1988.

– Endlich eine Revueparodie, in: C. F. W. Behl (Hrsg.), Der Kritiker, Berlin 1926.

Hösch, Rudolf, Kabarett von gestern nach zeitgenössischen Berichten, Kritiken und Erinnerungen, Bd. 1: 1900–1933, Berlin 1967.

Hofmeisters Musikalisch-literarischer Monatsbericht, archive.org/search.php?query=musikalisch%20literarischer.

Jameson, Egon, Am Flügel: Rudolf Nelson (Berlinische Reminiszenzen, 15), Berlin 1962.

Jansen, Wolfgang, Glanzrevuen der zwanziger Jahre (Stätten der Geschichte Berlins, Bd. 25), Berlin 1987.

Jukebox. Jewkbox! Ein jüdisches Jahrhundert auf Schellack und Vinyl. Eine Ausstellung des Jüdischen Museums Hohenems in Zusammenarbeit mit dem Jüdischen Museum München, Hohenems 2014.

„Karte genügt, komme sofort! Franz Engel Fritz Wiesenthal", Programmheft mit Datum 10. 3. 1936, Bestand Theatermuseum Wien.

Kloss, Jürgen, "A Land That's Free ...". – Irving Berlin's "Russian Lullaby", hummingadifferenttune.blogspot.com/2015/05/a-land-thats-free-irving-berlins.html.

Kühn, Volker (Hrsg.), Kleinkunststücke Bd. 2: Hoppla, wir beben. Kabarett einer gewissen Republik 1918–1933, Berlin 1988, S. 211.

– Das Kabarett der frühen Jahre: Ein freches Musenkind macht erste Schritte, Berlin 1984.

– Spötterdämmerung. Vom langen Sterben des großen kleinen Friedrich Hollaender, Berlin 1997.

Kunz, Marcel/Alessandro Marchetti, Arlecchino & Co., Erziehung zum Theater. Historische Einführung, didaktische Darstellung, Spielanregungen zur Commedia dell'arte, Zug 1985.

Lamprecht, Gerhard, Deutsche Stummfilme 1921–1922, hrsg. von der Deutschen Kinemathek e.V. Berlin, Berlin 1968.

Leimbach, Berthold, Tondokumente der Kleinkunst und ihre Interpreten 1898–1945, Göttingen 1991.

Lexikon der Juden in der Musik. Mit einem Titelverzeichnis jüdischer Werke, Berlin 1940, archive.org/details/LexikonDerJudenInDerMusik.

Lexikon verfolgter Musiker und Musikerinnen der NS-Zeit, Universität Hamburg, www.lexm.uni-hamburg.de/content/index.xml.

Ley, Astrid, Fritz Ficker, in: Günter Morsch (Hrsg.), Die Konzentrationslager-SS 1936–1945: Exzess- und Direkttäter im KZ Sachsenhausen. Eine Ausstellung am historischen Ort, Berlin 2016, S. 223–225.

Liebe, Ulrich, Verehrt, verfolgt, vergessen. Schauspieler als Naziopfer, Weinheim/Berlin 1992.

Lotz, Rainer E., Carl Lindström und die Carl Lindström Aktiengesellschaft. Einführungsvortrag zum 9. Discografentag, Immenstadt 2008, www.phonomuseum.at/includes/content/lindstroem/aktiengesellschaft.pdf.

Lux, Markus: Das Riga der Deutschen; in: Erwin Oberländer/Kristine Wohlfahrt (Hrsg.), Riga. Portrait einer Vielvölkerstadt am Rande des Zarenreiches 1857–1914, Paderborn/München/Wien/Zürich 2004, S. 75–113.

Marcus, Paul, Pem's Privat-Berichte Nr. 165:42 vom 28. 6. 1939, Deutsche Nationalbibliothek idn=1040915604.

– Zwischen den Kriegen. Aus Berlins glanzvollen Tagen und Nächten. Mit einem Nachwort von Inka Bach, Berlin 2013 (vormals veröffentlicht unter dem Titel „Heimweh nach dem Kurfürstendamm").

Mittenzwei, Werner, Exiltheater in der Schweiz, in: Trapp/Mittenzwei/Rischbieter/Schneider (Hrsg.), Handbuch des deutschsprachigen Exiltheaters 1933–1945, Bd. 1: Verfolgung und Exil deutschsprachiger Theaterkünstler, München 1999, S. 259–288.

– Verfolgung und Vertreibung deutscher Bühnenkünstler durch den Nationalsozialismus, in: Frithjof Trapp/Werner Mittenzwei/Henning Rischbieter/Hansjörg Schneider (Hrsg.), Handbuch des deutschsprachigen Exiltheaters 1933–1945, Bd. 1: Verfolgung und Exil deutschsprachiger Theaterkünstler, München 1999, S. 7–65.

Müller, Joachim, „Wohl dem, der hier eine Nummer ist". Die Isolierung der Homosexuellen, in: Joachim Müller/Andreas Sternweiler, Homosexuelle Männer im KZ Sachsenhausen, herausgegen vom Schwulen Museum Berlin, Berlin 2000, S. 89–108.

– „Willkommen, Bienvenue, Welcome …" Politische Revue-Kabarett-Varieté in Köln 1928–1938 (Schriftenreihe des NS-Dokumentationszentrums der Stadt Köln, Bd. 14), Köln 2008.

Österreichisches Musikerlexikon Online, www.musiklexikon.ac.at/ml?frames=no.

O'Montis, Paul, Arme, kleine Duduschka, Worte von Paul O'Montis, bearbeitet von Max Frensdorff, Musik v. Herman Krome, Max Frensdorff Repertoire-Vertrieb Berlin-Wilmersdorf, ohne Datum, Deutsches Kabarett Archiv Mainz.

– Faust-Parodie, ohne Datum, Herzogin Anna Amalia Bibliothek Weimar

– Künstlerreise durch Lettland, in: Das Organ der Varieté-Welt Nr. 1115 vom 12. April 1930.

– Die Repertoirenot. Eine Antwort von Paul O'Montis, in: Das Organ Nr. 1137 vom 13. 9. 1930.

– Totensonntag. Ein dramatischer Epilog, Pegasus Verlag Repertoire Büro „Simplicissimus", ohne Datum, Deutsches Kabarett Archiv Mainz.

– /Curt J. Braun, Enigma, Umschlag und Illustrationen von Paul O'Montis, Illustrierte Kriminalromane Bd. 3, Berlin 1923.

Oberländer, Erwin: Rigas Aufstieg zur multinationalen Wirtschaftsmetropole; in: Erwin Oberländer/Kristine Wohlfahrt (Hrsg.), Riga. Portrait einer Vielvölkerstadt am Rande des Zarenreiches 1857–1914, Paderborn/München/Wien/Zürich 2004, S. 11–30.

Petri, Moritz, Richard Bugdalle, in: Günter Morsch (Hrsg.), Die Konzentrationslager-SS 1936–1945: Exzess- und Direkttäter im KZ Sachsenhausen. Eine Ausstellung am historischen Ort, Berlin 2016, S. 207–209.

Pfau, Henner, Lexikon der deutschen Tanzmusik 1925–1945, 8 Bde., Uelzen/Leverkusen 1987–2009.

Prieberg, Fred K., Handbuch Deutsche Musiker 1933–1945, Auprès de Zombry, 2. Auflage 2009 (CD-ROM).

Raber, Ralf Jörg, „,Wir sind wie wir sind' – Ein Jahrhundert homosexuelle Liebe auf Schallplatte und CD, Hamburg 2010.

– „... elegant gekleidet und graziös in seinen Bewegungen". Der Sänger Paul O'Montis, in: Joachim Müller/Andreas Sternweiler, Homosexuelle Männer im KZ Sachsenhausen, hrsg. vom Schwulen Museum Berlin, Berlin 2000, S. 207–210.

– Vergöttert und verjagt: „Was hast du für Gefühle, Moritz?" Der Sänger Paul O'Montis (1894–1940), in: FOX auf 78. Ein Magazin – rund um die gute alte Tanzmusik, Heft 14, hrsg. von Klaus Krüger, Dietramszell 1995, S. 19–23.

Römmar, Fred, Der Detektiv und die Tänzerin. Illustrierte Kriminalromane Bd. 1. Umschlag und Illustration von Paul O'Montis, Berlin, 1923.

Rösler, Walter, Das Chanson im deutschen Kabarett, 1900–1933, Berlin 1980.

– Von den Anfängen bis 1945, in: Rainer Otto/Walter Rösler, Kabarettgeschichte. Abriss des deutschsprachigen Kabaretts. Taschenbuch der Künste, 2. Aufl., Berlin (Ost) 1981.

Sachse, Peter, An einen Chansonnier, in: Das Organ Nr. 1136 vom 6. 9. 1930.

– Antwort an Paul O'Montis, in: Das Organ Nr. 1137 vom 13. 9. 1930

Schereschewsky, M., Die Wahrheit über Lettland, in: Das Organ Nr. 1118 vom 3. 5. 1930.

Schneider, Hansjörg, Exiltheater in der Tschecholslowakei, in: Frithjof Trapp/Werner Mittenzwei/Henning Rischbieter/Hansjörg Schneider (Hrsg.), Handbuch des deutschsprachigen Exiltheaters 1933–1945, Bd. 1: Verfolgung und Exil deutschsprachiger Theaterkünstler, München 1999, S. 157–192.

Schneidereit, Wolfgang, Discographie der Gesangsinterpreten der leichten Muse von 1925 bis 1945 im deutschsprachigen Raum. Eine Discographie mit biographischen Angaben in drei Bänden, Bd. 2: Kirsten Heiberg bis Ethel Reschke, Norderstedt 2019.

Schulz-Koehn, Dietrich, Vive La Chanson. Kunst zwischen Show und Poesie, Gütersloh 1969.

Sternweiler, Andreas, Chronologischer Versuch zur Situation der Homosexuellen im KZ-Sachsenhausen, in: Joachim Müller/Andreas Sternweiler, Homosexuelle Männer im KZ Sachsenhausen, hrsg. vom Schwulen Museum Berlin, Berlin 2000, S. 29–57.

– Schwules Selbstbewusstsein, in: Goodbye to Berlin? 100 Jahre Schwulenbewegung. Eine Ausstellung des Schwulen Museums und der Akademie der Künste, Berlin 1997.

Strähle, Volker, Martin Knittler, in: Günter Morsch (Hrsg.), Die Konzentrationslager-SS 1936–1945: Exzess- und Direkttäter im KZ Sachsenhausen. Eine Ausstellung am historischen Ort, Berlin 2016, S. 243–245.

Stümke, Hans-Georg, Homosexuelle in Deutschland. Eine politische Geschichte, München 1989.

Tasch, Dieter, Die „Grammophon" in Hannover – 100 Jahre Schallplattengeschichte, in: 100 Jahre Schallplatte. Von Hannover in die Welt, Hamburg 1987.

Texte der Gesänge aus Das blaue Mieder. Operette in drei Aufzügen von Paul O'Montis und E. Kaiser. Musik von Siegwart Ehrlich, Pegasus Theater und Musikverlag GmbH Berlin 1919

Theiß, Wolfgang/Andreas Sternweiler, Alltag im Kaiserreich und in der Weimarer Republik, in: Eldorado. Homosexuelle Frauen und Männer in Berlin 1850–1950. Geschichte, Alltag und Kultur, 2. Aufl., Berlin 1992, S. 48–73.

Thumser, Regina, „Ernst ist das Leben, heiter die Kunst." Kabarett im Österreich der Zwischenkriegszeit, in: Zeitgeschichte 27 (2000) 6, S. 386–396, anno.onb.ac.at/cgi-content/anno-plus?aid=ztg&datum=2000&page=420&size=36&qid=JQR5Z7R82IUUSV11GLVW4MNMSNRLB1.

Weihermüller, Manfred, Discographie der deutschen Kleinkunst, Bd. 1, Bonn 1991.

Weißbach, Hans, Der verschwundene Autobus. Abenteuer des Reporters Allan-Read. Kriminalroman … nach dem gleichnamigen Film von Paul O'Montis, Film-Romane hrsg. v. Alfred Rosenthal, Berlin, ohne Jahr.

Werner, Exiltheater in der Schweiz, in: Frithjof Trapp/Werner Mittenzwei/Henning Rischbieter/Hansjörg Schneider (Hrsg.), Handbuch des deutschsprachigen Exiltheaters 1933–1945, Bd. 1: Verfolgung und Exil deutschsprachiger Theaterkünstler, München 1999.

Wolffram, Knud, Der Architekt des Gummikavaliers – Siegwart Ehrlich, in: FOX auf 78. Ein Magazin – rund um die gute alte Tanzmusik, Heft 17, Hrsg. Klaus Krüger, Dietramzell 1998, S. 57–60.

– Tanzdielen und Vergnügungspaläste. Berliner Nachtleben in den dreißiger und vierziger Jahren. Von der Friedrichstraße bis Berlin W, vom Moka Efti bis zum Delphi, Berlin 1992.
Zinn, Alexander, „Aus dem Volkskörper entfernt?“ Homosexuelle Männer im Nationalsozialismus, Frankfurt/New York 2018.

Zeitungen/Zeitschriften

Aizkulizes (Riga)
Allgemeiner Tiroler Anzeiger
Allgemeiner Tiroler Anzeiger
Altonaer Nachrichten/Hamburger Neuste Zeitung
Berliner Börsenkurier
Berliner Börsenzeitung
Berliner Leben. Theater-Kunst-Mode-Sport
Berliner Tageblatt
Berliner Volkszeitung
B.Z. am Mittag (Berlin)
Das Organ der Varietéwelt (und Kabarett-Rundschau)
De Sumatra Post
Der Morgen. Wiener Morgenblatt
Der Ton. Das Magazin für Musik- und Tanzfreunde
Der Wiener Tag
Die Bühne. Wochenschrift für Theater und Gesellschaft (Wien)
Die Bühne. Wochenschrift für Theater, Kunst, Film Mode, Gesellschaft, Sport (Wien)
Die Frechheit (Magazin „Kabarett der Komiker“)
Düna Zeitung
Engadin Express & Alpine Post – Illustriertes Familienblatt
Engadiner Post
Essener Allgemeine Zeitung
Freiheit! (Wien)
Hamburger Anzeiger
Hamburger Nachrichten
Hamburgischer Correspondent und neue hamburgische Börsen-Halle
Illustrierter Film-Kurier (Berlin)
Illustrierte Kronen Zeitung (Wien)
Kaja (Tallinn)

Kölner Lokal Anzeiger
Kölnische Zeitung – Stadt Anzeiger
Latviesu avize (Riga)
Leipziger Volkszeitung
Libausche Zeitung
Mitauer Nachrichten
Morgenblatt (Zagreb)
Neue Berliner Zeitung/Das 12 Uhr Blatt
Neue Züricher Zeitung
Neues 8 Uhr Blatt (Berlin)
Neues Wiener Journal
Neues Wiener Tagblatt
Nieuwsblad van het Norden
Ostjüdische Zeitung. Organ der jüdischen Nationalpartei in der Bukowina
Päevaleht (Tallinn)
Postimees (Tartu/Estland)
Radio Wien
Riga am Sonntag
Rigasche Rundschau
Rigasche Zeitung
Salzburger Chronik für Stadt und Land
Sevodnja (Riga)
Sevodnja vecerom (Riga)
Steirische Alpenpost
Tagesbote (Brünn)
Vossische Zeitung (Berlin)
Waba Maga (Tallinn)
Welt am Abend (Berlin)
Westdeutscher Beobachter. Amtliches Organ der NSDAP, Ausgabe Köln (Stadt)
Wiener Reichspost

Schallplatten/CDs/Radio

„Die goldenen Zwanziger Jahre. Das Dokument einer erregenden Zeit", nach der Kristall-Dokumentar-Serie, Friedrich Hollaender führt sie durch dieses Jahrzehnt, Electrola EXTRA-Produktion E 83348 WC LP 765.

„Populäre jüdische Künstler – Berlin Hamburg München. Musik & Entertainment 1903–1933", TRIKONT 0292, 2001.

Chronik der Rutschbahn. Von Jean Gilbert bis Doris Day; Autor: Bernd W. Wessling, Redakteur: Hansi Eggeling, Sprecher: Wolf Nagel, Aufnahme vom 13. 11. 1973; Produktion: Norddeutscher Rundfunk, Bestand F 826501.

Marcel Faust, 31. Dezember 1932. Nachtausgabe, Preiser Records P 1932/PR 3049.

Paul O'Montis, Discophilia-Schallplatten-Produktions- und Vertriebs-GmbH München, DIS-210, 1976.

Paul O'Montis, Ich bin verrückt nach Hilde! Chansons – Couplets – Schlager. MUSANT 002, 1997.

Weitere Quellen

GEMA

Berliner Adressbücher

Jüdisches Adressbuch für Großberlin 1929/30

Kölner Adressbücher

Rigasche Adressbücher

Rigasche Kirchenbücher, www.lvva-raduraksti.lv/de/menu/lv/2/ig/1/ie/242/book/7839.html; www.lvva-raduraksti.lv/de/menu/lv/2/ig/1/ie/242/book/7861.html.

Rigasche und lettische historische Zeitungen, www.periodika.lv.

Internetquellen

Alle Internetquellen wurden, sofern nicht anders angegeben, zuletzt am 14. 5. 2020 abgerufen und überprüft.

www.henrybwalthall.com/Wangenheim.html.

www.lvva-raduraksti.lv/de/menu/lv/2/ig/1/ie/242/book/7839.html.

www.lvva-raduraksti.lv/de/menu/lv/2/ig/1/ie/242/book/7861.html.

archive.org/details/Musikalisch-literarischerMonatsbericht1928/page/n253/mode/2up/search/wiegenlied.

archive.org/details/Musikalisch-literarischerMonatsbericht1916/page/n97/mode/2up/search/Yvonne.

archive.org/details/Musikalisch-literarischerMonatsbericht1920/page/n31.

archive.org/details/Musikalisch-literarischerMonatsbericht1920/page/n25.

archive.org/details/Musikalisch-literarischerMonatsbericht1920/page/n87.

archive.org/details/Musikalisch-literarischerMonatsbericht1925/page/n259.

archive.org/details/Musikalisch-literarischerMonatsbericht1926/page/n15.

de.wikipedia.org/wiki/Alexander_Nikolajewitsch_Wertinski [31. 1. 2020].

de.wikipedia.org/wiki/Berndt_W._Wessling.
de.wikipedia.org/wiki/Br%C3%BCnn.
de.wikipedia.org/wiki/Der_tanzende_Tor_(1917).
de.wikipedia.org/wiki/Eugen_Steinach.
de.wikipedia.org/wiki/Fred_Jay.
de.wikipedia.org/wiki/Geschichte_des_H%C3%B6rfunks_in_Deutschland#Zehn_Sender_im_Reich.
de.wikipedia.org/wiki/Otto_Wallburg.
de.wikipedia.org/wiki/Serge_Voronoff.
de.wikipedia.org/wiki/Theodoor_Hendrik_van_de_Velde.
grammophon-platten.de/page.php?104.
grammophon-platten.de/page.php?396.
grammophon-platten.de/page.php?471.
grammophon-platten.de/page.php?546.
ome-lexikon.uni-oldenburg.de/orte/riga-riga.
rosawinkel.kulturring.berlin/?biografie=heinz-grewe.
www.admin.ch/opc/de/classified-compilation/19310017/200501010000/142. 20.pdf.
www.admin.ch/opc/de/classified-compilation/19310017/200501010000/142.20.pdf.
www.bundesarchiv.de/zwangsarbeit/haftstaetten/index.php?tab=22.
www.danzig.org/galerie/?cat_id=1335&gallery-img-id=21087.
www.deutschlandfunk.de/schlussstrich-unter-grausames-morden.871.de.html?dram:article_id=125453.
www.filmportal.de/film/das-diadem-der-zarin_95128cd6da224dc48d6be4d988b33089.
www.filmportal.de/film/der-mann-mit-der-eisernen-maske_01be8ca58cde4cc5ab09ab0d4cbeb376.
www.filmportal.de/film/die-totenmaske_00c3f2bf322b4bb2bd99ab2ce6cbcfce.
www.jewishgen.org/Danzig/lichtenstein.php.
www.lexm.uni-hamburg.de/object/lexm_lexmperson_00001092?wcmsID=0003.
www.lexm.uni-hamburg.de/object/lexm_lexmperson_00001707.
www.lexm.uni-hamburg.de/object/lexm_lexmperson_00002805?wcmsID=0003&XSL.lexmlayout.SESSION=lexmperson_all.
www.lexm.uni-hamburg.de/object/lexm_lexmperson_00005294.
www.lexm.uni-hamburg.de/object/lexm_lexmperson_00007261.
www.mopo.de/hamburg/ufa-palast--so-entstand-der-kinopalast-der-rekorde-28994388.
www.rundfunkschaetze.de/edition-radiomusiken/vol-1-radiomusik-leben-in-dieser-zeit/#Experiment.

www.youtube.com/watch?v=88pAtZm_0b8.
www.youtube.com/watch?v=ubwuER0PSWc.
zudusilatvija.lv/objects/object/47143/.

Archive/Institutionen

Akademie der Künste Berlin

Archiv der Gedenkstätte Sachsenhausen

ARD-Archive (alle Sendeanstalten)

Arolsen Archives (ehem. Internationaler Suchdienst Bad Arolsen/International Tracing Services/ITS)

Bibliothek St. Moritz

Bundesarchiv Berlin

Datenbank der Holocaustopfer Yad Vashem

Deutsche Nationalbibliothek Leipzig/Frankfurt

Deutsches Kabarett Archiv Mainz

Findbuch der Bundesrepublik Deutschland

FSB-Archiv, Moskau
N-19092/Tom 96, Bl. 204, Signatur im Archiv Sachsenhausen JSU 1/96, Bl. 204.

Holocaust Memorial Center Budapest

Institut für Stadtgeschichte Frankfurt

Jüdisches Museum Berlin (JMB)

Jüdisches Museum Budapest

Kroatisches Staatsarchiv

Abteilung Staatsschutz im Innenministerium zu Paul Wendel, HR-HDA-145.SB ODZ, Pov.II 25699/1938 (HR-HDA-145. Savska banovina. Odjeljak Upravnog odjeljenja za državnu zaštitu).

Personalsammlung zu Franz Hasl, HR-HDA-890, dozvola boravka br. 49915, Franz Hasl.

Register der Zagreber Polizeidirektion zu Paul Wendel (1937), HR-HDA-202. RRZ 1937 (20001-30000).

Register der Zagreber Polizeidirektion zu Paul Wendel (1938), HR-HDA-202. RRZ, 1938 (10001-20000) und (20001-30000).

KZ Gedenkstätte Neuengamme

Landesarchiv Berlin (LAB)

Akte A Rep. 358-02 Nr. 5509.

Landesarchiv Hamburg

Landesarchiv Nordrhein-Westfalen, Landesarchiv NRW – Abteilung Rheinland

Strafakte Max Schmidt, Gerichte Rep. 112 Nr. 16173.

Strafakte Paul Wendel, Gerichte Rep. 112 Nr. 4620.

National Archives of Hungary (Ungarisches Staatsarchiv)

Nationalarchiv Prag

Polizeidirektion Prag zu Josef Roška: Polizeidirektion Prag II – Gerneral Register/Policejní ředitelství Praha II – všeobecná spisovna, R 2047/2, cart. 9624, die zugesandten digitalen Kopien tragen die Signatur NA-f-PŘ II-Josef Roška; Polizeidirektion Prag II – Zivil Register/Policejní ředitelství Praha II – evidence obyvatelstva, die digitalen Kopien tragen die Signatur NA-f-PŘ-EO-Josef Roška.

Polizeidirektion Prag zu Paul Wendel: Policejní ředitelství NAD 1420/1 – PŘ II, kar 11922, sign. V 1866/28 Paul Wendel und NAD 1420/5 – PŘ II – EO, sign. Paul Wendel.

Strafakte Josef Roška, Akte NA-f-PŘ II-Josef Roška

Österreichische Botschaft Agram

Politisches Archiv des Auswärtigen Amtes (PA AA), Berlin

Russisches Staatliches Militärarchiv, Moskau

1367/1/196, Bl. 177, Signatur im Archiv Sachsenhausen D 1 A/1196, Bl. 177.

Schweizerisches Bundesarchiv

Bundesanwaltschaft Bern C.16-00018 P Wendel, Paul, 94 alias O'Montis, E4320B#1990/266#80*.

Staatsarchiv Hamburg

Gerichtsakte Theodor Jakob Schmidt, Staatsanwaltschaft Landgericht – Strafsachen – Archivguteinheit 0739/41.

Staatsarchiv Lodz

Staatsarchiv Zagreb

Staatsbibliothek zu Berlin

Stadtarchiv Budapest

Stadtarchiv Frankfurt am Main

Personalakte der Stadt Frankfurt am Main, Hasl, Franz-Hans, Nr. 257.040.

Stadtarchiv Oranienburg

Repositur 14 „Standesamt Oranienburg", Sterberegister 1940 Oranienburg, Reg.-Nr. 3312/1940.

Theatermuseum Wien

Wiener Stadt- und Landes Archiv

Magistrat der Stadt Wien, Magistratsabteilung 8; Meldeunterlagen zu Paul Wendel und Franz Hasl.

Personenregister

Zum Autor

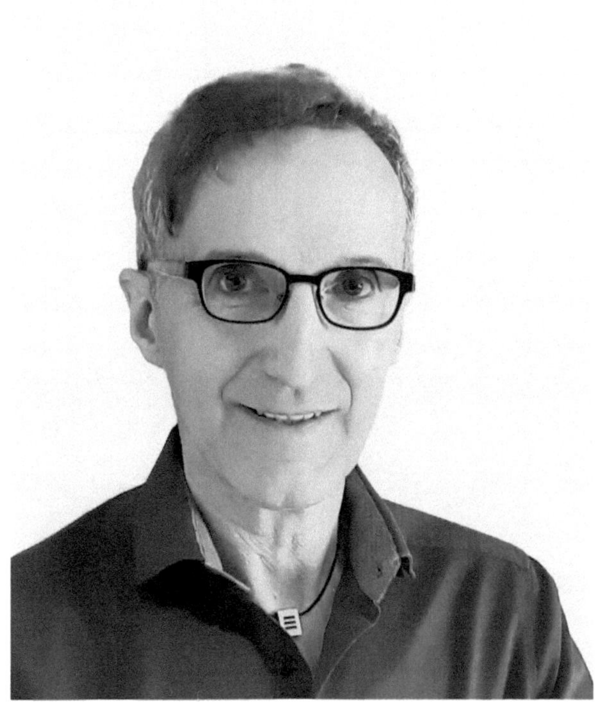

Ralf Jörg Raber, Jahrgang 1960, sammelt seit seiner Jugendzeit Schellackplatten, stieß so auch auf Scheiben des Vortragskünstlers Paul O'Montis; 1995 erster ausführlicher Artikel über O'Montis im Fanzine „FOX auf 78“, im Jahr 2000 erweitert in der Publikation des Schwulen Museums Berlin „Homosexuelle Männer im KZ-Sachsenhausen“; 2002 und 2004 zwei CD-Veröffentlichungen bei „Bear Family Records“ mit Liedern homosexuellen Inhaltes: Homosexualität auf Schallplatte, Teil 1: Aufnahmen 1900–1936, Teil 2: Aufnahmen 1952–1976; 2010 Buchveröffentlichung „‚Wir sind, wie wir sind‘ – Ein Jahrhundert homosexuelle Liebe auf Schallplatte und CD“; 2015 Artikel „Als der Jazz nach Essen kam. Von den frühen 1920er-Jahren bis zum Beginn des Nationalsozialismus“ in Band 128 der Essener Beiträge zur Geschichte von Stadt und Stift Essen.
Ralf Jörg Raber ist evangelischer Pfarrer in Essen und arbeitet seit dreißig Jahren im Schuldienst. Er ist verheiratet, Hobbysänger und -conférencier u. a. in einem von ihm gegründeten Salonorchester.